中国近代西方政治学文献丛刊（第五辑）

国家论

现代的国家

主　编：杨雪冬

执行主编：张远航　许超

中央编译出版社

图书在版编目（CIP）数据

现代的国家/杨雪冬主编．—— 北京：中央编译出版社，2024.1
（中国近代西方政治学文献丛刊．第五辑：国家论）
ISBN 978-7-5117-4378-7

Ⅰ．①现… Ⅱ．①杨… Ⅲ．①国家理论 Ⅳ．① D03

中国国家版本馆 CIP 数据核字 (2023) 第 209003 号

现代的国家

选题策划	张远航
责任编辑	张　科
责任印制	李　颖
出版发行	中央编译出版社
网　　址	www.cctpcm.com
地　　址	北京市海淀区北四环西路 69 号（100080）
电　　话	（010）55627391（总编室）　（010）55627362（编辑室）
	（010）55627320（发行部）　（010）55627377（新技术部）
经　　销	全国新华书店
印　　刷	廊坊市印艺阁数字科技有限公司
开　　本	787 毫米 × 1092 毫米　1/16
字　　数	324 千字
印　　张	30
版　　次	2024 年 1 月第 1 版
印　　次	2024 年 1 月第 1 次印刷
定　　价	2800.00 元（全 4 册）

新浪微博：@ 中央编译出版社　　　微　信：中央编译出版社（ID：cctphome）
淘宝店铺：中央编译出版社直销店（http://shop108367160.taobao.com）（010）55627331

本社常年法律顾问：北京市吴栾赵阎律师事务所律师　闫军　梁勤
凡有印装质量问题，本社负责调换，电话：（010）55627320

著者、譯者小傳

許超

作者羅伯特·莫裏森·馬季佛（Robert Morrison MacIver，1882—1970），也譯爲馬季佛或麥克菲，美籍蘇格蘭政治學家、社會學家、教育家。1882年，馬季佛生于蘇格蘭，1970年逝世于美國紐約。馬季佛畢業于英國愛丁堡大學和牛津大學。1907年，在阿伯丁大學擔任政治學講師，1911年，成爲社會學講師。1915年至1927年期間，馬季佛任加拿大多倫多大學政治學教授，并于1922年至1927年期間擔任政治學系系主任。1927年至1950年，馬季佛任哥倫比亞大學教授，講授社會學及政治學，并于1940年當選爲美國社會學會第三十屆主席。1963年至1965年，馬季佛任紐約社會研究新學院院長，1965年至1966年期間，馬季佛任名譽院長。他提倡個人主義與社會組織一致性的信念學説，倡導多元國家論。本次出版的《現代的國家》即是體現其政治思想的重要作品，英文版由牛津大學出版社于1926年出版，中文版譯自1928年麥斯頓公司出版的第二版。

譯者胡道維（1898—?），字叔方，湖北枝江人，1898年出生，畢業于北京清華大學，後赴美國留學，1924年，獲華盛頓大學政治學學士，1925年、1927年先後獲普林斯頓大學政治學碩士，哲學博士學位。1927年，胡道維任加拿大麥吉爾大學講師。1929年，胡道維任太平洋問題調查會會代表，漢口《武漢英文日報社》

社長兼總編輯,後任國立北京大學及清華大學政治學教授,講授市政學、憲法等課程,北平女師範學院經濟組教授。抗日戰争爆發後,胡道維于1940年4月任汪僞政府外交部美洲司司長、汪僞政府憲政實施委員會委員。1941年11月稱病辭職,1941年至1944年期間,胡道維任僞中央大學法商學院院長,因思想進步受排擠被迫辭職。著有《紐約市制》(1933年,與梁方仲合著),譯有《現代政府原理》(1937年)《美國政治思想史》(1939年)。

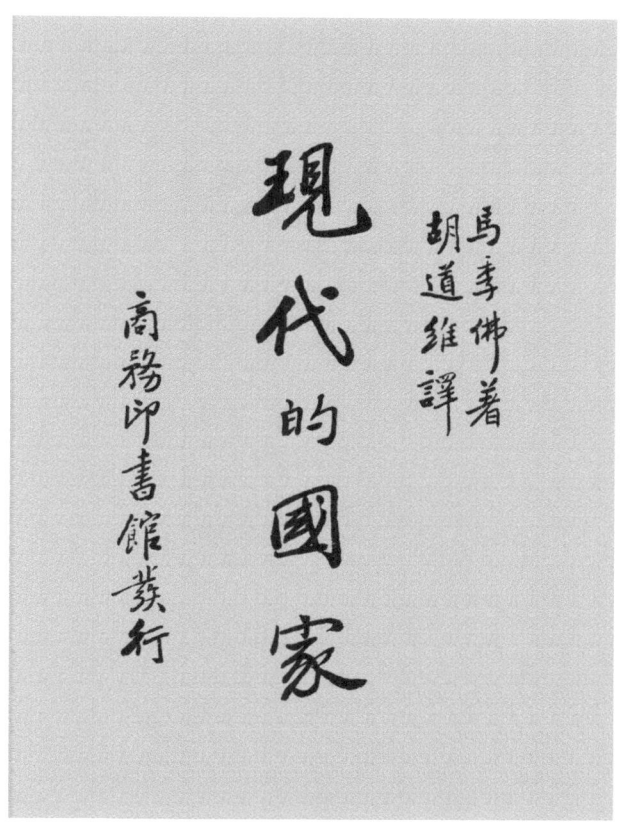

著　　作　《现代的国家》
著　　者　[美]马季佛
译　　者　胡道维
出版时间　1937年

现代的国家

現代的國家

R. M. MacIver 著
胡道維 譯

中華教育文化基金董事會編譯委員會編輯
商務印書館發行

譯者序

本書的原作者馬季佛（Robert Morison MacIVER）先生是一個出身於社會學研究的學者；他於一八八二年四月十七日生於蘇格蘭（Scotland）之斯託羅威（Stornoway）；少年時曾受教育於愛汀堡落（Edinburgh）及牛津（Oxford）兩大學他於一九〇七年充亞柏汀大學（Aberdeen University）之政治學講師；於一九一一年充原大學之社會學講師自一九一五至一九二二年他便任教職於加拿大（Canada）了——充托昂圖大學（University of Toronto）之政治學系主任教授他於一九二七年後卽由加拿大移居到美國去了任哥倫比亞大學（Columbia University）之政治哲學及社會學講座——巴納德學院（Barnard College）之社會科學教授自一九二九年後又在原大學獲得紀念尼泊爾（Lieber）的政治哲學及社會學講座——現在仍任斯職在歐戰的期間——自一九一七至一九一八年——他曾一度任加拿大政府之戰時勞工部副部長（Vice-Chairman, Dominion of Canada War Labor Board）。

他所作的書籍中有「地方社會——一種社會學的研究」（Community—A Sociological Study）一九一七年出版「世界變遷中之勞工」（Labor in the Changing World）一九一九年出版；「社會科學綱要」（Elements of Social Science）一九二一年出版「現代的國家」（The Modern State）一九二六年出版；

「社會學對於社會事業之關係」(Relation of Sociology to Social Work) 一九三一年出版;「社會——牠的結構與變遷」(Society—Its Structure and Changes) 一九三一年出版。

很顯然的除歐戰短期內一度爲官外馬季佛先生始終是個潛心學術研究的人——從英國而加拿大而美國他都是在從事教讀的生活由社會學而政治學由政治學而政治哲學對於社會科學之各種門類他又幾乎無所不窺他現在在哥倫比亞大學要算是繼鄧林教授 (Professor W. A. Dunning) 而後最著名的政治哲學的教授了本書「現代的國家」原文名稱爲 The Modern State 係於一九二六年由牛津大學印刷部 (Oxford University Press) 所印行的第二版了。此書不但是著作者的精心殫慮之作而且是世界最近政治作品中最名貴的一種;馬先生站在社會學的觀點上來研究國家的全部生命國家是什麼?他的解答雖說有些側重於政治多元主義的傾向但是他的態度是闊達的,他的思想是深邃的,言論是透闢的;至若書中立意之新穎可取內容之精審耐讀範圍之應有盡有那就還是餘事了。我們得着了這樣一本「完璧」的政治作品其發人深省之處真有震聾啓瞶之妙自然應該珍貴視之了。譯本中或許不曾將作者原意曲盡其妙的傳達出來那我就應該對馬先生及讀者諸君求聲原諒了。

胡道維二十四,十二,五,平寫。

作者序

國家是沒有止境的，不能有至善的體制。我們所謂民治，是一種肇始，不是一種終極。國家是社會人類的一種工具。牠的變遷史一方面是他們由國家這種工具所得的經驗的記錄，一方面也是他們自己的需要的變遷的記錄。但是牠是經過了湮遠年代悠久時日的陶鎔鑄造的；我們在追溯這種演變沿革的時候，便可以發見這種工具牠的真性——發見牠的潛能以及牠的限制。本書的目的，就是要闡述現代的國家如何是社會進化的一種產物；要解釋牠如何取有各種特殊的職權以及執行役務的特殊方式——如何放棄某種權利，而保持某種其他的權利；要說明國家如何因以奪取牠的威權為目標的一切鬥爭與擾攘，而成立牠的根基——逐漸擴充的與逐漸鞏固的根基。如果說本書有些許的成功的話那就是因為作者曾獲教益於若干思想家的原故——他們在旣往在現在的時代中都曾戮力於這同一的無終結的工作。

R. M. M. University of Toronto, April 1926.

目錄

緒論　國家是什麼
 一　國家是一種集合體 ... 一
 二　由主權的立場來觀察國家 ... 六
 三　由法律的立場來觀察國家 ... 一四

第一編　國家的發現

第一章　來由 ... 二二
 第一節　家庭與社會結構 ... 二二
 第二節　社會結構與國家 ... 二八
 第三節　權威與階級 ... 四〇

第二章　昔日的帝國 ... 四六
 第一節　帝國的建設 ... 四六
 第二節　陸上威權與海上威權 ... 五四

第三章 現代的國家
  第一節 城市的精神……六三
  第二節 希臘的政治制度……六八
  第三節 城市爲一種有包羅性的夥伴組合……七六
  第四節 羅馬的成績……八三
  第五節 希臘與羅馬裏的法律的演進……九一
  第六節 城市與帝國……九九

第四章 鄉國的成立……一〇六
  第一節 封建主義……一〇六
  第二節 國家主義的意義……一一一
  第三節 從專制主義到民治主義……一二三

第二編 威權與職務……一二七

第五章 政治統治權的限制……一二七
  第一節 「不屬於該撒的事物」……一三七

目錄

第二節　國家與他種大團體⋯⋯⋯⋯⋯⋯⋯⋯⋯⋯⋯⋯⋯⋯一五〇

第三節　國家的事務⋯⋯⋯⋯⋯⋯⋯⋯⋯⋯⋯⋯⋯⋯⋯⋯⋯一六六

第六章　威權的隸屬⋯⋯⋯⋯⋯⋯⋯⋯⋯⋯⋯⋯⋯⋯⋯⋯⋯⋯⋯⋯⋯⋯一八〇

第一節　人民的意志⋯⋯⋯⋯⋯⋯⋯⋯⋯⋯⋯⋯⋯⋯⋯⋯⋯一八〇

第二節　代表與責任⋯⋯⋯⋯⋯⋯⋯⋯⋯⋯⋯⋯⋯⋯⋯⋯⋯一八七

第三節　權威與革命⋯⋯⋯⋯⋯⋯⋯⋯⋯⋯⋯⋯⋯⋯⋯⋯⋯一九六

第七章　強權與主權⋯⋯⋯⋯⋯⋯⋯⋯⋯⋯⋯⋯⋯⋯⋯⋯⋯⋯⋯⋯⋯⋯二〇五

第一節　論以武力作最後的理由⋯⋯⋯⋯⋯⋯⋯⋯⋯⋯⋯⋯二〇五

第二節　作世界列強的大國家⋯⋯⋯⋯⋯⋯⋯⋯⋯⋯⋯⋯⋯二一四

第三節　爭戰之政治的演進⋯⋯⋯⋯⋯⋯⋯⋯⋯⋯⋯⋯⋯⋯二二二

第八章　法律與秩序（或系統或制度）⋯⋯⋯⋯⋯⋯⋯⋯⋯⋯⋯⋯⋯⋯二三二

第一節　法律的性質⋯⋯⋯⋯⋯⋯⋯⋯⋯⋯⋯⋯⋯⋯⋯⋯⋯二三二

第二節　法律的統治⋯⋯⋯⋯⋯⋯⋯⋯⋯⋯⋯⋯⋯⋯⋯⋯⋯二四四

第三節　法律與國家⋯⋯⋯⋯⋯⋯⋯⋯⋯⋯⋯⋯⋯⋯⋯⋯⋯二五二

第四節　國際法⋯⋯⋯⋯⋯⋯⋯⋯⋯⋯⋯⋯⋯⋯⋯⋯⋯⋯⋯二五九

三

第九章 政治政府與經濟制度
第一節 經濟的與政治的權勢 ……………………二七〇
第二節 國家與經濟生活：迴顧與展望 ……………二八〇

第三編 體制形式與組織制度 …………………二九五

第十章 組成與解散
第一節 國家的興亡 …………………………………二九五
第二節 文明與文化 …………………………………三〇一

第十一章 國家的形式
第一節 歷史的與現代的國家形式 …………………三一四
第二節 朝代國家的形式類別 ………………………三一九
第三節 民主國家之體制 ……………………………三二六

第十二章 政府職權的調整
第一節 職權的分置 …………………………………三三八
第二節 在一種政府制度之內的牽制與平衡 ………三四七

第三節 中央與地方政府 ... 三五九

第四編 各種理論及其解釋 ... 三九三

第十三章 政黨制度 ... 三六八
第一節 政黨的演進 ... 三六八
第二節 政黨的整列 ... 三七七
第三節 多數黨與政府機構 ... 三八七

第十四章 近代國家理論的演進 ... 三九三
第一節 發凡：一切社會理論的基本困難 ... 三九三
第二節 威權的國家對公道的國家 ... 三九六
第三節 基於契約的國家 ... 四〇六
第四節 神秘組織的國家觀念 ... 四一四

第十五章 今日的政治思想 ... 四二三
第一節 個人主義與集團主義的糾紛 ... 四二三
第二節 對絕對主權的攻擊 ... 四三四

現代的國家

第十六章 國家的一個新解釋……四四六
　第一節 國家是社會的機關……四四六
　第二節 關於主權的收場語……四五二
　第三節 統一所在的地方……四五五

現代的國家

緒論　國家是什麼

一　國家是一種集合體

本書全部的用意就是要來答復這個問題——國家是什麼？因為我們所關切的，不是憲法的骨骼——這是可以予以分類與敍述的——而是生活着的事實——我們對於這種事實要求得一種認識，就非先明瞭牠的活動情形不可；因為這種事實的活動情形是能使我們具有明晰的認識的，並且是無時不在生長的過程中的。但是，我們旣然在書中的第一句話裏就得用「國家」這個名詞，旣然一般人卽至現在對於這個名詞邊懷有離奇複雜的意念我們便須在這裏提供一種基本的定義；至於這種定義之合理與否，祇能在書討論的進程中總能發見出來。

像國家這樣一種偉大而明顯的事實還會引起極其互相衝突的定義來，這似乎是件很令人納罕的事實；但是事實在情形的確是這樣。有的一般作將給國家定義認牠根本上為一種階級的結構——「某一階級統制其他階

現代的國家

極的一種組織；」①其他作家則視國家為一種超越階段界限而為社會全體謀利益的組織或者認國家意義為一種權威制度或者認國家意義為一種幸福制度這便是近世政治思想家兩大流派的分野的鴻溝一則溯源於馬加非里（Machiavelli）一則宗述格歐協斯（Grotius）或亞爾秀色斯（Althusius）有的人視國家純然為一種關係或則援用近代法學的名詞稱國家為一種社會「為在法律準則之下發生行動而組織的」②有的人則以國家與民族係國家的附帶物或認其為一種敗壞國家工作毀滅國家性質的偽造的因素或者認國家不過是一種相互的保險會社或者認其為一種必需的惡物；對於某種少數人這種惡物又是無需有的，或行將成為生命的結晶與寄託對於若干人國家是一種必需的惡物；對於某種少數人這種惡物又是無需有的，或行將成為無需有的還對於其他一般人則國家又為「人類靈魂自營的桃源」某一派人嘗置國家於「法人組織」之林，另一派人輒以國家為與社會本身無所軒輊的組織。

其實這些互相抵觸的意義一部分是起於我們關於國家應該是什麼的問題不能有一致的認識：因為在這種研究上我們是立身在一種危殆的境域裏——在這裏我們的理想不但可以鑄造將來事變的形態且能影響我們目前對於牠們的觀念並且各國的演化以及近世各國所表現的國家性質的紛歧正足以添加解釋上發生異同的餘地這也是真實的情形關於某一特殊國家的性質是怎樣我們容易同意的問題不過關於抽象的國家的性質是怎樣我們的意見便不易趨於一致了但如我們要討論抽象的國家，我們的**定義就必須顧到一切**

绪论　国家是什么

国家所共有的徵象；不过我们对于历史的演进过程中比较显著的各特征，或可加以特殊的著意罢了。我们寻求国家的标准正不必效哈洛尔（Hegel）而採取崇拜的态度亦不必学司宾塞（Spencer）而採取藐视的态度——却应一本科学的準确的精神这纔是我们的正当的轨道。

首先我们应认识国家之与社会的区别，若将社会与政治视为一律，那就犯了最大的混乱黑白的罪恶结果必使我们对社会与国家两俱不能获得任何的认识祇要我们对于本问题的事实方面加以注意有许多的社会形体——如家庭教会与俱乐部等类的组织——很显然并不是由国家创设的，亦不是由国家加以激励而维持其存在的；还有若干社会势力或潮流——如风俗习惯或竞争等——国家雖可予以保障或变更但亦不能予以创造此外社会的若干原动力——如友谊或嫉妒心等——则其成立的关係存在於社会之中但卻不是社会的形式或外表。我们最好由国家来观察国家。国家係存在的关係过於密切过於偏於私人的性质，以致不能予以自由的支配国家成就的事业便是一种维持秩序与实行管理的制度换句话说国家是对於社会人士之重要的外表的关係予以取缔的机关他自己有威权可以支配统治的社会生活或支持或利用或限制或解放或代求满足或简直予以毁灭均无不可。但是这祇是国家的方法或工具而不是国家的生命或目的。在极古的时代渔翁猎户掘根栽种者採取菓蔬者——他们的军队裏亦会发生社会的团结；但是这些团结实不知或几乎不知国家为何物即目前亦尚存有若干简单的民族——有如哀斯耆莫（Eskimos）人的某种团体——他们亦还没有形於外表的政治组织假如我们走到另一极端而对世界已完成的最

現代的國家

高程度的各種文化制度加以觀察，那種反對權威的過分要求的長期奮鬪，亦曾發見個人與社會生活若干固有的偉大的徵象是不屬於該撒（Caesar）的事物而完全的或部分的將牠們從國家統治威權之下予以撤回。

國家旣與社會不同，那末可見國家不是一種制度，便是一種集合了。沒有第三種可供選用的東西，一切社會的形體概可分爲三類：一則爲社會的各領域，我們可以稱之爲集合或團體，再次則爲社會中爲達到有意識的從而爲有限制的目標而設置的各種組織，這些都是各地方社會與各種集合或團體經藉以規定或取締其自身活動而爲公衆所承認的各種方法或習俗集合與制度的區別作者在另一書中已有論列。❸在此地我們祇要解釋集合或團體的意義便是說由一羣人員或會員爲達到某一種公共目的而集結並組織以成的一種統一意志的系統；但是制度可以由團體予以成立亦可以由地方社會加以設置並且習俗風尚便是屬於後一類但有時卻亦有黑白顚倒經緯不分的危險因爲同一名詞可用以解釋形式而言的牠們兩下的區別，正如家庭與婚姻教會與聖餐禮，職業團體與其法規章程之間的區別，是指着牠們的活動賴以利導並發生關聯的秩序形式而言的牠們兩下的區別，用以叙述人羣，可以施用在制度上亦可以施用在團體上。我們提到政黨家庭教會部署醫院一類東西的時候，意義蓋指牠們的組織的系統而不是指其組織中的全體會員並且我們也常不求甚解的應用「制度」這個名詞我們真實的意義卻是說「團體」的，但是牠們兩下的區別，卻是明顯的並且是必需要的區別這種區別可由下列各種社會形體的簡單圖說予以詮釋：

【现代的国家】

绪论　国家是什么

社会形體 ── 地方社會（整個的單位系統）例如國城村民族部落。
團體或集合（部分的單位系統）例如家庭教會黨派階級商店。
制度（方式或方法或工具）例如遺傳洗禮黨部「機關」階級區別市場。

一個人的生活祇有一部分是在一種團體之內的，是一種團體的會員的資格所附帶的生活但是在某種意義上一個人的生活可以說是完全在地方社會的大小範圍以內的歷史上曾經有一個時期家庭似乎能包括一個人的全部生活；但是這卻不是我們所認識的家庭——這是一種家庭的地方社會表面上以親屬的關係卻容一整套的社會利害關係歷史上並會有若干時期國家亦僭稱有支配生活任何方面的全權但是這種願望卻從不曾得着滿足或現實因爲就是在極端專制的國家裏面民情與習慣風俗與崇尚，雖非瀕源於國家而確爲政治勢力之本身基礎的社會權威在組織公共生活的力量上實遠比國家爲有效。我們不但是必須否認國家是地方社會或是地方社會之一種我們並須確定的宣佈國家是一種固定的方式與家庭教會正是屬於同一的種類國家一如這般組織根本上便是包括一羣會員其組織有一種固定的方式故亦祇有有限制的目標。國家的組織不能盡一切社會組織的能事國家所進行的目標不能盡行包括人類所尋求的一切目標並且很明顯的國家尋覓其目的物的方法不過祇是社會中的人類用以追逐其慾望的一切方法中的幾種方法。

國家之與他種團體的區別是可以由國家所獨具的幾種特殊徵象發現出來的；這是我們於最近將來要說明的一點。不過家庭或教會也是這樣的情形我們在這裏祇須討論一種歷史的特徵因爲這種討論可以幫助我

緒論　國家是什麼

五

們明瞭爲什麼國家眞實的團體性質，直到如今還不曾爲我們一般政治思想家所認識。依國家的根本性質，國家就必須將居住於其領土界限以內的一切人物包括在牠的統治權之下，無論他是否本國的眞實的國民。因此，在一般膚淺的觀察家的眼光裏國家便似乎不是依賴人員的一種組織，不是人類公共意志所設立的或維持的一種組織論。及國家的根源我們或則簡直可以說：在國家完全倘未發生以前便已有了各種國家的制度及至國家發生以後權威觀念便將這種制度推廣至於團體界限以外去了。因此我們還可以說：在一種國度被外人加以極端蹂躪或征服的情形下，擬然獨存的仍不過是各種的國家制度在近代的世界中國家制度的範圍與國家團體的範圍業已趨於比較一致的符合完成這種變遷便是民治主義的理想因爲民治主義便是要將強制設置制度的優勝意志與自由創立制度的公衆意志兩下的分別予以取消。

二　由主權的立場來觀察國家

我們現在還要認淸國家與他種團體的區別，由此以完成我們的定義爲要達到此項目的，我們對於那些眞實所謂政治制度的特殊徵象，便須加以考察。國家亦有國家所獨有的任何制度嗎？如果是有的話這種制度必就是我們所尋覓的線索或端倪。所以我們現在對於政治管理的兩種大工具，從事加以檢討國家政府所施行的主權與其施行主權的主要工具──法律。主權的性質已成爲許多莫須有的玄談的對象。籠罩着──這種光芒的起根殆溯源至於部落民族的敬畏上司的心理這種心理在上古時代便是強制人民對主權者提供主權者所必需有的服從的惟一威力。據說當查爾斯一世（Charles I）與路易十六世（Louis XVI）

绪论　国家是什么

被弑的时候，有人於得着消息之後会因惊惶过甚而自殒其生命；这正是与野蛮人民於无意的破坏会长与其财产品物所附带的禁令以後立即自杀的情事如出一辙。④这种主权的魔力後来变为法律的专权——神圣的根元变为神圣的权利当那个矜持的头衔自己从君主主义的懈弛的掌握中脱落出来以後他便又从人的操縦而入於君主的化身——国家——的把持这个玄妙的头衔昔曾提高君王外表的眞实地位今则加於一种同样玄妙的生存物——万能的无上尊荣的国家——的额上了。那种猛烈的火焰——在发生紧急事变与社会革命的时代追照着金鑾宝座的火焰——业已减息了来历久远的黑影浓浓的抽象观念的乡间中祇有在这些时候方可以看得出——但是这新兴的主权者却安居在那遥远的黑影浓浓的抽象观念的乡间中祇有在这些抽象观念能以启发人们的认识的时候纔能在他们的心灵上施用威权。

如果我们认国家为一种集合或团体——其性质很特殊并且有无量数的威仪，但毕竟也不过是一种团体，与他种团体初无异致——我们便可以避免这些抽象观念的欺骗我们且可以不用对主权所在地的问题作种种无谓的讨论——如主权在法律或事实上係属於人民或选民或国会或君王一类的问题无论什麽团体祇要有任何的范围与尊严都有各级管理的权威与国家正复相同譬如我们试举一个商业公司以资研究。这种团体的「公共意志」——他们在支持与拥护该公司上有同一的意志与利害关係这种意志，我们便可以说是这种团体的公共意志。但是一个这种样的意志，却祇能支助，祇能接受并维持一个团体的公共大宗旨与目标牠既不能左右亦不能决定牠的任何政策。一切对目的表赞同的人们，羣队的股东——他们在种类或品质上实等於国家的公共意志，

現代的國家

不一定對對方方法亦表贊同這般股東們還須選舉組織一個董事會；但是關於董事會的選擇與關於董事會的方針，他們實俱不能趨於一致。一個佔優勝勢力的集團至多亦不過是他們的大多數必代操其決定政策的意志。——在成熟的國家的領域裏便稱為「有主權的人民」或「有主權的選民」此與「公共意志」全然不同因為我們所用的名詞中雖含有全體完整的意義這種意志至多亦不過是大多數人的意志牠的來歷係起於各部相互的衝突立於這種衝突的背後而以調解這種衝突為最大目標的便是公共意志並且在我們所討論的範圍內創制發揮並執行政策在我們所舉的這種例子內股東們往往對於政策有更為直接的支配權；在國家大致在選任職員方面行使他們的威權但在其他的情形下股東們普通都有一種自由擺佈的權利；一般股東許的公司裏我們還須有一種委員會或「行政首領」以便在佔大多數或優勝勢力的一派人所劃定的或允一方面董事會便是政府在此地我們也應用主權這一個名詞——言談中常提到「有主權的國會」在君主制度之下則涉及「有主權的君王」但是無論在什麼情形之下這種主權者的威權與勢力都是從那選舉他或接受他的較寬大的意志而得來的；而這種較為寬大的意志本身上又是根據「公共意志」而發生的——公共意志便是全體國民的精神民治國是這樣的情形專制國也莫不是這樣的情形——正如格林（Green）之所已證明的。

這樣，主權亦有各種不同的階段茲分述於下：

一公共意志這種意志算不得是國家「的」意志實在是「為」國家的意志——維持國家的意志牠的表

八

【现代的国家】
绪论　国家是什么

现，就是忠顺或愛國的感情；就是在我們即不承認大多數人的決議爲合理時，而仍願接受這種決議的心理；就是在我們對於法律與憲法的方法的本身所表示的信任心，無論牠們對於我們本人的影響是怎樣——這就是超越黨派與政策的界限的一種政治統一的觀念，這種觀念常能將若干習慣與意見彙集於牠的本身之內，並且這些習慣與意見又是人人所承認的，並且依某種人的觀察還是精神所有物之中最能垂久最可寶貴的。

這一種性質的意志，旣是一半蟄伏在無思想的日常生活中，自不能成其爲政治行爲的明確的原則：這是我們必須明瞭的事實，這與盧梭的「公共意志」適成反比例，因爲他那一種「公共意志」是直接的繼續不斷的從事於立法工作的我們所說的這一種公共意志，雖有很眞實的存在，但不曾發爲任何的公式——不曾經明白的陳述，牠並算不得是國民的意志，實在是一個人想作一個國民的意志——這一種區別實能使我們明瞭一切主權本身的基礎，這是我們理論的後一部分所將要證明的，誠然在任何國家的疆域內，也有若干人不能說有參與於牠的公共意志的機會，這都是一般在國家生活上不能作有意識的參加的人們，並且在帝國的或朝代的國家內政府或則對於絕對多數的人民都得算是一種異族的組織；或則是高過於他們的太多，或則所握的威權過重以至使他們祇不過成爲牠的意志的對象。但是第一，國家並無須要將所有立身於牠的法律或威權之內的人們完全包括到牠的會員團體以內去：此與一個商業公司不必將其所有僱員算在牠的會員團體以內正是同一的情形。普通徒徒身爲臣民的人們不能算是國家團體的一部分，正如奴隸之不能成其爲

绪論　國家是什麼

九

現代的國家

國家團體的分子一樣第二國家這種意志也有若干不同的程度等級無論國家所要索的條件是什麼國家外表上總是人們憑藉以為生活的風俗習慣的支持者並從這裏面接受一種有意識的忠順在民治主義未臻發達以前這便是最接近最類似公共意志的一種東西。

二、終極的主權者能為國家的政策或管理作最後決定的權威便稱為終極的主權者這便是國家的意志——在國家意志可經達成的範圍內因為在任何政策的問題上都是有意見的分歧的「人民的意志」很少是——如果可能是——全體人民的意志的確在民主式的國家裏並且或則在任何種類的國家裏活動的政府都不會是全體人民的決擇在此地登大寶而南面稱君的至多只是一種隨時可以變遷的大多數當這個大多數或佔優勝勢力的集團發生變遷的時候變遷便直接間接的影響到政府的興起或失敗變遷便影響到他們政策的修訂——就是他們能繼續的維持他們的權勢的話在這裏我們聽不出有那種僭安的呼聲——說主權是「整個而不可割裂的」——而「整個不可割裂」正是許多學說家認為主權所有的特徵這個主權者正如風浪之不可捉摸之無恆性這是一種不穩定不能自維其均衡的意志；無時不在對於千百個有意識或無意識的勢力潮流作反應的工作但是祇有這樣纔能達到管理的目的所謂管理不外對於交替更迭的辦法予以不斷的排除拒絕的意思如果這種主權者比較國家的威儀似乎是過於脆弱而欠鞏固的話我們應該想到政策的一致的意志權威與勢力的任何政策任何決定莫不是由分歧中得來的；是一時的關切在牠底下還有很深沉的一致的作用既逐漸修正或認可牠既然習慣始則能給予調劑繼又能創但是每個政策或決定既逐漸成為過去批評的作用既逐漸修正或認可牠既然習慣始則能給予調劑繼又能創

制風尚：結果便產生一種國家團結的意識而這種意識就能輕減意志分歧的比較的嚴重性——除卻極端非常的情形不計外就能輕減目前各個糾紛而使牠僅成為一種表面的侵擾使基本的政治覺悟心仍立於承平而有保障的地位。

三、立法的主權者就比較寬大的範圍來說便是政府。

終極的主權者的行動——或則在民主性不充實的政治情形下，就祇光牠的默認——能成立一種政治行動的中樞等於我們所舉以為例證的團體的董事會在這裏主權便可以找着牠最明晰的表現與最確定的形式。

在終極的主權者所劃定的任期以內牠的意義中包含有一種獨享的權利用以制定有普遍效力的法律——這種法律可以普遍的施用於牠自己的勢力範圍內無論這種範圍是已有規定或沒有規定的——並包含有一種特殊的權利可以應用武力以維持這種法律以及執行法律的行政權和司法權任何集團凡能以行使這些權利的便成其為一種政治性的政府。但是我們的定義卻祇能表示這種主權的形式而不能表示牠的實質祇能顯露權利的形式而不能顯露權勢的實質形式便是涉及法律的一方面我們如果祇知注重這一方面所使是最足引起誤會的辦法政府的實質還遠不及政府頭銜所應給予政府的多在憲法所規定的限制以內——在政府依憲法規定而不能直接管理的事體以內——還有若干更切近的限制限制其成立的來由一則是政治法律的本來性質二則是終極的主權者無時不在的觀察三則是那種賴公共意志的支持以得存在的大部習慣的箝制力。

心理或可以使政府破壞這些限制但是還有一種更為堅強的需要為政府的本身生存所利賴這種需要無時不

有所活動以限制政府若限制無效則推翻政府。私的管理權但也祇能在遵重他們的習俗的時候政府能行使這種威權因爲人民的服從習慣便是這種習俗許多種類之中的一種並且就是在這些限制以內政府本身也不是一個「完整而不可分裂的」一集團依我們在前面對於終極的主權者的性質所作的觀察大多數人或佔優勝勢力的人的決定是不穩定的是有欠均衡性的這種情形在上述的較小的範圍內也是有活動的效力的。另一方面政治職權必須分配於政府各部這種分配達於某種程度的時候必有使政府各部形成彼此相當獨立的趨勢在這種情形之下要維持政府的統一性就或須要援用那種較大的主權的取締權的支持——這種終極的主權是任何政府所必須利賴的。

我們在上面的敍述絲毫不曾表示有那種特殊的專斷的普遍的統治權；而這樣的統治權，和主權觀念混爲一談的這種法律家的定義實與政治的事實不相符合。路易斯（Louis）在「政治名詞的應用與濫用」（"Use and Abuse of Political Terms"）一書中曾說：「主權者對於社會中各個會員的生命權利與義務有完全支配的權利」。霍布斯（Hobbes），邊沁（Bentham）與歐斯汀（Austin）的學派中人人都是這樣的說法他們解釋主權認爲是一種極端的主僕關係；但是他們的解釋卻只能適用於一種奴隸的殖民地或萬牲園而絕不符合於政治生活的實際。我們已經說明過政治界裏的主權的階段恰與別種團體中所有的管理權的形式相埒我們純粹在服從強制與懲罰的各種事實上不曾發見主權性質的充分的解釋那種威權的基礎還在另一個方向。如果主權不過就是一般法律家所宣言的那樣的一種東西牠便不能有一朝夕的存在主權乃是公

【现代的国家】
绪论　国家是什么

共意志——因公共目的而成为公共性的意志——的一种徵象。主權創設並維持有一般足以應付公共目的的制度與組織，而強制不過是這些制度與組織的一種特徵——實際上還是一種次要的特徵。

但是有人定要說：假如強制不是主權的要素，至少也是主權方面所獨有的。再進一步說在僅僅一個公司的董事會所行使的威權與國家之無所不包的強大的統治權之間也有一種極大的分別。況且前者的威權豈不是由國家手上領取得來的嗎？豈不是限於由國家所支持的契約上的權利義務的系統嗎？其他各種團體或集合豈不也是有上述公司董事會這樣的情形嗎？如果是的，我們怎能在國家與其他集合兩方面如此懸殊的威權之間指得出互相彷彿的地方來的呢？我們怎能將任何這種小權威與國家的隆重威嚴同日而語呢？"Non est potestas super terram quae comparetur ei."——任何權威也不能與國家最高之權相比擬。

如要對這個問題作正確的答復我們必須審查國家與其他團體間的關係；我們尤其是應該探討：這些其他團體究竟是否有真實的與夫在任何意義上獨立的行動的勢力範圍如果牠們在事實上真有這樣的能力（這是我們將有以證明的一點）如果牠們對於一般重要的利害關係——不但不亞於政治的利害關係的重要性——有原始而非取自他方的管理或統治權那末我們便須放棄且在生活的意義上比較更爲深入的利害關係這種傳統的觀念拒絕國家關於普遍的最高權的僭妄要求同時我們可以說明：在嚴格的意義上具有強制威力

一三

的並不是主權——至少在發達很高的國家裏是這樣穿戴強權威力之盔甲的人不是官職而是器械或工具不是主權而是法律與憲法政府之有威力因爲牠是憲法的保障人牠是法律的執行人不是因爲牠本身上有這種權利跳出了法律的範圍以外牠如仍要使用武力那便是不能歸納到任何原則之下的行爲了；與任何其他強暴的個人持械動武一樣的不可理喻了所以假如我們要給國家尋求一個眞實的定義我們就必須要援用法律而不能援用主權的本身。

我們如假定僅僅一個政府的命令就有政治主權的任何徵象那便顯然是一種錯誤任何國會也不能頒佈命令僅認人民爲牠的臣民而強使之服從強迫一般人屈服於其不負責任的意志下的暴君正如一個利用禽獸的武力以威懾其朋輩而使之服從的好勇鬬狠的學童實俱不能算是在行使政治政府的職權歷代的民衆因爲自己深沉的愚昧故墮落於貧困與迷信的深淵同一的愚昧會優容一般君王與政府擅用他們武斷的威勢至使現在主權的意義中在我們的眼光裏仍隱約的埋伏着一種私人命令觀念的影像但是這樣一種觀念不但不能成其爲主權原則的一部分而且事實上還使我們在主權性質的認識上發生了牽强附會——使我們不能明瞭近代發展的政治制度所表露的主權性質一個發展成熟的政府的特殊威權是與牠所執行的法律——牠自身亦須服從的法律——有關係的這種威權便是在憲法的限制內對這種法律實行修改或增損的權利。

三　由法律的立場來觀察國家

任何團體均各按其性質類別而制定法律；但國家的法律卻與其他一切團體的法律，有嚴格的分別。我們在

【现代的国家】

绪论　国家是什么

上面所欲證明的一事,就是政治主權在形式與發生效力的方法上並與其他各種政府——例如一種商業組織的管理——沒有重要的區別。政治主權便是在一定的範圍內行使其意志的組織,而這種意志的本身又係爲一較大的意志所支持國家是這樣的情形商業公司或教會也莫不是這樣的情形但是政治法律卻有其特殊性政治主權的特殊標記也就在並且祇在於政治法律的這種特殊性每個團體均各制定其法律但是在一個發達的國家裏他種團體的法律祇能在牠們的會員不願放棄接受這種法律的時候纔有約束他們的效力。如果我意欲拒絕服從我的俱樂部的法律我便要損失牠所提供的利益而不遵守牠的規則,而實行對我罰金但是我如決意放棄其權利我便無須付給此項罰款如果我不贊同我所隸屬的任何經濟或科學或文化或宗教團體的法律,一概不真正附帶任何積極性的懲罰我可以任意辭去我的會員資格而脫離這種團體如果我一方面不會因被人壓迫而加入這種團體一方面也不會因受人牽制而不能脫離這種團體——就比如說家庭——的義務而受懲處那一定不是因爲家庭是因爲國家——的堅持。如果我因爲破壞某一國家——就是這樣的脫離,有時也是有干禁例的——我必須給付一種代價,就是脫離牠的領土;然而這樣我又自然的寄身於另一國家的法律的勢力範圍之內了國家的法律對於治人者與被治者有同樣的束縛的效力。牠是普及的因爲牠是無處不可以發生效力的。由此可見:政治的法律是駕於社會每一區域之上的一種無間斷的結構品。

绪论　國家是什麽

一五

現代的國家

這便是關於國家與他種團體間的一種顯明差別的解釋這些其他的團體——與起滅亡重現合併分離都是很容易的事絕非國家所可同日而語的。如果國家有瓦解的情事這種解散必有如自然界的爆炸。如果國家有分裂爲二個部分的情事這種分裂必隨卽引起暴動與劇烈的反響。❺有時兩個或多數國家成立一種臨時的合併然後又趨於破裂而不發生嚴重的騷擾瑞典與挪威比利時與荷蘭便曾有過這樣的經歷但是就在美國這種聯邦統一的國家裏面南部各州因欲實行脫離國家覊絆亦曾觸發一次極大的內戰結果還是贊成團結統一不可解散的一方面得着了勝利所以國家因爲牠有堅硬的無間斷的有強制性的政治法律的結構系統實具有一種永久性與固定性使牠與一切其他團體有顯然的差異。

如果我們對於政治法律的性質加以更進一步的分析我們便可以發見政治法律爲牠的普及性以及爲牠的強制的威力都是一樣付給得有一種代價的因爲牠有普及性牠就必須有以應付極普遍的事變與情狀應付一切無所不包括的與無所不排斥的種類的行動與人物牠不能於個別事變的複雜情狀之下隨意求便宜或通融的應付換句話說牠不能適應個別事變的複雜情形特別施用在個人身上的法律是很少的非尋常的——以至於有許多人簡直就認爲牠們是違反法律的本性的了。法律是一種定則經計議與調整後而發揮成立的確定的形式——這種定則必須適合於現存法典的複雜的體制牠的本身的形式以及牠的宣佈的方式在在都表示牠的用意是要垂久的——不是用以解決政府的一種目前的問題的而是一種永久原則的化身。有若干法律——如預算等——誠然是爲一定有限的期間而設立的普通都是以一年爲限；

【现代的国家】

绪论　国家是什么

但是這些法律實爲隸屬於一極特殊種類的法律嚴格的說，牠們並不屬於大多數普通法律的典型。無論怎樣牠們也只能每年加以重新訂定我們可以認牠們爲一種永久類的立法不過每年可加以修正罷了但是最大多數的法律，都是屬於法典的屬於普通法律以內的是國家維持的一種業經成立的制度的系統。

所以因爲法律有這種普及性法律便不過只能成爲秩序的外表的體制在法律本身容許的範圍內而解釋法律特別是施行法律的制裁——分配懲罰或評定損失——也只能在比較窄狹的範圍內纔有成功的可能。但是這種分配與評定的工作。我們將來還要討論牠的性質——這種威權是交給於相當的法庭的

這種工作的協助仍然祇是一種擴大的有體制的結構物——至多也不過只能對人類萬千的關係加以限制而已牠不能對於生活上自然發生的積極建設的各種活動力的運動加以支配或管理這種生活活動力的主要工具——法律——過於槪括廣泛，過於笨拙粗劣過於拘泥形式以至不能接近行爲的要素人們感覺有他種集團與他種方法的必需國家最高的功用，就是規定自由與秩序以作他種團體的基礎而便其尋覓更爲密切或更爲特殊的目的國家絕無滿足家庭或教會或工會或文化組織所能滿足的需要的可能牠在已佔屢會努力於篡奪這幾種團體某一種的地位但歷史上只留下牠的失敗的遺跡當法國革命政府宣言「同一國家的國民之中所成立的任何法人團體必須予以取消這是法國憲法之一種根本的原則」的時候牠便宣佈了一種空想的專制主義，而爲任何國家所不能執行的。

國家法律之普遍的從而拘泥於形式的性質，還有在另一方面限制國家勢力範圍的情事國家如欲忠於牠

緒論　國家是什麼

一七

現代的國家

的法律的性質便祇能關切那些按理可以認為有普遍性的利害集團譬如，如果國家對於牠的國民所崇奉的各種宗教的某一種有贈給某金或財產的情事甚或有與這一種宗教共生存的情事那便是國家極端矛盾其法律的一種行為有許多利害關係祇是全體國民中之一部分人相與參加的一切文化方面的利害關係便都是極端分歧的，並且文化愈意見進步人類的目的與理想亦必愈趨於分化而發生參差。因為這個原故，還有另一原故我們將留待後面加以闡述——國家實不宜將這些目的與理想概行包括於牠自己的組織中祇有各時代的政治意識所認為是人民共同關切的事務牠總可以加以管理關於什麼纔是共同的關切這個問題的決定至多亦祇能取決於大多數人的意見自易為一般佔有特殊優勝勢力的利害集團所曲解——有意識或無意識的曲解。但是這種原則是有充分的清晰性的各種局部的及密切的利害關係，按理顯然祇能屬於各特殊性的團體，而不屬於國家。

國家的幅員愈廣闊牠的法律的範圍——由一方面說——亦必愈寬宏市政府或郡政府，在國家威權之下所管理取締的事都是過富於地方性質而為國家所不能直接料理的事在另一極端上世界的大同政府如果有成立的時候必將關切全世界秩序與公道所需要的一切條件與情形我們所已具有的「國際法」不過是這種理想的一種極幼稚的發現但是在地方政府的最小的區域內與在政府能以擴張的最大的範圍內政治法律的性質仍然是一樣的地方區域並不足以為利害關係的種類的分野而使牠們彼此發生差異一個單獨的區域甚至一位單獨的個人亦可以成為一個宇宙表示有舉世人類所有的一切利害關係。政治法律在小範

【现代的国家】
绪论　国家是什么

绪論　國家是什麼

內與在大範圍內，都是一樣的保持牠的普及性。在村莊裏面，一如在大同帝國裏面人類都一樣的必須有那些其他種類的團體，因為那些團體在一種公共制度的基礎上可以達到人類精神之多數方面的自由的社會目的。

不但是因為牠的普及性，尤其是因為牠的強迫的制裁力國家的法律只能握一種有限制的權能對法律的服從的基礎，不是強制，而是服從的志願。但是法律仍是採取一種命令的形式所以牠只能取締社會的外表的制度的百折不撓的嚴厲精神祇能用到行為的外部儀式上因此正如格林所已明白解釋的「牠『應該』加以命令或禁止的惟一的行為，就是按社會的道德目的所必須要行或不行的行為——無論行或不行的原來的衝動力是什麼」❻實在的，其他種類的團體可以，甚或必須給法律以支助；但是牠們卻不是溯源於國家，而是溯源於社會——因為國家是公認為社會所有的機關或代理人社會之內還有若干其他種類的制裁力其施行的效力比國家為更富於引誘力風俗與習慣亦能使人們遵循牠們的繩矩格式與時樣亦能搖動人心一如風之搖動水面。並且此外還有社會人士所認識的有精神價值的各種力量：對於感覺敏銳而富有創作性的人們牠們是一切潮流勢力之中最有強制力的一種；並且證之以既往的若干事變真象還能以激盪震奪整個民族的靈魂。

我們申述這些區分其意實不在小視國家而在給牠定義牠的真實範圍是如此其大牠的擔負工作是如此其無終極所以任何合理的限制實都不能貶損牠的價值。不但如此，而且牠們正足以表示國家為達到其最大成功所必須利賴的是些什麼條件牠們不但指示我們國家「是」什麼亦且（這是我們後來可以發見的一點）告訴我們國家「能」是什麼。

精論　國家是什麼

一九

現在，我們終於達到我們的定義了。「國家是一種集合或團體，藉一種政府——握有強制力以達到這種目的的政府——所公佈的法律以發生行動並在一種有領土界限的地方社會之內，維持社會秩序之有普遍性的外表的條件或情狀。」

註釋

❶ So Oppenheimer, Preface to second American edition of "The State." This is, as is well known, the Marxian doctrine but it is held by many who belong to other camps.

❷ So Vinogradoff in "Historical Jurisprudence."

❸ "Community," Bk. II, Ch. IV.

❹ Striking examples of this savage reverence are given in Lang's "Magic and Religion," as also in Frazer's "Golden Bough."

❺ It might be said that occasionally the dissolution of other associations, such as the church, have been quite as convulsive as that of the state. But the instances which present themselves, the upheaval of the Reformation for example, occurred under conditions in which the church was itself fused in the state.

❻ "Principles of Political Obligation," synopsis of § 15.

第一編　國家的發現

第一章　來由

第一節　家庭與社會結構

任何事物的來由，都是不清楚的。如果我們要對於在我們自己的時代並似乎在我們自己眼簾之前發生的任何事態——如科學的發明，新興的宗教戰爭革命——敘述牠發軔的來由我們從不能回憶到那種簡單的泉源的極峯上去，不能追溯到牠所從出的最初的衝動力上面去我們追溯而上的潮流，終必陷我們於險阻的沼澤與低深的池溜絕不能引我們直入於一種清明的泉源如果近來的事態是這樣要來發見社會現象——渺茫的並無底止的古昔時代的社會現象——的來歷其工作的困難又如呢無論怎樣這種工作亦不是我們在此地所宜擔任的我們現在的主要的目的，就是要發見與認識一種最偉大的社會結構品的近代的性質——這種工作也就夠煩難迷離的了。但是我們卻知道一點牠的最初的形態並且知道一點那些還未表露近代性質的或種形式的社會這種認識或可對於國家的根本意義給我們發射些許的光亮——那怕就是昏暗的光亮如果我們知道在以前曾發生過沒有國家的各種社會如果我們知道為什麼並且是怎樣國家能由極微的發端而發達

現代的國家

至於牠現在這樣偉大的優勝的地位，我們或可以避免若干誤會——圍困我們現代的政治思想的誤會。

在我們研究國家的時候，我們不必追溯到社會的階段以前去；在社會的階段上人類便已發生了團結假如我們按大小的次序而加以列舉他們團結體有各種的親屬團體——如宗族或多數家庭的密切集合宗族或親屬手足團以及部落或氏族。這種親屬團體在文明進化的過程中，雖必歸於消滅但在上古社會之中卻爲一種特殊的徵象——祇要社會已經達到了相當的統一的範圍較寬於穴居人類或他種歷史前的人類的家庭結合。❶我們並不需要任何複雜的學說來解釋爲什麼在家庭生活之後親屬團體便繼起而爲社會發展的通常的形式——無論在禽在獸或在人類一方面——都是家庭但是家庭亦不能索然的獨存着求偶的天然衝動力，使一般少年人脫離於舊有的家庭而成立其新的家庭。每一新家庭便是兩個家庭結合血統關係的羅網，便似這樣的組織復組織，由此而創設並維持各種親屬的團體及其一切擴張與分化的潛勢力。親屬團體發生於血統關係的承認而發展成爲一種社會的制度或種類。❷

上古社會的親屬結構體原有若干不同的種類我們可以引用北美洲的倭諾可人各部落(Iroquois Tribes)的情形以爲一種例證。❸他們的結構性質稍見複雜這卻不是基於血統關係的社會中所罕見的事實他們的結構頗能明晰的表示擴大的親屬關係是如何的嬗蛻併合而入於一種政治關係的過渡的情形我們只須將下列的表式和一種家系表對比一下，便可以發見前者還代表有若干親屬以外的因素家系表是純粹代表親屬系統的牠表示一種關係經歷若干時代而達於現在一代人之中的四處分散的家庭單位與個人並由一公共祖先世

系而對於這些家庭單位與個人加以聯合團結。但是政治結構體對於牠所包含的家庭與個人卻直接加以現在的結合親屬關係是一種時間的括弧，政治關係是一種空間的括弧，社會的治理，不但需要人們有基於時間的共同世系的覺悟心因爲關於往事的記憶當生命樹伸展其分枝於空間之上的時候便會逐漸成爲悠遠而黑暗的了；亦且還需要他們對於現代有共同的利害關係與共同的性質的覺悟心親屬關係必須社會關係加以保障並且最後大部分還必須由牠替代。

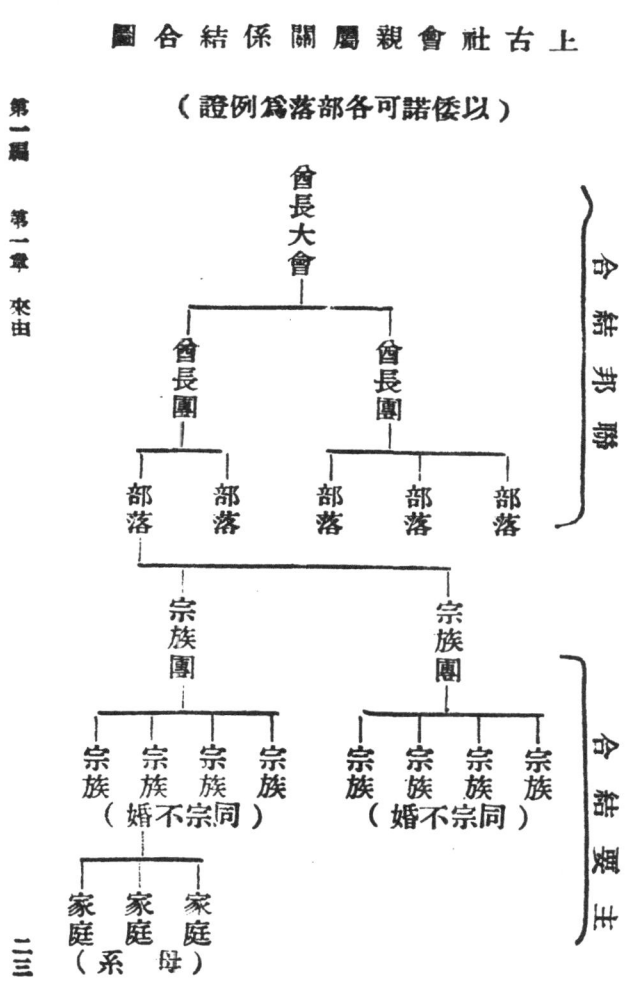

上古社會親屬關係結合圖
（以倭諾可各部落爲例證）

第一編　第一章　來由

二三

上表所列有兩種親屬關係的制度是我們應該加以注意的這兩種制度，一如範圍較大的親屬結合的本身，在文明發達的歷程中已歸於消滅但在上古社會中必定是維持文化的重要的工具同宗不婚制在以往會作許多研究與許多討論的對象。在一個人的本宗族以內——不能共婚嫁的禁令是極端普遍的一種制度；有時還附帶有一種特殊的命令——吩咐在其他某一宗族或圖騰團體之內共通婚嫁這是「野蠻人」的心理，對於我們的「禁令圖」("table of forbidden degrees")中所表示的同一原則所給予的嚴厲的解釋與發揮這種性間的離中心的勢力的表現但是牠卻已取得愈促成的姑不具論但是這種事實是毫無疑義的這或即是很深刻的生物性的趨勢究竟是由於什麼基本天性而慾——縱非自始即具有——一種很明瞭的社會意義這是家庭以外基本社會結合的泉源是維持部落結構最大的工具。❹這種性慾向外的趨勢或曾引起不少的爭執與戰鬥——例如上古人羣追覓女人的搶劫與姦淫等行為——但其較為垂久的效用，就是假借親屬的團結力以為人間關係的基礎的這種制度的擴張與推延這樣專橫的一種天性在創發這種天性的團體內不可避免的必須要受社會的取締這種取締依照其他野蠻制度的性質便發為同宗不婚的硬性的形式——及其准許通婚各方面的嚴格的割分。

另一為文明所已淘汰以去的親屬關係的制度就是「母系」的家庭。「母系」與「婦系」現在都承認是易惹誤會的名詞，不宜用以形容我們所討論的關係在上古社會的情形下不能有什麼「母氏統治」更不能有「婦女統治」這個名詞——就是「母權」這個名詞——這是現在通常用以稱謂這種制度的名詞——也過於注重婦女的

第一编 第一章 來由

社會地位這種誤名爲「母系」的家庭，創始於普通人由婦女方面而追溯世系的習慣；但是這種習慣的來由絕不是特別重視婦女的心理，而是一種時代的邏輯一種時代的理所當然的情形，因爲在當時母系之可作最後的索引遠非父系所可比擬兼之還有一種永久性的真理事實予這種情形以支助，就是：母親對於子女的關係總是比父親的關係更爲深刻。

這種計算世系的方法有時還附帶另一種習俗，就是新郎必須脫離他自己親屬與家庭，而加入他的新娘隸屬的家庭結合。有時酋長或君王的祿位都是由婚姻所贈予的權利而得來的；在妻室亡故後或真須喪失他的祿位，因爲他的權利就是由其妻室而轉移得來的。但是在這一切的情形下，婦女也祇是權利轉移的媒介而不是威權的活動的握有者或參與的執行者。

我們只須稍加思想便可以知道這種制度在推廣與維持社會結構體上亦有很大的貢獻牠會給婦女——妻室或母親——一種社會的——而不僅爲個人的——地位。男性的「自然的」優勢在家庭的結合一方面有女性的社會重要予以抵消而成均勢這樣可見這種新家庭是由兩種方法而與其兩種根本發生連鎖動力的向外的發展的趨勢卻比夫或婦之被對方所過繼的制度成就有更大的貢獻牠能使一整個的團體發生嚴密的關聯而造成由家庭到社會的過渡現象實際上現在要較大社會得以興起的必要步驟，不過就只要人們有家庭「觀念」便成了。因爲家庭在某種方面上在各種集合中雖最爲富於隱匿性與審慎性的，然而也有一種根本性質以自別於部落或民族的家庭在每一代必須折裂離居牠每一代的會員必須逾越牠的界線而另成一

二五

現代的國家

個家庭，這樣可以延長家庭的壽命。如果家庭觀念之持久的存在只限於第二代為止，較大的社會便已在生存的程序中了；於不知不覺之間牠已超過親屬的原則了。

可見社會結構的基礎是由於性的創作衝動力的作用而抵於成立的；而這些衝動力又嘗為上古人類對於這種制度——在這種制度之內他們可以得着最無危險性的滿足生活——的認識所限制。

但是在這裏我們還須另對一種因素加以考察與性的限制有密切關係的便是財產的限制。我們只要想到嫁奩家庭的預備與維持財產的承繼這一類的制度便可以明悉卽至今日財產一大部分還是一種家庭的——而不是一種個人的——權利在上古情形之下更是如此。在一切方式的上古生活裏面財物之不由家庭共同消費的極為罕見換句話說在原始的環境裏差不多沒有任何奢侈享用品沒有任何個人的享受那時所有的些許的資財——如勇士的工箭與槍矛以及畜牧人的獸羣漁翁的船隻農夫的田園——其尋常的用地都是以維持家庭生活為原則。牠是為家庭全體的利益而存在的，一種家庭所有物，而由家庭的頭目個人所具有與管理的。

我們在此地沒有暗示財產天性是來自性的天性的涵意。我們意思是說：在原始社會的情形下這兩件事實際上是不可分離的財產的享用，是在家庭生活範圍內的事財產的問題——如何以持久的問題，如何以避免原始的性的衝動問題——亦是由某種家庭組織加以解決的家庭的問題。也是因為家庭同管理財產的堅決的慾望有聯帶關係，纔能得其解決不用說婦女力的消長與變化等問題——牠的安全的保有以及有秩序的處置等的本身以及家庭結合所生育的子嗣雖取有吿下的財產性的朵色重視婦女的道德（這是有意義的名詞）與

第一编　第一章　来由

關切她們的幸福和生活一類的心理，大部分都是基於這項事實而來的尊重人格的心理，在太古情狀之下，或則就是在今日未免過於薄弱，不足以成為任何永久制度的基礎。

在這裏有一件事是我們應該稍作停留而加以注意的：「共產」這個名詞用以形容太古人類財產具有權的方式實易使人發生錯誤的印象牠所著意的是生產工具——特別是土地——的公有的但是依上古生活家庭範圍內實際所使人發生錯誤的不過就是可以消費的出產品——勞動的收穫這種情形離我們現在的情形還并不甚遠。

生產的工具是為家庭的利益而具有的，卻不曾為家庭所具有——我們說上古時代有共有制度的話也只能說家庭中有這種制度，絕不能將這個名詞用到範圍較廣的任何社會上面去證之以人類學的調查「村落社會」——有如俄國的「密爾」("mir")——乃是一種比較進化的社會結構體；然而無論如何據我們所知道的這也絕不是一種真實的共產制度。⑤在土地一方面一家的人都可以說是股東這是一種土地共管制對於家庭或同屬人擔保其有效的佔據權與明顯的財產所有權。有時草場地——總是真實共有的——至少墾地原來是另屬於一種財貨的門類——正如水與日光用經濟學家的口調來說便只有「用地而無價值」。

性與財產兩種利害關係在建設社會結構上的相互作用我們如果從「母系」家庭談到「父系」家庭，便更能得着完好的詮譯家庭化的程序現在已有進步家長具有「資財」——原始意義的資財——以「頭」計算他的財產這種財產自己可以生殖的財產——家庭馴養的禽獸——以及飼養牠們的土地的管理，特別是牠們的遺傳利承繼在古時定為一種強大的力量，不利於兒子脫離父親的家庭而加入岳丈家庭的制度的財產的增加，

二七

便逐漸增加男性的社會勢力；同時尚有其他各種潮流莫不趨於鞏固父系的重要關係；於這種改革的原因我們在此地不能加以追述我們只要明瞭這種無可疑義的事實便應以為滿足：就是比較固定的畜牧生活——更為明顯的便是農業生活——是與父系家庭若合符節的；由某種方面說是使父系社會成為一種必需物的。

因為有了實質財產的遺傳制祖宗系統的重要性便亦隨之而激增父親的姓名的徵記略改祖先之名而成之名（例如——son，或——ing，或——off；mac——，或 de——，或 ben——之類）便成為永久的姓氏姓名的魔力足以增加親屬觀念的力量因為每代子孫的生長均足以擴大親屬的團體子輩的血統關係，於不知不覺之中又變為較為寬大的同胞的社會關係父親的威權變為會長或頭目的威勢似這樣在親屬保護旗幟之下又發生了若干新的體制而其範圍則又遠過於親屬關係。

第二節　社會結構與國家

任何一種社會現象都有三種方面我們可以比為（我們卻不必認這種比較為過於重要）身體，心靈，與環境——這是有生各物的三種基本的徵象譬如家庭的「身體」便包括性的事實父母的資格與血統的關係牠的「心靈」或「精神」便統括一切情感與天性畏快嗜好愛情與親密感情等——這些都是給上述各種事實以精力的東西牠的「環境」便是保護權威與互相服務等制度——這些都是「精神」因其與「身體」的關係而創設的。要用比較專門化的——或則不似此易於引人誤會的——名詞這三種方面便可以說是客觀的主

观的与制度的三种因素——牠们一起便能构成一整个的社会现象同其初由家庭生活而发现出来的时候便有一种客观的因素——包括接触同化与亲属团体的扩大；有一种主观的因素——包括「同胞」与「忠顺」的情感公共习惯与公共幸运的观念还有一种制度的因素——包括一切俗尚此种俗尚常渗入於牠的社会员们的行为而施以取缔最後国家虽亦为一种社会的高层建筑而为应属於社会的各种发挥牠的特殊的外表的徽记——这就是领土的包含性具有牠的主观的徵象就是国民团体及其各种发挥的精神其中或当以民族主义为最完全以及牠的制度上的标准其具体形式便为主权与法律这种政治性的高层建筑物虽自有其特殊的因素但仍易与社会本身发生混淆以至有碍於我们的认识与我们能够说明幼稚形态的国家——远在牠能以妄取这种虚伪的僭称以先——是怎样从社会早期的生活中发生的，这种误谬观念庶几可以剷除了。

我们对於太古社会的特殊生活加以梗概的敍述就必能助我们瞭解这种伟大国家在当初之輭弱的试验时期的情形幸而这一类的概括敍述很是可能的工作因为极古社会虽处於情形极不相同的环境下虽处於彼此相隔关山极为遥远的民间，仍然是具有相当的共同的因素。无论我们是跟随色尼门（Seligman）而旅行至於费达人（Veddahs）或至於新基尼亚（New Guinea）的米南尼西人（Melanesians）的地方或则伴同资塞（Spencer）和季伦（Gillen）而达於澳斯大剌亚（Australia）的荒芜乾燥的中部地带，无论我们是往谒非洲的「丛林人种」（Bushmen）或顺堵而升去拜会「更高地的猎人」（"higher hunters"）如北美洲大多数

的印底安人（Indians）的部落總有某種共同的性質與特徵，橫存於我們的眼簾之前；而這些性徵每與先進文化的性徵有極顯著的差別。牠們是太古社會的本性上所固有的，所不可或免的——一如社會所處的環境，所必有的需要物件與艱難情況。

第一，這種上古社會都是很小而比較孤獨的集團。他們不諳科學及其有益的實用與省事的先事綢繆的辦法；所以他們賴以維持生活的基本需要品的供給便成為一種「手裏賺口裏吃」的程序；於是會員額數的限制，亦即成為一種嚴格的必需條件結果除極高的死亡率——因為他們缺乏抵制疾病疫癘與惡劣滋養等的防禦力——以外他們還有種種習尚——如殺嬰兒墮胎與各種禁止性交的社會法規——為極廣泛的民眾所推崇。

在某種意義上這一切的民族的生活，都是「與自然相接近」的；不過不是一般詭辯的哲學家們為醫治文化的弊病而設想規定的那樣接近的方法罷了。充滿著他們的生活與抓着他們的思想的，便是自然形態的變遷牠的不穩定的仁慈與博施牠的玄妙而可畏的威力。他們的生活是「接近自然」的，因為他們沒有繁華的建築將人類生活與野外生活分離，或遮蔽各種自然勢力的無情的侵蝕他們的生活是「接近自然」的因為各個家庭他們的家庭不似我們的家庭只佔人口的一小部分——都是直接的依賴漁獵或採集果實或幼稚的農業以為生活的所以他們不會有很多的「分工」不會有殷繁的產物交換極少數的人——或僅為社會中一二人——或可另樹一派別而為工箭或戟矛或皮舟或卡船的建造工藝匠或為畜牧人或守更人或魔術醫生。

假如我們能將文明的工具排除於思想意境之外我們便最容易明瞭這種社會的基本的徵象了。一切的經

驗都蘊藏在口述的習尚中因為他們沒有記載語言的文字沒有教育的專門程序沒有科學的踪跡人類的心靈，凡在經驗的直接教訓不曾對牠加以束縛的地方無不有任便發為各種主觀的綜錯的活動的充分機會死亡者的鬼魂與其他幻想中的妖魔都一齊為夜間巡狩的員司自然界的各種勢力變成幽暗的個人的威權——人們對牠們都是存著畏懼的心理與施用撫慰的手腕，有時還以魔術的威力上蒼造雨的玄妙機械力驅邪者的符呪，或「醫藥人」的神奇的伎俩對牠們施以「超渡」正如福瑞色（Frazer）之所言「人們將他們的幻想的制度誤認為自然的制度；結果不免置身於一種極端狹隘的世界而這種世界離開了一些小的事實的範圍外便盡為神話集而已。對於認識不確的力量所懷的畏懼心理會拘束抑制并毀壞人類的思想。

在這種社會之中——這種社會是這樣的缺乏克服自然的方法一方面是這樣的受有維持生活的直接需要的束縛另一方面又是這樣的自由對於未經訓練的心靈迷非理智的理論可以予以任意的接受——內部是絕不含有嚴格的階級界限的劃分；這種界限只在比較先進的民族中表現得這樣的鮮明。在富有文化的民族方面我們只在一個單獨的社會中已可以發見很鮮明的階級的分段這是因為組織很複雜機會不均等，知識與職業的極端專門化的原故任何太古社會都比較的純粹多了牠的文化，真正的嚴格的是一種「民間文化」在各種上古民族之間誠亦有最為顯著的差別，關於習俗禮貌與道德各方面但是在同一社會之中除卻因老幼與性別而發生縣殊以外習尚禮貌與道德觀念都是完全相同的：這是一般人民所極力規定的亦係為一般人民的利益而規定。

第一編　第一章　來由

我們討論至此便到了——從社會學方面言——太古社會與進化社會之間的最重要的區分。在太古社會裏，「習俗便是人類的王」習俗往往爲一般人認爲「不成文的法律」但是我們卻要知到牠是同政治法典完全不同的；特別因爲牠是由社會——而完全不是由國家——所支持和執行的；並且牠還是由社會——而完全不是由國家——所制定的，不過其制定的方式不是出於有知覺心的方式罷了。實在的國家最初的開展，還有賴於習俗之變爲法律呢。原始民族的整個生活莫不爲風俗習慣所環繞論何事體都有一種合式的作法撇開漁獵與舟車建造栽種與收穫行商與戰鬪預備食料與醫治疾病一類必需的專門工作外他們還有另一種往往極形複雜的禮節儀式的專門工作，是他們所必須奉行的，因爲這種工作對於野蠻人類有與其他工作同一的威權舉行一次宴會發生一次戀愛都有一種固定的程序每屆節期與時令都必須舉行相當的儀式春情發動之年生活過渡之秋都是需要嚴重點綴的際會生死婚嫁種種重要事件都必須給以複雜的社會背景自然界的若干現象因一般人於其發生時往往亦舉行盛大的儀式故能變爲一種社會的制度這種典禮嚴屬自然的制行以資保障一種被人們所誤認的字宙有可恐怖的威力用極嚴緊的態度以應付那些破壞這種禮式儀節的人們。如果社會有懲處違反習俗的人的舉動那往往是因爲要避免這般強大的社會方式的保障者的不分皂白的干涉社會所禁止的行爲遠不及社會所命令的行爲那樣多；所以社會禁令便是習慣風俗的從不變易的附屬品。

很明顯的，在一切這種制度之下個人的興奮是受有嚴密的限制的。人們寶與種族間之普通的模型較相接

近他們終日惟行走於預定的竇曰表示他們遵守典型的勤謹個人無論在生活之任何重要的關係上，都沒有自行支配的餘地。他既無享受自由的能力，社會亦不承認他的自由他遵循千百萬人所已開發於前的狹隘途徑而不敢探訪異道的危險他總是為他的社會作看守保衛的員司道德便是履行習俗而不包括那種較高較難而確具真實性的倫理原則——就是教人忠於自己的價值觀念與公認信條發生衝突的原則。

他在一方面既缺乏真實的道德觀念所以在另一方面也就缺乏正確的法律觀念的，不但是社會所容許的，而且是合於禮義的。在文明生活裏面除卻宗教可以行使的超於社會統治以上的控制外還另有三種支配行為的制裁力：即法律的制裁力，社會監督的制裁力與「良心」的制裁力。在太古的原始生活裏這三種制裁力混合而統屬於一種普及而滲透的社會習俗並且宗教大部分也不過是這種習俗的一種增援因為宗教還可以號召另一般更為強大的保衛者。

站在比較進步的文明社會的立場來看，這種社會道德有兩種嚴重的缺點。一方面，這種道德未免趨於抑制個人的創作力與責任心而這種創作力與責任心又是人類一切成就之比較精細的程序所從出的淵源，另一方面這種道德能以限制社會中有價值的一切制度文物思想的範圍，而毀壞牠們的意義；且而這些社會價值也是這種道德所宜支持的，正如部落的上帝因為附帶有一個形容詞，故不免有違反宗教觀念的地方；所以公道與名譽諸原則，亦不免有發生顛倒混淆的情弊，如果我們不將牠們用在人們的人格上而只用在人們的親屬資格或某團體會員資格上的話，不過沒有前種情形之顯而易見能了。這兩種限制均可以由任何原始民族的態度予以

第一編　第一章　來由

三三

例證譬如色尼門（Seligman）於論述英屬新幾尼亞（British New Guinea）之柯達（Koita）民族時便曾說過：「責任心與努力心是社會的而不是個人的……柯達民族的道德制度，不教育亦不發揚個人的努力或個人自救的觀念反而提倡個人與其努力應附隨於部落全體活動之下；這種部落——就寬大處言——是絕不為個人創作性稍留餘地的。因此殺人盜竊一類行為在社會上并不認為牠們的本身是可斥責的只有在這種行為係對於社會或部落中的某會員而發動的時候，或是在對外人發動而足使本部落遭受報復的時候纔變為可以斥責的行為。」⑥

如果我們將這樣的上古道德視為一種低微的標準，而為我們文明社會多少所已超過的那末我們便應明白的知道我們這種的說法並不是因為這種道德所訓示的原則本身上就是「低微的」因為牠們的嚴肅性與樸素性有時還有令人驚絕的程度——亦不是因為牠們缺乏效力以控制社會因為牠們往往是有極端效力的社會結合的桎梏但是上古人的道德既完全是由社會習慣所決定的這種事實就已足以表示一個民族的幼稚性表示他們缺乏內心的力量與嚮導和人格上的脆弱因為他們必須行動於常規常軌之中否則就必躋社會於土崩瓦解之域了這種制度因接觸一種較為自由且富彈性的文化而發生擾亂結果或有使牠陷於傾覆的危險外族政府的善意的「改革，」以及宜教士企圖改易他們的宗教的努力，結局也許是社會滅亡的媒介。⑦一個太古社會的團結力社會的團結力，實不當有天地的懸殊他們的社會團結力是有共產性的——不是窄狹的經濟意義的共產性而是社會的團結力與我們現代

精神生活方式的共產性的宴會與隆重的典禮牠的文化牠的詩歌與蹈舞牠的整套的風俗與習慣，都將牠的每個會員束縛在這窄狹而安定的社會範圍裏。

凡上所述或可幫助我們認識國家的緩慢的開端，或可幫助證明我們的論據：就是說國家並不是與社會同時代的同範圍的一種結構體，而是建設在社會以內的一種固定的制度用以達到特殊目的的最早的幾種國家，目標與職權都是極端的陿隘的牠們幾乎毫不涉及社會的內部目標因為這些目標有習俗予以更為安全多多的保障除組織防衛與侵略外牠們的「司法」組織外牠們所最關切的便是少數佔優勝勢力的人們的權利與威勢而非社會的幸福的統治者或為英雄或為半神仙一派的人，或為這種人的子孫他們行使威權，不嚴格的因為他們是制定法律的人而是因為他們是擁有特殊權利的人如果這種統治的人能以創設社會制度，那是因為他們能將國內或國外的與他爭政權的敵人加以征服，而不是因為他們能敷設一種法典他們執行習俗遠在他們創制法律以前；裁判官發生遠在君王以前。❻及至國家漸臻複雜內外的變亂逐漸搖動這種上古制度，一般領袖便應運而生，所承襲的習俗之需要加以有意識的增援的一部分劃歸一處而成為一種法典——有如「十二法令」（"Twelve Tables"）摩西法律（"laws of Moses"）與韓姆拉比法典（"Code of Hammurabi"），都表示距離達到政治法律的眞實標準之日還甚遠呢這些法典通常都被認爲是從某種神聖的淵源而直接傳授於立法人的，這是很可注意的一點韓姆拉比從沙瑪西（Shamash）而得着他的法律摩西從耶和華（Jehovah）

第一編　第一章　來由

三五

現代的國家

而得着他的法律并且從牠們的內容看他們亦不會區分典禮儀式的規則，道德宗教的律令與眞實法律的典型。

我們不用虛張之詞，大概的可以說古時政府的活動幾乎完全不是政治性質的統治者都是有特殊權利的人物；他們在他們的臣民的頭上任意的獨斷的行使他們的威權以滿足他們私人威權的慾望比較文化高超的埃及（Egypt）的古昔君王如西尼泰朝代（the Thinitae）的君王，便有生殺予奪之權，有任意侵奪他們臣民的婦女與財產之權并且還爲一般人民遵視爲神仙的化身但是他們雖能如此隨意的處置人民的生命與財產卻不敢遽然更改他們儀式與制度的一絲一毫❶有一種威力比君王的尊嚴還要高大有一種鞏固情形只光他們的權利還不能觸犯這就是關於適當的社會制度之固有的觀念這種制度的「一」大部分的保障與發揚便是國家最後所認爲是牠的眞實職責與惟一存在理由的事務。

凡在社會存在的地方都可以發見領袖制的表徵與威權的行使。一種國務委員會賴牠們而有其特性與形式一種頑童的俱樂部亦賴牠們而有其特性與形式；牧師大會賴牠們而有其特性與形式，盜賊集團亦賴牠們而有其特性與形式但是這種領袖制與權威自不能盡呼爲「政治的」我們也不能說只要我們在一個野蠻部落中可以找得着一個「頭目」我們便已發見了一個國家的發端在什麼時代，或在什麼地方這種端倪是包含在普遍人類的領袖慾與服從心裏面但是要在權威已成爲政府習俗已變爲法律的時候這種端倪總慢慢發現出來。

各個人與各家庭原有瓦相爭鬪的權利但是這種權利實有礙於他們對酋長的役務的提供；并能開他們不

【现代的国家】

第一编　国家的发现

第一编　第一章　來由

守紀律的惡風以損及他的威權他自當用痛苦與刑罰來約束這種自由有甚麼比這還自然些的呢？刑法的演進，在這一點上是很重要的上古的報復原則——「以一眼換一眼」「以一牙換一牙」——顯然發生在政治的階段還未發生以前這種原始人類的報復主義所能滿足的一方面便是會受損害的個人或他的團體所以我們實應牢記着：「復仇」乃是一種個人的——而不是一種政治的——行為種類「復流血之響」的人自己便要殺掉原來的兇犯；在他遇見他的時候他便可以殺掉他」（Num. XXXV. 19）。這特別是親屬人員的天職為習俗所核準而又往往為贖罪的神仙之可恐怖的形影所執行的按歐瑞斯特人（Orestes）的風俗兒子為父親之死亦須向母親復仇的報復是屬於親屬而不是屬於國家的事務他的方式往往規定的過於精細這種野蠻邏輯的離奇的嚴酷性有下列一種事件可資佐證：「一位幼童因爬樹而偶墮地其身體適觸一樹下佇立之小朋友的頭額此小朋友即死於地結果這個不幸的攀樹的幼童被判決而處以同一的死罪那就是說用他致死那個小朋友的方式來致死他由死者的兄弟實行攀樹而作同樣的跌落用以傷及他的頭顱而置他於死地。」在他種案件上亦有變更復仇的辦法而為較輕的罰款的贖罪法的這便包含有抵償「損害」的意義在裏面後來變為「民事」法典中一種原則但為應付一種完全不同的犯罪行為的造仍可以向損害者的家庭提出賠償的要求。不過在這種事件上國家對於要求的行為有什麼關係還不曾直接的表現出來能了。

再者，許多犯罪行為祇有社會的重要性而無政治的重要性這也是由社會全體施行懲罰的一種原因。

三七

現代的國家

祇須引用亞肯（Achan）的故事，便足以作我們的例證。亞肯犯罪的行為，使以色列（Israel）發生「騷擾」所以全體以色列人均以石礫痛擊他——為保證將來的安全起見聯同犯罪人與他的家族人等一幷加以痛擊（Joshua VII 24-6）在此地懲罰的宗旨是業已發生了變遷的懲處犯罪人為的是要保護社會——縱然不是要避免這種行為的直接的社會的影響至少也是要避免普遍的「上帝的盛怒」從這一方面看宗旨可說是真實的政治的宗旨但其工具仍然還不是國家。

這種程序有幾種不同的方面是我們很容易察覺的家長的「自然的」威權實為部落酋長開一途徑家長握有威權以駕陵其妻室與子女他是習俗的保衛者與解釋者在這個集團以內他是牧師幷且往往也是醫士當這般「老人」將他們的偶爾的聚集改變為族長的固定「會議」的時候他們的這些職務大部分便受了一種較大社會的支持一部分則轉移於一般酋長或領袖之手因為這般人到了現在也就「自然的」應運而生了。在當初他們幷不會想到法律的創制除追認習俗舉辦與禮與懲制罪犯外也沒有政府的組織梅因（Maine）白結特（Bagehot）及其他諸人業已明白的證明於前嚴格的法律的制定是近代國家的中心職務但太古社會對於牠是完全莫明其妙的。「習俗是人類的王。」其中夾有一種宗教的原則這種原則為人類發見了一種法律不但不是人類所創制亦且為人類所不能企及的可恐怖的一種威權所執行魔術又另添一種奇妙的機能所以「罪惡」能於冥冥自然之中得其懲處和果報或由魔術家的技藝中施以相當的報復所剩餘而授給這種幼稚國家的祇有一小部分的行政職務這些職務後來卻由威權的邏輯與制度的需要加以擴充而成為進步國家所行使

【现代的国家】

第一编　国家的发现

我們可以觀察這種進化歷程在盎格魯撒克遜（Anglo-Saxon）人的歷史中的進一步的發展最初法庭祇以宣告社會法律爲職責牠們尙乏執法的威權遇有事變家庭仍須採用報復主義流血的宿仇仍充塞於社會但是『一步進一步國家威權旣逐漸膨脹親屬之自助與自私的自主地位便亦漸趨衰落私人宿仇的循環報復便受了箝制取締——我們可以說便已被置於一種法律的甲冑之中了；被害者之復仇的宗族與殺人者之保護的宗族也都變成爲政府司法權的抵質品與襄助人了』⓫

這種報復或推及主義所附帶的缺乏安全的情形不經濟的耗費情形與無間斷的爭鬬情形還有若干現存的事實——如亞爾巴尼亞（Albania）門的內哥洛（Montenegro）與柯色加（Corsica）諸地的報復宿仇的流血慘劇美國之無限制的烏合民衆的私刑懲制辦法等——足資考證這些情形無不對於新發生的國家的干涉加以強有力的刺激在最初國家還只出於干涉牠保障習俗而不保障社會牠制止兇悍的犯罪人以免他得以逃避處分牠制止強大的復仇人以免他在盛怒之下妄越報復的限制要達到這一類的目的國家必須行使懲罰的職務但是這樣一來，國家於無形之中便引起了懲罰方面的政治理由了。因爲，復仇或則也還報於「國家」有什麼功用呢牠爲什麼要這樣增加牠自己團體內的損害呢？國家因某一會員之受損害遂「還其損害」於另一會員這種辦法能使「國家」獲得什麼滿足呢牠爲什麼要這樣增加牠自己團體內的損害呢無可避免的保障社會的觀念因爲附帶有改革不良的意義與制止不安的辦法便使這種整個的制度發生改變懲罰的「習俗」還處於社會貶責的區域而其

第一編　第一章　來由

三九

地位則由懲罰的政治原則取而代之。在盎格魯撒克遜的英國「國王治安」法庭的發展便是將懲罰已變爲國家職務的變遷昭示於世人的一種發展這種變遷的理由便是在於公共秩序與私人保障的需要這便是一種宗旨的變遷即在今日也還不曾宣告完成的即在今日我們還是認國家之出於干涉是因爲要保證一種有相當限制的一種「公平的」還報的辦法的但是這種演進程序卻已有了新進步國家亦已征服了一種新領域。

第三節　權威與階級

社會的保障與威權的野心——這是兩種最不相同而最相混合的原動力。

前一種衝動力能從下面而予統治者以壓迫因爲他們的職責與威權都同樣的強迫他們予國家的會員或國民以相當的顧慮後一種的衝動力便能從內心而施以刺激。在這兩種衝動力互相聯合以激發同一種的行爲程序的時候國家便可以獲得最鞏固的地位與最迅速的發展這就是政治懲罰制度的發達史略——其中牽連有一種司法制度的創立一種刑法法典的釐定與一種職在執行刑法的執法威權的設置全部司法機關的告成亦能產生並增進爲社會秩序成立了一種必需的工具而且亦顯然增加了政府的聲威與權勢同樣原動力的結合亦能產生並增進國家對財產的支配權與國家對兩性關係的制度的取締權因爲在這幾件事體上人類性慾的衝動最易使人逾越習俗的限制，而使社會陷於瓦解。但是這兩種衝動力要以在籌備軍事武力以抵禦外侮的時候聯結的最爲巧猾，最爲不可須臾分離。在這種時際要求保護的呼籲，情勢最爲迫切並且在這種時際，這種要求最能直接的有造於政治權威的擴大在這種時際幷且只有在這種時際首領的威權纔顯得也是人民的威權在其他的機會上，統

【现代的国家】

第一编　国家的发现

第一編　第一章　來由

治者的高崇，等於他臣民的降落，但在這種時候，他的高陞也便是他們的光榮，他們與他共有求解放與安全的必要，共有勝則榮敗則辱的感覺，這樣堅強的一種聯合——并且牠在今日的堅強，猶牠在極古時代的堅強——便足以將正在長進的國家變成一種高壓的機關，安內與攘外的強大機關。

我們要用若干證據來表明各種古時的國家處於上述兩種衝動力的影響之下是怎樣的逐漸為牠們自己創設了一種極廣大的組織，以致後來的人覺將這種組織與社會本身混為一談：這是很輕而易舉的事，但是這本著作的容量卻限制我們只能提供上述的幾點暗示。我們現在卻須轉而討論這新與國家的另一方面——這種討論我們關於國家在社會之中——在另一意義上可以說在社會之上——發展的歷程的觀念便完全只能成為一種片面的觀念。

這是法律的一方面；但是國家內部的結構絕不是建設在任何這樣簡單的兩造關係上。國家不但創設一種秩序系統，而且創設多數秩序系統；不但創設一種制度威權便是多數人服從一人的意義。牠總是一種複雜的結構，牠合一種階級結構的意義威權便是意志的有效的行使；但是就在這種意志似乎是屬於一人的意識的時候，牠也還需要其他多數意志的一種複雜而有等級的組織以資輔佐與支持，這些意志不但包括緘默服從的意志，亦且包括參與威權的意志。

因此，政治威權的發展，便使社會結構上必須發生重要的變遷。這種變遷便是設立社會各種階級，或改變各階級間相對之號令的勢力與服從的地位。上古部落的頭目或可利賴他所保障的社會習俗的支持以得其安，

現代的國家

但是組織軍事武力時常徵收社會財產的賦稅并解決產業與兩性的爭執的統治者卻還需要一種權利階級的佐助，並且這種權利階級還要有與他比較接近的利害關係所以在遇事取決於習俗的比較簡單的階段上的時候人民的組織比較後來業已具體發現的國家形式上主要更近於民治的原則也便是這個原故我們可以引用該撒（Cæsar）與太西特斯（Tacitus）敍述高爾與日爾曼諸部落（Gaulish and Germanic tribes）的事績，或關於現在幾種民族——如亞洲平原的遊漠民族或美洲印底安人的某種部落——的記載以為說明這種野蠻的民治集團之得以存在就是因為威權的組織極其幼稚近代的民治國則非有一種極度發達的政治統轄制度，不能維持這便是牠們兩下的嚴厲的差別。

至於這種階級結構的淵源那當然是由於人類環境遇所固有的不平等的現象親屬則有遠近親疏之分血統遺傳的位分則有尊卑上下之別。威權亦因年齒與經驗而增益復因時間之磨折力而化弱勝利的勇士有較大性羣的人士地較肥沃與廣闊的人必有較大的威信與勢力個人或家庭亦有光榮門楣的歷史而願竭忠盡智以保有此外還有因技術或智巧或體力而受榮譽的人們這樣各種精選的弟兄會與派別團體於焉發生這些都是人類的自然的寡頭政治的集團他們自行擭取一般專權與優先利益他們更以已身附在正形長進的國家威權之後以鞏固他們的權利與地位似這樣他們一方面達到了他們自己的目的，一方面又供給政府以牠的擴大威權所必需的社會支持但是在這種過程中國家便成為一種階級的國家；部落的習俗因受有團體權利的限制而漸趨狹窄國家的政治制度亦更得猛進而近於統治優勢的標的，遠離於公共幸福的準則。

這種有等級差別的社會制度，如何發展於社會之中，而增長政治霸頭制的氣焰，有原始人類生活上所特有的「祕密會社」的歷史足爲一種很好的說明。下列的一席話更能予這種社會的沿革史以很好的簡述：

「像澳洲土著的波拉（"Bora"）這一種的組織和一種部落的祕密會社——如卑斯麥海島、Bismarck Archipelago）的德克德克（"Dukduk"）或非洲西部的哀格祿（"Egbo"）——其間雖有極驚人的差別，但是在最後的分析上這些差別根本似乎都是因爲引用會員限制原則時產生有各種變遷而始發生的。將一種甫行萌芽的組織變爲文化比較進步的民族的祕密會社其間的過程通常都似乎是由於舊日盡其部落中所有會員而囊括之的民治化的組織逐漸緊縮而來的。這種過程的結果，一方面是在組織中會員名額的限制——祇有能滿足入會時所必需的條件的人們，方能成爲會員；而另一方面便是在這樣組織的會社中設立各種程度以一般候補會員逐步履行的步驟。及至祕密會社的各種徵象發達漸臻完備，這些程度等級亦以各逐一種等級的手續亦更爲煩難。後來程度等級較高的會員便成爲一種被揀擇的會員們的內慕集團而一依其本人的利益以統治這種組織。」⑫

上述事實不過是一種例證表明在社會生活逐漸變爲複雜的時候，習俗之比較簡單而民治化的政制，是怎樣的將牠的地位禪讓於一種統治與服從的新制度。這便是國家的機會地漸爲社會系統所需要但同時牠亦發生更進一步的限制力。國家與一種權利階級發生聯合而成爲一氣牠所代表的原則，就是控制與服從。現在歐斯汀一派（Austinians）的狹窄的法律主義解釋國家的性質便仍是本着這樣的精神國家已成爲威權的具體

第一編　第一章　來由

四三

現代的國家

物；但也只能在牠作一種階級的工具的時候，只能在牠和一種權利系統聯同一氣的時候牠總能這樣作威權的具體物。由此可見國家的職務愈形增加，國家的觀念愈變爲窄狹，這樣便是帝國形式發生的由來；而人類幸運在已往如此悠久的時期間也就是受了這種帝國體制的鑄造與薰陶。

❶ "Whereas families and local groups are shared by early and modern civilization, clans and gentes are known to primitive life alone; they are equally foreign to earliest man and to historic man," Goldenweiser, "Early Civilization."

❷ "Consanguinity is physical, whereas kinship in the savage sense is social," Hartland, "Evolution of Kinship."

❸ Morgan, "The League of the Iroquois."

❹ Cf., e. g. Smith and Dale, "The speaking Peoples of Northern Rhodesia," pp. 283-7, 292-4.

❺ This is shown by Below, "Probleme der Wirtschaftsgeschichte."

❻ Seligman, "The Melanesians of British New Guinea," p. 131.

❼ See, e. g., Malinowski, "Argonauts of the Western Pacific."

❽ As Maine showed, "Ancient Law," Ch. I.

❾ Cf. Meyer, "Geschichte des Altertums," Vol. I, Pt. II, Bk. I, Ch. III. The chiefs and kings of Western peoples had apparently more power to alter institutions than was accorded to Eastern poten-

第一编　第一章　来由

tates. The names of many Anglo-Saxon monarchs, such as Canute, are associated with institutional changes. This corresponds with the fact that the Western monarch was more dependent on his council, such as the Anglo-Saxon witan. Whether the witan had really the power to elect and depose kings is open to doubt (cf. Chadwick, "Studies on Anglo-Saxon Institutions," pp. 355–66), but it did exercise a degree of control from which the Eastern monarch was free.

⑩ Parkyns, "Life in Abyssinia," II, 236, *Apud* Westermarck, "Origin and Development of the Moral Ideas," I. Ch. IX.

⑪ Pollock and Maitland, "History of English Law," vol. I.

⑫ Webster, "Primitive Secret Societies"

第二章 昔日的帝國

第一節 帝國的建設

我們上面所述無非關於小的地方社會一方面；在這種小社會裏面已有一種基本的政治結構漸由演化而成形體但是「國家」這個名詞普通都是認為與一種範圍擴大的區域有關聯的，並且在歷史的背景裏我們已可發見幅員廣闊而行使一種帝國權威的國家這種國家是怎樣的發生的呢？是由於自然的結合由於親屬制度的分枝而逐漸引進若干同盟國家邦聯國家然後再進而為更強大的聯合體的嗎？還是由於征服與壓制而成的呢？後一種的途徑是大國家必經的門戶那是毫無疑義的。在人類歷史的過程中離心力自來即很強大使國家不能有順利而有秩序的發展祇是在因為必要而浸成習慣以後這種擴大系統的價值方為人類所承認：並且這種價值就是在我們現代人的眼目中也還是一種不易估計的品質。邊愛好獨立的心理個人權勢的驕縱心需要親屬的護符而始能發生團結力的社會觀念這些都能妨礙人類以合作的智力而擴充國家系統的努力而征代的精神倒是他們最容易適應的一種辦法了再者上古交通的艱難情形也使人類不能在任何大範圍的區域上目由聯絡而成為一種政治的大合作任何民治化的負責任的政府的擴大系統亦莫不賴有最近代化的交通利器的發展使人民彼此在最大的距離間得以發生迅速的直接的關

【现代的国家】

第一编　国家的发现

係；這是我們不常感覺到的事實者缺乏這種交通的工具，我們除鬆懈的同盟集團或邦聯國家外便不能期望有任何大的統治制度——除開外來的帝國形式——得以發生因為財力與威力可以由外部對人們的公共意志施行一種累種的統治，那怕就是在這種意志不能達到其本身目的的地方。

所以同盟結合與邦聯國家是他們在比較野蠻的民族間可以發見的；例如倭諾可人（Iroquois）的著名的五部落大同盟，在某一時期間便曾管轄比近代若干國家還大的一種領域。❶但是這種結合從未曾有發展成為一種眞實國家的事實。擴大的國家是由另一不同的途徑而達到的。牠是代表政治威權觀念戰勝政治公道觀念的紀念坊階級的結構體係由牠所激成亦為牠所利賴而古今政治制度也無時不由這種階級結構體予以新的支配。

在原始人類的生活中實不能發生任何剩餘的財產以充一種階級制度的完美的奠基。從社會全體看生活是一種「從手裏到口裏」的工作；以致社會等級的差別完全要依賴個人的品質出身或門庭，或一般表面上為典禮儀式所司與風俗習慣所重的傳統權利。這種差別於人類日常生活沒有重大的關係就是在原始部落裏面，貧窮的際遇也是附帶有一種民治主義的。但這卻是一種不進步的民治主義牠在國家本身發展的過程中就被推翻了。進步的國家設立了屈服以代替平等統制而輕同情推崇階級制度而遏制合作的集團使這種變遷能以發生的便是可以動員的財產的蓄積馴服牲畜的進步平時與戰時的各種技術方法的發展，生產與交換的方法的發展便日漸在自然所默佑的地帶上創設了一種威權的新工具；而這種工具便為威權的

現代的國家

機關——國家——急起而攫取於掌握。

那般肥沃的流域，如又費蒂斯（Euphrates），如太格尼斯（Tigris）如尼洛河（Nile）如黃河，如揚子江——我們所稱為「文化發祥地」的其地帶都是為剩餘財產所積集的中心點。財產日漸增進大小城市亦隨而發生因為城市實為可動員的財產的徵記與集中地城市的發現便證明：有一部分人業已求得己身的解放，已無從土地中奮鬭以謀生活的緊急需要因為他們業已獲得一種方法以支配別人勞動所生產的物品城市引起財產的集中城市中財產集中復引起威權的集中城市便是帝國的第一步驟與條件世界上最早的帝國——如撒邁利亞人（Sumerian），亞西利亞人（Assyrian）波斯人（Persian）埃及人（Egyptian）中國人的帝國——都是由首先認識城市生活的技術的一般民族所成立的城市能使社會統治的體制發生組織變為複雜牠在古時頗有自成一種國家的趨向，將其勢力擴張於其他一種鄉村的「內地」上。根據於一種鬆懈的同盟集團或文化的同化作用，多數的城市得以互相結合而成為一種爾詐我虞彼此奪的關聯團體厭後偶有一人在威勢與領袖能力上有異軍突起的模樣，途得操縱其他一切同仁的權力，而成為一種帝國的心核

城市裏的威權的組織，其發達的程度遠非遊蕩民族、畜牧民族或農業民族所可冀及的。在各種民族之間惟有專務土地事業的農業民族終年祇知分布其勤勞於耕植耘耙為最不能組織權勢的來源更不能從事於權勢競爭遊蕩民族則能完成一種更嚴密的統一能為攻守而發生更迅速的團結並能隨情形勢要或利害的驅使而隨意遷徙他們所有的物品牛馬駱駝都能供給他們以迅捷的利器他們將成羣結隊的牲畜驅逐在他們的前面：

四八

用車輛以載其家用什物，與其家庭中不良於行的人員。在遊民與農民比鄰以居的地方，農民便時時有受遊民劫掠蹂躪的危險古時擇居於黃河流域的和平的農業民族常爲蒙古沙漠中紛擾好動的騎射民族所攻襲而經年都有籌劃抵抗的必要這是一件驚人的史實而常被引用以爲上說的佐證的但是這樣遊蕩的羣衆絕不能達到相當的文化發績以爲較大的國家的根本他們的生活太不穩定性質極不適宜於那種堅決的有秩序的開拓事業而這種事業便是帝國的工作。他們能成爲羣衆，不能成爲國家。在普通情形之下，他們都祇企圖劫掠，然後引退在一種非常的領袖的衝動慾惠之下他們亦可以達到一種征戰隊伍的階段；亦可以推倒一個業已成立的帝國——如匈奴人土耳其人與亞拉伯人都會有過這樣的成績；但是他們卻不能維持一個帝國除非他們居留於固定的地域失掉他們原有的品性而於他們所毀滅的文物制度的遺迹上另有所建設惟有一種有固定居留地的民族，據有肥沃豐富的領土，足以容有城市生活中所帶連的威權組織與集中，方能熟悉帝國事業的密奧。

在上古的城市中，原始社會的親屬組織日漸失其重要性，而階級組織逐乘時以臻於發達。親屬制度——無論在近代或在上古——總不甚適宜於城市的情形，而與鄉間的社會卻較爲融洽城市所特有的居住與聚合的方式足以使有家庭根性的團體，脫離於親屬的包圍而形成索然孤立的單位；而另一方面又有各種新勢力與潮流，從事於創設人羣團結的新形式與體制。宗教凝結而成爲廟會崇拜式將家庭古禮一概抹煞在廟堂領域之內，亦逐演成一種牧師階級別自爲一嚴密的排外團結爲社會統治之一種有獨佔性與最高組織的工具漸趨複雜

第一編 第二章 昔日的帝國

四九

現代的國家

迷離的一種宮闈朝庭附以各有專管的員司從事於侍僚於君王個人的左右,而發爲一種複雜的儀容舉動的法典甚至於獨創一種生活的方式致使君王朝庭陷於脫離其他人民而別爲天地的境遇這些階級便從而將城市與鄉村變爲他們的附庸國利用統治與壓迫的各種制度以鞏固他們的位列整肅的家宰稅吏法官以及他種官憲同時城市的普通「文化」亦日漸增長促成工作的分配刺激專門技術的發展甚至戰爭技術與工具亦與日俱進這樣普通與比較普通的勞動趨於分離而連帶的階級差別亦漸次萌芽貨幣交易制度由物品交易的粗笨作用之下蛻化而出,不但使財產比以前更易以流通與聚斂亦且使財產成爲更易以換得權勢的工具——足以自由而顯然無阻的號令人們的役務。

這種自由的或流通的財產的影響其作用最有效力的地方,就在於一種永久性的軍隊設備的成立——這種武備是與宗族或部落之偶爾的招募或自動的徵集完全不同的。一種軍閥階級乃得成立——以武力爲職業的官吏乃得組織嚴厲而以尊卑有序的威權與毫不攜貳的服從爲生活的規律這樣軍隊便成爲一種極堅強的保守勢力其趨勢所及必使階級的國家蹲於鞏固使威權主義儼然脫離於普通服務觀念的本身一變爲命令的奉行命令是與法律有別的:牠是來自私人的是一種上司的專斷要求假權勢或地位之名而強索服從以一種純粹的義務加諸下司而不斟酌其本人的意旨或利害的。

似這樣組織完成的一種地方社會對於原始的部落顯有天淵的懸殊試舉上古埃及文化我們所知道的最早的一個階段以爲說明的例證在這裏我們不能發見任何形似宗族或部落的文物制度社會的系統不根據於

五〇

【现代的国家】

第一编 国家的发现

親屬的關係，而根據於階級與職業所決定的身分界限。這些差別限制大半都是世襲的，不過幸運與官吏恩寵亦往往能拔擢一個人於任何超越的地位罷了。上下兩埃及國的分區，乃基於領土而劃分；每一領土或行省之內各有其本地的習慣與本地的鬼神。但是牠們卻都是鑲嵌在國家的花格上成為其體制上的固定部分。除少數純粹的行政區域外牠們原來定都是些自由的地方社會但是權勢的衝突卻產生了一種高於一切的威力而為國王與牧師所共有。一種富於壓制性的宗教——大部分都是離奇的幽暗的足以掀勳恐怖的——曾將少數的地方的鬼神擢升為有普遍勢力的并為人人所共同崇拜的上帝：如阿西利斯（Osiris），霍瑞斯（Horus）與賽施（Seth）都是這樣被擢升的神仙國王亦已變成一種神仙；有一種徽記——「霍瑞斯的鷹」——便是代表「上帝」而又代表「國王」的。這樣宮殿與廟宇密佈於全國而施以鎮服所有的人類便皆為臣民這種制度經久而成為生活的主宰牠的來由已被人遺忘迷信與爵位的強大的勢力便得以操縱人類的心靈人們已不復是有血統關係的弟兄或同仁——這種社會的自由人——這種社會的一切制度，便是他們自己的制度便已成為威權的奴僕建造國王的宮殿或他的陵墓或為他們所崇奉的若干神仙的某一位添造一座廟宇，便成為人民的天職——其重要性遠過於他們普通的幸福。國家既有軍事武力的扞衞又得宗教恐怖的保障便成為高於一切的組織了。

這樣，國家便遠離於公共服務的原則了：表示有這種情形以至於極端的程度的地方社會便要算上古的埃及；但是任何古時的民族凡曾達到文明的境遇的——就是凡曾有超過緊急需要的剩餘財產以及一種城市的

生活的——都曾經過同一的享榮與屈服的歷程；不過程度上有所參差能了。在撒邁利亞(Sumeria)亦猶在巴比倫利亞(Babylonia)，在印度亦猶在中國帝國的造端莫不由於大多數的民眾屈服於掌執威權樞紐的某種階級或若干階級——起初還在以城市為中心的小國家的範圍以內——而為屬之階的，但是「精神的」勢力卻不必定如在埃及的情形而與政治發生如此顯明的關係——時或牧師階級脫離於政治關係時或取得一種較為高崇的地位但無論如何牠們在威權與屈服的方向上總是彼此互助而鞏固社會的秩序系統結果階級制度乃得以深入於各個地方社會在這種情形業經作到以後侵略機會便已成熟某種領袖手握這種新鑄的威權利器便會帶着統治的原則暫離開他自己的國家而加於其他民族的身上。這就是一般領袖——如亞加狄亞人(Akkadians)的沙根(Sargon)亞西利亞人(Assyrians)的弟格拉皮賴色一世(Tiglath-Pileser I)周朝開國皇帝武王——的功績。他們不僅是普通戰場上的勝利者；他們是由威權觀念化身而成的人們他們自己的各個國家現已採納這種觀念他們便又從而將牠施行到牠的遲輯的收場——這便是帝國的建立。

隨帝國的成立又發生了新的政治問題。將一種廣大區域的政府集中於獨一統治者之下，實為一種窘極艱難的事體，特別在那種交通梗塞的時代區域的司令官行省的治理人或府州官憲均享有巨量的自主權並且常有對一統天子作叛變或挑戰的趨向在皇帝本人的宮庭裏也不少有聲勢浩大的貴族無時不小心覬覦作黃袍加身的準備；一旦機會發生他們便要攫取龍位而自代之了。如果世襲的承繼制竟將王節傳授於弱頑者之手這

種情形更是特別的顯明。遺傳是鞏固威力而使之成為「權利」的自然方法；但是牠的效用通常雖能增進王位的尊嚴卻有時亦能削減牠的實際威權所以古時的帝國總表示有一種變遷不安定的局半獨立國家的一種鬆懈的堆集而帝國主權不但由這一朝代變易到那個朝代亦且由這個城市。實際上帝國安定的條件不但包括公共政治制度的敷設亦且包括階級結構的進一步的改造統治階級由威權的集中便發生了分裂的痕迹致使他們對待屈服諸階級的聯合陣線邊陷於弱化的境遇這種裂痕只能在一種機會上得以彌縫就是要有一位強而有力的君主巍然獨立能了解并能實行專制的主義將一切微小的區域與權威盡行予以毁滅。埃及第十二朝代的諸君王——亞門倫哈特一世(Amenemhat I)與西梳斯崔斯三世(Sesostris III)——便是這樣將擾亂他們國家的自主的讒臣先後一一加以壓潰的。但是勝利的專制主義卻又有減滅階級間的政治區別的趨勢因為牠不但要從尊貴的偉人亦且要從卑賤的平民取得牠的服務的臣僕這是羅馬帝國曾經予以最後的證明——即在西梳斯崔斯三世的埃及亦曾發現——的一種事實專制主義者制便似這樣的為民治預備了道路馴至歷史推進到了後來一種階段這種君主推倒統治階級的堅固性的驕縱心使君主趨重於他個人與其他「一切」臣民間的輯軼這樣便影響及於統治階級團結的戰爭實際上還曾經假借民治的名義而宣佈過并且還獲有一般有民治意識的分子——「平民議員」——的贊助希臘諸「暴君」——格卅克朝各王(The Gracchi)——以及古時諸該撒征服「寡頭制」的時候，就是假藉民治的令名：因為一人與多數人的利害衝突從來就不曾有多數人與少數人的利害衝突那樣的厲害，

第一編 第二章 昔日的帝國

五三

但是世間似乎沒有政治智慧這樣難以獲得的東西古時帝國有興有亡但是牠們從未曾達到政治安定的境遇有的帝國直接因外來遊漫民族的侵襲而陷於滅亡撒邁利亞與亞西利亞都是這樣的結局新興帝國起而代有牠們的地位但亦不甚明瞭政治永久性的祕訣甲爾狄亞（Chaldea）米狄亞（Media）波斯都曾稱盛一時而未久卽歸於傾覆其他的帝國亦有因地利形勝的關係在名在形俱會有悠久的存在埃及便是一例但是卻也經歷過不少的外人的征服及威權的轉移這些帝國之中只有一個——就是中國——在某種意義上可以說是從虛無渺茫的過去一直巍然獨存到現代；但是牠的內容鬆澳的統一就從未安然建立在政治鞏固的基礎上如果不是因為一種共有文化的社會黏韌性如果不是因為這種文化在家庭生活上有特別深固的根據這個帝國亦必久成為過去的遺迹了。一切古昔的各種帝國莫不以國家為產業主權為所有權於是威權的一切試探力與姤妒心得了自由放縱的機會不受國家惟一靠得住的保障——公共意志——的約束因為掌執威權利器的主體把持過於嚴緊故威權終不免在他手裏歸於破裂古時帝國的滅亡永使人類發生威權與華貴不能久長的觀感：其實原因並不在國家之「自然的」滅亡性而在國家政治威權之不健全的根基。

第二節　陸上威權與海上威權

我們所巳論列的各帝國都是內地或大陸強國對於牠們海洋是一種障礙——不是一種康莊大道——是有如雷池不能逾越一步的疆界；不過只要有這種海洋術繞國境也還足以提供一種保護以資抵禦外敵能了埃及文化的中心不在德爾塔河（Delta）諸口而在埃及尼洛河之中部流域中國的文化原係由黃河內部流域而

【现代的国家】

第一编　国家的发现

東進南進卽在今日「從中國士人的眼光來看海岸仍然是地球的終點真實的上國精神極少發現的地帶」❷海洋爲大分水領牠們不是有聯絡而是有隔離性的；並且具體大水流的心理，在目前海洋的希臘人的文學作品中還留有不絕的遺響甚筭拙而不良於海行；除滍淵薄冰的危險外還有海賊不斷的蹂躏，就是在德莫斯與斯（De-mosthenes）的時代海航船變的保險費還是異常的高昂那般握有支配海洋之權的人們，可以尋得極大的勢力與財富但是這種事實人們發見的極慢且極多所顧慮。

如果世界上有任何區域，自然的合宜於曉諭人類以海上事業的利益，那便是易經海岸（Ægean coast）聳島環立形成聯絡若干性質極不相牟的陸地的橋梁最早的海上霸權的帝國便發生於此地這就是政治威權之一種新而劃時代的形式的起端一種易經文明——大有別於小亞細亞埃及中國與印度諸文明——便是發祥於此地在經典歷史的頭頁尚未揭開以先已昌盛繁榮有一千餘年之久牠的最驚人的發展，便是在克瑞特島上（Island of Crete）但是在馳名的濁狹（Troy）地基上以及後來——在基督降生前一千年開外的時代——在米聖那（Mycenae）與蒂因斯（Tiryns）等地方亦留有照耀千古的遺迹並且這項文明又是我們承認與我們自己的文明，極相接近的一種與東方文明相比較牠的品質徵象實帶有特別的歐洲性❸。一如泰西近代的文明，這個上古的生活系統所有之基本的淵源與條件也是來自海陸兩種支配權共同成立的各種聯絡與往還。

這般古時的海上霸權國其勢力影響遠非牠們狹小的疆域所可比擬這也是牠們的一種特殊徵象在克瑞

第一編　第二章　昔日的帝國

五五

現代的國家

特島上建都於諾色斯（Knossos）的那個小國家居然能控制賽克奈狄人（Cyclades）而推廣勢力以遠至於愛文利亞（Ionia）與希臘并且在這同一個島上還有另一霸權以費斯托斯（Phaestos）為中心而與東方各帝國成立有各種聯絡依阿的西詩（Odyssey）所載克瑞特島乃是五種各別的民族的家園牠是若干文化系統的薈萃地，厥後由此又發生了一種新穎而更偉大的文化或係由這種程序而得着最後的生育。通達險要地點的海路可以使人們在此地成立相互的聯絡另一方面又可以制止人口羣集的運輸而免於遭類的混合與鎔化。這便是一種授胎作用的程序——世上任何偉大的文化或均係由這種程序而得着最後的生育。通達險要地點的海路可以使人們在此地成立相互的聯絡另一方面又可以制止人口羣集的運輸而免於遭權這種運動的純陸國家所常受的文化與民俗被壓倒的危險與厄運在這些地點上不但常有物產的交易，而且常有思想的互換人們的心靈都能得着刺激與解放不復拘泥於生硬的習慣的殘暴約束之下埃及的文化的厄運是絕不能降臨於一種有海上生活的民族的。貿易中人的性情勢必發生一種較大的社會的彈性而脫離於偏狹的見解而海上威權之利賴於貿易的地方實又遠過於陸上威權。再進一層說一個由貿易而取得財利的國家，比較的不會有很衆的農民人口所以也不會有很嚴重的固定性因爲不流通的固定性是屬於農民的特質基於行商的財富雖說性質比較的欠穩定但是如果處於有利的情形中卻要比直接來自土地的財富容易增進的多。并且這種財富還比較的集中比較的易於任意的使用：這樣便可給人生技術以較大的刺激這一切的情形都能幫助為海上帝國的特殊徵象下一詮釋。

在內地居處的民族一方面遊蕩民族有流通性，而無財富農業民族擁有資源，而又犧牲了流通性惟有海行

【现代的国家】

第一编　国家的发现

的民族，爲能合二者之長而兼有之他們既有財富又有可驚的威權他們要敷設一種關稅養金與納貢制度，其事實比較的輕而易舉且無賴於重大的費用。海洋帝國的建設的基礎便在於這些稅收而并不在於土地的繼續的佔有牠們的城市，一面是堡壘一面也是市場。由自由交易而獲得的剩餘財產本身上亦爲一種威權牠們便可以企圖取有另一種更爲招怨的剩餘財產——就是榨取於不富不強的國家的貢禮但是，利用這兩種剩餘財產的合併牠們便可以取有對於資源的號令權：這種號令權便可以使牠們的民族固有的天才得有自由且極驚人的發展易經海的各強國一方面地勢比較的安穩，不受外人的侵略與軍事上的擔負，一方面因與外界可以互相交通亦不至有社會制度鐐錮自封的危險故能成立一種開逸與機會的基礎而各種人生真實的藝術乃得有空前的昌發這一點便是牠們和繼牠們衰後而起的那個海洋帝國——非利西亞（Phoenicia）——的區別：非利西亞的行商精神竟將牠所獲有的一切資源在牠本身的發育上就消耗盡淨了在這一點上牠們很類似後起的一個更爲偉大的海上帝國——雅典（Athens）牠的一般哲人知所以將人生的目的與其通常的工具分析清楚故能給舉世人類以無窮盡的激勵。

海上威權與陸上威權之間有幾種分別之點在國家的進化上有很大的重要性帝國開拓的衝動力根本上總是一種經濟的衝動力爲追求這種目標起見陸上威權便要侵佔鄰近的領土；因爲這些領土的土地與人民果能使之直接屈服的話，便能有所貢獻於國家的統治階級這種領土的侵佔，在朝代彼此結約互相合併的時期以前大都是出於武力。土地的耕種者往往被置於農奴的地位他們的勞動便是這種侵佔者的重要財源牠的不光

第一編　第二章　昔日的帝國

五七

現代的國家

榮的威信的基礎陸上帝國似這樣的逐漸膨漲，牠的統治中樞便亦漸趨於脆弱化：因為在古時世界尚缺乏迅捷的交通利器以為彼此聯絡的工具這種趨勢實在是無可逃避的。牠於不得已的局面之下便要分化牠的威權結果中央政府便祇能佔有來自統治霸權的剩餘的一部分同時牠還要養給更衆多的武備軍人這般軍隊也是消費牠的資源的牠的勒索厚斂逐亦日漸增加；於是財物的生產者便要因生產者的困窘而受其威脅同時帝國各行省與藩鎭因為領土威權日益增大逐漸趨於自主的地位又無共同的利害關係使牠們與中央發生一氣的聯絡牠們的附庸的藩吏與擁有土地的貴族得妄自奪取擅自行使足以擾害帝國結構的一切威權這種帝國是很有因牠本身的分化潮流而陷於破壞滅亡的危險的陸上霸權國——如印度中國埃及以及後起的北非洲與中古日耳曼（Germany）各帝國——均曾屢遭這樣的厄運。

海洋帝國便與此有尖銳的差別牠并不一步的併吞鄰國領土的各部分而成立各種地勢險要的殖民地，對具有「內地」的商業根基地加以礮臺等類軍事的設備或利用其財力與武力以控制業經弱小國家所設立的這種根基地要達到這項目的牠亦不需用一種擴張的軍事佔領線牠的經濟力與政治力互相為用狠狠相依牠之奪取商業控制權——平時與戰爭的筋腱——往往純出於侵佔而無須顯露其武力牠的財富差不多能不期然而自然的集中於中央并且牠的威權遇有必要時能從中央迅速的達於牠的周圍線上的任何地點所以牠能不採過分的分權制而為治能不設立若干職權龐大以至於危及邦國的附庸或總督而為治更進一步牠能使各部分彼此發生聯絡并與中央發生聯絡；因為牠有商業設備與便利風俗習尙以及他種利益的強大吸引力。

【现代的国家】

第一编 国家的发现

第二章 昔日的帝国

外表上與事實上均不似陸上帝國之依賴於軍事武力的程度嚴重，所以也比較的地位穩固他不至於有這樣遭內亂襲擊的危險性鮮有因分崩離析而陷於破壞的事實但是雅典卻因改組狄連同盟（Delian League）為一臣服帝國時過於依賴武力，過於依賴勒索厚斂而不依賴商業的利益會遭受這種厄運這總算是個例外罷了。海洋帝國的覆滅普通都是來自其他原因為貿易的途徑每幾世紀之間必要發生變遷新霸權必要奮起因此便發生與外敵的新仇怨。如果一個海洋帝國的惟一的中心為人所襲擊他的效落必定特別的慘痛與嚴重。

戰征的鼓盪與踐踏」而不衰自然界遷緩的變遷與夫人類的開拓與踐躪誠能使他陷於貧瘠——有如（Carthage）的滅亡就是一個實例陸上帝國以土地的財產為基礎而土地的財產是不易毀滅的能經歷「千百在米梳波太米亞（Mesopotamia）波斯亞拉伯（Arabia）或者還有希臘的情形。但是自然界的作用以審慎的耕植大抵總能恢復土地的財源不過新起的威權或可以進而佔據他罷了。但是海洋帝國的利益一旦遭遇損失，或則便永遠不可規復了。

這兩種帝國的人民階級之內顯露有另一種極關重要的歧異點陸上帝國從事於蓄積土地的剩餘物產——不是因此項物產果為非西阿克拉特派（Physiocrats）之所謂「自然的仁慈」的過剩而是因為他是耕植者的勤勞所穫得而他人不容耕植者所消費的過剩。在社會進化的歷程中便發現兩種耕植人農奴與「自由人」但是他們兩下所負荷的共同責任他們交相分擔的勞苦工作，金錢交易不佔重要位置的鄉村生活的「自然」經濟，工商業的私用制度所獨有的恒久監督權與直接操縱權的缺乏，在在都有使他們兩下趨於同化的效

現代的國家

用。這樣，農奴與自由人兩下同有趨於一種共同的中等的階級地位的傾向：這種階級地位便是農夫的階級地位。

在一切社會階級之中農夫階級恐怕是最富永久性與保守性的同一的定律能使農夫固守田園而不肯須臾別離亦能給他以某某本的權利這些權利都是他所緊握而絕不甘放棄；但是他卻不自動的努力將牠們變為積極的政治權利他只要他的權利獲得承認便自以為滿足海洋城市都有一種內心的激盪對現成權威常孕反對的聲浪（這種反對聲浪的重要性我們即將有所發見）這是農夫茫然不解的事他所尋覓而認為高於一切的目標便是既成的事實習慣的方法；只要這些事實與方法沒有過度的使他不能忍受的荼毒性。他所享有的一切人生的快愉都不能出於家庭與親屬的範圍外不然便是那種充滿於他的生活的密切與自然相交通的關係，所給予他而為他所不甚明瞭的獎勵物這種快愉都很簡單而能產生很深刻的印象很直接而無競爭性對於這種快愉所隸屬的秩序系統他沒有想致疑問或擾亂的傾向，自然界的各種勢力使他心理上發生那種不可避免的堅固而反覆無常的威權的觀念也就是這種觀念的反映依他的觀察，上帝與君王的距離不過是一種程度的差別所以，農夫是顯然與陸上帝國的階級威權極相融洽的擾害陸上帝國的內部勢力不來自於下而來自於上來自於大地主的紛亂而僭妄的要求，而不是來自於土地上臣服的人民。

海洋帝國則適與此成反比例牠的進化，對於奴隸與自由人的差別，不但不予以改變而反加以尖銳化海洋威權的資源比較的有自由的流通不但使牠能用購買或劫掠的方式而獲得較大額數的奴隸幷且能使牠分給他們以極多種類的卑賤且機械的工作，因為這些工作都是商務與實業發展所能增創的古時的海上帝國，無一

六〇

【现代的国家】

第一编　国家的发现

不為奴隸所充斥這般奴隸既爲外族異種，既爲寄附於他人意志雖下的「活器皿」既爲受他人支配而任各種勞役（這種勞役正因爲是出於他人的支配所以都認爲是「不自由的」）的人物所以他們便形成一種完全與自由人不相類同的階級他們便自由人的生活輕易而舒適使多數的自由人在城市閒享有生活的閒逸與機會。無疑發的代價也是很重大的奴隸制有極嚴重的社會代價特別是在一種文化必須以牠爲根基的時候無論怎樣，因爲他們提供有閒逸的時光有一種威權並表現有與自由人截然不同的際境所以他們便與其他的勢力聯合以圖叛變——結果在商業繁興的城市裏他們便要被激盪而揭開整個卷與政權的要求這種霸權國家於是從下層心腹而遭遇攻擊舊諺有云在以商業爲生活的社會裏階級的關係是比較無甚重要的：是少在這一點上，梅因（Maine），的富有意義的學說——就是認文化進步是「從階級而至契約」的學說——是有真實效力的契約便是商業的基礎商業生活既連帶有幸運的變遷「階級」便要受牠的牽擾而趨於弱化商人與農夫乃是立在兩個大相徑庭的極端商人所尋求的是利益改革創制——最後威權濱海的帝國在本身以內便孕育有一種新東西——民治主義。

關於這一點，我們將來另加詳論同時我們也不可過於重視大陸與海洋帝國的差別。我們可以說：任何種類的帝國統治權都是擴充共同習俗共同言語共同思想的範圍的這樣文化可以膨漲在某種方面還可以充實內容。帝國可以造成相當程度的和平與安定有時經過長久時期而不衰：在這種情勢之下人類的精神可以有較大的機會以表現他們未經使用的各種本能於哲學於文藝於宗教於美術於科學及專門技術各方面。由此有一般

第一編　第二章　昔日的帝國

六一

現代的國家

勢力便可得着局部的解放：這些勢力於相當時間又必能改造國家。在一種無理解的威權的領導之下人類的公共而普遍的利益總是慢慢的進展着國家有兩方面——威權與役務；而首先決定國家之擴充策略的，差不多總是威權役務只能決定牠的內容充實內部發展的情形人類差不多總是先作臣民然後纔作國民但是臣民屈服的條件與境遇本身就能爲國民資格開闢道途。

❶ "About 1675, they attained their culminating point when their dominion reached over an area remarkably large, covering the greater parts of New York, Pennsylvania, and Ohio, and portions of Canada north of Lake Ontario" Morgan, "Ancient Society," Ch. V.

❷ Parker, "China," Ch. I.

❸ Cf. Cavaignac, "Histoire de l'antiquité," vol. I, ch. II, "quelque stimulante qu'ait été la proximité de l'Orient civilisé, la civilisation égéenne est nettement européenne d'origine et de caractère"

第三章 國民資格的肇始

第一節 城市的精神

濁涘（Troy）與克瑞特（Crete），米聖那（Mycenae）與蒂因斯（Tiryns）的易經（Ægean）文化，自起亦復自落。在歷史記載上牠不曾留下任何的遺迹除了一二種荒誕無稽的稗史古傳以外只有掘鑿者的鋤鍬能表現人們經久而未想到的真實情景，表現一種豐富的美術的特殊的生活的壯偉奇烈；因爲這種生活的遺念已與牠的黑曜石的矛首鐵錚錚的環珮與金樽玉盞等已與牠的珠寶與牠的甕瓶牠的彫刻與牠的壁畫等同埋於牠自己的死者的墳墓內了。牠殞落的原因不是因爲牠的生命歷程已告終結因爲在文化的歷史上並沒有所謂「自然的」的結局只有形體的改變牠的殞落是因爲受了一種北方民族的侵略這種民族曾掃蕩並壓服希臘的領土易經各海岸與各島嶼這般征服者統屬於一種民族因爲拋棄方言土語的區別外，他們所說的是一種共同的語言他們名字上寄托有共同的風俗有共同的習慣並且有同一的合祭廟——他們一切地方的鬼神都是歸納在這個廟裏。但是他們卻不是且從不曾變成是一個國家。❶ 在後來一個時期內，他們曾採納一種公共的稱，並且追溯他們本身的來源於一共有的神怪的始祖——哈侖（Hellen）；但是在當時或任何後來的時代他們均不曾覺悟有一種公共的政治觀念。

現代的國家

在這個有特殊天才的民族所成就的事業之間，在此地與我們最有關係的，就是他們在其所征服的領域之內，所創發的一種新異的極堪注意的社會系統城市生活原不自希臘人開始但是從他們手上卻曾採取一種新奇的色采與特殊的形式在城市的發達的局勢之下一切其他的人類關係都只能佔據次要的地位親屬關係是上古社會生活最精奇的連鎖但是現在卻亦失掉了牠的重要性牠的主要地位現已轉移到另一種更為人們所重視的關係——就是國民資格的關係——對於統治者或領袖的忠順心或服從心在這個民族心理上業已失掉了勢力；並且他們的「君王」依霍墨（Homer）時代的風尚仍然還是高於一切的仍然是「在人民之間被聲仰的」人物但是現在卽未完全歸於消滅卻亦成為不關重要的空洞的職守，「一種偉大名目的幻影。」宗教對於這個民族與東方一般被迷信所壓服的民族相比較亦沒有多重大的勢力。在他們之間，沒有牧師階級足以恢復他們君王所已不能維持的那種服從權威的觀念他們的宗教實不過將他們的宇宙觀念拿來加以適應環境的人格化的形式——其形式的外表是美術的而非武斷的——絕不是一種不容懷疑的道德規律的可怕的制裁有這種精神的民族，自有作最大社會與政治試驗的準備；而易經海之沿岸又適足以供給一種相宜的環境。

我們的這種言論，並不是表示我們意欲解釋或追溯希臘政治天才的系統源流我們不能解釋為什麼一種種子要在牠的發育上表露牠自己這一類生命的特殊徵象我們也不能解釋為什麼希臘人在文化史上要變成他們那種模樣但是希臘的環境與其鄰近的海岸——牠是個小平原與山川險阻的區域；有如犬牙之互相綜錯的海岸海岸之外有縱橫的島嶼以與東方各文化相交通領土之上雖有葡萄無花菓與麥黍等物但終無肥沃肥

【现代的国家】

第一编　国家的发现

腴的農業富源故使牠的居民咸致力於比較收效豐美的商業經營並且此地的氣候亦極有鼓勵野外生活的效力，就是在牠各城市之內也是這樣——這種環境正足以提供一種機因微此則希臘的政治生活絕不會發生牠那種特殊的形式在那些與世隔絕的平原與流域之間一方面又有若干海洋港灣以與外界發生不斷的聯絡實有天造地設的機會足以激發「城國」的自主的活動的滋長首先居留於海洋港灣之間，一方面有海洋及希臘北部諸山脈予以屏障便不受夷堅強的山麓或避居於有保護屏障的港灣的村莊的人民不久便將他們聯合於一單獨的政治制度之內或之下。最馳名的例證便是亞蒂加（Attica）的「合併主義」("Synoecism")這種主義將他們許多小集鎮聯合而爲一個地方社會——共有一種國民團體一個中心地——雅典

在他們的新環境裏面這個民族自動的並極度的從事於城市的生活；對於城市依其本性所必要使之散佈出來的各種影響與潮流莫不有其特殊適應的力量要認識這種發展我們必須要明了城市如何以改變一切人類的心靈智理的方法與情形——特別是像希臘民族這一類的人他們有接受新潮流的勇敢而不會遵舊有民俗之任何堅強的阻礙。

在城市之內人與人的關係能以決定人的品性遠過於人與自然的關係。生活與成功純然要仰賴此心比彼心，要仰賴敏捷理想活潑獨立鄉村生活卻能產生一種迂緩而比較堅強的謹慎心，一種堅忍的耐勞心，一種沈默性：這種種特性的觸發一方面是由於接觸各種不知的與不可約束的力量的關係，一方面也是由於接觸各種自

第一編　第三章　國民資格的肇始

六五

現代的國家

然膂映的資源的關係——因爲鄉間的人民無時不想以繼續不斷的勤慎的勞力，來利用這種自然界的財富蘊藏。一年四季總是頑然不容人情的寒來暑往的承替輪轉着使鄉人的心理上發生命運定數的觀念；因爲人生的歷程是反映在自然變遷的不躁遽亦不可逃避的潮流上的在這種變遷的現象以外還竚立着那些年代悠遠的似乎永不更易的東西——出沒有常的日月星辰，永在無極的地球上的草木與生物雖亦有沒落的時期但是生命的種子總於世代相承的玄妙之中恢復牠們的生存，而發見自新的途徑這種久暫的差別——永遠與臨時的懸絕——在鄉村人民的宗敎與精神上實有卓越的影響這是各種眞實鄉村生活的徵象與韓姆生（Hamsun）的「土地的滋長」（"Growth of the Soil"）中所形容的我們近代的鄉村生活有同出一轍的情形在人世的永久的背景上生命的基要事變——生育婚娶與死亡——實現有極深重的意義城市的居民卻生存在另一世界上。在他的目光裏外面自然界的萬千分期的變幻與永久無極的現象殊沒有這樣嚴重的意義。他對於自然的威脅與反覆有有組織的抵抗：自然如若有侵襲他的情事那就要算非尋常的而且至可驚詫的變故了他不關心於自然的作用或程序而關心於時日的觀念。在悲歡離合這類事變的承替變易的情景中死亡的本身在他心理上沒有如此重大的關係。他對於時日的觀念是尖銳化了；而年月的觀念卻又暗淡化了人爲的接觸勝過了自然的接觸支配他的不但爲習俗而且有法規他一方面增益他的批評性一方面又添加他的競爭性。

這種城市精神如果有自由的發展便能消滅那種比較屬於「天性」方面的社會統一性觀屬關係漸失其權衡；而各種不同的聯絡使各種個別的利害關係有發展的機會——這些利害關係又結合那些種類不相牟與

年齡不相同的人們。祇有家庭依然能健在而爲一種有效的親屬集團——就是父母與子女所結合的基本的心核的家庭。其他利害關係漸脫離於親屬的羈絆且漸疏遠於家庭不復爲一切活動——社會的與經濟的——的中心。凡家庭性實所必然附帶的特殊活動固然仍以家庭爲景幕但是許多素與家庭有關聯的職務，俱已爲家庭所委卸城市所提供的社會流通性與牠所激勵的利害關係的分歧性俱有使人們爲各種活動尋覓其他中心的影響商業市場俱樂部餐房戲園廟會都成爲從前曾經一度屬於家庭的各種利害關係的集中點實際上家庭從前是一種地方社會現在卻變爲一種團體的結合而城市則顯然爲基本的地方社會了。人們將腦海裏都有認自己爲隸屬於城市全部的觀念在一種新意義上人們都已成爲「市民」或「國民」了。他們將文化的本身與這種編入城市的程序認爲是同一的事體他們既然脫離於固定性與習俗能於其中交相增長的「自然」環境，他們便可以隨意爲他們自己創制一種新統一與一種新生活。

威權的形式亦已遭逢一種相當的變遷城市的秩序系統需要更嚴厲的，更複雜的，更無斷間的調整法律的必需性與功用，都比較的明顯。人們都能察覺到他們自己所創造的情形——就是他們彼此相互的依賴從而秩序系統（或制度）與「公共」幸福的關係。在城市的牆廓之內威權的神秘性漸次衰落而其公共的用處亦同時更加顯著城市是有組織的民治的家園有計議與籌劃的富於批評性的好事而不喜安閑的與部落生活之無形體的非政治的民治主義截然不同牠對於政治權威必須繼續行使的勢力範圍加以重大的擴充；但同時對於政治權威又從而加以限制與監督市民或國民乃適與臣民相反對城市一方面受有外界的驅使而必須擴

张秩序系统的体制一方面亦受有内部的衝動而必須作自由的要求這兩種必需之嚴重的互相衝突性將整個的政治問題又從新予以掀起。

⊗ 依最簡單的概說這就是城市所觸發的精神：在今日是這樣在上古也莫不是這樣在希臘這種精神自有歷史記載以來纔破題兒第一遭的勝過了一切反動的勢力潮流毀滅了一種舊式制度而創設了一種永矢無極的榜樣。

第二節 希臘的政治制度

希臘居民曾將他們的自主城市散佈於沿海口岸與各島嶼之上自黑海(Black Sea)以迄西西利(Sicily)及義大利(Italy)之西岸在這一般城市裏面他們都種下了同樣的政治進化的種子霍墨詩歌中所記載的部落君王始而陵替終且至於消滅君主的威權漸轉移於貴族家庭的掌握他們能左右城市的議會與官吏。這些政治位置都成了貴族與平民互相競爭的勝利品這種競爭常能引進一種新制度不是一種調和辦法卽是一種「完全的民主制」在這種競爭的過程中往往一種獨裁制或「暴君」亦能統治城市於一時但是最後總仍歸還於固有的政府體制——政治事務由一種市民團體施以管理團體的範圍或大或小亦時有所變化這般市民不但在官吏的選擧上有活動的參與權而且能直接指揮城市的事務。

有若干例證可擧以證明這種政治進化但是卻沒有比斯巴達(Sparta)與雅典兩地情形更可堪意義更重要，更呈異象的城市。斯巴達城代表五個村落的聯合體這五個村落在合併後仍然保持其彼此離散而孤立的形勢，

【现代的国家】

第一编　国家的发现

此外斯巴達的團結或則還代表兩種部落的混合,因為牠有兩重親屬的很罕見的制度而且部落君王亦並不會隨市民或國民羣衆的發達而歸於沒落他們仍然是君王不過權力大見緊縮罷了他們既是君王所以也就是高級牧師和軍事領袖但是大多數的立法司法與行政各項職權卻俱已旁落於參議院(Gerousia)與衆議院(Apella)之手參議院的三十位議員之中包括一切兼任議員的君王後來該院變為一種諮議的機關其議員係終身職為衆議員所公選衆議院各君王各官吏的提議事項統須咨送該院決定——無論議案是關係於內政或關係於外交但是依斯巴達所特有的守舊主義與民治主義的奇異的均衡制度衆議院的議決案仍須由參議院與行政官憲加以公佈方能發生效力。如果他們拒絕公佈的話,他們便「脫退」而宣告解散衆議院衆議院本身是有召集的固定時期的原本為君王們所召集後變為由「監察員」("Overseers")希臘原文為"ephors")所召集,監察員亦有解散衆議院的權利,這般「監察員」是一種特殊種類的官吏名額為五位其職權大部屬於司法性質顯然是因為他們是國民所選舉的官吏他們在當初君權與民權互相衝突的時代總得着若干增益的威權但是除司法性質的職權以外他們還有在舉國之內維持一種普通紀律的特殊責任並有對各種君權的行使加以勤慎的監督的特殊責任任何市民都可以被選為監察員這項選舉是用一種抽簽法舉行的抽簽法在希臘各國中有極重要的功用——無論我們視牠為完成民治使命的選輯的辦法或為將民治變為一種極不合理的原則的措施。

第一編　第三章　國民資格的肇始

六九

現代的國家

此項奇異的憲法在希臘文化當盛的世期內其重要規定均未發生變更雖說是富於不進步的守舊精神但是牠的特異的色采確非當時埃及或遠東文化所可比擬的政府組織最後是歸於一種人民內關所掌持爲人民所選舉且係對人民負責任在這種程序之中最後的主權者與立法的主權者已完全化爲一體。這不過是一種臨時的解決方法祇適於這種城國的情形；但是在世人所知的最漂亮的文化系統的鑄造上牠卻有極深刻的影響在一種特殊意義上希臘各城市都是自由的城市城市本身的幸福，便是政府所標榜的目的；其達到這種目的的方法便是由人民直接行使政治的職權公民團體與政治團體是合而爲一的就統一的團體一方面說國民的精神亦不曾妨礙城市幸福的發展但是此話的意義卻不過僅如明察的霍布斯（Hobbes）之所言「在上古希臘人與羅馬人的各種歷史與哲學中所常言及的並常誇耀於世人的自由權不是各個人民的自由權而是國家的自由權。」斯巴達特別是這種情形。

政治權利與公民權利的合而爲一也有牠的影響：就是一大部分的人口從國民團體中被擠出去的情形。

斯巴達的憲法從國民的目光看去確是一種寡頭制了。除了國民以外還有農奴（Helots）與無選舉權的「散居人民」（Perioeci）；他們都是有納貢與服軍役的義務的國民都是城市所有者的集團每個國民都自有其不可移讓的不可分割的分攤的領地在這種制度之下國家領土當然由這種比較狹小的國民團體予以軍事的操縱這種制度是如何足以鞏固斯巴達的守舊主義也是很易於發見的農奴與臣民無時不爲危險的淵藪這便是支配牠的

【现代的国家】

第一编　国家的发现

第一科　第三章　國民資格的原始

政策的事實國民同時也是行伍中人，對於軍事技術受有十年的訓練習慣，於斯巴達兵營生活中嚴酷的半共產的綱紀斯巴達所有的創作能力悉用在勤慎的維持這種嚴蕭制度之上牠對於非國民的臣民的管理方法，完全以這般人嚴格的屈服爲基本原則──爲優勝權威所能創設的最嚴緊的制度，斯巴達的民主制度極有限制，亦極無彈性。自始卽成爲一種軍武的國家，所以牠不能經過任何建設性的改革；待新的需要最後強迫牠發爲改革的時候牠的精神便不免罹於破壞而國家亦陷於迅速滅亡之一途。

雅典的憲法與牠在柏洛旁尼色斯（Peloponnesus）的大勁敵相比較最顯著的區別，在精神與趨勢而不在結構。雅典初起的時候也是一種「合併主義」（Synoecism）；但當其旣巳征服亞蒂加（Attica）其餘一部分的時候牠便知道將該地居民一律歸納到牠自己國民的團體裏面來。區區亞蒂加國也因爲牠每個村莊或鎭市均有參加這種大都市的公民與政治權利的機會，而得着統一與解放：這是一種自由主義的表現──如果這種自由主義會有更進一步的推廣的話，雅典的市民分爲四大部落每部落又分爲三個宗族團或弟兄團而這般團體則又分爲若干史──也都不同了。──甚或全世界的歷親屬或家庭團體。這種佈置辦法頗能使我們明瞭由親屬組織到城市組織的過渡時期的情形宗族團在經典時期的雅典，仍保持有某種職務與威權──特別是關於宗教典禮與市民登記各方面在較早的時代中這般職定是更爲擴大──親屬團體的職權亦同是這樣的情形；並且我們知道克奈斯新斯（Cleisthenes）會經將後者的職權大加緊縮。我們亦可以略見國民資格的條件，如何能改變一切團體的親屬基礎部落君王亦猶他種君王

七一

現代的國家

變為一種虛有其名的頭銜宗族團與親屬團則被擴充而不但包括一般舊式的家庭，亦且包括一般無家系的國民家庭組織同宗共祖不復為組織的癥結點而同一神仙的崇奉反為一種更適用與更富包含性的根據每種團體的最大的公共職務結果也變成保障國民資格所附帶的一切權利經典時期的雅典的生活與法律上還存有許多這種由親屬制度到國民制度的過渡的徵象如弟兄支持弟兄的寡婦的義務便是一例——這種義務原為習俗上的義務但至德莫斯興斯（Demosthenes）的時代亦變為法律的規定了實際上我們可以說雅典所經過嬗變親屬組織的貴族——幼巴垂派（"Eupatrids"）——為爭執權利而與一般平民農夫與「工作人民」相角逐而最後卻歸於失敗。在雅典的貴族，亦猶在羅馬的貴族，會欲行使親屬權利以抵制平民要求公民與政治權利的呼聲後來城市的精神使平民要得了勝利，而在歷史上破題兒第一遭的創設了一種民治結構體；這也是當時城市統治下的一種帝國所激起的城市精神的必然結果。

這個雅典的民主制度的演變沿革是一部極關重要的極光明燦爛的歷史。一般貴族家庭，毫不關懷後來的結局，首先便將君王的威權盡行削剝，所遺留於君王的，不過是原有管理宗教儀式一方面的特權貴族議會逐得統治全城這個統治階級的性質，仍然是封建的而不是政治的；他們鞏固了並推廣了一種社會制度——將下等階級的耕織人民與工藝匠師，盡置於世襲的地主階級的牢籠與支配之下。但是，雅典的商業富源仍是有增無已，他的舟車為交換他的文化出產的媒介，其所輸出的物品如瓶甕與華麗美裔的金銅裝飾品之屬其數量正不下

七二

【现代的国家】

第一编 国家的发现

於牠的田土中所出的各種改良產物，如無花菓油麥黍與酒料等類同時也帶回許多奇異的奢侈品新穎的資源，與外來的思想潮流與勢力。馴至耶穌降生前第七世紀的中葉他們已進化到一種新的財產分級制漸有顚覆舊有制度的趨勢原有因社會地位的等差而劃分的三種階級現在所有的三種階級是由財產多寡的程度而分別經消的——土地每年所產的麥油或酒的量數便是估計財產的標準——按最低限度第一階級為五百度第二階級為三百度第三階級為二百度凡收入在第三最低限度以下的國民則統屬於第四階級這種階級制度特別在金錢與政治權利從此逐漸取物品計算法代之的時候不但將政治權利漸由一般貴族轉移到普通富豪手裏而且將公民與政治權利從此漸推廣至彼一階級因為現在獲有一種財產便能使一個人升至權利階級階級界限自然就破壞了；門第出身的根據就不復有神聖的威權了。

因此在第七第六世紀之交社會漸呈不安現象的時候我們發見雅典國家的特徵便爲政治威權的普遍化。在蘇侖（Solon）的統治下第四階級從前只有五百度的富翁纔能具有的職位現在便已開放給各下等階級了；牠的行政與立法的職權牠雖亦曾取得一種新異的威儀來作「法律的保護者」但其性質未免有欠確定了現在成立了一種新議會——「四百人議會」——其議席除最低階級外餘均有參加的權利牠的主要職務便是預備提議事項交由平民議會決定這種事實正足以表示平民議會在

制度上亦發生了改變同時牠也失掉了牠的行政與立法的職權；牠雖亦曾取得一種新異的威儀來作

可以參加代表平民的議會可以參加民衆大會不過還不能充任行政官吏能了原有的貴族議會——向例在軍

神山（Hill or Mars）亞諾巴格斯（Areopagus）聚會的議會——亦因一般前任行政長官現已獲得參列的機會，

第一編 第三章 國民資格的擴伸

七三

現代的國家

當時實已踏上了最高統治權的途徑嗣後最高統治權也就果真屬於牠了。但是比較更為令人驚奇的措置便是一種民衆法庭的制度任何階級所有的國民都有執法官職務的機會其名體係每次用抽簽法所選定人民的司法權因「提起違法公訴」的制度而益形重大任何行政官吏於卸職之後人民都有對他提起這種公訴的權利。用抽簽法來選舉法官已覺與我們近代辦法相枘鑿但是他們的行政官吏也是在經過一種初選手續以後採用同一憑藉幸運的方法所產生的這與我們近代思想更顯其枘格不入了抽簽法在某種意義上可以視為一種實行民主義的邏輯從人的手中移到神的手中所以牠就更有了一種近於迷信的存在理由罷了。這種制度可以將決選權從人的手中移到神的手中所以牠就更有了一種近於迷信的存在理由罷了。

雖說蘇倫有久在人口的智慧與他的革新計畫中所表現的無可疑義的技能後來還是隨着的發生了那種極難輕減的紛亂與爭執的時期：這種現象已成為各時代城國的流弊了組織於部落與血統團體之中的親屬關係對國民資格的原則施以攻擊：而於擾亂情形之中「暴君」羣逐得互為起伏演成旋與旋滅的局勢最後以一種特殊勇敢的迅雷不及掩耳的手腕，維新家克奈斯新斯竟將舊日的部落一擧而掃蕩無餘使親屬與血統團體悉陷於混亂之中他組織新部落的方法亦頗極巧妙之能事他用地方的區域或「丹姆」(deme)為部落組織的基礎而合城市一個「丹姆」內地一個「丹姆」與沿海岸一個「丹姆」為一部落像這樣他便能對古代遺與較大地理區域有關聯的各派別黨羽施以破壞的手續；而同時又使用較小的地理單位以毀滅親屬的團結因為這種團結實為反抗民治化的中心點。克奈斯新斯曾以他的新部落為本位設置一種新「五百人議會」這是

十四

由每一部落各出五十位代表而組織的一個委員會；於每年十分之一的期間，有處理公務的權衡在這個議會的後面仍有一民衆大會。凡議會所通過的議決案必須先經大會核準方能發生法律的效力。

雅典憲法的特殊與確定的形式便是依上述方式而成立的：在這個憲法之內政治的利害關係在歷史上算是第一次的戰勝了家庭與部落種族與民族的「自然」團結在這個憲法之內就是富於堅硬的守舊性的宗教心理也似乎在政治覺悟心上發見了一種新集中點在這個憲法之內有一種自由且平等的國民觀念便於調和一種進步的文化中所特有的各種差異與區別。在雅典歷史的進程中這個憲法曾經過若干更進一步的變遷但是其基本形式便算從此鑄定了足以使該憲法成為一世界極有意義的文件首充任此項官吏的變遷都是趨向民治的一途各行政官吏一律都由抽籤法產生並且比較貧乏的階級也都得着了充任此項官吏的權利。色朵的亞諾巴格斯（Areopagus）牠的監察威權也被剝奪了；為要完成以政治方法削平經濟利益的工作，他們遂施行了一種範圍擴大的公務人員俸給制度——無論為行政官吏或為議員或為法官均能領取俸給。大多數民選法官的俸給制原為白利克斯（Pericles）所創設這種制度可以認為是激發民主制度之一種必需的合理的條件但卻也有出乎預料的結局。雅典的國民資格現在不但附帶有政治權利亦且供給有經濟權利比較富有的國民卻是一種例外因為所謂「利特基稅」（liturgies）——這是舉行宗教典禮與建造國家戰艦的費用——都是取之於他們的所以現在只等「德莫斯」（demos）——全體國民總額——成為排除異族的集團了：他們便將取得國民資格的權利限於父母兩系皆為雅典籍貫的人們這種舉措亦頗能反映雅典此時的帝國地

現代的國家

位：牠因受了同盟國家的貢獻所以很現得繁榮滋長。白利克斯的時代是牠文化進步的最高峯也是牠政治勝利的無極頂自此以後牠的政治制度的弊竇卻日益現露處於內部破裂與外敵侵陵的情形中牠邃力奪自主的權利；其他一切希臘的採行排除外人政策的城市也莫不從事地位權利的爭逐這眞是希臘各城政治制度共有的劣點了。波斯（Persia）軍隊焚燒並襲濱雅典衞城各廟宇以後尚未經過二十年而雅典人與斯巴達人又從事相互的攻訐演成歷史上第一次致命的內戰最後使牠們同陷於淪亡的絕境。雅典的民主政體同時也為若干革命運動與反革命運動所搖動而這些運動都是出於人民的不滿因為他們都是處於新舊帝國的鐵蹄之下始則見辱於加太基（Carthage），繼則被踐於馬西頓（Macedon）終且為羅馬所撕毀而完全喪失其意義。慘境了其體制後來雖仍得着了恢復的幸運但總是處於新舊帝國的鐵蹄之下

第三節 城市為一種有包羅性的夥伴組合

白克（Burke）的「法國革命之迴憶」有一句名言給國家定義為一種「在一切科學上的夥伴組合一種在各種道德上並在一切健全優點上的夥伴組合。」我們可以說這句話適能發揮上古城國的理想。希臘政治思想家之形容城市也正是站在一種普遍性的夥伴組合的立場上。即在一般人擁有特殊權利並排擠外人的國民團體中他們看待國也莫不是這樣；而這般人的特殊權利與排外性即在「完全民治」的時代也不稍見遜色國民資格是一種職務幾乎是一種職業。比洛克（Beloch）曾指述過在雅典城內國民人口只有三萬而官吏位置在白利克斯時代便有一千九百個普通委任任期旣為每年更換的性質且聯蟬復選的事

七六

實又大都不爲一般人所優容；所以每十六年內任何國民都有輪流躋入官界的可能。此外他們還有民衆法庭的巨黌的活動與各種典禮儀式與節令宴會等事大多數國民都有活動參加的機會國民的生活便是城市的生活。按理想上說，他的幸應完全與國家幸福一致。在我們近代人的眼光裏，雅典政治制度最離奇的一點，或者就是這種理想的分配一方面：例如他們的戲捐收入都是由官方分給於各國民的；即在馬西頓霸權的威脅使一般人如德莫斯興斯（Demosthenes）等莫不感覺得虛糜公帑爲最危險的時候，他們都仍然是這樣的辦理並且我們知道亞里斯多德（Aristotle）將他的政治討論的很大一部分都用在研究「分配的公道」一個題目上；以嚴重的態度決定公款剩餘應該如何分配的方法：這也是使我們感覺驚奇的一樁事。

這種普遍夥伴組合的政治理想已從希臘精神的永垂不朽的事業成就上得着了一種牠不應享有的令響。在有一時期中希臘的民族天才特別在雅典所供給的環境下曾得着一種驚人的解放我們至少可以說當時政治環境會容許並曾激勵——雖說牠的確不曾開發——那種文藝與美術的勃興實際上，如果我們敢於將這般富於天才的民族，正當他們業已脫離古昔風尙的沉重鞫絆的時候，從外人帝國主義的威脅中拯救出來的話，從許多情形的聯合作用：這些情形曾給他們以一種過剩的財富資源與閒情逸致，以促進其文藝美術的進步；這些情形一方面是商務機會的果，——會使雅典成爲許多文化潮流的總匯。自治的城市確爲希臘精神進步的最重要的因，一方面是商務機會的因，必需品但是認自治政府完全爲一種政治的夥伴組合的形式這種觀念實添解釋上一種障礙而非爲一種協助。

我們常有鼓吹雅典人自由權利範圍太過的趨向有某種「格那非」制度（"graphai"）——這是幾種訴訟形式，政治家維新家並且就是美術家，都有受這種訴訟處分的危險——便特別能暴露這種普遍夥伴組合的暴虐性質。在白利克斯人民自由雷厲風行的時代，任何國民都可以提起一種「違法起訴」狀來控告一位國家官吏，在他的任期屆滿以後依習慣上支持這種控告案的不但是「違憲」的各種證據，而且可以用其他的論證——比如說被告的行為無利的或不便宜的甚或說他的宗旨是僻邪不正的等類理由而有罪的判決隨帶有險惡的極刑任何公務人員的前途都受有這樣的威脅比此更為險惡的訴訟還有為「欺騙人民」而提起的控告最後還有為「不適用的立法」和為「不虔敬」而提起的訴訟安那克撒哥拉斯（Anaxugoras）之被放逐；菲狄亞斯（Pheidias）之被囚而死於獄中以及蘇格那底（Socrates）之被處死刑都是這種訴訟案的結果這種制度下誣告擔訟的毫無軌範我們由幼利匹狄斯（Euripides）的名案便可以看得出來：幼氏被人控告為「不虔敬」因為他曾假口他的戲劇「西波尼特斯」（"Hippolytus"）中的一位角色說過「我的舌發誓而我的心仍未發誓。」

「在一切藝術上在各種道德上」的夥伴組合這種觀念其實是一種關於國家性質的致命的誤解：政治制度又的確很能自然的引起這種觀念柏那圖（Plato）與亞里斯多德（Aristotle）在這種觀念上實有一種理由非他們近世的信徒——如白克（Burke）與盧梭（Rousseau）這兩位絕不相牟的人物——所能借重的。

城市社會的窄狹而排外的規模常能激勵人們發為一種整個統一的公共生活——處於一種單獨而絕對的政

第三章 国民资格的肇始

治統制下的生活——的觀念。德謨克瑞特斯（Democritus）說過：「真與善對於任何人都是一樣的東西。」柏拉圖便將這種主義推到了極端的結論上去世界上祇有一種真實的藝術與道德一種理想：其他一切概為迷途與變態。克瑞托（"Crito"）裏的蘇格拉底很毅然的拒絕逃免人們加於他身上的死刑理由就是他不能破壞他與法律結訂的契約；但是辯論雙方都從來不曾提示宗教或個人信仰一類事體，是在法律範圍以外的在柏那圖的理想國裏面，凡在藝術在詩歌在音樂在宗教在道德各方面不願服從權威的嚴厲規定的人都是不能居留的在他的「法律論」（"Laws"）裏面他曾宣稱：一個人所有的家庭及其所有財產都是隸屬於「城市」的。亞里斯多德雖有嚴重的懷疑但亦不曾提出任何特地的學說。「作一個好人與作一個好國民」究竟是否常為一樣的事體這是他的眼光裏倫理仍不失其為政治盾牌的另一方面譬如說，他便容許城市權威有決定各個人應研究的各種科學的權衡；並且他曾揚言說：「一切的結合都似乎是『政治結合的一部分』」然而在此時許久以前玄祕而普遍的各種宗教的信崇早已逾越希臘遠達異國而創設各種結合並包括一般非國民的人們於牠們寬大的折衷學派之中了。

希臘的政治思想家殊有迷途不知所適的困苦因為希臘文字中實沒有與近代名詞「國家」同一意義的語辭他們所能談及的祇是「城市」政治制度（"polis"）我們將牠譯為國家實很有誤解他們的意義的危險。他們將那般無所不包的職務與威權，是提供給這種城市社會不是提供給這個名詞的本身在希臘人的心理中便亦有「風俗」或「習慣」的意思亞里斯多德的名論，曾將人類形容為

七九

現代的國家

一種「政治的動物」他的意思也絕不是我們的意思；他的意思中是指着一種在城市中尋求生活滿足的人物而說的。似這樣被人誤解的希臘傳統思想便引起近代人認國家之內爲一種普遍的夥伴組合的觀念，遠不足以解釋牠原有的意義關於社會形式或體制方面我們近代人確已分離於希臘人遠甚或且分離於羅馬人遠甚。城市社會的自治政府誠爲一種偉大的成功；但是這也不過是趨於解決自由與秩序這個大問題的一個階段聯合各個人於社會之內的一種步驟：這種問題完全的解決還有待於政治政府的勢力範圍的發見。因爲古人不知所以區分國家與地方社會結果使「雅典人的自由」也不過成其爲一種供後世人憑弔的分崩滅裂的紀念碑續罷了。

無所不包的國家——姑無論牠的範圍是城市，或是國家的範圍——絕不能區分法律與習俗，不能調和強制與自由不能劃清秩序制度的條件與文化的條件僅僅政府自己的顧慮斟酌絕不足以保證法律不施行到牠不應該施行的地方不能以發生弊害的地方去認國家爲無所不能的觀念爲我們容納一日混亂與壓迫的情形便一日不能絕迹於人世之間。如果我們說希臘各城永無寧息的內部紛爭是由於一種錯誤的政治觀念的刺激而發生的這或者也不能算具過火的讕語罷。在這種觀念之下任何方式的生活任何宗教任何意見，都不能得着安全，除非牠們的信徒均有操縱政府的機會所以那種使一種文化繁榮滋長的復雜性如果我們承認牠有存在的權利，便能在普遍夥伴組合的原則下產生那些暴烈的黨派的紛爭，而反使文化陷於滅亡。

關於無所不包的主權學說對於各種文化團體有怎樣的惡劣影響我們在後來還可以作比較完整的觀察。

在雅典地方，這種國民資格的原則亦曾對於基本團體——家庭——發生不利的影響。在後來希臘文中，「為爐竈作犧牲」這句語中意思就是說要斷絕同國人的來往關係；這也是不無意義的一件事實。希臘雖曾在國民資格觀念上奪着了脫離君權暴虐的一種重要的解放；但是另一方而牠卻不曾在社會上為家庭謀得必需的地位當城市從事於採取牠的特殊形式的際會家庭的重要性似乎漸趨削減而不復能成其為一種活動的重心。部落時代的家庭及其習俗統治與宗教的統一性從此便失掉了牠們的黏貼力量在牠的舊有組織之內婚姻是一種宗教的儀式獨身主義是一種違抗宗祖鬼神的罪戾行為爐竈的崇拜以不不滅的火焰為徵兆這種舊有制度漸趨陵夷而新制度又未曾規定替代的辦法婚姻不曾與政治性的典體發生關聯生育概無登記的設施幼年兒童及任何年齡的女子的教育城市亦毫不關切婦女的地位亦受有虧損柏那圖在「克那狄勒斯」（"Cratylus"）一文內嘗作有重要的聲明：謂雅典的婦女所說的還是一種陳舊的方言色洛風（Xenophon）亦嘗說新婚的妻子有如一種野獸非待馴服不足以與她的丈夫相結談。白利克斯（Pericles）之談雅典文化寬大性的讜論也頗贊同當時民衆的觀念，而謂婦女最大的光榮便是無聲無臭——沒有善譽亦沒有惡名。這些言論不僅能代表一種佔勢力的「東方人」對於婦女的態度。在霍墨詩歌裏，甚至於在色歐斯（Ceos）的西門派（Simonides）或撒岳（Sappho）一般抒情詩家的作品裏所形容的婦女生活與第五世紀的雅典婦女的尋常生活，實有極驚人的差別。西洛都特斯（Herodotus）有若干論述均談到女子的忠誠與勤勞但是當時希臘各種「民主制度」的歷史專家——特西戴尺（Thucydides）——在他整個的著述裏卻祇兩次談到

第一編　第三章　國民資格的肇始

八一

婦女而所歟並極偶然在這種眞實的城市內——斯巴達是例外因爲牠始終不過是一種若干村落的結合體——婦女都是應該足不出戶；而且就是在家內她們也另有其特別的地位牠們沒有婦女可操的職業：即有亦不過最輕賤的幾種服務如市廛中之售賣菜蔬與售賣麪包等事在大多數的希臘城市裏婦女所佔的地位是這樣的低微甚至我們關於她們的史料也無處可以搜索。

一種結果，就是使希臘國民向外間一般所謂「伴侶」（"hetairai"）的婦女尋求家庭內所拒絕他們的樂趣。並且另有一種的戀愛，就是少年與幼童之間的同性戀愛風行的程度至爲驚人甚至希臘文藝作品中大概都以男女間尋常關係的浪漫性質來形容牠所以很不稀罕的希臘人大都待至晚年方實行婚娶；並且有如亞里斯多非因斯（Aristophanes）在「談叢」（"Symposium"）內之所言者干人都很自然的走向終身不婚或終身不生育的一途——「即若婚娶或生育也不過是爲服從法律而出此」這項事實似能解釋希臘人口漸趨減縮的原因希臘到了末年人口降落實有令人咋舌的速度在耶穌降生前第五世紀的末我們可以洄溯出一種關於家庭及婦女地位的不安的觀感和現象但是城市內卻沒有眞實的認識這種家庭問題並且守舊的亞里斯多非因斯對於婦女所發的惡作劇的張大其詞的冷譏熱嘲與夫柏那圖的過於激烈的擬議辦法兩下也沒有可供決擇的區別：柏氏曾主張將家庭制度完全取消並完全將牠們納於一種政治共產主義之內而使婦女成爲男子公有的伴侶。

最後我們還要記得：一種無所不包的國民資格的規定實含有無所不排的嚴酷性。在希臘各城市裏，就是這

【现代的国家】
第一编 国家的发现

样的情形。国民集团的四週有一般毫無權利的本國與異國居留人民籠罩着此外又有大多數的農奴或奴隸亞里斯多德曾宣稱：「在最完善的國家內國民資格是不會頒給於任何機匠技師的」至於奴隸制度這是上古城市社會的經濟制度的基礎我們簡直可以說：若沒有奴隸制度，希臘人民便不會得着如許的閒逸與自由而希臘文化亦無從有發生的可能許多近代式的資本之佔有關如特別是「節省勞工」的機器與實業技術之仍未發明，使奴隸制度不但成為一種有利的資產而且成為國民「良善生活」的條件但是根基太不堅固了就是在奴隸制度不曾種下一觸卽發的叛亂危機的地方——如斯巴達——這種制度也是自由勞工的一種致命的勁敵因為牠能毀滅牠的社會地位在這種經濟制度之下真實自由的勞動階級實沒有立足的餘地勢必沉淪到一種無可為生的無產階級的深淵另一方面這許多被人削剝利用的「活着的工具」常有東北二方野蠻民族足資替補；又從而以卑汚墮落的交際來玷汚希臘各城市，並在這種民治盛行的國家內養成一種漠視甚至於藐視◎姑無論這種謗言是否合理奴隸制度的實行因為牠在心理上的影響確不能不堅固最足致命的原因。人類本身的心理這種情形誠有如一般人之所言恐正為人口減少之另一原因或且為最險惡不可破鐵錮自封的排外觀念而使他們盲然不見他們這些小政治自主區域行將陷羅的危機。

但是與言及此我們實已達到一切城國政治制度的組織上的大問題後來羅馬會提供一種解決這種問題的方法與希臘在旣往所作之散漫而無結果的努力極有差異。

第四節 羅馬的成績

第一編 第三章 國民資格的原始

八三

現代的國家

當希臘各城市正在忍受這般不復可以忍受的內外分裂勢力的侵襲的時候，正是國家觀念在比較新興的沿地中海的各地方社會間在大格雷西亞（Magna Græcia）之某某希臘殖民地間在加太基（Carthage）以及羅馬諸地繁衍滋長的際會。在這些國度裏祇有羅馬會決然促進國家科學的進步，而從事於新異而光昌的試驗，藉以組織一種較偉大較垂久的政治結構體羅馬事業的成就實超過其他一切國家在本編簡略敍述近代國家肇造起因的時候，我們只須討論羅馬昌盛的時代也就夠了。

在歷史開端之初羅馬不過是幾個偏僻農業社會的集中地，靠近七座良可扞衞的小山的一個險要堡壘這般臘丁人民終久還是證明了他們比其鄰近的敵國要強些，初則勝過了亞處斯幹人（E-truscans），他們是一種文化比較優越的民族繼則勝過了高爾民族（Gauls）他們原係起於漠北而曾蹂躪羅馬的領土；羅馬優勝的原因究竟何在現在也不過只能供一般人的揣測罷了但是羅馬的勝利都不是輕易獲得的。

一般臘丁人民終久還是證明了他們比其鄰近的敵國要強些，並且經過殊死的拼鬪以後，羅馬還曾勝過了同種的人民以及撒姆奈民族（Samnites）羅馬威勢現已鞏固現在便與義大利的希臘各城市發生了衝突便與他們的領袖（King Pyrrhus）——發生了抵觸羅馬又逾越艱難而達到新的勝利厭後遠另有一次的生死奮鬪在前途等候着他因為他要於陸地威權再加上海洋威權所以不能不與加太基一決雌雄而最後仍是傾滅了加太基的國家。羅馬在義大利——從埃洛（Arno）到西西利（Sicily）——的統制現在已告完所以羅馬便踏進帝國主義的第二階段——就是那種更寬廣的統制區域，威權與國民權利不復再能相並進步於其中的他的更進一步

的征伐，顛覆了牠以前的征伐所已促成的政治解決方法。

羅馬在第一階段上所成就的事業就是一種基於都市國民的政治統一：這是希臘——就是羅馬以前的全世界——所未曾有的一種成績擴張國民額數的範圍用以適應政府勢力範圍的膨漲實爲城國的問題的一種自然的——在我們史家的眼光裏還是一種明顯的——解決方法。最初羅馬的政治結構我們知道是建基於鳩維埃（"Curiae"）的；每個鳩維埃乃是若干特（"Gentes"）的集合體，而干特又是若干家庭的團結體鳩維埃是羅馬「原有」三個部落的分支；羅馬原有的部落也是血統單位的一種形式的分類法殊能代表未達到政治生活以前的過渡時期的徵象。鳩維埃非但有行政的職權，亦且有宗敎的功用。每個鳩維埃各自聚集以實行祈禱及祭祀各鳩維埃一齊聚集則爲一種政治議會這般鳩維埃共同形成了一種粗具閥閱權利的階級以宗敎爲黏貼的力量在牠們之下紛列着無組織的平民他們旣不參加牠們的典禮儀式又不分潤牠們的政治權利——他們都是無土地的無財產的普通人民他們居留在城裏無非爲尋覓工作與保障長老會或貴族院亦係出於一般有權利的家庭。在這個小貴族國家之上，共戴有一位「國王」——他是行政元首君主及最高牧師的混合體。

城市的發達，使若干社會潮流發生活動，特別是貧富的急劇分離，結果這種農民貴族制亦不能不發生搖動。財閥要求祿位的聲浪因「色非安人口統計」（"Servian census"）而具體此項統計將一切國民分爲五大階級——假如我們計算「勇士」爲一獨立階級的話，一共便有六大階級這些階級的劃分都是以土地的財產爲根據；而土地財產的估計又是以銅幣「哀士」（"as"）爲單位這些階級之內都聯合組織成爲「陌」（"hun-

第一編 第三章 國民資格的原始

八五

dreds"）或「百人組」（"centuries"），這些組織此後成為政治組織的主要基礎按牠們劃分的方法最富有的各階級包括最多數的百人組；在新設的議會裏每個百人組低有投一票的權利，所以財閥的政治優勝地位是有保障的。但是財產的劃分，卻將決於門贀出身的階級界線取消了，這也是事理之常；不過我們要知道門贀界線原是一種更為嚴緊與惡辣的劃分方法。新設以百人組為基礎的議會，便包括有平民所以自此以後他們的威權與祿位的途徑上並沒有不可逾越的阻礙了民治主義的第一導楔已嵌入了羅馬國家的身體內這也是由於一般平民不滿意的結果：他們眼見他們血戰征服的疆域領土盡為一般貴族所壟斷竊奪而他們本人反陷於極可恐怕的法律的淫威之下而不能自拔——這種法律常將負債人交結債權人的手中充作他的奴隸羅馬處於堅強的衝動之下纔逐漸走向民主政治的道途若主制度卒告顚覆而羅馬一變而為共和體制——擁有兩位行政之首後改稱為執政（consuls）次年「費勒利亞法律」（Lex Valeria）復容許人民得以從行政之首上訴於國民大會接踵便發生第一次著稱的「平民脫退運動」——這是整個歷史上下層階級的人民最堪注意的一次行動。後來他們雖終於回復了原來的國籍結果還是設有了若干特殊的平民官吏——特別是二位保民官（tribunes）他們不但是身有神聖不可侵犯的地位而且還手握有一種干涉權後來逕變成很強大的否決權要堅定這些權利還需要二次脫退運動自是以後保民官的額數卒定為十名。

民治的奮鬪依舊的前進又有若干戰爭的經濟影響從而增加夷紛擾的情形——尤其是那次高爾人的來侵，竟將這座神聖的城池給毀滅了。但是問題的爭點卻已有了決定。羅馬是閱內地城市毫無商務的重要性；其統

【现代的国家】

第一编　国家的发现

治者概為一般地主階級，他們利用政治威權又從而取得絕大地產的用益權與實際所有權，普通國民以及小農民階級受頻年戰爭擾亂經濟的深重損失而毫無地主財閥所取有的抵償代價這些常有的戰爭或可制止階級爭關於一時但是每一休息之期必表現貧富之間又發生有新的經濟裂痕戰勝的聲威本身就足以使異族人民蜂擁到這個城市裏來雖說這個城國誠若因內爭而發生破裂便絕不能抵禦外侮他們立足的經濟地位但是羅馬的統治階級卻有希臘各城市素來未曾有的覺悟就是一個城國誠若因內爭而發生破裂便絕不能抵禦外侮他們對於平民各個的要求心雖不願表示屈服然而終久還是歸於屈服了平民議會也得了他們的承認自此牠的決議對任何方面俱已有了約束的效力兩位執政之一位必須為平民兩位監察官中之一位亦如是在新憲法中反復規定調解折衷的辦法以後階級爭途以告終並且這種新憲法之所以供給於平民的還不祇一平等的地位這是與希臘各政制表示劇烈差異的地方。

這樣數百年爭執不決的第一個大政治問題，羅馬人是終於解決的了。其制度誠然是一種奇異的制度：兩個議會──一則精神與結構俱有寡頭制的性質──執行同等的立法權利而十位代表下層階級的官吏又各有否決任何執政官的任何行為的權利然而羅馬人卻因使用這個設施幾鞏固國民團結而使兩個議會久遠的合作。從里西尼阿撒克西安法律 (Licinio-Sextian laws) 成立之日起（耶穌降生前三六七年按這項法律是平民最後勝利的標識以迄於格那克朝（Gracchi）的時代其間經過有二世紀零三分之一的時間，羅馬憲法的施行概在寡頭式的指揮之下羅馬的安定第一仍是仗着城內國民團體的擴充因為這樣

第一編　第三章　國民資格的肇始

八七

可以消滅每一階級的有分化勢力的正式權利羅馬的寡頭政治犧牲了獨自壟斷政治的權利然後方堅定了他們自己的威權誠然百人組的佈置以及各「部落」——這些部落因着一種奇異的發展而在這城市帝國中成立了一種第三個大議會——的組織都是被人以促進寡頭政治的利益為目底而予以巧妙支配的但是這些集團組合之間，旣久無互相傾軋的危機一般平民又成立有一種有主權的議會這些事實在在足以顯然的證明勢力分散的影響小而權利相通的利益大。

在同一期間羅馬人曾將城國的原則予以擴張以求得義大利的政治統一在這一方面他們亦獲有一種驚人的奇異的成績不過他們的成功祇算是局部的成功罷了他們還沒有國家的觀念足供他們的藉重——羅馬的帝國本身尚有待於將來方成為歐西民族觀念發展的一種原動力就是臘丁人都不曾與羅馬人組合第一個國家或民族；不但如此餘外還有種族各異的亞處斯幹人撒姆奈人佛爾斯西亞人(Volscians)馬西亞人(Marsians)與亞伯尼亞人(Apulians)洛加利亞人(Lucanians)以及無數其他的民族，都是羅馬在牠進步於義大利領域之上的時候所征服的。義大利雖被征服而原有部落劃分卻極有決持的力量表露這種情形最明顯的事實莫過於耶穌降生前祇九十年還纔爆發的「社會戰爭」——八種義大利的民族聯合叛變以抗羅馬軍隊此次重奏凱旋以後牠的仇敵盡被給予羅馬國民的資格這是依一種「諸里亞法律」(Lex Julia)辦理的這種法律在前已將此項足供誇示的權利頒給各同盟國的國民過這不過是久已開端的一種程序的完成。羅馬國民資格的頒給幾百年來便為眞實的帝國祕訣("arcanum imperii")在義大利本身之已告穩定統一

【现代的国家】

第一编　国家的发现

的領土之內這是比較容易執行而極有利益的一種政策國民資格，在這種原始意義上是不知有種族限制或文化限制的國民資格與民族資格不同是可以由簡單的頒給而予以推廣的這便是統一義大利的方法從高爾民族麕集的北部直到遠南希臘各城市這種方法雖亦不無缺陷但如羅馬的帝國只限於義大利的範圍或亦足供牠安定疆域的使用。

羅馬這種國民資格的制度，實爲一種比較極富彈性與適應力的權利制度遠非希臘所曾夢見羅馬人心目中的國民資格不必定附帶那種普遍夥伴資格的意義——這種夥伴組合便曾使希臘政制的擴張上發生絕對的致命的一種限制完全的國民資格在最初的時候誠然無疑的包含有那種政治宗教道德社會諸權利與親屬權利的互相聯合的意義——這兩種權利系統的混合雖對於文化有危險，而對於上古原始社會卻極自然但是在實施上對於某種宗教與他種原素雖仍予以形式的保留國民資格卻有限制本身性質的聰明：前者爲平等立於法律之前的權利後者爲參列主權團體而爲其一分子的權利他們對於若干村鎭曾頒給羅馬的國民資格而不賦予選舉權利（"civitas sine suffragio"）——換句話說只須給許多複雜的公民權利，這些村鎭之中有些同時亦享有某種程度的自治權利，而其他村鎭則不曾被蒙這種恩賜這種有限制的國民資格，附帶有與羅馬通商的權利與互通婚姻的權利，則屬於另一類這般「同盟國」他們認爲是可能的羅馬國民。如果他們的人民行使其移殖到羅馬去的權利，他們還可以登記而爲市民代議士同時在他們本鎭裏他們

第一編　第三章　國民資格的肇始

八九

現代的國家

享有與羅馬通商的權利並受有羅馬法庭的法權的保障在這些村鎮以外還繞着一般自由同盟國的城鎮牠們內部的自主權有和羅馬結訂的一種條約予以承認不過牠們沒有羅馬國民的權利罷了那末這些都是統一義大利於羅馬的自由國民集團之內所必需的政治方策這種分級方法對於羅馬威權的樹立有最高的重要性。義大利的國民集團有時很少頒給於任何人民有時卻又真實的強迫接受人予以容納通常都是認爲一種很高的權利羅馬的征伐勝利至於何地牠的國民資格也便隨之至於何目的在將牠以戰爭去保存的東西堅定穩固於平時羅馬的領袖由於極痛苦的經驗而學得一種祕訣較戰爭勝利的祕訣尤爲稀罕——就是維持和平於久遠的方術在征服義大利以後威勢所引起的狂妄驕縱的盲目心理一時極爲器張得勢最後結果便產生了主曆前九十五年的里西尼阿麥西安法律（Licinio-Mercian law）禁止非羅馬國民的人們要求參加有主權的羅馬人民集團的權利違抗的人們便要受極嚴重的處分依孟姆生（Mommsen）的說法，這項法律「完全與近代一極馳名的法律相類似這個法律曾為北美洲脫離祖國的運動奠定一種根基。」❸五年以後可怕的「社會戰爭」便發生了這次戰爭進程的特徵就是頒給國民資格與羅馬同盟國的事情很多戰爭結束以後所有義大利地方社會均被給以市民代議士的權利，而所謂「臘丁權利」（"Latin rights"）亦同時賦予一般普河（Po）和亞拉伯山（Alps）之間的高爾城鎮。

使用這種威權最隨意的政治家——在川撒班因（Transalpine）的高爾及一般邊陲省分內擴充國民團體，使之超過上述這些限制的政治家——便是該撒幼列斯（Julius Cæsar）這也是一極堪注意的事實這一部

【现代的国家】

第一编　国家的发现

工作是一種新帝國的預備——推廣羅馬國民資格於有效統一的可能限制以外而削剝其意義上之一切主權的徵象這種國民資格或可鞏固如義大利一類的國家，至少是暫時有這樣的效力但是牠絕沒有安定一種大帝國的效力帝國主義在牠逾越義大利的範圍過遠的時候實際上已與城國的理想水火絕不相容了富於帝國思想的羅馬人——自該撒幼列斯以降——故意的推廣了國民的人數毀滅了國民資格之與自治權利的關聯並且剝奪了羅馬本身之威權的傳統政府現在需要一種新基礎了，因為城國的邏輯業已到了牠的盡頭這便是一種最後的問題：不但足爲羅馬人政治才能的試驗而且終於破壞他們的政治技術了。

第五節　希臘與羅馬裏的法律的演進

在我們尙未從羅馬的強盛討論到牠的衰弱以前我們必須對牠一切政治成績的最垂久的一種——就是一種普遍法典的釐定——略事估計牠的意義與重要性每個國家莫不有兩重制度的結構——一種法典與一種憲法一是管理權的被動體，一是管理權的主動體前者安靜的滋長發展於社會的裏面而後者卻爲疾雷暴雨鼓動圍繞着的中心。不過只能推翻以前保護牠的主動力罷了國家最垂久的也是牠最富保守性的特徵便是牠的法典與法律制度上如有任何偉大進步勢必爲國人所保存，而成爲先進人類留給後輩的一部分的遺傳品羅馬法律所以法典就是這樣。

希臘各城市在法律科學上已作有極切實的進步我們可以從霍墨的時代追溯出一種極具體確定的進步：不過在霍墨時代法律還未曾從習慣與宗教的把持中脫蛻出來那時的法律只是一叢判決案與命令（Themis-

第一编　第三章　國民資格的肇始

九一

現代的國家

tes 或 Dikai）的宣告詞而已。因為有擁護或證明的必要所以一般人纔從習慣的黑暗鄉中將牠們超渡出來。這種宣告詞還算不得是法律。❹牠們只是判例附帶的表示牠們無組織的原則的。並且牠們還是某一部落特有的物品一般女神或天使的禮贈品或她們所洩露的天機「西米斯」與「戴克」（Themis and Dike）當希臘寡頭制開始勃興的時代我們發見判決案的總數現在業已激增而成為「不成文法律」最重要的一部分——這是在貴族階級審慎看守中的一種傳襲的結果。真實法律的開始——或者還是由於許多人意欲避迴這種強烈專擅作用的結果。無論是否如此我們確知在蘇侖（Solon）的時代他因為受着劇烈內爭的壓迫曾同意委派一位立法員專司繕寫法律並且與這同樣的工作或者亦曾發現於曩昔的時代這樣一般偉大的法律殖給人纔相繼的發生如雅典的德瑞可（Draco）斯巴達的賴克格斯（Lycurgus）（如果我們也算他是個歷史上的人物的話）洛克雷斯（Locris）的撒魯克斯（Zaleucus）坎太拿（Catana）的加昂達斯（Charondas）以及克瑞特（Crete）的柯亭（Gortyn）。

這種成文法律誠如德顧郎西（de Coulanges）所屢曾堅稱❺仍然是社會公共習慣的翻譯品：這種習慣是深邃的埋伏在宗教道德與親屬關係的公共模型裏此時誠然無疑的也不過因時機的需要而略加變通更改能了。法律的形式首先產生——遠在牠的真實性質具體發現以前守法便是遵從祭臺的儀式便是公平待遇同一社會的人民一類的行為要達到這種目的「國王」——從前曾為法律殖給人現在卻為一次要的官吏——在雅典斯巴達與羅馬諸地均有監視宗教典禮的職權在羅馬古時宗教師與裁判官同是一個人法學便是"rorum divinarum atque humanarum notitia"——宗教儀式乃是社會制度的完整的一部分而為國家在職守上應加以維持與擁護的。

法律一旦剋勒在石柱與碑碣之上以便人人得以瞻仰那便是法律脫離習慣的起點。這種成文的法典，一種特殊的制裁權經過若干年後乃完全脫離習慣系統而別為一獨立的制度。起初一般人認法典也不過是習慣系統中之需要明文與正式繕述的某種部分就是在希臘各城市習慣或風俗亦與制定的法律同為法律之一種淵源並且還有若干種類的權威或法學家專司「解釋」這種不成文法律的職務⑯此外還有一重要的事實：是法律與習慣同為一般人所認為有永久的存在而鮮能容有變遷發生的這種法典容或可以增加但卻頗難更改。就是蘇侖亦不曾取消德瑞可的法律——他只訂立若干新穎的法律與舊有法律並行不悖能了舊有法律或有墮落到莫須有之鄉的情事但是這種廢棄的程序卻不能制止一般人同時的並混雜的援用彼此矛盾的法律所以在義撒幼斯（Isaeus）所論列的一個案件裏爭取遺產的雙方訟訴人曾提出兩種互相鑿鑿但俱為有效的法律再者此時立法還不為人們視為政府主要的職務——距離這種觀念為時尚遠這種觀念在當時人們的心目中似乎是將神聖的既成制度交給人類武斷的意志而聽其支配誠如西紀威克（Sidgwick）之所言依守舊的亞里斯多德的看法立法機關在政治事業上並不佔有任何重要的位置他嘗論到「計議」職務而不曾談及近代人所謂立法工作；至於法律的更改他更予以非議而幾乎視為一種「對權威的不服從」⑰

然而，希臘各城市——或者以雅典為最甚——終於超越了這種法律的觀念這種事績本身就是一種革命

第一編　第三章　國民資格的肇始

九三

現代的國家

舉動，整個社會制度的一種大翻騰。這便是希臘巧辯家們所提倡的那種「開明」工作的一種主要部分研究調查的精神已將各民族的習慣道德與法律的衝突點一一爲之揭破而他們仍各自相信其已身的習慣道德與法律爲神聖不可侵犯爲永久不變的一種正義常道在樸質無文的西洛都特斯（Herodotus）的眼目中這種矛盾的地方也不過是天地間事物之有畫意的玄妙性的一部分他在國王大衞斯（King Davius）頒給筵宴的一篇馳名的故事裏就表示有這樣的觀念⑧大衞斯向他所欵待的某希臘人問道他們「要多少金錢」纔肯吞食他們已死的父母後來又召集若干有焚滅父母習慣的印度人照問希臘人的辦法詢問他們要多少金錢纔肯同意將已死的先人付之一炬這樣他便簡捷的將希臘人在恐怖狀態中的感情劇變的情形表露出來但是對於一般巧辯家這種抵觸與衝突點卻另有一種意義他們豈不曾證明法律原本只是一種人爲的東西而非與自然天性有別而且有時還與之相反的嗎在上古思想根基急於崩潰的時候是很難發見新的思想根基的而反對巧辯家的希臘思想家他們亦不曾發明任何真實的法律哲學在這一方面與在其他政治方面我們或可以將希臘人比着一般航行的人他們初次離開了習俗的陸岸要尋覓新領土他們雖富於勇敢謀略亦非昧於航行技術但是因爲不曾注意他們的船隻之是否健於海行所以不免在洶濤駭浪之中遭遇着暴烈的變故。

　　希臘人在法律科學方面會作有極重要的進步但卻從未曾達成羅馬人所樹立的那種前後一致的學說或合於邏輯的實施他們根本上就不曾具有（一如我們英文中之不曾具有）與羅馬文"ius"同一意義的名詞——這是一種有秩序的法律系統每一個別的"lex"只是這種系統的一個例證他們的法律還是一種「集合

九四

【现代的国家】

第一编 国家的发现

体」一种宗教的道德的与政治的混杂规律的集合体民事与刑事诉讼案——私人寻求抵偿或损失赔偿的起诉与一种刑律法典之下的公共起诉——两下的区别他们对之诚有所谅解并曾予以推进但是他们却没有属於这两类的案件的相当的分类法。时常例如在盗窃一类的案件上一个原告人可以自由决定提起一种损失赔偿的诉讼或一种刑事诉讼。❶ 并且有若干犯罪行为如杀害与放火依我们看来其为刑事性质因彰彰明甚但是他们却认为是私人诉讼的题目（dikai），可以由受损失的人或其家庭提出控告不过判决後亦常随之以极严重的刑事惩处罢了。其他刑事性质的犯罪行为，如提供虚伪证据等事在雅典便是完全视为私犯去处制的。

并且法律的普遍性亦不曾为人们所承认法律保障仍是一种政治权利只有国民可以完全享受而国民在几乎个个希腊城内也只成其为一较小的部分外来的生人必须有一位国民保护人方可以享有法律的保障。一般的情形说奴隶是在法律以外的。法律权利与政治权利是同范围的法律对於在同一政治领土以内的一切人民有同一施行的效力这种观念是希腊人所未曾有的普遍的执行於各民族间的法律（"ius gentium"），这种观念还未产生。

法律的普遍性还在另一方向，也是尚未从武断的或不恰当的情形中解放出来的。法律原为极少数人的阶级所有物；法律脱离他们的垄断之後却又转堕於「平民」的掌握之中了。在雅典陪审员极多的法庭里原告人或被告人鲜有限制他的辩论於真实争点以内的这种情形有保留的一部分辩论词足以证明他们因为要获得争讼的胜利不惜牵涉到极不相干的地方譬如说对方的父亲是个流氓或他的母亲是个卖卖荣蔬的人或是将

第一编 第三章 国民资格的原始

九五

他的哭啼的妻室孩兒提示衆人等類行動在羅馬的法庭裏情感的激動或離奇的曲解也是爲法庭所容許的但是他們從來不曾有這門大的效力不曾惡作劇至於此極和在希臘這種未受訓練的激烈集團裏的情形一樣並且法庭所受理的政治罪犯過於衆多這也是掩蔽司法光明的另一原由我們在前面業已論及這種事實在他們任期屆滿或卽在任期以內的時候政治家與官吏們均有在某法庭內受人控告的危險甚至一個人要開始其政治生活要妙的方法就是在法庭內控告某某達官顯吏這樣司法中嚴重的弊竇便由此而開其端倪了法律原爲維持公道的工具，一經誤用而變爲險惡的政治鬬爭的利器了。

因此，希臘雖曾獲有重要的法律上的進展但是他們卻遠未達到任何近代國家所維持的法律標準這是很清楚的事實。解放法律的普遍性超過巧辯派認自然與習俗爲相反的觀念並首先將國家特殊制度包括於一單獨範圍廣闊性質同一的法典的國家乃是羅馬而不是希臘羅馬固曾獲益於希臘所供給的典型但是大部分卻仍應歸功於牠自己民族的天才。

羅馬法律始則亦爲習俗傳統規律與宗教命令的皂白不分的雜積體與一切上古文明無甚差異古今瞻仰羅馬法律制度的眞實歷史可以說是自「十二法案」開始的但是這「十二法案」(Twelve Tables) 就是這樣的性質：羅馬法律以及義大利的希臘各城市的法律以後纔鑄定的這也是一椿頗值注意的事實這便是羅馬人氣度廣闊之一種最初的表示：羅馬之所以能有空前的進步亦正在這一點法律在發展上最需要的條件便是伸縮性與寬大性而專賴習俗宗教與傳統的道德適足以爲這種性質發達的障礙爲千

【现代的国家】

第一编 国家的发现

古萬世盤訂一種永久的法律而使之有神聖的會嚴：這種觀念是上古文明的環境中自然發生的徵象，希臘曾進步而超過這種觀念的範圍但卻不曾發明一種替代牠的理想。羅馬亦曾拒絕自囿於這種觀念同時並曾發見一種普遍性的眞實原則以代之；牠並曾拯救牠本身脫離於號稱神聖的「十二法案」的羈絆拯救牠們的法律（"ius"）脫離於「法斯」（"fas"）——這是羅馬文中等於「西米斯」（Themis）的名詞——的羈絆。⑩

這種拯救的方法，是很饒趣味的他們不使用那種曾激勵希臘巧辯家的一味否認的革命精神他們的方法，有意識的漸進的利用——原有制度範圍以內的各種實際計策這裏面最顯明的便是「法律假定」（"legal fiction"）；這種方法力圖保存既成制度的形式，而更改牠的內部性質例如收養子或政治嗣承權便是這一類的假定這種假定能給親屬範圍以外的承繼遺業的人以自遺書人的手中收復其所負財物的權利還有關於售賣手續，能以迴避自由處置財產一方面的某種困難的法律假定亦同屬這一類的虛橋。

梅因（Maine）曾推廣「法律假定」的意義以包括「學者的答辯」——"responsa prudentium"——這原是一般「專家」（操律師業者非裁判官）關於眞實或假設案件所提供的解釋在羅馬共和時代這種解釋頗有變更法律的效力，也祇因爲某某法學家的名望所致在帝國時代，自阿格斯特斯（Augustus）以降有許多律師的「答辯」曾被正式承認爲積極的法律及至帝國時代的末造有五位偉大的經典式的法學家的「答辯詞」被正式的容納於法典之內，而爲內容的一部分。

在法律假定與法律解釋的後面有一種極重要的原則，潛伏着發生效用：這便是衡平法的原則，「重視實際

第一编 第三章 國民資格的肇始

九七

的公道而輕視形式的與專門的法律」的原則。⓫這種原則的本身，是從羅馬法的演進上發生出來的「十二法案」所代表的傳統法律一如希臘各城市的法律只施用在一般國民的身上爲異族人民另設一種特別法典並不算有違旣成原則的措置最初這種辦法似乎是在於擁護與保存羅馬國民的特殊權利與利益；但是在時代的過程中「民際法」（"ius gentium"）表現有高於爲習俗所擁塞的複雜的國民法典的優點這種「民際法」原是在"praetor peregrinus"的職守之下逐漸建樹成立的，牠的淵源還是一般人假定爲異族與羅馬人所同有的法律基礎的幾種原則。「民際法」都認爲是「一切人類在任何地方所服從的法律」因爲有這樣的性質，所以牠離法律的眞實普遍性最爲接近實際上在很多方面一般人視牠與「自然法則」爲同一的東西這就是他們所發見的一種調和法律與自然兩種觀念的方法：從前希臘開明派人會堅謂法律與自然是背道而馳的，羅馬的政治思想家，便是向這種「民際法」來探討他們的法律哲學的。因爲「民際法」於「民法」（"ius civile"）之旁逐漸繁衍滋長的原故所以法律制度雖受有新思潮的激盪也不至有遭遇任何破裂淪湑的事實不但如此，牠曾促進一般人認有意識的立法工作爲政府之合理工作的觀念並會爲立法人的行爲樹立一種理想的準則而不受陳腐習俗的牽制慢慢篡奪了舊有制度的勢力範圍的一部分直到後來這兩種制度混合的時機成熟最後逐產生幼斯丁里安法典（Code of Justinian）。

羅馬法第一個偉大的碑碣——「十二法案」——與此最後的法律制度——包含在幼斯丁里安的「律例」，「法律彙集」「法典」與「附律」等以內的法律系統——其間的差別，是極其顯著的。幼斯丁里安本人

【现代的国家】

第一编　国家的发现

也不过是以「野蠻族類」而承繼羅馬在東方的政權的一個人物。家長在家庭內原有的法權——已退縮至無關輕重的地位，而遜位於國家普遍的法權以人格爲基礎的觀念，已從親屬關係中化分出來了。法律的規例已脫離了陳腐與奇異形式的牧師命令的寬日不過「教會法律」仍佔國家的法律中一大部分的地位罷了。讓與法與承繼法的形式已大爲簡單化與合理化。「團體人格」觀念的實施亦已開始；不過在我們近代明瞭團體生活的複雜實況的人們看來，還似乎極不充分罷了。契約的性質亦大見明晰。整個法律的範圍俱已包括在一個系統之內；而其大致類別——民法與刑法，公法與私法——亦已有所劃分，這樣羅馬遂爲極後的泰西人民，遺留下一種典型並一種活動原則：使他們在社會意識上重復感覺到眞實政治觀念的衝動的時候，得以制定並條理新的法典。

第六節　城市與帝國

共和時代的羅馬不曾區分民政權威與軍政權威。高級官吏，如執政官與藩司，均有在戰場上統率軍旅的職權。在羅馬城內司職一年以後當帝國擴張領土的時候他們俱到外省去執行藩鎮之役操有帝國式的政權——羅馬整個的主權。羅馬國民的各種議會，怎能監督管理這般專制的領土總督與帶兵藩司呢？他們顯然不宜於此項統取的職責貴族院——大部分爲卸職的官吏所組織其會員任期概爲終身職——遂不得不變爲國家行政的中樞以決定行省的分配軍隊的徵集與戰爭的進行以及財務行政等事既握有這般專斷的威權貴族院的決議案遂漸爲一般人視爲與主權人民的法律有同等的效力這又有什麼稀罕的地方呢？羅馬其他一切的政治機

第一編　第三章　國民資格的開始

九九

現代的國家

關，都表示有牠們城國淵源的拘束形態惟有貴族院可以佈置成為一種大帝國的設施。

在這裏所表現的，誠是一種稀罕的並且艱難的機會要成為一個大帝國的最高議會，力的中心貴族院必須有一種嶄新的政治目光與材具不幸得很該院卻證明己身毫無這樣的能力貴族院只知堅決的把持一般貴族式的專斷威權卻不能規定任何方法以保護羅馬的藩屬行省使牠們免於官吏們的橫取掠奪代議觀念從未發現於牠的心目中縱卽發生在交通敝塞的時代亦極難於施行並且牠又躱避了那唯一的其他方法可以使藩屬行省的執政者對己身行為負嚴格責任的牠的議員們俱為統治階級的領袖本身卽受有帝國掠奪品的滋潤雖沒有行商的機會他們卻都變為奴隸所有者與金錢借貸者他們曾取得廣大的由奴隸工作的田地。孟姆生說：「無論投機主義實行到什麽方向牠的工具無例外的總是在法律上已貶降為負重禽獸的人類。」這些情形使貴族院發生一種態度完全不適宜於大帝國的工作安全與好政府的內部與外部的條件牠俱不能有所建樹由城國而變為帝國其間忠順心的基礎雖經破壞無遺然亦不曾建立任何新穎的倫理根柢國家旣缺乏內心的原則，遂不得不完全依賴武力以自重。

內部問題初則極形嚴重奴隸制度破壞了國民團體的堅固性，削剝了小耕植家的產業，擴增了無產階級的人口並產生了根深蒂固的經濟與社會的不安現象格拉凱朝的勇氣十足的改革計劃結果仍告失敗；而羅馬政府亦未從此獲得任何教訓羅馬的戰爭造成了無數缺乏政治希望的退伍軍人他們便是一種不適於平時生活的擾亂分子又為奴隸勞工的侵蝕所損害更進一層這新帝國的軍隊已不復為國民的徵集體為完成國民義務

【现代的国家】
第一编　国家的发现

而被召执行军役的他们俱已成为一种职业的组织，永远从事于战役的新制度下的士卒俱仰给于饷糈与劫掠品「他惟一的家庭就是营幕惟一的科学就是战争惟一的希望就是司令」政治威权亦正变为无所掩饰的武力——号令队伍的实力城国观念由此荡然无存贵族院既又不能成立一种新原则以资号招结果执政与带兵官的野心便直接掀起了内战马利尔斯（Marius）与苏拉（Sulla）的冲突为混乱时期开起了端倪：祇有一种武力之王将「共和」制度完全毁坏，将自己意志强加于这破裂国家之上缵能灭绝这种乱芒结果罗马政治发展上所有的一切新颖的与重要的贡献俱为这种陷罗马于东方帝国的境地的程序所淹没；而东方帝国的专制形式世界人类固会发见充分的例证无待我们的赘述了。

旧有共和制度的前动力太大不能一旦克服完竣当第八政治区鞏固的成立于幼列斯（Julius）所创发的统治权内的时候他还一次表示遵守宪法的委式：本人只取得罗马的执政与若干行省（此后统称为元帅的行省）的总督的官职，而以贵族院统治其他各行省但是国家前进的方向自始即很明显「阿克太斐安」（Octavian）现在是阿格斯特斯（Augustus）换句话说他便是国民领袖（princeps）是「最高牧师」（pontifex maximus），是「国父」是先后承袭他的权威的人们的义父并且死后还被正式的隆为神仙的地位东方专主义的一切特征都藏伏着在阿格斯特斯的政府里无一不备在他一般承继人的朝代里这些特征更形显露话侯国变为君主国最后还成为朝代国阿格斯特斯生前却极力避免这一步；但是他既已作了如此的地位，如果最后还採行这一步而脱离国家于承继问题所包藏的危机那或者与帝国前途还稍有补益些阿格斯特斯只

第一编　第三章　国民资格的肇始

一〇一

現代的國家

生有一女假如他生有兒子的話，羅馬的後部歷史也許沒有如此的艱難；不過羅馬旣已失卻一切內部團結的原則，就沒有任何事體可以迴避這種帝國最後的阨運能了。他旣不曾因任何固定的制度以決定承繼的問題，那便是一種惡劣時期的前兆：一軍旅之呼號，其效力遠過於貴族院之命令，或人民之投票。依阿格斯特斯所遺下的憲法民會正式選舉皇帝，而由貴族院授他以帝國的威權。但是民會的主權已成過去的遺跡，貴族院雖仍能保存一種威權，仍爲帝國惟一貴族的議會；但是牠的單獨性適足以削減牠主權的爵號，而無力以頡頑那號令軍旅而身被無上尊嚴的皇帝。

羅馬的政界表面上受統治於這兩個不平等的機關歷史有二世紀之久；但是在尼諾(Nero)死的時代，一般軍隊的行動早就給眞實情形以充分的顯露了；他們覺各自分立加爾巴(Galba)、阿托(Otho)與斐特里爾斯(Vitellius)爲互相頡頑的皇帝；擁戴與推翻羅馬世界的主人的，乃是軍事權威；而這種權威常常都是偶然成立的，素無固定性，可言始終不能審知政治統一的隱祕泉源。表顯於國民自重心與忠順心的「普遍意志」已由軍閥的變化無常的意志加以破壞。使帝國成爲威權的虛殼而終不敢外侮的壓迫便是由於這種途徑。

尼諾死後權威無所統屬因以釀成擾亂；其後登帝位者，便是費士巴西安(Vespasian)：他曾努力於帝國旣失的統一的恢復其方法一面是用舊有擴大國民人數的手腕，一面是容納各省內一切領袖家庭於貴族院的貴族叢中這後一種辦法實爲一種富於政治目光的設施會制止羅馬世界的崩潰於一時似這樣組織的貴族院，使先後的皇帝有一種合法的地位——於是他的威權乃得鞏固而互爭主權的軍事衝突亦大半得以避免。但是

【现代的国家】

第一编　国家的发现

贵族院的威权固不会由国家普通民众团体中的新鲜分子继续不断的予以更新改造举世所共知的事实，就是他们从未曾计费任何代议的制度以阐发帝国圈内各民族的政治意罗马并自治政府的基本观念——就是在这个名词的极窄狭的意义上——也都完全失掉了皇帝的威权沒有坚实的根基以至于内不足以抵抗朝代专制主义的引诱力，外不足以对垒对心军事家的奸谋在度密西安（Domitian）崩后发生的一次新内战已将这种实况表露無遗；但是牠的整个赤裸裸的揭开还是在赛法勒斯色卜弟密尔斯（Septimius Severus）极端专制的时代以后国民资格的观念——政治制度的基础——因为缺乏行使的机会亦已陷於倾颓在帝国散漫的团体内分佈着不负责任的势力的中心点无一非招致强暴的破裂既然势力得以集中於任何地點帝国本身遂不復有一中心不復有一首都。因此便发生瓜分的现象两位帝王的时代再或四位帝王的时代甚至於六位帝王的时代在这种历程中人口与财政与文化因受盛大权威的蹂躏与耗损均陷於竭蹶不振的末運。姑無論其产生方法为何——上的权威，仍不失为一种僕人；但是一种虛偽理想的权威，繋絆於忠顺心威除反映其已身的伟大外既不能激发任何理想又不能为任何理想所激发那便是一个富於破坏性的暴君——其破坏工作非至最后破坏其本身不止。

按一般作家的习惯都是将罗马所陷罗的衰亡描写成一种玄妙的定数的遭遇⑱在政治学一方面一如在其他科学各方面，在我们倘未確已探访可知之数的艰难而悠远的深渊以先比较聪明的办法是不要希图藏匿於不可知之数之内以自掩飾其拙劣誠然成功的精神起滅的方法都是我们不能加以解释的；但是我们既还未

第一编　第三章　国民资格的肇始

一○三

曾證明社會生活與社會制度的關係，所以每個煩難嚴重的例證——如羅馬的事實——只應激發我們更進一步的努力鑽研羅馬強盛的時代其內部力量是利賴着表現於國民資格形式上的一種堅固的統一原則的。這種原則有很可驚奇的彈性所以她能一時適應帝國膨漲時代的整個帝國籌畫一種政治的基礎她不能伸張過於某種程度，而不自陷於破裂羅馬政治家的思想還不足以爲文明世界的整個帝國籌畫一種政治的基礎。她不曾發見任何新穎的統一原則以替代現在已毫無意義的基於國民資格的原則；不曾發見任何新穎的城市議會的傳統制度以替代行政官吏與原由國家失敗以後人類便在個人主義的哲學與「非人世的」宗教範圍（宗教之內以基督教爲首要）內尋覓他們的憩息之所。這類主義對於帝國所視爲無足輕重的人類天性的成分加以刺激而發揚其勢力因此而益使國家趨於瓦解土崩之一途基督教之進入非鮮母式 (Semitic) 的社會會表露教會與國家的真實區別（這種區別厥後卽不復爲人類所認識）但是她在未輸入以先旣屬毫沒有準備而其輸入又當着危機四伏的時期；羅馬帝國最後不過是軀殼僅存不復能抵禦一種野蠻世界的衝擊因爲野蠻國人的忠順心雖極幼稚卻比較極爲真實。

❶ See Ch. IV, II.
❷ Cf. Oppenheimer, "The State," Ch. IV; Robertson, "Evolution of States," Ch. II, § 2.
❸ "History of Rome," Bk. IV, Ch. VII.

❹ Cf. Maine, "Ancient Law," Ch. L.
❺ "La Cité Antique".
❻ Vinogradoff, "Historical Jurisprudence," II, Ch. IV.
❼ Sidgwick, "Development of European Polity" Lecture XII.
❽ Herodotus, III, 38.
❾ Vinogradoff, op. cit. II, Ch. IX.
❿ Cf. Muirhead, "Roman Law," Ch. II, Where he quotes Ausonius for the identification of 'fas' and 'themis'
⓫ Bryce, "Studies in History and Jurisprudence," II.
⓬ "History of Rome," Bk. IV, Ch. II.
⓭ Mommsen, op. cit., Bk. IX, Ch. VI.
⓮ Cf, Balfour, "Decadence."

第一編　第三章　國民資格的肇始

第四章 鄉國的成立

第一節 封建主義

羅馬亡後「國家」已真實的消聲匿跡於歐洲西部。在東部，拜占庭帝國（Byzantine Empire 即東羅馬帝國）雖不見稱於史家，而尚能存在於久遠；但於戰爭破壞之餘亦僅能維持一種業經摧殘的文化的軀殼。在西方，國家則完全喪亡殆盡從經典時期的國民集團的偉大進化的成績已蕩然無復存留——直如從前毫未存在過的模樣這種已被推翻的制度其遺留的習俗雖在野蠻人喧囂擾亂的騷動中尚有不絕如縷的滯留但是在其後若干劇亂的世紀內國家還是得重新肇造於一種原始社會的體質裏這種歷史上的過程我們不能在此地加以叙述我們只能論列一般新的原動力後來得着解放而卒成我們今日所認識的國家的。

在這個長久的時期裏面社會凝結而成為兩種形態。一則為教會——牠利用他本身驚人的改革竟能於國家傾滅之後巍然獨存不但為人類的心靈供給一種安息怡養的桃源更能借羅馬的古名而成立一種新式的統治。班列荻克特（Benedict）的統治與格利哥尼（Gregory）的威權冶為一爐統治與威權兩下俱自以為能超越時間與空間的一切限制教會自始即攜有一種文化普遍性的成分到這種政治上已告瓦解的社會裏來；在牠的

【现代的国家】

第一编　国家的发现

保护之下统一的观念——并且同时亦应有政治意味的统一的观念——乃得复活於社會之間其他一種形態，則為在帝國碎裂時已陷於某勇士或某貴族的直轄的一種領土單位。遠立於勇士或貴族之上的便是那種未開化的國王——法蘭克族（Frankish）王，峨斯族（Gothic）王，浪巴德族（Lombard）王或為凡德爾族（Vandal）王——他們能要索貢物並能發動較大戰爭的機能但不能於鄉間間維持治安當這種野蠻悉動不安定的統治來禁止他建造他自己的堡壘並享受威權——個人的威權，不但是政治的威權——的果實克洛斐斯（Clovis）以及他的承繼人都會努力把勢力集中以造成一種新的帝國統治權；但是毫無結果因為統治者與人民均過於愚昧過於蕪雜過於缺乏紀律第二帝國處於馬特爾查爾斯（Charles Martel）與白平（Pepin）與查理曼（Charlemagne）的指導之下便承認了當時環境中實具的情形他們接受一種帝國的階段政制以代替帝國的統一伯爵侯爵與公爵各分其地而統治之其法權形式係由國王所頒給交換條件就是：他們必須服務軍旅完納課稅並發「忠順」的誓盟。

由此便發生了封建制度的主義與事實——不過事實終不及主義的完備罷了。在這種制度之下，國家又是埋藏在地方社會的下層；一種經濟的契券便能給與一大對未嘗劃分清晰的權利——政治的與個人的這種權利的契劵，便是關於某種「采邑」的憑證而采邑便是經國王寄託而具有的土地或他種物品以役務服從與忠順為條件的產生並維持人們相互間的義務的，不是國家的權力而是某一王侯的權力；不是全體的幸福而是某

第一編　第四章　鄉國的成立

一〇七

現代的國家

一主人的利益部落的軍事組織，便增建在這土地組織之上；不過這種新與背景裏的軍事組織沒有部落的社會觀念參於其中罷了。這種制度漸告穩固土地所有權逐成一切權利與義務的基礎這種土地所有權便是要求服從與忠順的契約，便是勒索軍役與經濟稅捐的憑據便是支配保護職務與婚姻的左證，便是授給統治法權從而至於立法權的律令政治職位成為私產的附屬品——甚至公私的區分完全喪失淨盡因此便發生這種離奇的事物，如「私人」的戰爭，「私人」的貨幣，「私人」的法權因此便發生高級貴族之免納課稅因為私人權益亦被認為公共權利國王自身亦以個人權利為統治的根據所以人民便是「他的」人民國家便是「他的」國家：

英國還有若干宣言文字中的陳舊公式足令我們作這些事實的回憶。

甄克斯先生（Mr. Jenks）曾形容封建情形謂其為在家族制度與政治制度之間的一種半料設施。①這種形容是富於暗示力的但是我們卻要注意家族制度的基本原素——富於團結性的親屬關係——是封建主義所絕無的不但如此封建主義的傾向是趨於一種純粹親屬集團性質的趨於階級現象的所有權與職位都有變為世襲的趨勢——以長子相續權為原則擁有采邑者的承繼人於承繼遺業時須付給一種「采地承繼稅」便可得着權利的承認。在這一種時代裏人類知識與經濟都已成為過激之魚幾乎純然仰賴一種幼稚的農業以為糊口的資源社會當然是會發生一種堅硬呆板的形式並且教會雖自稱有支配普遍人類之權亦不足以制止階級界限的硬化。不但如此，教會本身便已成為一種階級制度一種產業制度——其階段分配之嚴亦不下於其他組織；其所認為人生順理成章的制度而昭示於天下人類的，無非為屈服與專制。

第一编　第四章　鄉國的成立

但是，在這種制度裏面慢慢的也發生了新的潮流，極富於破壞這種制度的勢力。商業生活逐漸復活通商的城市，其性質雖截然與封建習俗相逕庭亦漸趨於繁榮，工商貴族是與土地貴族完全不同的。在這一種制度裏面便沒有那一種制度存在的餘地。因為工商貴族制的進步逐漸取得獨立的地位日耳曼與意大利的「自由城市」，逐得繁衍滋長的機會。城市生活的性質有怎樣改變社會的影響這是我們前已有所論列的了。這種事實在中世紀又得一例證在各城市裏面商業與工業的財力打破了一種土地階級的威勢與習慣在各城市裏面一種新興的社會與政治的統一力——工商會——漸次發生組織給在封建制度下無立足地位的各分子以偉大的勢力，並創制若干新標準新習俗，生活的另一方法在各城市裏面民治觀念發見着與牠最相宜的環境技術家與貴族的爭鬬史載有前者勝利的偉績是一般農奴在與他們的地主發生衝突時所不曾夢見的原有的商人組合過於排除異己不能容納多數分子故不適宜於新的環境此種組合既告衰竭職業組合逐代興而有其重要因為這種組織有比較大的包容量並且性質亦比較的富於親切的情致牠們亦漸變為過於堅持牠們的威勢與權利但是在那個時候牠們終則用洶湧的越過了牠們推翻了。

在中世紀人類的腦筋裏宗教所佔勢力的程度，是泰西文化史上以前及以後所絕無的不過宗教雖嘗以一為號召但是牠終久還是帶來了一種分割的利刃刺穿了封建主義的身體神聖羅馬帝國（Holy Roman Empire）從未曾調和皇帝與教皇的權利衝突及至最後一位教皇居然自稱為「一切君王的絕對主人，他們須親吻他的足，他並可以隨意的放逐他們因為他可以將他們的臣民從他們的忠順誓盟的效力中開釋出來。」言

一〇九

現代的國家

出法隨的**格利哥尼七世**（Gregory VII）在**加洛沙**（Canossa）地方完全使亨利四世（Henry IV）屈服於他了；舉世人類很驚詫欲絕的觀看着一位皇帝亦足立於雪泥之中在他的「精神」主人的膝前於三晝夜中卑恭執禮的舉行他懺悔的儀式：**格瑞格利**的勝利雖不曾持久但到了**英諾散特三世**（Innocent III）的時代教皇的威嚴又得着了過分的恢復：差不多全**歐洲**的君主從意大利到西班牙從瑞典到英格蘭都曾經向他卑恭屈膝。

教皇們的這種「俗世威權」係根基於一種有巨量擴充的信徒社會的支持——幾乎可以說是「公共意志」。但是牠也曾受有兩方面的威脅牠傷損君主們的權威與自重心未免過分這兩種權威之間沒有調劑沒有職權範圍的割分如果君主自稱有「俗世敍任」的權利教會便自稱有宗教法庭的權利教會各自努力於「普遍夥伴組合」內的優勝勢力的佔取。結果便是且總是爭奪擾攘另一方面一般人對於教會俗權的攻擊亦因教會內部的分崩離析而得其支助牠的俗世威權與精神原則不相符合內部改革運動因為一般人受有他們自己更深沉的宗教信念的驅使都脫離牠的俗世威權而皈依「良心」所以勢力愈見猛進但是這種運動終於掀起了絕大的分裂波瀾教會的統一既告破壞牠的精神與世俗兩方面的普遍威權亦於分裂中被傾軋了。於是，情形中又發生一種新的混亂狀態。

歐洲的君王與貴族均利用這種混亂現狀而得其恩賜封建制度，即完全脫離了教會的僭妄行為，亦對於此無上的大主人——君主——的野心企圖有嚴重的窒礙。比較的大臣僕對於君主有直接提供役務的義務；但是

【现代的国家】

第一编 国家的发现

下級臣僕與佃戶便只有間接服務的責任卽此亦還需他們自己主人的吩咐。「君主有號令之權」——號令地主執軍役的威權——「而無間接號令之權」——號令下級臣僕之權這種情形使各大臣僕的威權過於重大，且令人感受不安——對於他們彼此之間以及對於君主普通人民因被他們主人的爭鬪所侵飩亦漸知發為呼籲的聲浪有像孟太孤(Montagues)與加布列(Capulets)的族鬥中的生息垂絕的麥孤苦阿(Mercutio)似的，他們喊叫着這是「你們兩家的一種疫癘」實則人民已漸視君主的威權為內部安寧與秩序的泉源在這各種威權互不屈服的擾攘時期中人類均相率於國家的統一中尋求安身之所敎會已經他們嘗試而宣告失敗因為牠裏面的心意已破裂了另有一種一致性漸次發生於世人眼簾之前而躋國家於成功之域。

這種一致性便是民族籍貫觀念或國家主義國民資格的觀念因為這種主義之前未曾知道的性質與範圍這是穩定鄉村國家所必需的思想並且是導進一種新政治發展時期的媒介希臘與羅馬所或許是——普通都是——有排擠性或獨佔性的牠是人民所取得的一種權利或利益但是民族籍貫不能視為是一種確定而有創制力的潮流在我們的論述中還是第一次的發現所以我們在這裏實應稍作滯留而一論牠的意義。

第二節　國家主義的意義

按國家主義的本身性質牠的包含性自然應與國家相同。對於平民與貴族牠不作上下床的歧視國民資格一種權利而頒給於任何人牠是不論階級與等差而自然屬於人民的。❷在這一方面民族籍貫頗似上古的親屬

第一编　第四章　鄉國的成立

一一一

觀念；但是親屬關係只能產生鞏固部落的功效，而民族觀念卻在一種較為高尚並且遠較擴大的基礎上作工夫。牠有一種自由的一致化的力量容納無量數的差別而不仰賴於任何制裁權與任何強制力因此一方面反對階級勢力與偏狹的忠順觀念一方面反對一種思想與行為的殘暴的普遍性民族精神乃日漸趨於光大與堅強。

民族觀念的先決條件已成立於中古時期的後半際共有文化的成分表現於宗教於學問的形式與公共語言，於生活的方式與標準的盛行於極大區域之上牠們尚不足以在這種區域內維持政治的統一以反抗各種既成權威的破壞勢力。但是在若干很寬大的幅員上——這些區域一部分由於地理上的界限一部分由於歷史上的偶然事實一部分也由於這兩種情形所產生的言語與習慣上的差別都已劃分而成為國形的區域——牠們相互作用而產生一種新的社會觀念。在這些區域之內人們漸知以國家或「祖國」為念他們漸知懷抱一種忠順觀念——牠的彰明的範圍雖較文化範圍為窄狹然較地方範圍則較寬廣與普遍厥後各種技術日漸進步表示科學精神的猛醒這種發展遂亦大見推進各種發明——無論所發明者為火藥抑為印刷——的效果莫不趨於改變威權的分配，特別是對牠子以推廣最初這些勢力的工具俱為一般強者所霸佔並利用但是他們也不能利用牠們而不將牠們授給他人發明有縮短事物——無論是空間的，或是社會的——的距離的效力。牠並能散佈機會牠能打破習俗的堅硬性**牠根據鐵面無情的法律而搜索人類所創發的區分絕不能違抗經驗的邏輯人類所**發見而以之克服自然的每一種新力量都可以變成一種在他們自己裏面解放一種新力量的工具。牠便軟化牠們，或徑推翻牠們，一個正在進步中的社會牠裏面的武斷的等差如果牠們是不真實的話

第一编　第四章　鄉國的成立

時至今日，我們已幾不能明瞭古時民衆的生活，離統治他們的權威是如何的遙遠。對於一般農民一般土地耕種者——在發明尚未解放他們以前，大多人的生活目不識丁無知識無智慧，是消磨在這永無終極的舊關裏以僅圖生存於這世界土地之上——政府的功用正與他們所渺茫相信的上天，是一樣的遙遠一般的不可知曉。至於權威還須仰賴於他們己身那是他們所不能了解的觀念；而他們之有賴於權威亦有如一年四季的來往交替的玄妙雖說是一樣的眞實在人類尚不曾學得參加一種公共生活——權威的設置與維持的理由也不過是要爲這種生活有所服務——以前民族觀念是無由可以發展的。

近代國家之能以繁與純賴有這種鞏固的根基那末我們對於牠又將如何形容與解釋呢？史賓格勒(Spengler)說過「國家不是言語政治或生物的單一體而是精神的(seelische)單一體」全體英國人——受有教育的與愚暗的，倫敦市民與鄉間村夫富的與貧的——所共同具有而與一切法國人或一切德國人不同的「靈魂統一」究竟是什麼呢？

如要搜索任何公共的特徵或確定的利害關係，在任何地方也是與民族籍貫相關聯的話，那是徒勞無益的。人類在社會上一切所有的文物制度——或爲語言，或爲特殊的習俗或爲宗敎或爲種族覺悟心或爲經濟的利害關係就是政治生活上的傳統習慣——沒有一種是不可與民族觀念分離的實際上很少有任何兩個民族似乎是從同一的客觀的因素上尋覓他們積極的支持的。⑪瑞士人沒有公共的語言猶太人沒有公共的領土至於說公共的種族，那差不多總是一種幻想夢囈假如我們要尋求這種不可捉摸的「公共」我們便須

一一三

現代的國家

回溯牠的積極的條件而這種條件彼此不同，牠們直使我們如墮於五里霧中了各派對於民族觀念所下的定義多半是易以引起爭議的。如阮倫（Renan）那個著名的定義就是說：「組織一個民族的不是說同一的方言，或是屬於同一人種的團體而是在已往共同成就有偉大的事績，而於將來有成就同一事業的願望。」但是這般「共同成就有偉大事績」而感覺大家自身為同一民族的人們究竟是何許人呢？這種條件就是一個家庭，或一般船員或一個叛徒集團都或可以滿足但是他們不能因為這個緣故而即成為一個民族民族是一種社會的意識而這種社會意識在某一特殊社會時代的歷史環境中曾經具有一種國家的統一求表現民族觀念的基本條件雖極複雜牠本身卻是一種確定的堅強的活動的意識遠勝於多數人自私的統一的驕縱性與虛妄性以故人類往往能被牠的名目與思想所激盪而發為極深沉的信仰心犧牲心甚至於崇拜心。

精神的統一力量，原有若干種類民族思想僅為其一端而已。在近代歷史上為什麼牠能有如此堅決的力量，以勝過其他的勢力呢？為什麼英國的鄉紳與小販公司律師與煤礦工人的「精神一致性」從外表上看起來並依歷史上的結果看起來，要比他們同宗教的人們，或其他各國勢力的人們的「精神一致性」分量重得這麼多呢？為什麼許多人們的思想與生活的方式既屬南轅與北轍；他們的尋常利害關係又屬於完全不同的區域或且大相徑庭但是因為他們屬於同一民族，便感覺有一種一致力一旦國難臨頭的時候便能超過一切外表的差別，忘卻一切較小的團體觀念並消滅一切橫斷的社會呢？

【现代的国家】

第一编　国家的发现

誠然就普通情形說起來，一國的代表人民常有許多自別於他國代表人民的（至少在某種方面，是自別於他國代表人民的）特殊的似點與異點；如法蘭西人之自別於日耳曼人，英吉利人之自別於俄羅斯人餘可類推。但是這些區別或者不比英格蘭人之自別於蘇格遜人之自別於普魯士人，自別於諾門人的區別，更爲顯著能並且這種差別實過於不可捉摸過於細微瑣碎不能有一定的定義。因此，在同一民族之內牠們也可以受感情作用的簡單化與愛國心理的美飾。在民族與民族之間，更可以因政治關係所產生的偏私作用而受人們最張大其詞的最虛僞的形容與描寫。英國人與法國人在民族心目中所有的俄國人的印象在大戰開始之際與第二次革命之後大有分別：這便是一個極明顯的例證。再者這些區別即令是真的，也不過是典型的，而不是普遍的許多英國人在身體形態與思想方式上都不是典型的英國人，而他們還是同有他們民族的意識。的確，這些細微的似點絕不是我們近代文明的確定條件。

民族「精神」的堅持性與嚴烈性有兩種因素可予以解釋。一則爲國家本身的作用，當國家已達到鄉國的階段的時候；一則爲社會的情狀，就是這種國家在歷史上所由發生的社會情狀。

國家總是一種規定的並限制的權威因爲國家有極大規模的規定與統治的熱烈慾望所以牠總同時產生秩序與無秩序兩種現象——秩序是在牠的範圍之內的秩序，無秩序是因爲牠堅欲將牠的範圍來決定一切地方社會的範圍鄉國一經成立之後他就將牠國民的利害關係劃分明晰了中古文明涉及人性的各部分——在牠的宗教牠的學問牠的法律牠的習俗上所能發見的各人性部分——都一一的「民族化」或「國家化」了鄉村國

第一編　第四章　鄉國的成立

一一五

現代的國家

家的劃分的力量，在多金主義（mercantilism）的政策上表現的最為清楚：這種政策之解釋本國的經濟利害關係，一如這種利害關係完全為國家領域疆界所範圍似的；而牠的理論的訛誤，卻為牠的國家主義的熱度所埋沒。

事實上這種政策確曾創造若干真正以國家領域為範圍的經濟利害關係——一如今日保護關稅的政策——不過所出的代價也不在小罷了。再者行政與法律都有固定的疆界這種事實本身就能將生活於此疆界以內的人們團結一起；而將他們從那些隸屬於另一行政與法律系統的人們劃分出來。一種公共制度的沿革在每個國家內是分別進行的，所以是在與他國不同的方向上進行的。因此國內同人彼此類似的觀念及其與國外人互異的觀念乃得受其刺激而發展滋長此外還有國際間武力衝突的結果：這種衝突能使一國的國民團結一致以對其他一國的國民作一種公共的生死攸關的奮鬪這種衝突一則賴有一種最高的獨立的行動故有最劇烈的聯合的力量一則借共危共榮的觀念，故有刺激最堅強的愛惡情緒的作用。

其他促進民族精神的一種堅強力量則必須於歷史的情狀中追溯得之這種歷史情狀在以往曾經解放壓抑並利導社會的基本天性——就是團體的為己的觀念要將這一點解釋清楚，我們須回頭轉望追溯到我們歷史知識所能及的遠古情形。

我們慣於想像上古民族或部落，為人類中整個並各別的集團，於地球面上作來去的遊蕩，時或踐蹯其地而使成墟坵時或聚居其上而形成集鎮或為環境所驅使而四出尋覓新的家園總是這樣的遷徒侵掠與佔據。但是這種整個的團體行動業已發生社會系統的整個的團體行動並非人類歷史上真實的事蹟第一這種羣眾的遊

116

荡除能經過狹小海道或沙漠或紹循寬大江河的流域而下行以外是肉體上所不可能的事——在人類尚未曾克服那種原始時代毫無途徑可尋而荊棘叢繞的地球以先而這種克服地球的工作又是長久而痛苦的工作活動有如其他種類的解放人類之獲有這種能力很爲遲緩近代人類學已有所證明環繞着原始部落的情境大都不利於大團體的移徙海陸上的遊蕩人民實爲一種例外而適足以證明當時的普通情形：他們都是荒蕪的海濱或不毛的草原的居民這些地方是無居留與拓殖之可能的因爲人類的羣衆在凡可以居留的地方總是居留並且久遠居留的。冒險者征服者與人類的先鋒儘可離開羣衆而出征四方但是羣衆總是堅決的株守在他們的家庭裏在他們所開拓的地方在安固的深山中在有屏障的海濱。

世界愈進步有定居的人民便愈增加多數膨漲的居留地之間，不但常相混合，亦且常有爭鬪。不但征服的工作，就是貿易與異族結婚制也都能將鄰近的羣衆聯合起來，直待他們都採取了同一的名稱。最後便發生該撒(Cæsar)所發見的情形那個地方的若干民族業都採取了共同的姓氏——高李氏(Galli)；在牠三個馳名的地理區域的每個區域之中各民族巳都發生了一種公共性質的觀念——亞魁泰尼人(Aquitani)索爾泰人(Celtae)與巴爾加人(Bolgae)雖說這種觀念是薄弱的是有阻礙而不能發展的甚至使他們不能對一種外敵發生公同的舉動有效力的社會結合都是一般部落——哀堆(Aedui)西壙里(Sequani)哈爾非狄(Helvetii)拿爾非(Nervii)亞爾費尼(Arverni)顚非利(Treviri)卡魯尺(Carnutes)及其他許多部落。然而這些部落不但彼此時有敵對的行爲亦且常常互通盟好結爲友邦整個的情形顯然都是一種不固定的狀

第一編 第四章 鄉國的成立

一一七

現代的國家

態；羅馬的征服者雖曾為達到征服的目的而將他們分化，但在統一他們於同一「治安」制度之下以後亦不能不設法將他們聯合起來，該撒的高爾地方的各部落本身便是侵伐與聯合工作的產物，他們都是產自社會混合之無極過程中的新單位，他們以自己的種族為光榮，但是這不過是團體自私心的普遍現象，以與其他團體相對立的他們忠順心的內部衝動還不是「種族」而是他們所感覺的同地土同風俗同習慣同權威的觀念以及由此而生的幸運相通的觀念。

充盈史籍的侵略與征服的大波瀾也有牠們的先決條件就是一種較大的結合結果我們現在便須研究密德人(Modes)與波斯人(Persians)希臘人與非尼西亞人(Phoenicians)西伯來人(Hebrews)與埃及人，蒙古人與土可門人(Turkomans)亞處斯幹人(Etruscans)與羅馬人馬格牙人(Magyars)與波蘭人(Poles)，法蘭克人(Franks)與亞那門人(Allemans)撒克遜人(Saxons)與額爾特人(Kelts)。這些名字牠們也不是代表業已割分清楚的整個的民族的；牠們不過是比較不固定的結合，由歷史變遷而組成並能舉辦共同事業的因為這個原故所以他們在浩大的變遷史上往往能留下暫時而極可紀念的令名與遺績。他們因某一個領袖，或某一個地方，或一種廟堂或優勝團體的所在而獲得他們的新頭銜他們的名字一旦為事業功績所堅定他們便自詡以為有種族的完整這便是民族資格成熟的前兆。

這些結合係產自機會與變遷的潮流中有他們所取得的或取自他人的世代相襲的不同的名稱保存起來了雖說有極為例，因為無窮盡的文字作品已將他們所自取的或取自他人的世代相襲的不同的名稱保存起來了雖說有極

【现代的国家】
第一编　国家的发现

第一编　第四章　祖國的成立

情妙的記載，我們對於「多利安人」(Dorians)，「北那斯吉安人」(Pelasgians)，「丹南人」(Danaans)，「亞記安人」(Achaeans)種種名稱又能下如何的定義呢？這些複雜的名稱是沒有許多複雜的民族與牠們適相脗合的。❹我們怎能追溯他們對於後來一個時代的「哈倫人」(Hellenes)或最後的「希臘人」(Greeks)的關係呢？希臘人的名稱在經典時代則爲劃定一種文化的範圍的名稱在今日則又爲一較小國家的國號。根據這種離奇變幻的情形來看，我們假如要將我們現在的民族觀念聯串到歷史上遠較優勝的文化的開拓方法在這種情形之下，舊有的居民猶如瓦潰冰消，容侵略者獲得優越地位並得保存種族的完整但是匈奴人(Huns)與蒙古人土耳其人與姆爾人(Moors)，撒克遜人與諾門人(Norman)的侵略行動雖曾極野蠻與破壞的能事卻也沒有這樣的效果。在他們那些時代差不多一切財產都包含在土地的出產中，征服者顯然以保存鄉民爲農奴兼以敉取其勞力的收穫爲利益。一種不毛的領土便是一種不毛的征服地。還有一種價值顯然不下於此的劫掠品就是被征服民族中的青年婦女自然界給她們有一種復讐的能力，因爲這原故極端排擠異族的猶太人他們的先知便會定下一種神聖的命令教他們在他們所要佔領的領土上，旣不赦免婦女又不保存孩提。❺但是，我們領因爲她們在作妾婢作母親的時候能變更她們征服者的精神與血統

一一九

現代的國家

們從他們的歎息呻吟之中，可以知道怎樣加惠(Jahwe)的命令也不會有戰勝這種天性人慾的效力。

這樣無時不發現新人民新人類的「種族」而無數的舊名稱悉歸於遺忘或變爲古昔紛爭的悠遠紀念物——如與以色列(Israel)的子孫發生戰爭的亞莫利特人(Amorites)與耶布西特人(Jebusites)與亞馬尼凱特人(Amalekites)諸名稱居留地與人類聯絡既漸增加而複雜社會化的程序卽漸有更明晰的表徵各種團體便彼此發生同化的作用因爲相互的通婚因爲文化勢力之不知不覺的交換；至於在他們之「內」所發生的新而極有意義的紛歧與離異則成爲一種更爲複雜的文化的基礎橫貫於這種逐漸深入的社會的表面的發生有關恨與紛擾分裂與戰爭正與經典時代的希臘或中古時代的德國或時下的歐洲的擾攘生活同一典型但這卻是同性相殘的鬥爭他們因爲追求同一的目標而竟發生盲目的衝突了他們往往是鬥爭中之最富於破壞性的，但他們同時也是最徒然無益的一種鬥爭因爲他們是兄弟鬩牆的內鬨，不但有損他們所爭求的安全亦且有耗他們所欲奪的資源當暴動行爲與情感衝動完全消失以後他們總發見所存留的無幾又祇得對所毀滅的文物重新予以建設。

這種眞實情形所以很難完全被人發見的，因爲她還有一種發見上的阻礙物：那自然就是近代堅強的國家主義或民族主義的精神這種精神所以能成立的理由其一就是由於近代國家的行政性質這是我們已經論及的，其他一種理由——雖說這種理由本身也有一部分是利賴着政治獨佔性以爲生存的而另一方面卻能給政治獨佔性以可能發展的機會——便是那種社會觀念或共同觀念她雖被搖動而脫離牠舊有的基礎卻極力依

一二〇

第一编　第四章　乡团的成立

附着國家的事實正如於中流依附砥柱一樣。

社會觀念總比真實的社會結合為簡單一般民衆對於既往創造社會統一並且無時不創造社會統一的各大潮流素來不能認識牠們的潛伏勢力他們抓着社會的某一原素或某一現象而遽然以此為一切社會的標準。在多數上古部落人民的眼光裏宗族血統關係兄弟情緒便是一種的原素社會結合這件事實亟需一種簡單化的表現方式而最能表示這種需要的莫如圖騰制度：所謂圖騰便是一種鳥或獸或魚或其他自然物部落人民引以為宗族標識的依我們的觀察這種標識實為統一觀念的一種不適合事實的表現；但在他們的心目中這種統一觀念是這樣的真實所以牠必須採取一種外表的形式牠這是這樣的一種玄妙的形態變易祇有最高尙的希臘文明曾發見社會的真實基礎！～產自一種共同生活的休戚相關的事實但是牠在理智方面所感覺到的事實牠卻不曾在政治方面加以承認羅馬也祇能以一種法律的標準為滿足，此項標準就是在牠帝國母城以內的公民資格的擴大權利厭後這種假設既告衰竭，人們於是移其視線於「東方」。信仰同時期同時在「西方」亦漸見端倪，而正統宗教遂為國民資格的灰白界線重予劃定與建設。結果用猶太教（Judaism）的嫉妒而惟一真實的上帝或用某種基督教或回教來代替了經典文明的多數而易與的神仙在這種得力的暗示的勢力之下社會觀念便只限於宗教信徒的團體內教會與社會被人視為同一而不可分裂的集團，非信徒與異教信徒概為被擯棄於社會之外的流氓在這種非塵俗的世界裏不需要其他的忠順心因此，社會的一切問題不被人加以簡單化與虛偽化了。

現代的國家

「西方」的信仰破裂而成多數的宗派；而牠的狂熱又爲其他各種忠順心所橫貫其中而予以分化。教皇與皇帝間的糾紛問題便成爲一種鬪爭的焦點結果使領土的朝代制得以雷厲風行於整個的泰西世界現在人類在公共服務上並在公共忠順心上發見了他們的統一點君主制及其神聖威權與世俗勢力變爲社會的拱心石。依這個時代的思想——霍布斯(Hobbes)便爲服膺這種思想而嫌其過晚的一位作家——使人類成爲社會動物的，不是一種自然而是一種外加的黏合力但是在這種強制力之下並且超越一般政治思想家的薄弱邏輯之上人類卻正開始感覺到他們是英格蘭人是法蘭西人日耳曼人意大利人波蘭人俄羅斯人他們正在察覺着的統一，便是民族的基礎便是一種共同而特殊的文化觀念。

在此地我們切須指明：國家或民族觀念有一種內容遠較介於牠之前的社會統一觀念爲滲透與眞實在牠所屬的階段上社會覺悟心已普遍而浸及於社會的各階級在牠所屬的時代裏人類已漸進步及於民主制與議會制——君主制或則全歸消滅或則成爲牠所不曾創發的一種統一的徵徵牠包含有一種平等的要求因爲民族籍貫的範圍內是不容有階級的等差的對於一切人民貧富貴賤牠都有同一施行的效力牠不是屬於外表的儀式如人民共同屈服於某某朝代下的事實牠不是可以轉讓的除非經過一種長久同化的程序牠是不能任人接收或拒絕的，如幼連(Julian)或康斯旦丁(Constantine)時代的信任，或那位遽與全國人民皈依於猶太教的亞狄亞濱(Adiabene)的國王的宗教一樣沒有任何簡易的公式——如世界斐聲的 "Cuius regio eius religio" ——能解決牠的法權的問題的不祇是團體自重心的炫耀或主觀表現有如人們自稱屬於某特

殊種族的僭妄言論。並且牠雖有社會共同的性質但其所聯絡黏合的社會面積，遠比在過去自覺其為一單獨社會的社會為遼闊。

一種精神似這樣的普遍這樣的複雜而又這樣的堅強若要依附一種團體而資表現那就勢必要假借國家了。其他任何團體也不足以達到牠的目的因為教會只能適合於宗教的精神家庭也只能滿足性間的基本需要。國家遂成為或企圖成為民族的肉體；而一種新的紛爭與調劑的局面便從此險惡而不可規避的身體蛻化中發生出來了。

第三節　從專制主義到民治主義

封建主義崩潰以後近代初期的歐洲便發生若干集權式的君主制度。中古文明到了十三世紀的末造比較羅馬滅亡以後所發生的野蠻的紛擾狀態已獲有一種驚人的進步然而在其後若干世紀中牠又陷於阨運而遭遇了許多變化這些變化都是極重大的變化甚而將牠完全變形了。至於各種重大的變化潮流對於中古文明的變形各有若何的影響我們可以留待歷史家去決定。嚴重的戰爭與空前瘟疫的浩劫，將社會制度業已弱化的根基更加施以摧殘牠們似乎又對一般繼續生存着的人們的道德精神，從而予以搖盪舊有風尚一概失卻了牠們的威權在這種憂鬱沮喪的情形之中新的社會力量是必需要的最後牠們便從各方面發生出來了。

——造紙與印刷——預為耕耘人類的腦筋使復興後的希臘思想得有被接受的機會；而希臘思想又為人類精神的一切表現中之最富於解放勢力的科學不但正逐漸審知如何制服自然亦且正暗中從事於攻擊霸佔人類

現代的國家

心靈的迷信若干勢力且互相作用以解散「階級」的制度火藥正對一般勇士的戰爭威信加以毀滅經濟的需要正在釋放農奴。英格蘭業已感覺到一種長久實業發展的初步震盪因為牠已將幾許可供耕植的土地化為牲畜的牧場藉以有所供給佛蘭德(Flanders)的毛羢工廠逐漸與起的有一種中等階級藉以打破有土階級與耕土階級間之重大的封建界線。

階級界線既漸陵替君主威權遂日益滋長他以前曾擁護封建而遭受損失今則變為反對封建而攫取利益。在英國方面在亨利二世(Henry II)那樣早的時代國王的專權國王的朝廷宮闈國王的令狀已能超越一切地方與封建的法權而上之。⑩法律漸呈集中的趨勢羅馬法學漸為歐土人士所知悉而予以研究其影響所及亦正足以堅定法律為君主意旨的理論貴族們之半獨立的軍事組織「巴爾門」("parlement")議會⑰加冕時的誓盟各都市的自主這些都是對於君主制的限制然而這些限制亦正漸歸於消滅英國因為牠的島國的地位與諾門征服(Norman Conquest)的影響已於異常早的時期達到專制主義的階段並且業已踏進發展上的次一階段——其時牠的普通趨勢已呈一時規復牠的舊觀的形態但是經過若干變遷以後專制原則使雷厲風行於歐洲一大部分的領土上——在非力浦二世(Philip II)治下的西班牙在路易十四世(Louis XIV)治下的法國在司徒爾特朝代(Stuarts)的英國並已達到最高無上的巔峯;不過在英國方面其地位的鞏固遠遜於在別國的勢力罷了。德國因離新興潮流較遠以故達到這種階級比較遲緩但是在當時民族主義的精神因首須尋得統一所以與君主同一立場國王是由神聖的委任而為民族的頭目所以神權與消極服從是相併而行的

【现代的国家】

第一编　国家的发现

富國王與封建貴族發生衝突的時候，如在丹墨與法國，大多驚國民便與國王聯合而共謀抵抗。反對封建利益的第一層保障是他們攻擊貴族的偏私作用以及他們稅務擔負的豁免權利時的第一道先鋒。在信仰心退化的時代君主制度並能為全體人民解決宗教的殘酷幾至不可忍耐的爭執。這種觀感是如何的強烈，我們要想到不但波雪（Bossuet）一類的宮闕教士不但易受驚諤的霍布斯一類的政治思想家，就是司賓洛沙（Spinoza）這樣一個冷於情感而富於自由思想的哲學家也都提供國家以絕對統治宗教的威權便可以知道了。

這是一種臨時的解決與封建主義相頡頏的各種勢力，曾支持純粹的君主制度於一時；但是君主個人一旦因封建約束的消滅而勢力得以鞏固途又以一種不復可畏的封建貴族環繞於其身以抵禦國民威勢必有的增長；當這個時候他本人的地位則又成為衆人攻擊的目標了。同樣的，民族主義的積極勢力從前在國王身上雖曾發見着牠的統一的形式與徵現在卻又需要一種更為活動的表洩途徑了。從前擡舉國王的勢力，當其本身有所膨漲的時候便努力以謀他的顚覆，或圖有以緊縮他的地位而使之成一「立憲的君主。」

民族國家長成以後承繼朝代國家而有其天下；但是牠卻不能將牠的所有物，盡行予以保存。一方面政治威權的基礎雖見擴張而另一方面政治威權的範圍，卻亦受有限制民族籍貫旣為一個民族中一切人員所共有的資格，所以要求他們共有的社會須由國家加以保護，加以清順治理並加以推進。但是厭後他們卻又發生另一要求，就是：凡非民族所共同具有的各種利益便應在實際可能範圍內由國家免予強制的統取而一聽其自由宗

第一编　第四章　鄉國的成立

一二五

現代的國家

教問題又為爭執的焦點第一次質樸無文的解決方案，便是阿格斯布（Augsburg）「宗教和約」按這個和約所規定，人君得於若干信仰種類中自由選擇一種人民一概為他的決擇所約束不過凡堅持信奉另一種宗教的人還得脫離國境而任他往罷了。但是，一國人民的精力處此發洩機會日益增加的時代自不復能容忍這種對於任何君主或政府的「人格」上的投誠厭後一個時代的混亂歷史乃是一種頑頑政府以爭取自由的歷史；其所關的事項則仍為一般因意見紛歧而不能有共同政治行動的餘地——亦且不容有共同政治行動的必要——的事項。⑧

在這種實際的爭執中問題從來沒有結局那樣的清楚。間或發生的宣言——如歷史上著稱的「人民協定」（"Agreement of the People"）——固曾闡發某種真實的政治原則——特別是主權係來自人民以故國家的合理威權國家統治設立並維持國家的威權須受相當的限制這一項原則但是就普通的情形說，特別是在起初的若干階段上人們所抵抗的是異類的專制而不是真實的自由清教徒（Puritans）或天主教徒（Catholics）當其不在權位的時候便竭力伸張行使他們的宗教自由權利但若一旦取得權位一旦發現統治國家的機會則又從事於威權的擴充藉使國家在他們的統治之下得以為所欲為人類很少為擁護包容異己的原則而奮鬥亦很少為反對包容異己的原則而戰爭；但是他們卻仍然一樣的擷取這種原則，或毀滅這種原則以便利他們的私圖。在民族國家內所產生的他種紛歧與差別，也是同此一例新興的實業勢力，曾為反對異己者對經濟生活所操的政治統制而起頑頑；但是他們卻不絲毫的有反對自己行使這種統制的意念。就是封建主義的頑

唐勢力，當國家逐漸實業化的時候，亦叢聚在自由的旗幟之下。因為民族之內發生有利害關係的紛歧與衝突，人類於飽經紛爭之餘總在腦海中勉強的發生一種比較正確的國家性質觀念。

隨此發生的還有經濟威權之相當的重新分配與普及。我們已經知道一般農奴因處於孤立與愚暗的環境中，所以在政治上是絕無援助的。在封建狀態之下，實際上他是被綁在他所工作的田土裏村莊的勞工非經過極大困難即不能擅離他的村莊。在英國一方面「居留法案」(Law of Settlement)直到一六六二年還在給一種陳腐習慣以法律上的承認認教區拒絕一個外來之人為合法只要他不居留在一所年值十鎊的房宅內經濟勢力的關如便等於個人自由的關如因為貨幣制度之尚付關如結果服役勞工的依賴與不能流通的情形遂成為牢不可破的阨運就是文藝與技術也為地方限制的羅網所陷落而各個市鎮無不努力「保衞」自身以抵抗外來的技術家或商家交通的發達市場的擴張一種新實業法術的勃興從而國家的集中化卻在在都能剷除這些限制。西牧勒(Schmoller)說過：「十七與十八世紀的整部的國內歷史不但在德國亦且在一切其他地方都總結在國家的經濟政策與城鎮區域及各階級的經濟政策相對抗的一點上。」❶在西方文明的經濟生活上農業損失其比較的重要程度初則緩慢的繼則因其時各種偉大專門的創發而很迅速的產生了一種新階級——他們的目光與農奴胸襟完全有別；而且他們的左右國家的勢力亦遠在鄉民之上。在這裏又是一樣的，各種新勢力的首次衝突便有以堅定國家的專制主義而其後來發生的作用，卻又適足以毀滅牠國家對於起初的發明創見尚能加以統治與利用，如柯爾柏(Colbert)在法國便有顯著的成績但是

第一編　第四章　鄉國的成立

一二七

現代的國家

實業時代進一步的發現卻壓倒了這種僭妄的威權——國家不復能統馭牠們了經濟的威權中心成立在離政治中心甚遠的地方各種經濟的威權中心若不因有彼此內部的抵觸必已做到完全統制國家的地位了但因為實際情形所限牠們對國家經濟的威權雖曾發生絕大的影響但本身則往往不會直接進入政治勢力範圍一步。

經濟與政治威權的細微紛歧曾發生於疇昔的時代——我們可以引羅馬「勇士」之與較老的政治集團的衝突為例證；但是牠們卻不曾引起這種近代發展的純粹抵觸因為在實業時代以前經濟威權便從來不曾與政治威權真實的分離過。羅馬的「勇士」都是些納稅的農民，和國家的依賴人浪巴德(Lombard)的銀行家，日諾阿的(Genoese)與南部德國的財閥都仰賴着政府讓與的權利十七與十八世紀的合股公司所有的都是得自政治的專利營業。在實業時代以前一切經濟威權不是以土地為基礎的就是建立在經商或財政特殊權利之上；而土地所有權則與政治制度有密切關係特殊權利又只有國家能以頒給普通生活都似這般的缺乏多餘的花樣，市場又似這般的陝隘窄狹以致生產者本人或無特殊權利的商家，很難純由經濟的活動而獲取有威勢的地位。在這種時代之實業托納斯或財政的團結能以藐視或支配國家，那時沒有任何經濟的公司組織在一種很確定的意義上不是國家的「創設品」誠然在各「殖民地」一方面某種特許營業的公司，後來行使的威權確比代表國家的官憲所擁有的威權為強大但是牠們所以能如此的，也是因為牠們手操有政治的威權而這種政治威權直接或間接由於陰謀或由於忽略莫不是取之於祖國的政府。

這種異軍突起的經濟勢力原非國家的創設品不但如此太半仍為一種土地階級所操縱的國家，並曾努力

第一编 第四章 鄉團的成立

抵抗這一般消滅土地的社會重要並擾亂一切既成的階級區分的潮流與勢力。但是任何政治威權亦不足以過制這種運動，因爲牠會用機器以代手工，使工廠代替家庭而爲工業的中心。牠會引出一種空前而劇烈的生產力使若干人獲得巨量的財富，而使另一般人陷於一種新異的僕役的境域中；牠會空窮鄉僻壤間所有之人驅至各大都市牠會成立更高尙的生活程序而使人人都有分享此種生活的希望牠會使人口得有空前增進的機會並且牠會對於各鄉鎭區域加以組合而使之成爲一種複雜的互相利賴的單位國家非但不曾創設牠們而反有適應這種新奇環境的巨大困難——因爲適應環境是一種永久的工作現在離這種工作成功之日還遠着呢。

然而最艱難的適應工作不在適應業已成立於土地威權之上的資本威權；在這裏還有將這種新寡頭制與舊寡頭制調合起來的可能新興財閥因互通婚姻與共同參加商務經營的原故得擁有舊日的爵位與頭銜對於共同的經營新顯貴固然可以提供一種衝動力而舊貴族亦可以給予威信與尊嚴，較此爲困難的適應問題便是新興經濟威權所需要的對於前此被壓迫的各階級的適應的問題實業勞工對於資本的依賴不似農奴對於土地的依賴之有靜止性沒有任何陳舊的習慣環繞着牠們。牠所動員的實業勞工總是不安全的，無片刻息止的。牠所動員的是農奴們所不會有比較的額數上在勢力的覺悟心上總是日進月增的邁進着。實業工人有一種聯合的機會，這是農奴們所不會有的。他們菌集在各文化的中心地易受新思想的感誘他們的工作趨向專門化，但仍可不超過一種共同法門以外，故能增進他們團結的緊固性。國家將古昔禁止「合併」的法律重新予以釐定；但這不過是等於用立法手續來禁止機器一樣經濟事實勝於政府勞工們審知了一種新經濟武器的效力，就是共同撤退他們的勞動就是最

一二九

現代的國家

卑賤的勞工他的役務亦為社會所需要較之政府的服役不但不見得少遜而且通常說起來還更為切要勞動階級同時感覺到他們的新目標與新權勢結果他們是要求並獲得了有效力的國民資格國家便似這樣的走向民治主義的標的原因不是由於一種被壓迫階級的臨時的叛變而是由於各種經濟勢力的作用對於社會基礎所下的改革誠有如費肯爾先生(Mr. Fisher)之所言:「英國的真實革命不會發生於一二一五年亦不會發生於一六四六年或一六八九年而是發生於一八三二年,一八六七年與一八八四年當時一種適用於農業國家的憲法處於一種實業革命的震盪之下纔逐漸發生擴張以容許一般商家與工藝人民技師與耕夫也得支配國家的命運。」

國家在這種種潮流之下所發生的改變,便是我們在本書全部內所要檢討的題目在這裏我們只要追述這種變遷的歷程之關係於牠的制度中最特殊並最能決定變遷方向的一種——就是代議制度——也就夠了代議政治便是使近代國家別於其他一切國家的制度我們在任何一個歷史的階段上,或者都可以發見這種措置在雅典有人民舉辦的選舉在若干人選舉出來來代替他們作事在經典時代的希臘,我們可以發見這種措置的雛形。這是一種顯而易見的方法因為假如一個人有代替若干人行事的必要那末這一個人便應該由若干人同盟(Achaean League)的議會裏亦有各都市投票的制度但是在上古的國家裏他們施用代議制從來不視牠為一種有意組織的原則為使多數人的意志得以由少數人代為發表的羅馬帝國以內的政治問題很能給近人心理以代議解決法的暗示;但是實際上這種辦法卻從不曾發現於羅馬人的心理在政治風潮行將發生的最

【现代的国家】
第一编　国家的发现

後幾年中有一次帝國諭旨內曾提出設置高爾議會（Gallic Parliament）——而不是羅馬議會——的一種計劃（基督降生後四一八年：）按這裏面的規定各區域與各都市的代表均可充任議會的議員但是這個計劃卻終於成了泡影。這個政治方向的領域還得留待近代人來勘查有許多史家追溯近代代議制的起源，至於封建時代以前的條頓民族（Teutonic）或盎格魯撒克遜（Anglo-Saxon）社會的人民會議其他史家則溯源於中古的階級議會制度或中古國王的御前會議⑪無論牠是如何發生的這種制度確與鄉村國家有不可分解的關聯，並能給近代國民資格以鄉國的明顯的徵號。

在代議制度的演進上我們可以發見若干彰明的階段國王的御前會議，是一種階級政制的議會與君主的官吏同時召集的，有比較高級的諸侯與主教——他們是兩種最重要階級的頭目而不是牠們的代表⑫當「平民」（就是地方社會）中的人員被召而與貴族和教士相會合這種會議便發展了一種確實的代議性質英國一二九五年的國會便代表的階段的完成。「每個州執行官須令每州選舉二名爵士每城選舉二位市民每個市邑選舉二名市邑代議士。」起初他們還是以一種下級的資格而到會的，不是來諫議或被咨詢的，卻是來聽從與滿足的。但是，使他們有被召集的必要的原因就是因為籌款若不經付款階級的同意是很困難的；這種原因正足以使他們的威權漸見增益。一般殷實的人們——自己都是由每個地方的有產階級所選舉的——漸知詢問國王，要他們提供支出的帳目而國王如享利四世（Henry IV）始則雖出於拒絕終卻亦知道有提供帳目的必要。

第一編　第四章　鄉國的成立

一三一

現代的國家

第二階段便是一種純粹的（雖說起初還是窄狹的）代議會議的發展。封建的界線曾將平民代表院從貴族議會劃分出來但是各種勢力既足以軟化封建主義亦足以使前者日趨堅強這種發展以在英國方面為最顯明為最綿延「大憲章」（Magna Carta）的封建原則議會便將牠變化而為國王須為他們漸知制定的法律所約束的原則議會發見一種使國王的諸大臣負責任從而使國王負實際責任的方法建築專制主義的勢力最後乃與建築平民威權的勢力發生了公然的衝突一六八八年的革命成立了一種原則：就是在國王與國會之間後者乃是立法上有決定權的因素代議制度的進一步的發展其前途便是這樣預備完成的這樣牠纔得慢慢的擴大直至議會成為國家本身的機關成為全國的機關。

英國革命並不曾料到這種結局牠的理想乃是有產的代議權自洛克（Locke）以至白克（Burke），莫不認此足為一切重要的自由權利的充分保障。社會與經濟生活上的變遷，一時固不曾在代議制度上有所反映：夾帶市邑法人市邑四十先令的自由不動產權市邑租地法及其他若干舊制仍然得以健在。不過在美國方面因為他們對於「無代議權利無納稅義務」的原則加以新異的解說結果便成立了若干的邦使他們在權利法案與獨立宣言內宣佈一切國民的平等並將這種原則真實包括在他們的憲法裏面繼則在法國方面又發生一絕大的震驚與同胞主義誠為易受撲朔迷離言人人殊的解釋的幾種口號；但是無論他們所含的意義是什麼，他們卻會明晰的指定：人格而非財產纔是代議制的真實基礎近代的國家便是向着這種理想而邁進的，不過其間也不能免於反動罷了實現了這種原則代議制的外部廣闊的發展也就算達到了牠的終點。

[132]

【现代的国家】

第一编　国家的发现

内部程度的發展卻仍繼續的前進民主制度所需要的，遠不止普遍的選舉權。牠更要尋覓一種工具可以使牠的臣僕負責任並且可以擁護立法權的優越地位牠要求不但選舉代表的權利而且揀定選舉候補員的威權亦應操在人民的手中牠更設法改善代議的機能使各種公意與情的因素不至在最後總結論上被人予以謬誤的代表並且最後牠還要求全體代表卽於當選之後仍須接續的感察到他們所從出的公意與情的激盪。

這裏有若干問題，是近代國家最曾努力並現仍努力尋求解決的。我們今日的國家是整個的被細在代議的原則上恐怕最大的問題素來就在外交關係一方面因為在這裏陳古的習俗拒抗民主的統治最有效力；並且在這裏陳古的觀念反對社會與經濟制度的重大變化所促成的需要亦最堅決。歐洲大戰已將內部民主制度與外交關係的寡頭支配制度兩下不可調和的差別暴露無遺。而牠還將這兩下的差別最極端且最危險的幾種憲法給推翻了。民族的國家內部旣告統一，便已達到一種階級，而必須使牠的民族與超越民族以外的環境發生關聯。這種問題的形式雖新實則與歷史同老：這就是使政治統一的旣成形式適應一種超越牠以外的文化的問題。

這一個問題任何時代的國家都是有的，而任何時代的國家在力求解決一方面都是最顯著的歸於失敗的內容包括廣泛的統一局面，自古卽難於成立；有時得告成立差不多總是由於暴動且常為凶惡的勢力潮流的作用所致而這種勢力與潮流國家是旣不能認識，更不知統制的部落城市與帝國先後所遭遇的問題現在便堅持的來壓迫這民族的國家牠的更進一步的發展，便似乎要看民族國家如何對付牠以爲轉移——依賴過去的盲目，抑或利用經驗的智慧來講求應付呢：這是決定這個問題的前途方向的最重要的條件。

第一編　第四章　聯邦的成立

一三五

现代的國家

❶ Jenks, "The State and the Nation."

❷ The author is not speaking of nationality in its merely legal sense. Residence and other legal requirement suffices to confer English or French citizenship, which is also termed nationality, but it does not thereby make him English or French. A peace treaty can change in an hour the legal nationality of a group, but its intrinsic nationality is determined in the course of generations.

❸ The author has sought to bring out this fact more fully in an article on "The Foundations of Nationality" (Sociological Review, July 1915).

❹ This is well brought out by Spengler: "Untergang des Abendlandes," II, 11, 16.

❺ Deut. XX, 13-19.

❻ Cf. Adams, "Origin of the English Constitution," Ch. III.

❼ The 'parlement' in France was originally, like the Italian 'parlamento', a mass meeting of citizens summoned to hear and assent to some important decision. But in France it became, about the beginning of the fourteenth century, a body with judicial functions, consisting mainly of lawyers. One of these, the 'parlement' of Paris, attained considerable importance, as a high judicature. It also registered and promulgated the edicts of the kings, and took the opportunity of expressing approval or disapproval, though as yet without a constitutional veto.

❽ This history is traced in Acton's "History of Freedom and other Essays," Bury's "History of Free-

⑨ "The Mercantile System," and Nevinson's "Growth of Freedom."

⑩ "The evidence now available warrants the following statements:

I. Representative government originated as a bud put forth by monarchy.

II. It developed first in England, not because the people were more free there, but because monarchy there was stronger than elsewhere.

III. On making its start it got its mode and form from the church."

Ford, "Representative Government," Pt. I, Ch. IX.

But we ought perhaps to seek the origin of political representation in judicial institutions, which always developed earlier than legislative ones Thus it is found in the inquests of Carolingian rulers. In England, in the 'Leges Henrici Primi,' we learn that in the local courts the townships are represented by the priest, the reeve, and four of the best men. Even at that time the usage was probably old.

⑪ See note 10.

⑫ In England the curia regis was only on special occasions composed of all tenants-in-chief. Ordinarily it included only such tenants-in-chief as were in attendance on the king. (Cf. G. B. Adams, "Origin of the English Constitution," Appendix I)

第一编　第四章　邦国的成立

第二編 威權與職務

第五章 政治統治權的限制

第一節 「不屬於該撒的事物」

我們已經發見過政治法律本來的性質便對於法律行使的範圍，下有一種明確的工作，法律不但是這種工作所必要的，而且實際上還是牠的理想的工具：這種工作就是建設與維持一種普遍的社會制度的典型使居於其內的人類生活一方面得由一般不規則的慾望的侵擾中被解放出來，一方面也得尋覓更自由的更完美的滿足生活的方法。法律的每個性徵牠的明確釐定的形式牠的約束力牠的普遍性在在都極明顯的表示牠是宜於這樣的工作的國家可以作其他何種事務我們姑不論這種工作確是牠在所必作的但是使國家能以行使這種職務的資格，正足以使國家沒有行使他種職務的資格要將生活的一切活動集中在一種代理機關裏非但無益亦且不需有某種職務這種工具亦能行使但卻行使的很笨拙很惡劣——我們削鉛筆是不用斧鉞的。還有其他工作牠便根本上不能作；如果我們定要國家去作牠們的話國家便只能毀壞牠們這種原料。

現代的國家

誠如格林（Green）之所言，任何活動的價值，要是純然在或大半在牠的自由的行使上，在那慾惠牠的精神上，在牠是人格的自然或內心決定的闡發這種事實上，那末國家便沒有直接統治的勢力。這裏就是一種堅強的消極原則與上段所述的積極原則有一樣不可攻破的理由建立秩序與尊重人格——這是兩種基本工作對於國家一則為積極的，一則為消極的；如果我們能追溯出來牠們所合舊的意義我們便可以正確的發見國家的勢力範圍與國家的職權限制有幾種合舊的意義是很夠清楚的了。我們可以首先的敘述牠們然後再來討論比較困難的區分問題第一國家不應企圖統制人民的意見姑無論意見是什麼樣的意見這個規律似乎有兩種例外我們若能對牠們加以檢討我們便能對規律本身給以更清晰的發揮國家對於破壞牠的威權的鼓勵或煽惑可以加以注意這種煽惑或輕悔不只是意見的發表一個國民或一羣國民或以為某種現存法律是有危害的，或某種權威的行為是不正當的，或國家憲法有被人誤用的情事。國家可以很適當的宣佈這種意見。❶他們還可以更進一步，而施用一切和平勸導的方法以取信於人並同時使一切憲法方法發生活動以企圖修改法律與憲法。但是鼓勵破壞法律便是攻擊基本秩序：而建立秩序實乃國家第一要務並且保存秩序又為授予國家以強制力的原因實在的，如果國家對於任何宣傳不忠順言論的開罪人，都感覺有懲處的必要那便是國家的軟弱的一種表現了。正足以顯露國家對於服從法律的精神缺乏信任，而服從法律的精神實為法律惟一的永久的支持但是我們很難否認國家有一種正式的權利可以採取牠認為必要的手段與步驟，以保障牠本身存在的目的。❷意見自由也不能說是因此而即受有損害同一的意見可以勿

【现代的国家】
第二编　威权与职务

用鼓吹破壞法律，而予以堅強暴烈不下於此的闡發。從此項法律的天職我們還可以舉一更明顯的實證就是，當着一個民主國的憲法對於輿論變爲法律的程序上，雖未加以任何障礙而某個人或團體仍作以武力推倒政府的提倡國家當然有鎭壓控制這種鼓動的權利，因爲這種鼓動本身就是一種推翻輿論威權的企圖。在此地一如在他方面國家因爲重其本身生存的條件必須以牠最正當的方法施用牠的武力所以最後還能舉以委付國家的，也便是這個原故因爲我們以武力委付國家庶幾武力所以制止武力本身的威權武力在任何地方纔可以受法律的制裁。

凡文字足以慫惠人們出於法律所禁止的一類行爲的，上面所論列的原則，亦有同樣施用的效力，這種慫惠必須是直接的，而非曲解的。其政治罪戾不在於意見之自由的發表更不在於文藝意想力之自由的行使而在於對服從法律一項原則上的明確攻擊國家這種保護牠的法律的威權。這種干涉職權視人民如孩提並且是一種獨裁制度對思想之自由的流通有不可規避的言論的危險職權——這種干涉職權視人民如孩提並且是一種獨裁制度對思想之自由的流通有不可規避的壓抑的影響。

另一種似是而非的反對理由是關於譏謗或毀壞名譽的意見的，按譏謗的普通意義說，其中所牽涉的不只是意見的發揮而是發揮中帶有一種惡意對某一人或多數人施以名譽的毀壞或罵詈，或加以他種的損害。法律在此地是保護國民以抗拒一種特別陰險的攻忤毀謗，或是真實的，或是虛僞的；這是不成問題的。其所以爲毀謗的因爲牠不是僅僅爲討論一種關係公衆的事務而發揮的意見而是有意對於某人加以一種特殊損害的言論。

第二編　第五章　政治統治權的限制

一三九

現代的國家

同樣的發表對於一種案件的評議，而該項案件如尚在法庭考慮而尚未判決的期間那也是干涉司法程序的行為。如果其目的僅在揭發真理那是由法庭按證擴接審規程所已提供的機會了。

我們為什麼要拒絕國家有這種取締意見的權利呢——這是國家所素有且幾至我們現代所仍有的一種權利？我們的理論不僅假借著自由的令名，因為自由本身上也是必須有存在的理由的。這也是因為意見是一種個人的事體所以不在國家職權範圍以內這種區分是不能支持的許多人擁護言論意見的自由權利的主張因為堅持這種區分所以不免發生破綻：並彌爾（Mill）的「論文」亦不在例外否則他的這篇文章便算很精細的理論了。這也不是因為我能將意見從行為方面分割出來而宣佈前者為無害的。這兩下是幾乎不可以區別的：世界恐怕沒有這樣險惡與富於破壞性的東西有如荒謬意見錯誤的偏私黑暗的不合於自然界的事實的信仰的；因為這些都是一般可悲憫的愚昧與蠢暗與殘暴行動的淵源都是一般很辣毒的仇恨心與耗費無益的計謀的根本我們如能領略武力統制輿論的不適切，真實的理由便可以發見了，輿論本不是武力的勢力範圍，武力對於牠猶之一種殘暴的異類：在此地武力不能取締，亦不能取信；在此地牠不能刺激或引導健全的思想程序在此地牠不但不能毀滅罪惡，尤能摧殘善良武力易於和真理發生關聯，亦易於與虛偽發生勾結所以祇要引用牠以支持某種意見便算是反對真理的褻瀆只有輿論乃克征服輿論。這樣真理乃有表彰的可能武力能從真理將牠惟一取勝的工具搶奪以去武力能壓迫輿論但也只有用壓迫裁判真理的心靈的方法牠的攻擊向以人格為目標而以反對那些因相信真理而奮勇倍增的人們為最力這樣牠逆襲勇敢的精神比攻擊純粹的信

一四〇

第二編 第五章 政治統治權的限制

仰爲尤頻繁實在的牠簡直以生命的原理爲攻擊的目標；因爲按牠的命令苟同的鐵律便應箝制生命的創作能力國家的法律如執行在輿論之上那牠就變成純粹的壓迫了。因爲假如法律令人類作出反對他們意見的行爲來他們還可以自由的行動但是假如法律令人類發出反對他們意見的思想來他們便絕不能自由的思想了假如法律強令人們發爲某種信仰牠便要使他們成爲虛僞的人或叛逆而表示牠的正當的援助還在借重國民的心靈像這樣法律工具已失掉牠的眞實性格忠順心理的某礎亦隨之而被推翻所以法律如果以強制執行信仰爲能事牠便對於己身的本性犯有虛僞的罪惡了。❸

關於純粹信仰或僅僅信仰闡發的方式的原則，亦可施用到基於信仰或意見的一類習慣與禮儀而有效。在這一方面，國家的限制也是很明確而決定的我們討論牠的法律對於兩大決定信仰的法典——道德與宗教——的關係便能發見這種限制。

道德的內心制裁絕不應與政治法律的制裁混爲一談我們服從法律不一定是合於正義的卻是因爲我們想着服從法律是合於正義的否則每種少數人的服從是都只能基於強迫了國家之內行將發生如許的抵觸以至於牠的效能必要受與亡攸關的艱窘了。政治責任是基於一般人對於法律與政府的普遍效用所給予的承認因這種原故我們總接受一般本身上我們不能贊同的特殊律令這便是公共意志的原則；我們人羣中在已往所發生的一切忠順習慣莫不包含有一種假定就是我們應該推延我們的法律服從心到直接贊同的界限以外去。政府不應無故的用一部分國民所深惡痛絕的行爲或命令來傷損人民的忠順觀念這是

一四一

現代的國家

很正當的原則：正是因為這個原則故政權範圍的正確分割，是最切要的，並且公共意志應有一種廣大而深邃的基礎，這也是很正當的原則；其擴充與培植這種基礎的方法應由一般公民在政治方面行使其同情心與諒解心，因為這是能將原有的抵觸化為和睦與同意的途徑。但是沒有任何政府制度能以取得一致的同意並且就是由於某種神奇變幻而達到這種地步的話那也必須要提付遠較一致的同意為昂貴的代價——就是要犧牲自由的個性這種個性總是由政府的放縱而繼能發生解釋與創發的功用。要使各個法律的威權悉數仰賴於各個人關於牠是否完全與他自己的慾望或理想相符合的觀念那便是使忠順心陷於崩潰滅絕的境地。❶ 再進一步說，國家的法律——無論我們是怎樣的贊同牠的用意——總保存有幾分異外的色彩法律是你我均須服從的法律，而闡發牠的明確文字並非出自你我的手筆就令牠是在我們之內的牠同時也是在我們之外的我對於牠的反應固然是一樣的真誠但卻也有輕輕牠不是並且從來也不能是精神上的法律——精神的法律是完全在我之內的。

這就是牠異於倫理法律的地方後者乃是個人心裏的命令「良心」的驅使自外視之牠或者也好像是風俗與社會訓練的產物；但是當作一種行為的原則牠乃是一位負責人物的「自身立法」——在他本人的權利意識上選擇幸福的工具與目標。倫理的倚畀總是在個人自己的正確與謬誤觀念最後總是要激發「他的」善惡認識。這種直接的個人的反應總是一切忠順心的根據——對國家的忠順心也不在此例外但是每種倫理的行為便是整個的個人的行為而不僅是一個國民或一個商人或一個家庭的人員的行為。倫理的原則總在決定

一個人對於每一方面及對於一切方面的義務——將人格的完整包括在牠自己關於幸福所懷的意識內。像這樣說來這或者好像是過於屬於反省與回思方面的一種原則，未足以表明我們尋常行為的性質然而我們無論怎樣受習慣風俗與社會規律的約束我們卻無時不遇有若干供我們自擇的門徑；而我們每種抉擇明的或暗的總包含有個人自決的意識——這種自決是根據一種調整一致的善的觀念而來的。這種抉擇的事實便是道德與盲目的奴隸式的服從之間的區別。

道德的勢力範圍故此從不會與政治法律的勢力範圍相衝同。道德總是有關於當時整個的局勢或情形的；而政治事實自來最多也不過只是這種局勢或情形的一方面有許多人常言及「國家道德」用以與「個人道德」相對論這實在是很顛倒混亂的辦法。❺ 如果國家道德的意義就是承認國家的種種行為都是正當的道德換句話說就是承認既成權威的各種行為都是合理的道德那末這種道德便是一種不合理的野蠻臣服——一種非道德的道德。因為個人既盲目的決定政府的各種行為都是正當的道德而言的他便棄絕他自己的是非觀念了。如果這是指着人民對政府每種行為莫不提供決然無疑的服從的那種道德——無論政府行為是否為當事總是服從政府贊同——那末，這種道德也是一種個人道德。因為這也只是一種國民信仰的表現這種信仰在任何情形下的國民所贊同——那末，如果沒有這般英傑的勇敢的決心不惜付給任何代價而總期行為之合於道德那便是說總堅持着自己活躍的善惡觀念那末恐怕國家就絕不會放鬆牠曩昔對於行為的本源所施的暴虐的壓迫。最後除卻個人道德對——如果沒有這般英傑同時也曾為歷史上若干英傑的道德觀念所反對大致是比較好而合於公共幸福的辦法：這種信仰同時也曾為歷史上若干英傑的道德觀念所反

便沒有道德可言就是那般棄絕裁決善惡的權衡——這便是道德的靈魂——而舉以授之教會或國家種威權的人們除卻了個人道德也沒有其他種類的道德可言。這種舉動實為道德的自殺但是既只有活人總能自殺所以也只是有道德的人物總能犧牲其自決的權衡——道德便是寄生於這種權衡裏——姑無論其犧牲的動機為疲勞為庸愚抑為過度的忠順心理。

那末法律之於道德究有什麼關係呢？法律不能規定道德牠只應規定那般國家可以決定其是否足以促進幸福的行為；並且還只應根據行為的履行以為判斷不能究詰牠是出於如何宗旨的問題。道種行為——這種概括的就是對表現和發展自由的——或道德的——人格所需要的物質與社會的環境和條件，能加以進益的一類行為。法律不曾亦不能涉及道德的所有的領域。若將一切道德的責任論到這個問題但是牠確能明白的告訴我們，我們不久便將回行化為法律的責任那便等於毀滅道德。所幸的，這是不可能的事沒有任何法典能夠直覺到人間這如許的變化不定的情狀而這些情狀正是決定道德責任的權威。再進一步說，法律只須有一種以裁判一切的人們；而道德律則因各個人品性之互異而不同因為道德律正是表現人格的工具制定一種違反國人道德律的法律誠是一種極嚴重的舉措非有最彰明且公認的社會利益是不能稱為合理的因為這種立法就是等於盜劫他們的道德等於壓制他們的人格因為這個原故我們總發見人們呪詛「清教的」立法；因為這種立法意在用自己的道德作所有他人的道德甚至於摧殘非他們自己所有的一切道德自然性而不惜有若干團體總欲愚國家走到這

種開倒車的方向去；他們的用意雖不惡但也未免狹隘了。他們主張定賭博為犯罪，他們要求立法，以禁止姦淫和未婚男女的同居⑯。他們不知道有種種行為他們極有視為道德上之罪惡的理由卻不一定就是政治立法的相當對象他們要求檢查戲園文藝與美術因而授某種行政官吏以威權來「預先」決定一國全體人民應蒙允許而讀看思想與享用的是些什麼東西。

堅決主張採行壓抑道德的立法的人們，大半屬於某類宗教的組織：這也是關於這種心理的不無趣味的一種評註他們要將自己特殊的道德觀念用強迫方法而使之普遍化。在這種態度裏面有兩重思想混亂的地方如果一個教會堅決的要牠的教友崇奉某種行為的原則——由牠的信條而推出或為牠的信條所附帶的原則——那當然是很正當的。任何人也沒有隸屬於某教會的必要，如果他不贊同牠的學說主義的話。但是國家卻不會給吾人以這樣自由接受或引退的執擇機會；並且我們在後來還可以發現這種執拗無變通的事實這種堅硬的普及性的條件在國家內——甚於在任何其他的團體內——限定有種種的界線多數人的統治權如果超過這種界線便不復為適當有益的制度了。再者在教堂之內教友有自動崇奉進退的機會所以也有自由接受教會所加於他們身上的法規而認其為真實道德責任的機會那怕就是這樣一方面因為使人們加入於某一特殊教會的，不僅是牠的特殊信條與信仰種類而還有社會習俗及其他考慮；另一方面更因為就是在一種信條的公式之內也還容有若干意見紛歧的餘地所以多數人或操有取決權的集團如要堅持執行一種過於詳細與嚴格的解釋那也是很不智的辦法。美國的「美朔的斯特派」(Methodist)的教堂所處的困難，就是這種情形的實證牠

第二編　第五章　政治統治權的限制

一四五

現代的國家

們的困難就是幾種關於打牌看戲與種社會娛樂的公式宣言，所遭致的結果；後來比較智識優越的人佔了勢力繼續修改教堂法規而以一種比較寬大原則的施用委之於個人的良心但是較大的思想混亂還是在這裏就是認自己的失敗教會於不能信任牠自己的道德威權的時候便借重國家的勢力以壓迫牠自己不能勸服的人們以一個教會而要求這一類的政治立法正足以表示牠們對本身的合理職務的一種誤解與無形放棄這不啻承

我們討論到風俗的範圍上去了的時候亦足以發洩國家勢力的限制風俗逐處生長於社會的領域牠們是非強迫的自然發展表示信仰與生活方式的基本情狀與條件牠們可以長成根深蒂固的東西甚至能壓迫新生活方式的發展但是牠們發生的根源卻是出於自然的，不是創自任何存心組織的意志並且確非創自國家的意志國家沒有多大的權勢可以製造習俗，尤其沒有權勢可以毀壞習俗；不過牠能變動習俗所從出的環境而間接影響於習俗罷了。一個征服的國家，對於被壓迫民族間所流行的多數習俗不宜多事更張這久已為一般人認為帝國統治的一種規律。一個國家亦不應以立法而剷除牠自己國民間的根深蒂固的習俗。像彼得大帝（Peter the Great）這樣的一個專制大王，或可命令他自己的宮闈放棄他們本國的習俗——剃掉他們的鬚髯穿戴西歐的衣冠並施行異族的禮貌——他的宮闈或亦將出於服從他們對於他們的君主有特殊的關係——這種關係本身也是建立在習俗之上的，但是他絕不能強迫大多數的人民，採用異族的生活制度——就是他的奴性的宮庭對於外邦文物也只能不樂意的接受牠們的外表儀式在此地，任何專制君主威權也到了牠的盡頭易詞言之他的威權是密切的依賴習俗的支持的，所以他要達到統治的目的，就非作習俗的保障人與僕人不可要

一四六

【现代的国家】
第二编 威权与职务

在民主國家裏，法律與習俗的衝突纔比較的易於發生：因為民主國的人民不似此單純，亦不似此穩定——在習俗一方面且而多數統治亦感覺習俗的威權不甚深切並且易趨於取消少數民團所施行的習俗的一途，但是這種立法的經驗表示少數人的習俗對於法律的壓迫也是堅決的反抗。在美國一方面瘋醉酒料的食用在憲法第十八修正案通過以前還是一種少數人的習慣所以他們能通過一紙法律從事禁止這種習慣但是習慣仍是健在置法律於不顧；並且還會製造若干毀法的機關以為護衛己身的制度——甚至於寖入於各政府的所在地。習俗一旦遭受攻擊便要對於法律施以還擊——不但攻擊反對牠的某特殊法律而且最緊要的還要攻擊服從法律的精神——公共意志的統一性。一種嚴重的局勢和一種明顯的需要，誠然可以證明法律對於某特殊習俗所施的攻擊為合理因為一種危險的疾病還需要一種危險的藥石方可挽救但是這種事實至少也可以表示大多數的社會習慣是超越於法律範圍之外的——不能為國家所鑄造，亦不能為國家所毀滅。

對於那種細微而易變的習俗——衣飾形樣——國家是更無力去支配的。威廉佛萊德維克（Frederick William）可以禁止他的臣民穿戴綫布的衣冠但亦不能規定一種式樣，這就是國家權力限制的一種有趣的例證。巴黎一個國王可以以身作則而提倡一種式樣但亦不能命令他們的衣冠要出於某種的裁法。或倫教或紐約的某無名團體所宣佈的服飾樣式的命令人民是要踴躍服從的；但是國家如要命令這種極細微的變動的話，人民便將認牠為殘民以逞的怪物了——或者還可以掀動革命的運動來。

就普通的情形說那種生活着的文物典型凡屬於代表一種民族或一個時代的精神一方面的整個都是在

第二編 第五章 政治統治權的限制

一四七

147

現代的國家

國家權力範圍以外的國家足以作牠們的反映，但不能發生其他的作用。國家治理生活但不能鑄造生活。文化是社會的工作品有實力遠強於政治法律的內心勢力供牠的支持在美術與文學與音樂幾方面一如在宗教與習俗與裝飾幾方面；在他們的思想與生活方式的千百種發現的形式方面在那無窮盡的追求使生活發生意味的樂利一方面姑無論這種追求是站在普通生活的平原上或是站在我們所謂美與眞的高峯絕頂上在戀愛與情誼的密切關係上和在牠們的日常憂樂上在他們每日勞苦尋覓衣食的工作上和在他們對名利權勢的野心爭逐上在這一切的活動上，在他們自己的道途適應着他們自己大半不能認識的潮流與環境——即令他們自己有所認識而國家亦大半不能瞭解與支配的潮流與環境。

這些區別有重要的施用效力是近代國家在行爲上所尚未發見的。我們在此結論中對於其中之一種尤應再三致意因爲這一種效力在現今的情形下是最需要注重的。如果一種團體的職務功用——無論其範圍有多大——是一種有限制的職務功用，如果人民生活有幾方面是脫離牠的勢力範圍而獨立的，牠便不應行使那些足以壓倒這般其他方面的種種威權亦不應行使足以壓倒履行他種職務的各種團體的威權與職務功用相對立國家在有一方面是行使一種不受限制的威權遠過於牠的職務功用的界線了牠在一切的團體的身上——一如在一切個人的身上——操有生死的大權；以爲牠有作戰與媾和的無或間斷的權利因爲這樣牠便將政治的利害關係完全益已漸至於無可忍耐的地步國家要求有以武力解決政治糾紛的權利。這項威權的增提到高於其他一切利害關係的地位上去了。姑無論這種糾紛的重要性爲何如，牠都握有使用一種武器的威權

一四八

【现代的国家】
第二编　威权与职务

——而這種武器的使用，即令有最重大的需要按理也是只應以之作最後的辦法的奇罕得很，這種武器的使用卻能製造惟一需要應用這種武器的合理機會——就是國家的破壞——結果使呪詛牠的重要原因反成爲繼續使用牠的理由。

在宣戰的時候，國家竟將一種特殊的政治目標放在家庭的文化生活的，經濟制度的公共目標以上去了。爲要達到這種目的，國家便要摧殘家庭破壞科學與美術的組織擾亂教會深刻的妨害經濟制度毀壞國際貿易壓迫一切文化的勢力，並且提倡一種暴動的盜劫的虛僞的與殘殺的道德——在牠的人民與牠仇敵的人民之間——這便是直接與社會所賴以成立的基本原則相衝突的措施在這裏我們很可以問這裏的手段爲合理嗎？或則是問：按國家的職務功用說，社會可以合理的將這樣強大的這樣專斷的工具舉以委付國家嗎？國民資格並不是人類的整個的生命或整個的義務各人有對於其家庭的義務，有對於其社會的義務有對於其本人的義務上述的威權假定一個人的對於國家的義務是至高無上的，是絕對的：爲什麼我們應該將這樣一種威權授之國家呢？

歐洲大戰前的情形頗能證明我們的問題在一九一四年的時候，俄國的農民同德國的農民並沒有爭執，並且兩國的工藝匠也沒有彼此的紛爭，歐洲各國的商人亦沒有互相水火的民族寃抑牠們的科學家與美術家與教授更沒有互相魚肉的情事這一般民族雖說立卽就要彼此加以殘毀他們的母親與妻室卻無與於他們的爭執；而這種爭執的仲裁卻要牽涉到她們的身上使她們同歸於盡但是歐洲各國的政府都被牽動了——撒拉曲阜

第二編　第五章　政治統治權的限制

一四九

（Sarajevo）的某某可憐蟲一揮他們的刺刀，便將舉世人類宣佈動員了。我們不必討論這次事變的背景是什麼，或者民治主義與自由主義與民族命運等等誇大的鼓吹有什麼樣的真確——在這一情形之下一旦問題發生國家命運已決人民也只得相信他們所不能知的事實。我們的理論只是在這一點每個國家掌握中都有如此大的威權使牠們能以說：「你們要忘卻你們是農民，是工人是商人科學家妻子或母親；你們只應記得你們是國民。忘卻你對於其他一切人物所負責任，因為他們沒有能與我相比倫的。」

在什麼地方這種工具超出於目的太多，有爭鬭的結果可資澂證近代戰爭的目的與理想，一般人莫不予以張大其詞的吹噓，意在使牠似乎是有代價的犧牲剛至這些目的不克達到的時候，這似乎也是不可避免的阨運——人們必廣續發生一種同樣不可避免的失望心理。我們一日容忍這種功用有限的國家，握有一種專斷的威權；或者我們一日不願彰明的事實而將國家與民族或整個社會視同一律這種情形便一日不會更變而得以繼續的存在。反之，如果我們逐漸能感覺到牠的有限制的性質——如果我們逐漸能明白的認識國家是社會的一種特別組織，一種完成社會目的的必需的機械——社會便可以無嚴重困難的尋找出一種限制牠對外威權的途徑——猶之牠在旣往限制牠對內的威權一樣——這樣便可以制止擾害牠的生活的劇亂——就是國家行使這專制主義遺留下的最後一種威權所定要掀動的劇亂。

第二節 國家與他種大團體

人類旣漸感覺到國家的性質與限制他們不期**然而然**的便創立了他種團體，用他種方法與他種工具來

追求他們的公共利益——國家所不曾或不能滿足的利益首先國家因為尚不明瞭牠自己的地位，或者尚未認識牠自己與地方社會的相當的區別，自應僭妄的以這些團體為牠自己的一部分甚或認牠們為背叛牠的神聖威權的詭計而施以壓迫。「你們除我之外不應有其他的團體」法國革命的民主專制主義便是如此的宣言這便是君主專制主義和寡頭專制主義的業遭失敗的僭據權利在晚近的一種復活的表徵但是厭後一世紀中各地部成立了經濟「合併」的權利堅定了教會與國家的全部或一部的分離發展了當今世界撲朔迷離千種百樣的團體形式其繁衍滋長有如此昌明暢旺的現象只有一種為習慣所朦蔽的歷史家，或一種專制主義的哲學家纔在這裏面看不出來這種社會進化異常迅急的歷程在今日這些大團體既不是國家的一部分又不僅是牠的臣民牠們靠着本身的權利而存在初不在國家之下牠們所行使的威權確是牠們自己的威權與國家的威權亦無異致家庭否認牠的子女只是「為國家而生育」的妄論職工聯合會所能號令的一種忠順心與牠們會員所提給國家的忠順心並不能混為一談亦且時相抵觸財政與實業商業與農業的各種組織業已擁護牠們自己的權利不受政治的政府統制業已不是國家的奴僕而頗有變成牠的主人的企圖文化的集團亦已擺脫了多金主義時代治的侵蝕或支配而從事於追求接近己身的利益在這種團體活動日益繁興的熙熙攘攘的世界中國家定須另尋牠的地位。

曾有人建言以這般「自由」團體為臨時的組織厭後仍須重予改造，而加入於國家巨大結構的內部去的。

易英（Ihering）曾發表有如下面的這種意見：

第二編　第五章　政治統治權的限制

一五一

現代的國家

「這些新興的目的是國家身外之物，故會採取團體形式，而達到其必須的成熟的程度，故突破牠們在以往所寄託以為生存的軀殼，傾其所有外表似有囊括席捲世間所有各物之蓄意的結構形式中——換句話說傾其全部內容於國家組織中教育在從前是什麼人的事體呢？「一種私人的事體。」後來是什麼人的事體呢？「團體的事體。」現在又是什麼人的事體呢？「國家的事體。」貧窮救濟事業在從前是什麼人的事體呢？「一種私人的事體」後來是什麼人的事體呢？「團體的事體」現在又是什麼人的事體呢？「國家的事體」個人，團體國家——這便是各種社會目的進化的歷史階段」●

社會發展的次序完全與易英所假定的不同，我們前已有所證明。在社會程序裏個人乃是最後的發現不是最初的救濟貧苦與教育原來同為親屬或社會的關切。厭後親屬的團結力漸次鬆懈的履行這些責任的能力便顯有不充足的地方。這些工作一部分便為國家所攫取，一部分則為教會所攫取，去努力於這些特殊目的的自動組織同時亦發現於我們的眼前慈善團體與社會建設團體相繼發生與教會俱無關聯尤以在高級教育方面教育方法研究方面以科學研究方面為然現在的情形略如下述多數國家的政府已對濟貧專業擔負一種普通的責任——這是由濟貧法律所表示出來的——而另以一大方面的事務留作各自由組織的工作或者國家將要或者國家應該將這些組織劃歸自己的工作，盡行攫取而肩負其舉辦的責任如果這樣，易英的意見便可以找着一部分的實證但是，論及他種利害關係之業已創立有「自動」團體的他的論調的確是謬誤的。且拿教育本身來作個例證在這一方面國家的普通態度就是要堅持普及教育的原則並且為普

一五二

及教育設備某種程度的便利；而同時牠也容許自由組織的獨立活動——就是關於初級教育也是這樣。❽這種態度容許有一種極需要的實驗自由的機會因為最完善的教育方法的發現與施行，都是有若干艱巨問題所纏繞着的。自動團體是絕不會放棄整個教育的勢力範圍而舉以授之國家的這種行動——如果是可能的話——便要表示社會中對於教育事業之比較精細而高尚的可能工作有消失興味的事實。

在社會生活不斷的調和潮流中目前歸他種團體所執行的幾種工作定將無疑的轉移於國家的手中比如在若干國家內失業的救濟工作便業已由職工會及其他機關轉歸於國家的掌握了至於決定國家與他種團體的相當範圍的原則，那是我們卽將商討的問題同時這些其他團體的獨立任務旣有如此明顯的歷史根據——讓我們只簡單的迴想着家庭敎會經濟團體的進化沿革——我們對於易英所提供的輕藐這些團體的解釋可以完全的拋棄。

政治學說為虛偽的國家觀念所阻撓，對於解釋國家與他種大團體間的關係上比較的不會有多大的貢獻，不會闡明各種團體的特殊性質與效用，亦並不會追溯創發我們現在複雜團體生活而使其有相當程度的秩序的歷史演進史。❾假如我們要在這裏從事於這項工作，那就要佔據本書全部的地位了。因此我們只要能比較詳該的解釋兩種這樣的關係——而為認識國家的癥結的——並對於同樣原則之如何能用於其他方面的團體的方法附以簡單的敍述那就可以認為滿意了。在本節以內，我們將對於國家與敎會的關係予以特殊的討論因為這種關係是富有歷史的意義的；而比較複雜且緊急的問題——就是發展較晚，一般人尚未完全認識尤未完

第二編　第五章　政治統治權的限制

一五三

現代的國家

解決的國家與經濟制度間的關係問題——就只有留作後來一章書的資料了。

宗教發生遠在教會以前遠在國家以前原始時代可以說是一種精神的空氣圍繞着每個社會——有如山上的雲霧極嚴密的依附於社會生活的重要方面與機會上，依附於兩性關係與生育上於春夏四季與耕種收藏上於死亡與疫病上於黑暗與追隨黑暗的光明上於宇宙界自然威權的驟然表現上於親屬習俗上於會長首領的威權上這是一種普及的神聖與敬畏的感覺顯狂與恐怖的心理藉禮拜與舞蹈與典禮儀式祭祀與社會禁令以為表現的——當人類摸索的心靈在各處超越其威權的狹隘界限，而達到不可知之數的危險邊境的時候不可知之數的解釋本身上已成為一種學問或教訓人類缺乏威權的祕訣本身反成為一種威權牧師階級於焉發生並且他們的威權因為無人能夠解釋或懷疑牠的來原所以變得更為強大在這種單一的政教不分的宗教政治社會之內牧師與領袖時或共為一人時或各為分立的權威。在某種情形下如在經典時代的希臘宗教官憲成為隸屬政治官憲下的人物；在其他的國家，如在上古的埃及，牧師的威權總是優越的。

這種局勢雖曾發生無窮盡的變更但在近代教會與國家互相分離以先仍是有連續的存在的有時這種局勢會因新的「非公式」的宗教的發生而受其威脅因為這種新宗教常對既成的政治宗教制度施以攻擊。在西方各國這種攻擊中之最嚴厲的便為基督教所舉發的一種攻擊因為牠曾在貧賤的人羣中宣佈一種「非屬於這人世間的國度。」但是，羅馬帝國的團結力同時從內部亦發生了朽爛貧賤人類的宗教於推翻了牠的立國基礎之餘己身卻又成為既成的與公式的了。教會與國家分離而「成為兩個團體」——各有其地位與功用——

的事實，遂因之而遷延至於下一代人乃克完成。費格斯（Figgis）所說的話是不錯的：中古時期的教會與國家的區別，不是有如一般人尋常所說的兩種團體之間的區別，而是一個單獨政治系統裏的兩種權威之間的區別。

⑪當時教會與國家還不能成其為團體——牠們彼此的勢力範圍還不能在一個社會制度之內發生關聯——而是兩種權威，一為羅馬皇帝所代表，一是屬於精神方面的，一是屬於俗世方面的：兩層段階制度，一為牧師集團，一為統治人員一個單獨國度的兩種「階級」。當時人們尋不着我們現在可以提供的解決方案牠們不過是代表兩種性質不同而慾望相同的權威間的一種不安定的調和——結；也只是因為一種虛偽願望打倒了其他一種的虛偽願望及至國家專制主義便盛行於西歐以後這種調和便告終是兩種虛偽願望的調和，而不足以為解決任何問題的方案神聖羅馬帝國（Holy Roman Empire）乃牠自己的行政機關而政府亦以獲取教會的頭目地位為甘心因此是優勝權利——但不是管理自己的領土，而是支配他人的領土的優勝權利牧師階級企圖使政治的政府變為（Erastians）與愛米里亞人（Arminians）互相作戰的目標實際上不屬於他們任何一方面他們最終的願望便離一種真實的團體的自主現均操於國家之手。

因此，文藝復興與時代的專制主義便攜帶有一種新異的不寬容的觀念假如有人所崇拜的信仰非法律所設立的宗教牠便認為是一種叛逆之罪——不但是服膺異端的行為宗教已國家化結果使中古「世上天國」的理想退縮而為西伯來人（Hebrew）的一位國家上帝領導一種鍾愛民族的理想所幸的世人當時藉以發現其

第二編　第五章　政治統治權的限制

一五五

現代的國家

宗教觀念的信仰系統極為複雜民族籍貫與宗教信仰還不至發生任何真實的混合政黨紛紛成立咸集中於漸有進步的不苟同的或非國家設置的宗教信仰的旗幟之下以圖破壞國家設立的宗教的優勢如英國在「共和」時代的長老教派（Presbyterian），獨立教派（Independent）以及高部教派（High Church）諸政黨皆可引為例證。由於他們的力量便發生了一部分的「奉教自由」的制度係根據於半政治半宗教的理由而來的——這一種信仰自由的特徵就是限制在一般與國教同源的信仰或僅與國教有差異的信仰一方面所以在英國，「非國教的信徒」是為國教所容忍而克享自由的；但是羅馬天主教徒（Roman Catholics）再浸禮論教徒（Anabaptists），猶太教徒（Jews）與朋克教徒（Quakers）則不能；至於「無神論者」與「崇奉異端者，」那自然更是國家咒逐的人物了。

信仰容忍制度的發展是很遲滯的。在多數國家裏國教的威信與堅固性地的金錢與政治勢力，教會與貴族的勾結均足以阻礙牠的進步。國家設立的教會一般崇奉牠的人仍視為國家的一部分為政治憲法必需的一種的原素：誠有如後來白克（Burke）為他們所加的解釋——「為他們整個憲法的基本牠（國教）與憲法並與憲法每一部分都是有不可須臾離的關聯的。」在英國「試驗」與「法人」各法案（Test and Corporation Acts）均有堅定國民資格與宗教間的關聯的效力但是一六八九年的「信仰自由法案」（Act of Toleration）倒確是一種趨於教國分離的發展——因為牠所規定的惟一試驗就只有忠順誓盟與對最高權的誓盟的舉行。不過這種誓盟不只是政治忠順心的表現因為牠還含有相當程度的宗教意味「無神論者」仍須受放逐法

一五六

外的待遇於信仰自由的潮流之下，一般人還是認為國家應有一種道德的宗教的統一性國教中人固如此承認，事實上「非國教中人」亦無不如此承認——他們兩下最大的分別，不過是關於禮拜儀式與教會管理制度而已我們可以說宗教自由的進步受信仰上不容忍態度的阻礙與國家專制主義的抑壓是一樣的程度盧梭（Rousseau）曾宣言「要與那些我們認為永劫不復的人們安譜相處那是不可能的事」

非但國家觀念即宗教觀念亦有改正的必要然後自由稱有發現的可能然後教會與國家纔可以達到有真實分野的地域。有兩種潮流正在向着這個方向行動。一則為一種新穎的比較個人的從而比較深刻滲透的宗教精神的發展例如一般「信福音的正教中人」（"evangelicals"）就有這種精神的發展對於這種人宗教的要素便是一種個人的信仰所以他們意識中的教會便是一種信徒的團體——其結合的惟一理由就是他們的信仰這種觀念在宗教復雜的社會裏是惟一邏輯上可以支持的觀念——就是在「國立」教會以內也有牠的勢力。國立教會對國家營助自來就在提付很重的代價：一方面受有政治權宜計畫的支配同時另一方面在權利上又受一般非國營教會的攻擊牠的領袖中有若干人認為承認一種變態的團體性質便是解除牠的困難的惟一方法。英國的羅馬天主教徒亦接受這同樣的主張在他們能希冀解放以先，他們曾因環境的逼迫而否認教會有要求任何政治威權的地位厥後在德國國家也使用牠的威權來反抗一切「教皇全權論者」的僧安主張結果天主教會也被逼而退處於一種團體的地位天主教的溫多斯特（Windthorst）也與長老派的那克斯（Knox）抱同一的論調，宣佈宗教在牠相當範圍內的獨立。

促進教會團體性的另一潮流，性質與上述極不相同這種潮流便是「開明」運動的澎漲宗教對於普通人民的把持力的放弛當着大多數的國民停止與任何教會發生關聯（或者至多也只肯與之發生名義上的關聯）的時候，一般人妄稱教會會員資格是國民資格的要素，或稱宗教是國家的一部分的理由似乎已完全失卻了牠的效力。這樣教會與國家的分離便已變爲了既成的事實，而國家的勢力的普及性與限制更是昭然若揭了——的普及性因爲牠的法律有約束牠領土以內一切人物的效力；有限制因爲牠的法律不會取締人類一切的利害關係。教會的分權是劈開國家專制主義的第一個大楔楣政治的專制主義似乎有一種普遍宗教的必需就是法國革命時代的專制主義，也是有這樣需要的；所以他們穩盤定他們的「公民」宗教的專條在精神團體的真實觀念倘未完全達到以先普遍的宗教必須失掉牠的勢力，而遭逢人們的漠視與否認。

在我們現在的文化潮流中教會與國家的真實分野，大致已被人發見斯旦霍卜（Stanhope）的言論，亦已見諸事實「從前有一個時代非國教論者與天主教徒乞求信仰自由而視之爲一種恩賜現在他們則要求這種自由而認之爲一種權利但是將來還有一天，他們要鄙棄牠而直視之爲一種侮辱的。」差不多一切近代國家的憲法裏都宣布有或隱含有這樣的規定任何人也不應因爲他的宗教或宗教的闕如而受到國民資格方面的損失任何人都應有信仰任何信條或從奉任何禮拜式的自由在某種國家裏——有如英國——國立教會的形式上的遺跡仍與國家的虛衒首領有關聯。在英國國立教會內高級牧師的位置還是由政府所授給的並附帶有上議院議席的權利時代上落伍的「褻瀆法令」（"blasphemy laws"）仍然健在關於安息日的立法繼續的

一五八

【现代的国家】

第二编　威权与职务

第二编　第五章　政治統治權的限制

有效力——我們在加拿大（Canada）以內便可以發見其一種特別嚴酷的例證⑪但是這些事實不過是一種舊制度的遺跡與近代國家的普通潮流是相背的。在比利時（Belgium）一八三一年的憲法裏我們可以發見近代主張一種最初的明晰的闡發這個憲法有許多同爲限制政治權威的規定其中便有專條載明說：「任何人在無論如何情形下均不得被強迫而加入任何宗教派別的儀式或禮節或遵守牠的安息日的規定」又另有條文說：「國家不得干涉無論任何宗教派別的牧師的委任或就職」⑫

敎會旣有其自主的勢力範圍而與國家勢力範圍截然不同這種原則旣經承認，而視此更爲煩難的一種問題——就是牠們彼此間勢力界限的劃定問題——便有解決的必要在敎會一方面這種原則顯然禁止宗敎法令施用到任何非敎會的自願會員的人們身上去顯然禁止任何法權的行使，如果這種法權行使有在任何情形下涉及一個會員的身體上的壓迫的情事，或有涉及其政治權利的損失的情事，或有不用取消其在敎會裏的役務或位置或權利而另行加以其他刑律的情事但是敎會在以往還行使有——並且在若干國家內現仍繼續的行使有——一種相當的管理權關於敎育關於嫁娶與離婚關於遺言檢證以及關於其他若干事項而亦爲國家所關切而且必須關切的敎會旣只有管理牠自己的會員的權利所以任何敎會均不應有單獨規定或規定的優先權利關於其他任何敎會的會員或不屬任何敎會的國民所需要的役務一方面婚禮的舉行，便是一種好例證敎會可以強迫牠本會的會員舉行一種宗敎的儀式那不是國家所應關切的事因爲國家是只與婚姻契約的民事條件有

一五九

現代的國家

利害關係的。但是教會卻不應有任何地位用牠的儀式來作那種契約的前題：雖說牠有強迫牠的會員遵行牠所贊成的「更進一步的」禮節的整個權利，但這也只能用來作為會員們隸屬於牠的交換條件教會可以釐定婚姻規程以作本會會員資格的一種條件，但是假如某某婚姻雖不足滿足牠的條件，而確能完成國家所需索的條件，教會亦不應企圖否認或抹煞這種婚姻的「合法性」。再進一步說，教會如因社會理由——不僅因宗教理由——而有鑒於某種締辦法的需要，牠便有宣傳並曉諭這種辦法在國家裏的利益的權利，但是另一方面，假如牠要求——就只光要求——國家立法，將牠的原則加諸人民的身上，那牠便有超出牠的範圍了；如果是根據於宗教的理由，就是要加諸一些少數不曾接受牠的信仰的人們的身上；或者，如果是根據於某種辦法的需要，就那怕這種辦法是國家法律所容許的，但是對於那些不接受牠的主張所根據的一種條件，那怕這種權利是國家法律所容許的，但是對於那些不接受牠的主張所根據的主義的人們，牠要來提倡這種權利的改革，那都是不應該的。論及要求取消一八五七年的英國法案（English Act）的一般教會中人的時候，費格斯說道「他們很顯然是要求將教會的道德觀念，遠反本人意志的加到那些無忠順教會的義務的人們身上去。這種要求我認為祇有根據清教徒（Puritan）或中古時代的國家觀念在學理上纔有可以支持的餘地；在實施上那是絕不可能的——與那克斯約翰（John Knox）制姦淫以死刑的提議是一樣的無理取鬧」費格斯闡明得最精透。[18] 教會如果認為合理，便可以否認牠的會員有離婚的權利，而以此作為牠的會員資格的一種條件，那怕這種權利是國家法律所容許的，但是對於那些不接受牠的主張所根據的主義的人們，牠要來提

教育是一種比較更困難的問題。這個問題的複雜性是由於教會學校與大學的存在；由於若干國家將聖經

一六〇

誦讀與他種宗教教育，包括在牠們的學校課程表裏面，由於道德教育——在初等教育中不失其一種合理的原素的道德教育——一部分係根基於宗教主義而一部分又有與宗教主義發生混淆的事實；最後也是由於某種基本課程——以歷史爲尤著——是必須解釋宗教潮流的，從而有爲教員的宗教態度所沾染影響的趨勢然而國家最聰明的辦法並且的確與國家本性最相適合的辦法便是放棄國立學校中生徒的一切宗教教育這種辦法已爲宗教發展極不相類的國家——如法國與美國——所採用國家對於生徒之受這種教育固不應有所刁難但卻應將青年人的宗教訓練決於父母與教會；因爲現代的社會中沒有任何嚴格的宗教原則，是爲普遍人人所接受的；即令有這種宗教原則，國家在這種事件上有如我們之所已言，是旣無權利又無義務的。國家在選擇教員上，也不應爲他們特殊的宗教關係或任何宗教關係的缺乏之所影響這種辦法是與根本原則相胎合的：就是說國家關於宗教派別所設立的學校，是不應該過問牠們的宗教訓令的，只應該限定牠們滿足國家在其本身辦理的學校中所規定的普通教育標準。

總而言之國家如能忠於己身職責的話，便要牠的眞實宗教任務留給敎會，但亦不得聽任教會支配任何公民性或政治性的事宜或機關。如果一個教會有違反社會所贊同與政府所制定的法典的情事牠也應受法紀的制裁一如其他任何罪犯古時麽門教（Mormon Church）的習慣，便是一種足資借鑑的先例但是法典本身卻亦不應包含任何取締或禁令係基於宗教權威或來自任何原非公共生活的經驗上所固有的祕密原則的國家之待遇教會理應一如待遇其他任何法人組織的辦法如一個俱樂部或一種商業經營或一座文藝學院這些組

現代的國家

織都有使牠們立於社會普通制度之中的關係牠們可以定立契約亦可以具有財產因為——比如說——一個教會有了基本金牠關於這種外表的事實一方面便應受國家法權的支配故國家便有過問牠的信仰之權這不是干涉牠的信仰而是基本金之贈受的一種條件如果一個教會因處貽財產而發生了內部的信仰問題再如二個教會發生了合併的情事而其中一個或這兩個教會中的少數人因不滿意而退出關係並自稱係教會主義須作牠的仲裁人——不是仲裁各個爭取原為公共所有的財產的人們的權利問題——這不是探討主義的本身而是視牠為基金的一種條件此的真實繼承人，那末國家便應出而檢察這種主義——這不是探討主義的本身而是視牠為基金的一種條件此外還可以發生一種極端的事件：一個教會的威德或已陷於萬劫不復的境遇甚至要動用基金的消耗或濫用不可到了這樣的時代國家直可以沒收其剩餘的財產而不逾越其職權的界限因為教會的財產也必須是從社會目前經濟生活上收括而來的但是比較普通的事件還是因教會的內部破裂或脫退而由國家分配或分潤其財產的事件。蘇格蘭自由教會 (Free Church of Scotland) 中曾有少數人拒絕服從多數人與聯合長老教會 (United Presbyterian Church) 合併的主張；加拿大的長老會亦曾有一部分人對多數人聯合其他兩種新教派別的行動加以否認這些都是這種普通事件的例證這種事件不免使司法上發生一種艱難的工作。❶ 法院或有證明某教會的來由與地位的必要因而亦有檢查牠的信條與組織法則的必需在這種情形之下，國家必須按照邏輯以鑑別宗教主義的演變與直接放棄信仰的行動這兩下的區分後一種行為是能夠取消一個教會管理基金的權利的：教會既為過去現在與將來的會員保管一種信仰的資格牠便得有保管某某基金

【现代的国家】
第二编　威权与职务

的權利這種權利如遇教會有背棄信仰的行爲時按理便被這種行爲予以消滅了但是就是在這一方面國家仍然是立在宗敎範圍的外面牠只要以牠最聰明的辦法施用關於法人組織的權利的普通原則到一種這些權利須視一種固定宗敎職務的行使爲轉移的情形上去便得了國家的這種問題不過是決定一個法人組織的繼續或來由的尋常法律問題而已對於各方面紛爭不已的宗敎問題的解決國家並沒有絲毫的關係。

此外還另有一種問題是超乎固定職權的劃分以外的：我們如能加以考察便能明確的發見敎會與國家的分別。國家根本上就是一種創制制度的潛伏勢力的組織國家的存在便是爲要敷設制度的本身而是爲生活上一切需要那種制度基礎的發展另一方面，制度不過是牠的附帶品牠的生存目的根本在提倡一種信仰，一種態度，一種精神牠要於可能的最遼闊的區域上行使牠的威勢。以及一切文化團體莫非如此──並不是爲敷設制度而生存的。──教會的自由敎會也必須同樣的一聽國家的自由嗎？在某一種意義上說，這是不能的；因爲人類能夠服膺的任何精神除卻他們自願服膺這種精神的心理外是沒有一定界說可供劃分的，然就另一種意義來說敎會卻是應該任憑國家行使其自身的自由的此地不是一種嚴劃界限的問題而是一種分別的問題因爲只有愼重考慮纔能使一個文化團體不至背棄牠自身相當的性徵與效用種類比如一個敎會有與某政黨發生勾結情事或有利用其宜講臺以鼓吹政黨宗旨的行動，這種性徵便發生混淆了一種宗敎的信條自然也可以使牠的信徒支持某種政治方案但是他們只能站在國民的立場──不能用敎徒的資格──來支持這種方案敎會理應堅持着一般某於牠們的倫理

第二編　第五章　政治統治權的限制

一六三

現代的國家

與宗教性質的原則而不過問政黨所宣傳的政策：即令後者似乎有與牠們的原則極相契合的地方，牠們也不應有越俎代庖的舉動比如說按宗教原則人類是應該相愛而不應該相仇牠們就應該辯駁報復的觀念而不應該攻忤凡爾賽條約（Treaty of Versailles）否則教會便有被捲入於政治紛爭的漩渦的危險而這種紛爭是最能致害牠們的精神工作的這種事件在歷史上要算屢見不鮮的了另一方面如果教會有被國家生活上的一種劇變所牽涉而越出牠們原則的軌道以外去的情事教會亦不能算是忠於自身的職守了在歐洲大戰期間各國教會大都似已失掉了牠們特殊的精神原則而僅成為各種形態的政治組織——將牠們的宗教化為一種盲目的民族熱潮了。

我們在上面不憚煩絮而詳論教會與國家的關係，不但是因為這是歷史上漸進的分化作用的最好實例，而且也是因為在這裏我們可以最清晰的最簡便的發見那些證明並決定一個偉大團體的自主地位的條件同樣的討論也可以引用到一切以文化為職責的團體上去；但是美術與文學與音樂與戲劇與其他同類的各種事業，旣均未曾捲入政治的牽繫——宗教曾經過極大困難而始脫退出來的政治牽繫——我們殊無討論牠們的必要。對於研究近代國家的人們比較重要的題目還是家庭問題家庭（此與親屬有別）在一切大團體裏面範極有限且壽命亦極短促。而同時家庭也是團體中最切要的所包括的利害關係或者也是最廣泛的並且在某某方面也是社會生存上所絕對需要的牠在表面上呈着最低程度的組織形式，與最高程度的一種公共生活的參與在這幾方面家庭是顯然與國家直接相反的牠的發展與生活方式在已往不曾受國家直接統治的多大影響；

一六四

【现代的国家】

第二编　威权与职务

只有像柏那圖（Plato）那樣特別的哲學家曾料想家庭要整個的被政治或公民組織所吞沒而實則家庭全部性質都是與這種組織相水火的近代國家對牠的外表方面行使有相當的統治堅持家庭必須服從時下流行的一夫一妻制規定血統的界線以禁止界線內的婚姻取締離婚釐定關於財產遺傳的某種條件等少數國家堅持以某種健康程度為結褵的條件差不多任何國家都設有專條以嚴定子女的保護與養育，以及遺棄的他種經濟結果國家普通都設立有相當的機關以適應家庭所不能撫育的子女的需要；但是這種「家庭」從不能認為是家庭生活的充分代替物實際上這已成為一種公認的原則了國家在育嬰工作一方面亟應於可能範圍內恢復孩童的家庭生活的要素；將他們安置在各私人的家庭內再由國家予以極關切的監督，而不應將他們集中在國立的營舍裏因為醫院的設置恤老恩金的規定保險制度的規劃以及他種的設施國家殊有包攬一般在從前為親屬人等所承當的保持着牠的基本的職務的趨勢：不過親屬關係因受近代文化發展的衝擊已消散不復存在以履行這些義務能了但是家庭卻更顯然的因為牠現在已不受一般有關親屬的公共職務以及若干複雜的經濟工作的連累了──這些義務業經轉移於較大的社會身上去了我們沒有任何證據可以說國家能夠統治或攫取這些基本職務並且這也是很值得注意的一件事就是，如果國家企圖施行關於結婚與離婚的更嚴厲的取締規則以與社會中優勝潮流相抗衡其結果是否僅會將一般受影響的人們驅逐到國家所不曾亦不能支配的他種非契約形式的關係方面去。

因此我們的結論以為在普通情形下誠有如上述教會與家庭的實例之所已證明，一切偉大的團結都有一

第二編　第五章　政治統治權的限制

一六五

現代的國家

種內部的生活至少也是與國家內部生活同樣自主的。國家取締牠們，只能關於牠們公共的外表的徵象一方面：統治契約與財產一類的普遍制度以便維持並發展那樣的社會系統——就是一切團結都得生存遊行憩息於其中的社會系統昰至此我們便應討論國家的積極職責了。

第三節　國家的事務

任何人——絕對的哲學家也不在例外——莫不相信國家有牠相當的職務，亦有牠所不應從事的工作。相信絕對主權的人們給國家以選擇的自由認職務工作爲一種任意斟酌的事體：正如一個上帝可以自由決定何時應與何時不應該干涉牠的人民的事務有限制的國家觀念能給我們以較嚴的區分根據國家所應作的事，便是國家視爲社會的一種機關所能作的事牠所應提供的役務。牠在事實上所能夠提供的役務我們研究法律性質的時候便已發見國家這種社會機關的效用範圍了。⑮本章上述各節並已證實那種研究而表明政治外的各種組織在歷史過程中亦有發展的必需所以我們可以勿用更進一層的緒論而徑直討論國家積極的職務。

簡言之，似這樣爲國家劃分出來的事務範圍便包括有依人類慾望的公認目的而與普遍人有關係的一切社會生活的外部條件。如果我們能清楚的認識國家的社會機關的性質——根據理智而知道牠是一種役務的形式而不認牠爲一種玄妙的最終權——我們意見的差別，便只關於牠提供役務的能力的大小範圍了放任主義者與社會主義者的爭論只是關於政治方法的充分與否，而不涉及目的的恰當與否他們的差別是關於經驗

與歷史的解釋，是關於達到某種目的的方法，而不是關於該項目的本身之是否有利的問題實際上我們還能用很科學化的條目來羅列國家的事務因為在凡稍能明白國家性質的人們，他們爭執的問題是關於政治活動的範圍（或界限）而不關於政治活動的種類的。

法律與秩序是有習慣上的連帶關係的，我們可以視「秩序」根本上便是在國家事務範圍以內的。在牠疆域內敷設一種普及的秩序，是國家所能作到的一種最彰明的使命的一種獨有的使命專制主義加國家以這種任務民治主義亦莫不加國家以這種任務帝國制度給國家有這種使命聯邦制度亦莫不給國家有這種使命。但是秩序的形式總是要取決於一種重要目標的。動物園的秩序是一種，監獄的秩序又是一種軍隊的秩序又是一種，學校的秩序又是一種家庭內的秩序又是一種弟兄會的秩序又另是一種——所以一個奴隸國的秩序是一種，一種自由民族之間的秩序是一種階級國家的秩序又是一種民主國的秩序又另是一種。在我們的國家觀念從私人的利用品走到公共服務的機關的時候秩序觀念亦同時發生變遷。這後來的秩序便不復是一種統制的條件而是一種公共幸福的前提。

有這樣意義的秩序便是國家的第一任務。誠然無疑的，有若干社會秩序的廣闊田園，是國家所不直接予以耕植的：風俗的制度道德的制度商業習慣的制度特殊團體的制度。國家所代表的秩序（或制度）是那種有利的必需的普遍秩序所以社會縱賦國家以執行這種秩序的權力。這種秩序牽涉及於政治威權的範圍的劃定公認為有相當執行可能性的權利與義務的規定與明白敘述以及一般基於習慣的法規的決定——這些習慣法

第二編　第五章　政治統治權的限制

一六七

現代的國家

規因與普通社會交際有所便利，故以由一單獨中央權威加以取締爲上策提供相當環境使人民得以彼此相處於美滿的關係中防止混亂與侵擾取締交際與交通的形式使一切有關係人的生活得以比較順利的前進使各事各物均得獲有並得保持其應有的地位——聯國家本身亦在內最後將完成這些工作所必需的強制權的行使完全持掌於牠單獨的手中用以減輕強制權行使的程度——這就是國家的基本任務國家是文化機關的一位統治人。

但是秩序——有上述意義的秩序——乃是一種較大工作的一部分社會內的秩序，第一要能滿足社會的需要幾足以證明其爲合理的這種秩序不是爲秩序而立的秩序而是爲「保障」與「保存」與「發展」而設的秩序。這幾個名詞頗能概括一般有普遍性的關切而爲我們所已解釋係屬於法律的範圍以內從而係屬於國家的職權以內的秩序——若不另給以其他定義——便是將國家變爲一種「警察國家」——這種國家與動物園的秩序必須與社會的理想相符合，亦必須爲社會理想所限制：尤其是所謂「公道」與「自由」的理想眞實的政治秩序觀念是有涉於保障觀念的這便是國家一種艱鉅的工作——與牠性質是極相脗合的，然而大部分仍未抵於完不護強大而扶持弱小大致還是國家職務的一種近代的新解釋。這種扶持現正逐漸探取敷設最低生活程度的形式，目的在社會的任何人民也不至因不幸或能力或偶然事變種種影響而缺乏健康與清潔的基本需要品人類在家庭與團結方面彼此都有極嚴密的關係所以任何個人如發生艱窘或墮落的情形全體人類亦必受損害國

168

家無須毀滅其人民的創作力與責任心，而行為上仍得成為一大社會保險的機關：這是漸為一般人所公認的事實國家在這個方向應該進行至於如何程度並且最低的生活程度應該限於如何範圍當然是言人人殊的問題。但是普通原則卻已為衆人所接受而近代國家亦正作種種試驗適足以與政府舊有的工作成為顯著的對立。

正如秩序觀念之擴充而成為保護觀念保護觀念亦正於在保持與發展的工作中得一較大的解釋國家有支配資源的威權有發生普及效用的實力，故能籌劃未來而遠非任何局部組織所能望其項背的牠能壓倒偏私的接近的目標以免牠們為目前小利而耗費自然界的較大的恩賜品牠能舉辦鉅大的建設事業與工作，而使未來世代中人均有霑潤福澤的機會牠的威力與永久性原帶有一種先見之明；牠可以利用這種特長以取締各個人民的偶然冒險的企圖——因為個人企圖，如聽其自由推進勢必產生若干散漫的建設不良的人口堆集的城市，與夫一種污穢的人煙寥落的窮鄉僻壤的原野國家能保存並增進山河園林的那種稀世的美麗——而工業主義的進步適足為這種美麗的威脅。牠能與辦有效的實驗在灌溉一方面在土地開墾一方面在樹木的培植與動物的飼養蟲疫毒害的防治以及他種農業發展上極關重要的役務牠能用規定初步資助的辦法能用便利科學方法的發明與實用的辦法以提倡實業的建設牠能統制幣制信用與其本身的支出以減輕經濟變動的嚴重性。——這是政府完全合理的一種工作，只要牠不為尋常的引誘所征服以全體的犧牲來作一部分人的幸福的代價。

國家從事於這些活動比較個人或私人組織效率要高因為比較的要徹底；並且國家從事於這些活動，能完

現代的國家

全符合國家的性質與其服務的機關。自然，國家於從事這些活動的時候，也許因智力的缺乏，或因政體比任何其他團體有更完美的本身的資格除前面所述各原則外惟一其他的職務限制就是在立法人員與行政國的決心而遭失敗或犯過失但是任何政治原則也不得禁止政府行使國家的工作因為國家在這般事務方面人員的權能一方面。如果他們缺乏理智與資格或係特殊利害關係的偏私奴隸社會就必須提付最高的代價因為最有價值的役務在這種情形下是必遭損害或虧累的。他們愈有適宜的資格愈能合理的履行較大的工作。

並且這些工作實超過於我們所已論列的物質與經濟發展甚遠國家的事務不但包括有經濟資源的開發與保存亦且包括有人類本能的開發與保存；不過在這裏牠更須小心自持以免箝制人民行為的內心泉源罷了。

要發展人類智能也有幾種確定的先決條件也有幾種有普遍性質而為人人所需要的確定役務第一就是教育，這是我們業已略為涉及的問題這種工作原歸家庭所執掌而後方擴張而入於特殊團體如商社與教會之手現在又為國家所攫取而予以巨大的擴充道的確是一件很富有重要性的事實現在的家庭固仍為教育的一種機關，並且永遠亦必須保有這種工作；但是家庭卻缺乏能力以文明社會的生活所需要的繼續不斷的訓練授諸牠的人員。牠所以能夠這樣的，正是因為牠與教會有別，沒有特殊的私人利害關係；正是因為牠能徵求個個人來協助這種有彰明普遍性的役務來共同肩負這種與任何人有關係的責任也正是因為只有牠能為這種最偉大的工作——這種產生「利息」於無形且舉此「利息」以授諸全社會的工作——號召一切資源關於教育可以說的話關於普通文化生活的提倡也可以說並且也因為同一的原因凡在

一七〇

【现代的国家】
第二编　威权与职务

這一方向所能作的事——這個範圍包括有極多尚未曾爲人所嘗試的可能工作——國家都是能夠作的，並且實在也是應該作的——而勿須在人類意見上有嚴重紛歧的文化角點上表示左右袒，而勿須損害一切成就之源的自由權利我們素卻堅持國家原以外表的方法而進行工作的原則。我們在這裏也必須作同樣的堅持而謂外表的方法是可以合理的並有效的施用到提倡文化生活一方面的。不但詩家或哲學家，就是木鐵的工匠，也需要一種文化或精神價值的觀念。實在的，不但天上的先知，就是地上的政治家，也有這樣的需要。國家的職權限制，要視牠所能號令的工具如何爲轉移。凡這些工具應該應用的一切工作職務，是沒有範圍限制的。但是繁雜的工作卻需要人人均有天性上的統一與完整，否則工作不能抵於完美的成就。國家事務的分野，也需要政府能了解那種社會生活——就是牠只能以具體方法來服務的社會生活。國家依我們所堅持的原則，乃是一種特殊的社會機能而機能乃是爲生活而存在的。這種機能中最偉大的機能若對於牠所服務的整個生活沒有一種寬宏而深遠的認識是不能有所發展的。

我們現在可以用一種表格來敍述國家事務的梗概——其佈置均按秩序，保護與保存和發展爲標題這些項目我們已經說過，可以說是彼此互有關聯的；所以某種特殊職務之屬於這個或那個項目往往只是一種輕重之分的問題這個表格的用意，也不是要將國家所有一切的確定職務盡行分類羅列；只要對於牠的役務的重要種類或範圍予以清晰的闡發也便可以認爲滿足了。我們現在的討論對於國家事務的國際方面完全未加論列國際事務可以認爲是國家處於本國國民與他國國民間的關係所產生的情形下，對於國民所提供的同上的役務的延長。

第二編　第五章　政治統治權的限制

一七一

现代的国家

我們應該審慎的否認國家有舉辦兩種事務的職權——一種是牠在牠疆域以內舉辦的事務，另一種與此很不同的事務就是牠與牠的友邦所來往的交涉我們假如認國家有這兩重的職權國家的地位——在我們的思想上與夫在事實上——都是不合於邏輯的國家在牠的內部活動一方是增進幸福的機關而在牠的外部活動一方面卻又是奪取威勢的組織殊不知道這兩下的眞實區分只是役務上一種方面的區分而不是種類的區分這種方面的區分所以有存在的餘地也只是因爲國家的內部工具——政治的法律——還不曾變爲一種國際工具的形態。誠如有作到這種地步的時候就是這方面的區分也要消失了但是這個問題還是留待我們將來討論罷。

國家職務表（內政方面：）

壹 秩序	貳 保護	叁 保存與開發
（一）物質的基礎 政治威權的區域與界限的劃分 ——地方的區域的全國的。	警察職務的行使，保障生命與財產。	健康的物質環境的改進與取締 衛生的需要住宅工作與娛樂的環境。
交通與運輸工具的敷設與管理。		天然資源的保存與經濟利用。

（二）社會的結構

政治勢力與威權範圍的劃定：

（甲）領土的——地方的，區域的，全國的；（乙）職務的——政治役務的分配與調整。

國民資格與領土居住之普通權利與義務的劃定。

個人及團體之特殊權利與義務的規定舉例：（甲）在家庭團體內婚姻契約的取締及其他；（乙）在團體的侵害例如抵制專利營業與「非公平的競爭」抵制因經

度量衡及其他價值之單位與標準的設置。

政治方法劃定的各種威權的維持與保護。

政治方法劃定的權利與義務的維持與執行——就是公道與自由在牠們的政治意義一方面包括地方社會的保護以抵制特殊團體的侵害例如抵制專利營業無爭執性之文化目標的資助。

都市與鄉村發展的設計與普通管理。

教育設備的建設與發展。

機會之外部情形的改進。

國家博物院的設計，科學研究與無爭執性之文化目標的資助。

工業農業商業與財政發展的促

經濟制度內幣制的取締經濟契約的取締及其他；(內)在他種社會關係內職業或工作地位的規定登記法人設置及其他	濟脫白抵制種族宗教與黨派的壓迫。進——為公共而不為私人求利益。
供給社會知識的役務統計資料的收集與佈置，及其他——關於人口貿易與商業以及各種社會現象。	全體社會最低相當生活標準的保障例如關於工資率僱傭子女的養育艱窘情形的制止。調查有公共關係的社會問題的工具的設置。
「社會破壞」的調劑與制止。	

國家的勢力範圍是如此之大如果說否認牠是萬能的便是藐視牠的話，那就是毫無理由的言論了上述的國家職務對於團體中之最偉大的也夠偉大的了；並且對於組織任何政府的人員幾乎是過於偉大了更進一層說，如果國家對於一般本非牠自己的關切亦從事加以干涉牠就不能再對於牠自己最艱巨的工作予以合理的滿足。如果牠要從事牠所不應從事的措施牠在牠職權相當範圍以內的事務上就要宣告失敗了，這樣不但不能產生秩序——而且要產生混亂了。國家在牠的歷史的進程中已經證明僭取產生秩序是國家的基本工作——

的萬能威權是有極可悲憫的現在這種結果仍有一部分表呈於我們眼簾之前，不過情形遠較以前為改進罷了譬如有一班國家對於教授進化論則加以無理取鬧的禁止而對於牠們的失業流民反漠不關心而一任其飄蕩於顆粒俱無的**失望之鄉**有一班國家嚴禁生育限制的知識的傳播──將牠們不能隱瞞智識階級的東西來隱瞞一般愚頑的人民──但是對於國家青年子女則一任其盡工廠或綿田中的蹂躪與私用。國家禁止一般呻吟於痛苦婚姻之下的人們有尋求脫離的機會雖說世人莫不知這種強迫──姑無論其成功或失敗──只能產生更深一層的不和睦有一班國家並衛生部而亦付闕如萬能實則為無能國家對於**事務**的眼光愈宣傳世界各國都有一個軍政部但有一班國家檢查新聞報紙並故意摧殘教育而使之成為國家主義的清晰，國家對於牠所不能作的事體愈不肯施用無益而有害的努力國家便愈能領悟牠所應有的事務的浩大──愈能嚴緊自持而踏入事業成功的光榮途徑。

第二編　第五章　政治統治權的限制

❶ This principle would rule out, if the argument is sound, the claim of the state to treat as crimes a class of actions included generally under such rubrics as "lèse-majesté" or "seditious utterances." In fact, the tendency of the modern state is towards the abandonment of this claim as government loses its sacrosanct character. In war time, as part of the general reversion to more primitive conditions which war renders inevitable, the claim is reasserted. *Acts to forbid the teaching of certain doctrines, such as that of the evolution of life, are still possible under the cultural conditions of certain American states. An even more vicious contradiction of political principle is found in the*

② It does not of course follow that every citizen is always *morally* bound to obey every law. We are here discussing the responsibilities of the state, as law-maker and law-enforcer, not of the citizen as the subject of law. The author has examined this latter question in his "Community," Bk III, Ch. V, § 3.

③ The same argument condemns even more strongly the control of opinion by way of the domination and censorship of the press and of other organs of opinion. To prevent the people from learning the facts on which opinion should be founded is gross deception as well as tyranny. Like other forms of suppression it becomes *inevitable* during war, but it is still attempted by arbitrary governments even in times of peace.

④ Miss Follett in her fine constructive books, "The New State" and "Creative Experience," maintains that by intelligent co-operation every law *could* be made to express a complete interest within which differences are "integrated." This is to set up an ideal which, whatever its value, is not likely ever to be fully attained in the political sphere. It cannot therefore provide the condition of loyalty or the sanction of law.

⑤ Thus Mr. A. E. Zimmern quotes ("New Republic," September, 1917) with considerable approval the

【现代的国家】
第二编　威权与职务

following statement from Troeltsch: "Now, therefore, there abide these three, individual morality, state morality and cosmopolitan morality, but the greatest and most important of these at the present time is state morality."

❷ As an illustration we may cite the "programme of reforms" presented to the Baptist Convention of Ontario and Quebec by their social service committee in 1923. Of eighteen recommendations nine asked for legal restrictions in the name of morality. They are as follows:

1. The total prohibition of liquor traffic in Canada as the ultimate goal.
2. The abolition of legalized race-track gambling.
3. The suppression of the traffic in drugs.
4. The destruction of the business of prostitution.
5. The making of adultery a crime.
6. The hindrance of hasty and ill-considered marriages.
7. Increased control of the circulation of objectionable literature.
8. Provincial censorship of speaking theatres.
9. Better supervision of pool-rooms and dance-halls.

❸ "Zweck am Recht," Pt. I, ch. VIII, § 8.

第二编　第五章　政治统治权的限制

❹ The people of Oregon under the initiative system adopted an Act abrogating the right of any except state

一七七

现代的国家

school to provide elementary education, but the Act was declared unconstitutional by the Supreme Court of the state and this decision has been confirmed by the U. S. Supreme Court. In view of the desirability of educational experiment surely a less drastic and repressive method might have been found for preventing the abuses of sectarian schools. The chief difficulty of associational schools is that certain of them are apt to be used as propagandist agencies by religious bodies. But even state schools have propagandist features, and there is no cure for it, unless the slow cure which is inherent in education itself.

❶ A brief sketch is given in author's "Community," Bk III, Ch. III.

❷ Figgis, "Churches in the Modern State," App. I. Observe nevertheless that Figgis speaks of the church *in the state*. The church of which he speaks such otherwise clear terms is not *in* the state any more than the state is *in* the church. Both are within the Community.

❸ To ordain one common day of rest in seven and to choose Sunday for the purpose as being the most convenient day is not necessarily Sabbatarian legislation. It depends on whether a sense of social requirements or religious conviction determines the law. In Canada, the law is inspired by the precepts of the Fourth Commandment, not by the requirements of the State, as is evidenced by the rigour of the enactment and by the fact that it is jealously guarded by a body known as the "Lord's Day Alliance." This motive is *politically* unjustifiable, especially in view of the fact that one religious communion whose members are equally citizens observes a portion of Saturday instead of Sunday.

⑫ Arts. 15 and 16 of the Constitution of 1851.

⑬ "Churches in the Modern State," Ch. II a.

⑭ This difficulty was well illustrated by the decision of the House of Lords (Appeal Cases, 1904) in the famous Free Church Case, when it laid down the extreme principle that "The Free Church had no power where property was concerned to alter or to vary the doctrine of the church." This crude principle of identity would bar the way to any development whatever within the church. Fortunately its effect was modified as the result of subsequent legislation.

⑮ See further Bk. II, Ch. III.

第二编　第五章　政治统治权的限制

第六章　威權的隸屬

第一節　人民的意志

當我們從哲學的極峯降到實際政治的平原的時候，國家行為的原動便立即發生一種迥不相同的色彩。如我們從盧梭（Rousseau）與哈格爾（Hegel）與鮑山凱特（Bosanquet）而轉注於米加爾斯❶（Michels）或歐斯作高斯基❷（Ostrogorski），以及他們關於民主制度的實際效用的複雜闡述的時候，我們便好像走入了另一重天地的門徑似的人民的意志——就是那種「眞實意志」假托主權的決定而表示其完整與堅固性的——似乎立有潰散而成為一種狹隘少數的操縱的模樣；並且這種操縱是與主持者有利害關係且常帶污穢性質的操縱——無非利用組織與領袖制度的實際條件以經營其私人的目標。在集會自由的背後還顯露着統治心理的必要性不但人民方面對於政治情狀缺少清晰的直覺而且我們在一種愚昧與懶惰的背景上還發見私人交誼與仇恨的紛亂，地方的利害關係與排擠的綜錯非但人民不能假代表與官憲以發生行動我們還發見官憲與代表日以把持「機關」為能事人民意志遂成為一種空渺虛無的神仙——一種新興的政治寡頭制下的政治牧師的爭奪與統治都是假他的名義而行的。

人民的意志究竟是什麼呢？第一牠能直接決定的事是什麼呢？創制權與複決權的應用，究屬例外人民通常

都是假代表而發生行動的。他們的選舉權，素來即有限制，普通他們都是從一般他們不會提名的候選員中從事挑選的，政黨組織操縱選舉程序之大部政黨留給人民的機會，不過就是從這一黨提名的候選員之中決定其所欲選的人員與其他各黨提名的候選員之中決定其所欲選的人員所謂「獨立的」候選員是大有不利的；無論如何他也有使政爭發生混淆的作用黨派的選舉絕不是一種民治的程序這種選舉要看一個候選員對政黨組織所提供的役務——金錢的或他種的役務——而決定他的去取此外還要看他是否有名門望族所繁帶的威信看他有無服從政黨命令的誠心以及把持「機關」的野心慾望為何如大多數的人民對於支配他們選舉程序的組織，是既無認識又不關注的在若干國家內——例如北美各國——按普通條件一個候選員必須是他所要代表的地方的居民或與遺地位有相當的關係在其他國家內——如英國——黨派組織酬報牠們的忠實支持人，或取悅一般勢力雄厚的利害關係，而無須時時考慮這種地方的關聯。

政黨的內幕組織不但選定候選員以為人民行使意志的對象他們還釐定政策以供人民的去取。在這個方向上，他們常受強大勢力的影響在近代國家裏這種勢力強半為經濟的性質。一個製造家的團體要在黨綱中獲一關稅的「條款」一個農民的組織要堅決的維持農業的利益，一個工聯會更要求加入一種嚴厲的勞工方案以為他們支持政黨的代價。一個政黨按牠的本來性質不但要仰賴一般強大且與他種集合確相反抗的經濟利害關係的同情所以牠當前的問題便是如何調和這些利害關係與政治的組織亦且要企圖吸引更多數的利害關係使經濟組織常驅國家走到牠自己不願走到的地步牠只得藉重調和與規避的伎倆。一個政黨內幕會

第二篇 第六章 威權的隸屬

一八一

議最後所決定的國家政綱至少也是兩條壓迫力的對角線。但是人民的意志通常都只能完全選擇或完全拒絕。

政綱一經宣佈若干新勢力便從此加入戰場現在便到了運動與競爭運動的階段黨派報紙——實際上就是每日供給資料與宣傳的整個利器——便發動牠的勸誘與攻擊的大機器牠們有選拔的絕大勢力——這是最完好的報紙也得行使的威勢——不過最卑劣的報紙便從事利用各種偏私心理以支助牠們所揭起的旗幟了。判明他們所必須鑑別的局勢中的眞實情況從粉飾曲解的叫囂喧嚷中查明眞理便成為人民的一種惱惑的工作了。應徵來從事於勸誘的機關是如此之大負責探覓純粹眞理的人員是如此之少大衆的努力不是要引出公論而是要鑄造公論統制公論利用公論人民的意志所被導引到的目的物人們都是高帶着利害關係與偏私心理的着色鏡來看視的——這種利害關係不必定是人民所有的，而這種偏私心理是千眞萬確的屬於他們的了。

最後的決定便是這樣產生的；於是勝利政黨的「代表們」便得宣告就職事實上他們只要佔得總投票的少數便可以當選——或是因為黨派過多或是因為選舉制度有缺陷。但卽令他們是得有多數投票而當選的這個多數往往也是不確定不穩定的以致「人民的意志」的眞諦，也不過是指着那種隨着每次政治風浪而轉舵的反覆無常的分子而說的更進一步說現在還有若干新異的勢力其作用能消惑一般被選的「代表們」使他們不能實行那些公舉他們上臺的人們的意志政府的位置也自有牠們的習慣，對於心理也自有牠們的強大的影響政府必須假手一般永久的官吏而發生活動因爲他們是認識機關的作用的，而他們的職業態度往往能更改領袖們的熱忱與方針威權的本身對於握權的人們都有極深邃的影響至少牠也能產生一種驕縱的觀念，而危

及代議的原則。一般領袖們有取得一種階級觀念的傾向。再者，取得威權的方法，不一定就是保持威權的方法容易宣傳的政策往往不容易實現投機主義便從而提供牠的誘惑領袖制度便因努力維持團體的緊固性以抵制政府或黨派內的野心慾望上的衝突而掀起各種新異的問題；所以在這個方向也有從事於調和與安排的必要。復後又有新異的情形發生而為「人民的意志」所不曾表示如何處理的；無論如何人民原意的何在到了現在確要比選舉甫告勝利的時候難以決定多了他們的投票是贊成某一政黨，或是反對某一政策呢產生這次政府的是他們的畏權嗎還是他們的希望呢？畏權與這種變遷的局勢有什麼關係？希望與之又有什麼關係呢？

那末我們如何能發見在政府行為上表現出來的人民意志呢？就是在民主國裏面人民意志是真有其事嗎？還是只口頭上如此說呢？我們對於事實上圍繞着人民意志的嚴重困難與限制業已加以簡略的說明。我們現在便要從事於證明這「最後的主權」雖說缺乏一般提倡人所給予牠的那種完整與鞏固在各個近代國家中卻仍不失其為一種永久活動的真實力量。

戴爾布魯克韓斯（Hans Delbrück）從外面觀察英國的民治形式，曾說：「事實上，使人民能夠行使他們的主權的，原不在於選舉，而是因為握統治權的政黨都有俯順人民意志的必要」❸這話誠然是有至理的讜論。

如果沒有政黨制度無論如何民治主義是無實行之可能的。但是因為政府總是想維持牠的威權的所以牠總是設法來規避有開罪於被治者的事實。政府明知反對黨無時不在伺隙以激動人民感情來反對牠的處理事務的

第二編　第六章　威權的隸屬

一八三

現代的國家

方法。因此牠必須適應牠的支持人的大眾意見同時在可能範圍內企圖調和其他分子或至少也要制止他們的態度有更頑強的發展。為要保存地位政府的行為必須要能使人民意志樂於支助牠繼續的任職這種意志不是一種贊成或反對某某確定的立法題目的意志而是一種支持某一政府而反對另一政府的普遍的觀感。

更深一層說我們必須將人民的意志與激發這種意志的宗旨與勢力分別清楚。一種政府基於成立的意志可以是民主性質的意志縱然少數人或財閥的勢力在創發牠一方面是與有大力的。一種有利害關係的少數人可以支配新聞與宣傳的機關使多數人受他們的勸誘甚而使他們發生違反他們本身權益的行為這也是很有可能性的事情一個領袖的決定也許足以激發千百萬人對於某某方針的支持但如他將他的威信加入了其他的一方面他們就必要反對這種方針了。❹人民的意志的發現很少是一種自然的表示牠太不健全了太無自動力了牠必須經過一種複雜組織的衝動纔能集中而得其成立。自然這種組織不但是一種發揮的機關而且是一種取締的機關假如我們要仿傚盧梭的方法以尋覓民治的基礎那我們便永遠不會發見牠了；因為盧氏是相信組織——就是聚會——都足以破壞人民意志的事實——不是牠的「純潔性」或「公平性」——纔是民治的基礎牠的純潔的程度是無從估計的。無疑的教育愈進步民智愈發達人民意志自亦愈見清晰，愈見堅強愈見獨立這種意志的品性便是人民的品性。

我們所能量度的東西不是牠的品性而是牠的容積。在這一點上現代國家的基礎在最近期間已有很大的擴充，那是毫無疑義的。選舉權在已往已屢見擴充；直至今日若干國家事實上業已完成了人格選舉制甚而至於

一八四

【现代的国家】

第二编　威权与职务

成年選舉制在以前有一種制度，對於各階級的投票給以不平等的力量估計——此制盛行於瑞典(Sweden)與奧國(Austria)，晚近還曾暢行於普魯士(Prussia)——現在大概都已經取消了。一般的趨勢都是要將各選舉區域在人口多寡上劃分均勻代表制度上還曾發生若干試驗希望能更公允的反映多數集團與少數集團的投票力量「一人一票」已成為無可懷疑的趨勢——使選舉權成為一種人格上的職務而不復為財產或階級所有的權利。

全體人民都應該揮有並應該行使選舉政府的權利——這話並不是說人民在選舉工作上比從前更為一致了。不但如此，人民中包括的新分子愈多，他們所表示的紛歧亦愈複雜——兩黨制度之往往遭遇破散便是這種事實的明證憲法性質愈近民主化代表人民與情的政黨便愈見紛歧由是則最終的主權視舊昔更要欠安當與安定了。但是另一方面普遍意志卻大見力量上的增進在設有無選舉權的民眾的地方革命運動的可能性便愈見遙遠就專實來觀察，一切民眾革命都是在一種階級統制之下發生的；原因是這種階級拒絕予民眾以分享威權的憲法方式剝奪了他們創立和取消政府的機會在民主國家裏人民之每一分子莫不包括在普遍意志之內選舉權的行使便等於無形的承認國家普通人民的統治權每一投票人假投票手續所承認的原則就是說大多數人的決定便足以代表國家全體的政策而他個人為自己政策努力求得勝利的權利仍然是繼續有效的。政府的成立不復是一種階級——他沒有一分子的階級——的職務各人不但分享公共的權利亦且分負公共的責任；由此國家的强制權便覺輕減多多了。

第二篇　第六章　威權的発點

一八五

現代的國家

公共意志或普遍意志並不是人民的意志，在我們應用這些名詞的意義上這是我們要反覆致意的一點人民的意志——我們的「最終主權」——是一般假借競爭與攻擊而取得勝利的優勝分子的意志。牠能突破政治紛爭的範圍，牠是只能在特殊事變的時期間發生的事實。但是公共意志卻是聯合勝利者與失敗者兩方面一致的意志，這不是贊成某政策的意志而是贊成國家的意志這是全體國民的意志，公共的意志比人類目前企圖要深遠些，與他所推度的國家所有的一切意義與役務習慣與期望打成一片的意志這種意志不能決定要堅强些這是一種有如海深的忠順心不知播動政治表面的風浪為何物的歸服心事實上這種意志不能決定任何事物除卻一種寬大的系統——任何事物都可以決定於這種系統之內——以外因為這種意志的作用我們所謂人民意志的那種變幻莫測的邊際主權纔受付託而獲有其本身性質絕不能獲有的比較鞏固的統治權。

我們如果能領略人民意志是沒有穩定性的——因為牠無時不在受偏私與感情的波浪的激盪——我們也就能明瞭：一切在上面激刺牠的力量，大抵都能堅固牠底下的基礎各種勸誘的力量——無論牠們是怎樣的預備去利用一般人的偏私心去曲解真理——實際上總是有擴大這普遍意志的效力的，各黨派各報紙各領袖無時不曉諭人民，使他們必須從若干方面選擇一方面。他們將這些供人民選擇的辦法造成了若干的模型充實了人民的心神這普遍意志便愈演而愈活動且愈真實。牠的活動本身畢竟就是牠的開明的一種條件人民由於牠纔變得更富於批評性與審察力或者還變得更無偏私的作用。無論如何，因為普遍意志的活動「愚弄一切人民於一切時代」的手腕纔沒有實行的可能宣傳主義有批評主義以相頡頑人民的意志不但獲得牠所應

【现代的国家】

第二编　威权与职务

第二節　代表與責任

各個近代國家——易言之各個有活動的人民意志的國家——無不將責任附加到政府的威權上去。人民的意志——最終的主權——牠本身是不能有憲法上的責任的，因為牠是最上的威權，但是牠能成立牠所創造的威權的責任牠既能創造亦能推翻，這就是牠能支配政府的眞實原因不是因為牠能效法希臘民治政體的粗野辦法使權威受關於過去行爲的審判；而是因為牠能完成或阻礙權威的中心慾望——就是權柄的保持用限制任期的方法——使政府在一種規定的比較短小的期間有申請人民改選的必要——牠便已獲得責任的正式條件後來便大致要看牠自己嚴厲的監督與公正的精神。

那末這就是責任政府的憲義就是政府在並且只能在有大多數人（至少是最大的選舉集團）的支持的時代行使威權——在一種少數人（或其他集團）也共同承認的制度之下政府的行動並不須依照大多數人的命令——只要牠能維持大多數人的贊助那就足以滿足我們的定義了只要最後的主權能作政府威權的來源，也就夠了。牠對於政府直可以表示一種信任而實際上說——「你作我的代表吧，但你也可以任憑你自己的意思行事」這種態度頗近似一個公司的股東對於董事會的態度股東們承認：他們大多數沒有決定方針的時間亦並沒有此種經驗他們便將此留給一般董事而以信任他們的裁奪爲滿足假如他們對於他們所委任的人員認爲合格他們普通都願意對他們的行動加以贊同換句話說每年無不予他們以新委狀而使之蟬聯

第二編　第六章　威權的歸屬

一八七

但是這種深誠的信任心在政治界中是不常見的，似乎很奇罕的，只有在一般敗壞的民治社會中——如某某美國社會的「黨魁統制」——總能發見這種信任心沒有任何聰明的人民能放棄政策的判斷權的政治與他們生活上太多的利害關係聯了牠的癥結太嚴重太富於爭執性了威權的誘惑力太大所以政治不能一味聽憑任何他人的裁奪最終主權不應放棄自己決定政策的義務而一以委付威權為滿足在各個進步的國家裏牠不但企圖決定政府的人員而且要決定政府行政的方向凡政策為他們所贊許的人們他們就選舉而畀以位置；如果他們不同意於他們的過去表演，或他們關於將來的方案他們便從而罷免他們的職權。

這種責任如何能夠堅定我們可以留待將來討論在此地我們是要解釋牠研究牠的意義除純粹的委託制外，唯一其他的辦法便是代表制委託制涉及人的選擇而代表制則並涉及政策方案的選擇完全形式的委託——如法國人民擁戴拿破崙為皇帝的委託——不規定任期的限制不規定行使威權的條件代表制則含有支配與管理二者的意義委託制須有被治者的同意，而代表制則必須滿足他們的意志這裏面我們遇見有幾種重要而艱難的問題這種代表人所代表的是誰呢是什麼呢？是全國嗎？還是他自己的選舉區呢？是他所隸屬的政黨嗎？還是那使他獲選的某一種特殊利害關係或某多數特殊利害關係呢？再者他所代表的是什麼姑不具論試問他只是一個號筒一個代理人受人委任以執行其訓令並須事事服從他所代表的人們的欲望的嗎？

關於這些問題的答案我們於考慮工具對目的的關係中可以獲得代表的選舉的背景完全與實行民眾複決權或在一種問題大票決的程序中表現意志的不間在後一種的情形下一種單獨的特殊的問題在形式上與

其他一切問題是分割而別立的人民表示他們的意見，關於一種某人提議的立法方案或一種憲法的計劃，或一種節慾法案，或一種社會保險制度或其他問題。無論作最後決定的宗旨是什麽，最後判決的本身總是清楚的。但是代表的被選卻是根據他所支持的一種普通政策選舉。選舉人對於那種政策表示他的態度不是對於各個方案。卻他或許提供的各個諾言以外代表只受有一整套的個別計劃的約束他只要對於主張是忠實的關於各個事件他可以應用他自己的鑑別力若干困難的個別問題誠然也許有發生的可能使他因與政黨的關係而支持他所不信仰的方針。在這裏關於一切這一類的問題我們只能闡述普通倫理的解決方法。不過就是在整個的情形下依他個人之所見及選擇較大的價值罷了只有他背着訓令而到議會裏去被選的主張或普通政策的時候他纔應該辭退他的職位通常情形下的代表不是一個背着訓令而到議會裏去的代理人有如中古時代的各帝國自由市派遣到瑞其斯塔（Reichstag）奥大利亞（Australia）裏去的委託人一般有時一般人也未嘗不企圖這樣來約束他們的代表其一種極端的例證便是奧大利亞（Australia）勞工黨員的代表——他們一如牧師之具結以表示他的信仰也須對於一整套的立法方案簽字以示其遵奉的誠意。但是這不亞於貶降一個代表以至於黨派僕婢的地位普通人莫不合理的以此爲非當。

同一的討論也可應用到全體代表院上面去如果說代表院要通過任何議案也必須請求人民予以「訓令」那便是荒謬絕倫的主張了代表制的實際情形已打消了這種辦法的可能即令有實行的可能性這種辦法也要剝削議會所有的創作力與品格的在選舉舉行的時候每個政黨所提出的問題不一而足除了一個最高問題能

第二編　第六章　威權的隸屬

一八九

壓倒一切其他問題的時候外一個政黨得以當選而掌執政柄的隱約意義至多也不過是說牠的普通政策或方案已被最終主權加以許可遠過於其他政黨的普通政策與方案但是這樣選來的一個政府，必須鑑定若干種類的法案：如果牠因不曾爲各個法案取得一種特殊的「訓令」而拒絕立法，那便是放棄牠自己相當的責任了。我們儘管進一步而承認有若干民選政府所通過的議案果真要送交人民而聽其複決，或者就定會被他們所否認了。按瑞士（Switzerland）的經歷涉及新稅課的各種法案——有如衞生保險法案等——便有這樣的情形同樣的，據一般人宣稱德國的衰老與殘廢保險法案「不是適應而是反對人民意志而通過的；如送交人民複決一定遭受失敗無疑。」⑤ 然而這些法案於通過之後卻也能取得人民相當的支持足以維持牠們的永久性。⑭

選民對於代表的相當關係頗有類於立法部之與行政部的關係不過站在一種不同的階級上面罷了。人民意志只指示方略——更嚴格的說只決定在若干表呈於人民之前的而供其選擇的方略中應採行那一種有一般普通的利害關係而且應由各個國民所關注且爲各個國民由投票而表示一種意見的。有意見上寬大的聯合與分裂能產生黨與黨間之區分與差別的國民資格的懲義便是要對於牠們予以取決。但是以合宜的立法來實行這種執擇卻完全是另一問題。一個人必須接近行動的環境或條件纔能發生行動，一個人必須認識統治的問題，纔能實行統治人民意志既已選定政府，牠就必須承認接受牠的選擇程序中所附帶的必然的結果。始則出於代表終則歸於責任；而代表制度的機能誠能應用得法亦能獲取責任。

如何發見最完善的方法用以貫串責任制與代表制乃是現代國家最重要問題中的一種。英國的政治進化，

曾假內閣制而產生一種統一的責任制依這種方法國會的領袖同時亦為行政的頭目成為一種團體的單位而向國會負責換句話說他們的領袖任期須利賴國會本身又對人民作同樣的負責這種責任是統一的因為牠一部分是間接的另一方面而在美國責任制是直接的因而不是行政元首，也是直接選舉的並且是另外選舉的就行政元首一方面說對人民直接負責實不及在間接制下的調和；既然立法部與行政元首的各自獨立並不同時舉行的選舉的事實上還鼓勵糾葛的發生：不及在間接責任制的有效這話誠然有至理存在於其中的。既然容許並事實上還鼓勵糾葛的發生：不在政府之內而在政黨之內去尋覓政黨組織便因此而增進力量但在責任上也提付有相當的代價「因為有極嚴重的政治紛爭——美國的政府制度似乎適足以增進這種紛爭——政黨黨員遂屈服於政黨領袖的行動之下；在比較太平的景象下他們便不稍遲滯的要對這種行動表示憤慨了。」❼他們反要從而隱瞞或漠視政府中的羞恥事件了——若在他國這種事件便會引起內閣的隱退。❽並且政黨組織的力量益以這種孤獨疏散且無彈性的選舉制度再也不能使政府能夠立刻的或直接的感覺到人民誹謗的結果。

在議會政制之下責任是確定的附隨在政府的中樞身上責任在什麼地方是不成其為問題的人民所有的工作只是執行責任這種制度的困難就是內閣在國會之上所操有的堅強的影響力——這是因為內閣執掌有委任之權與散佈政治恩賜品之權並且也是因為（例如在英國）牠能作解散國會的威脅以強迫國會來順從牠的領導愛爾蘭自由邦 (Irish Free State) 所以不予內閣以解散國會之權的，或者就是有鑑於這種的弊

第二編　第六章　威權的隸屬

一九一

端。但是這種制度的弱點的暴露，大半還在政黨政治不免受地方利害關係的支配而違害全國利益的一事上這一種現象——稱盛於法意等國——使一種集權的中央政府能利用牠的外面的褒貶的勢力來無端的壓迫一般代表與選民。假若全國政策的觀念不發達任何規定政府責任的方法也不能成功但是只要政黨有眞實的國家性如果在政府裏有一種單獨的責任的中心民衆輿論便能比較有更大的效力與穩固——例如議會制度旣能將立法與執政兩方面的領袖制打成一片便能成立這種責任的中心。

其理由便在執政職務的性質的本身彌爾（Mill）認爲「任何執政的官吏，均不應由民衆選舉」乃好政府之一種最重要的原則。❶據他宣稱這種位置所需要的資格不能由無訓練的民衆予以合理的估計他們亦不能發見最適當的候選人員；且因職祿的獲取還須仰賴於各種不合理的或窄狹的政治的考慮，最好的人物亦雅不願出山而作這種候選員。再者，取得民衆歡悅的品質與專門的效率亦沒有必要的關係。彌爾會很正確的指明：美國在直接民選的情形之下，其當選的總統「總是一個隱晦無表現的人物否則便是一個稍有資望而其資望卻非取得於政治方面的人物。」無論如何這件事是很淸楚的在需要專家役務與指導的地方民衆是旣無知識又無機會足以發見牠的。在國家日趨複雜與擴大的事務上有專家的需要這是論者與作者所交口宣傳的事；並且一種普通反對民治的理由就是說牠容許牠的政務遭遇不良的行使因爲牠不諳且漠視優良行政的需要條件行政元首的直接民選制確能增進這種趨勢；如果執政只對於非專家的複雜的民衆負責任這種形式上的責任也是無濟於事的。

第六章 威權的隸屬

按效率的考慮，政府役務之內需有一般永久的行政人員，不直接仰賴人民選舉以圖生存，亦不是因政治理由而被選拔更不受黨派勢力伸縮的影響而遭能免簡而言之，他們不能作代表對人民負責任同時，在這種永久任職的人員之上也需要一種管理監督的方法。正是因為他們是永久任職的，所以他們有鉅大的威權。他們關於方法與途徑的經驗使他們的建議有大的力量與價值他們能予他們所贊成的政治擬議以極大的便利而予他們所不贊成的他種方案以極大的阻礙臨時握有政治權位的人在許多事件上必須利賴他們的鑑別；一個政府行政部的政治首領素有任決定以先「諮詢部屬」的習慣部內的習慣本身就能變成政府中一種勢力，這種勢力常有硬化而成為一種專家的無變通的守舊主義以與民意潮流相抵抗的危險這種情形尤以外交部一類的行政部為然牠們的基本工作不是要來實行立法院的決議案牠們因之而有行使重大的本身裁奪之權的機會並且同時他們舉辦事務時所處的情形又足以使他們朦蔽民眾的耳目。⓾

惟一管理這種永久的專門的人員的有效方法便須要假借他們與各部的臨時的非專家的領袖兩下的關係。這並不是愚暗管理經驗的情形地的行政部的基礎是建立在工具與目的當然區別上永久的人員是政府的機器——正如其他一切機器，是必須受人管理與領導的。一個真實的領袖或政治家必須且應該知道政府的機器如何發生工作的而自己卻不宜僅成機器的一部分。⓫他應該知道如何能使牠滿足他的目的，如何能發見牠的力量與牠的弱點。這種眼光無論在任何大商業組織中，都是公認為必需的；商界使專門人員對總經理或董事會負責任，那也是很適當的辦法。在國家裏更是必需因為牠的事務較任何其他組織為繁重並且因為牠的職權範

現代的國家

圍內包括有這許多與全體人民攸關的事務更進一步說，人民雖然不能有領略一個專家所必備的品質——一種民衆受有充分的教育又有充分的公正心當然能夠發見那般具有寬宏而偉大的鑑別力的人們，並推舉他們充當代表以領導並管理他們的政策賴以實行的組織無論國會或「內閣」制有什麼困難與危險牠至少也能提供一種公式——其他一切制度並此亦不能辦到了——以完成並溝通國家內部的工具與目的。

我們不能予政治權威的問題以正確的探討除非我們於出發之始就根本承認這種很顯著的事實說國家的意志並不是任何神祕的體質充其量並且就大多數的方面說也不過是多數個人意志的一種極不健全且有限制的調和。在國家眞實的複雜性裏面生存着的英國或德國或俄國——就是在我們幻想的國家複雜性裏面生存着的英國或德國或俄國——絕不是結訂條約或拉攏債務或通過法律的英國或德國或俄國。我們也許相信那種大自然的寫眞——我們所謂民族——乃是一種至大無極的東西，然而民族卻不假借任何統一的意志來表現牠自己。一個民族在公共感覺上是統一的——那就是說在每人與其他一切人所共同經歷的如當着民族大勝或大難的當兒。一個民族在公共風俗與習慣上是統一的，例如英國之放「銀行節假」或美國之紀念「七月四日」一個民族也許因重大事變的壓迫而爲愛惡的「強大劇烈的情感」所刺激（雖說這種情感或者也從來不會普及的）因之在一種公共運動的活動上引起同一的意志的表現。但是，就是在這種情形之下統一的國家所發生的確定行為亦從不能嚴格的稱為民族的行為。意志只要一有組織無論牠怎樣有「代表」性，也變得很窄狹了。一個國家的意志不過是多數意志的一種組織沒有亦不能有別的意義；不過這種多數的意志

一九四

其間是加得有一種調整與限制的，目的在使一個單獨的決定能夠佔據優勝的地位而為全體所接受。

如何使這種意志的組織對意志的每個調和每個共同每個優勝的意見盡力作可能的適應這是民治理想的一部分這是一種程序在最近時代雖有種種艱難卻有相當速度的進步的但是在封建與專制兩種國家內意志的組織是根據於某階級對另一階級的屈服的。在現代國家裏，一切階級的意志都是正式被容納於公共組織之內的。為要使這種包容的組織發生真實的效用，牠的解說是我們業已劃定清楚的牠的兩種基本原則便是代表制與責任制代表制所以取求行為的工具的這兩種原則都似乎有巨量發展的可能而為現代國家尚未達到的將司法地位暫置勿論我們可以斷言最能滿足民治理想的意志的關係，不外下述的情狀：

下級行政人員對永久職員負責任

永久職員的領袖對有代表性的部長或大臣負責任；

有代表性的部長或大臣對有代表性的內閣負責任

內閣對議會負責任

議會對人民負責任。

這些關係中，每一重是與另一重有區別的。在每一種階段上都有必須嚴予考察的如何調整的問題；不過這些都是專門的問題不屬於本書寬泛研究的範圍以內罷了但是這種普通的設計似乎最有實現「人民意志」

一九五

的效能——不過除此以外人民意志的實現，就要專賴人民本身的品質了。

第三節 權威與革命

如果一個政體被武力推翻，目的在建立一個新的政府體制，或是建立一個對某主要問題宣佈一種新政策的政府，我們就稱此種現象為革命。一個國王或總統或閣務總理的被刺算不得是革命，如果行刺的人們只受有私人目標的刺激，或者只是一般少數的亡命之徒不能希望建立一種頂替的政府而所幹的勾當革命含有國家內部一種深重分裂的意義表示政治意志的一種病態這種病態正足以反證權威的平常性質

寡頭制的國家，在兩方面遭遇革命的危險牠裏面的政府總是與武力發生關聯的；無論牠怎樣努力證明牠的威權為合理牠所必需的強制精神使牠不能脫離勢力的觀念但是在各種寡頭制之下權勢與支配權勢的意志總是可以分離的。牠的意志與權勢的直接溝通是只有民主制度纔能有的寡頭制必須應用的權力不是屬於牠本身的牠所徵集的武裝軍隊可以從某一旗幟而轉移於另一旗幟從某一領袖而讓渡於另一領袖。一旦寡頭制的順，不是一種國民的忠順牠可以從某一旗幟而轉移於另一旗幟從某一領袖而讓渡於另一領袖。一旦寡頭制的國家內發生紛爭力能操軍隊統治權的領袖或派別，便可以掀動革命。

這一類的革命在以往是很普通的；但是比較涉及全體人民的革命，重要性通常是要低微得多了。全體民眾的革命，亦可以發生於寡頭制的國家內而促成牠的改革。在這種情形下，便是被壓迫階級的叛變目的在要求國民資格應有的權利。強制總是產生抵抗的精神——這種精神每於國家事變提供一種機會的時候，就不免要出

於爆發往往機會之來，係出於戰爭。有時只用壓迫的力量亦足以毀滅人民的耐性有時教育的細微的進步亦可以使權威舊有的制裁力變弱——例如關於宗教權威或親屬尊崇種制度的制裁力有時新經濟潮流的發展，亦足以顛覆既成的制度使被壓迫者發生一種新的威權覺悟心這些勢力——單獨的或聯合的——在近代歷史上已發展有相當的實力，足以驅逐幾乎舊日所有一切的寡頭制度於我們的文化之外這種改革的一部分是依和平方式而發現的——於新興威勢的脅迫之前寡頭制遂即表示屈服但是差不多在任何國家裏這種改革的完成是免不了要起革命的。

過去大多數的革命不是起於寡頭集團的內部，就是以反抗寡頭集團爲目的的。就是在後一種的情形之下，若握有特殊權利的階級之內不同時發生內閧民衆舉動也是很少有成功的希望在上古寡頭制的國家中奴隸或被壓迫階級的蠢動卽從未達到他們的目的農奴的暴動——如十六世紀日耳曼的大叛變——亦向例無一不歸於失敗的。法國革命也不是由於一般過激革命派——利用革命發生後之無政府狀態的革命派——的功勞而抵於成功的。俄羅斯的無產階級革命也不過是另一種革命的尾聲或餘波而此另一種革命卽是由於一般業有參政之權的階級所造成的僅僅無權利階級的團體運動素不足以建立一種新局勢或制度少數有決心有政治創作力的人們，可以利用民衆的不滿而達其目的但民衆的本身卻不足以成就任何大業。

正如一個強有力的人能因一個騎馬者的無能而捉住他業已脫走的馬所以在一種發生事變與普遍不安的時候比較少數的人只要有完備的組織與掌執威權的訓練便足以奪據政府的要津一般人對於現存制度

第二編　第六章　威權的隸屬

一九七

之普遍的不滿人們心理上在這種時期傾向武力的事實，一般人對於武力勝於無政府狀態的感覺，畏懼暴力——當一個有力的叛變業已佔領威權要津的時候這種暴力的畏懼便要瀕於減除了——的心理的本身這些都是引起政變的心理狀態。因此，由武力或革命建立的政府在戰爭時代原非奇罕的現象。「世界大戰」以後接踵而起的獨裁制便是我們的借鏡；俄國的蘇維埃政府，意大利的法西斯蒂政府，匈牙利與西班牙的武人政制，都是好例證。這種變動即發生的可能性亦愈大。但是我們應該知道這些現象的發生都是出於非常狀態。昔日羅馬人認獨裁制只是一種合於劇變時代的臨時的權宜計劃，一旦事變消滅就必要為人們所廢棄的，這是很正確的觀念。法紀與秩序觀念恢復的時候便給新興權威以嶄新的品質否則便根本的推翻牠。

普遍的意志是政府惟一的永久的基礎所以在民主國內革命不但是稀罕些而且也是更劇烈些。國家成立的基礎比較堅固足以抵抗一種大變的刺激世界大戰在英國與法國所引起的只是一位喬治諾崖（Lloyd George）或一位克萊孟梳（Clemenceau）的半憲法的大致為一般人所贊同的專權；但是在俄國與德國便產生了極端激烈的革命革命本來就是普遍意志的臨時的破裂分歧走到了極端而不可調和的習俗任何公利害關係的抵觸之下還有統一觀念以資調劑現在已不復有效力了。分裂的癥結比任何公有制度的觀念任何對全體的忠順心還要有力而堅決革命運動便是國家一時的破滅以分裂勢力代替公共意志的現象。當其既成過去國家必須重加建設。一個成功的革命或反革命直待時間的補救力已將忠順心或公共意這是不能成為事實的。因此革命往往掀起更進一步的革命或反革命，直待時間的補救力已將忠順心或公共意

第二編 第六章 威權的誅罰

志的基礎重予建立為止。

有若干爭執，即在民主國裏面亦有作革命威脅的可能。這些爭執大致為宗教社會或經濟性質，如能對牠們予以簡略的討論便足以得到關於政治權威性質的許多認識。宗教的紛爭在既往常能威脅國家，不是因為各種宗教不能彼此相安而處於同一政治權威之下，而是因為政治權威不肯承認牠自己的界限，起初提倡革命「權利」的人們——如沙利斯白尼的約翰（John of Salisbury）與孟英古爾德（Manegold）——認這種權利是基於人類互結之契約與人類與上帝相結之契約的區別而來的，以為後一種的契約是超於國家一切需求之上的，這是一件很堪注意的事情，對此二者予以調和，不是很輕而易舉的工作，特別是因為教會同時也對國家提有權柄的專橫要求。但是宗教革命的教訓實已證明在一個理智治理的國家中這種衝突是不必有的——這種國家是承認政治權威之真實的性質與社會團結之條件的。

論到革命運動的動機問題就截然不同了。因信仰上的衝突而發生的分裂，雖亦劇烈而深沉，但不及種族或民族的惡感之能破壞一種公共的制度。例如一種有種族觀念的集團努力尋取自主的地位或至少要脫離他們因壓迫而與之發生關係的國家，那便是種族或民族的衝突所致的惡果。其他任何紛爭亦不能掀起這樣大而堅決的搖動。在這樣惡感之下，一種普遍的意志是無有存在之可能的。牠能滅絕統一的基礎。這種種族的區別不關於可以調和的特殊的具體的利害關係，而有關於一種公共制度的基礎的本身民族的精神是不可調和的絕對的單純的牠只企圖達到一種目的，而不顧其他任何目的，假如牠的代表得被容納於國會或議院之中他

現代的國家

們便會形成一種永久的反對派對方的提案的內容優點不足以感動他們只有這種提案對於他們所尋求的惟一的目標的關係是他們所關注的問題民族精神發達的團體無時不存著革命的心理是征服的報應神絕不容征服者感受安樂的惟一解決的方法便是承認這種堅決的要求有如英國最近之投降於愛爾蘭民族主義派(Irish Nationalists)一樣如果這種民族團體佔有一種固定的領土這種政治解決方法是有採取之可能的如果他們與其他民族是互相混淆而不可分割的那就只有漸次同化的社會方法可滋蘇展。

第三種足以引起革命的大紛爭便是經濟的。凡在政權與土地所有權同屬於一方面的國家——有如大多數的寡頭制的國家——佃租與稅捐兩重勒索其間往往沒有相當的區別，每能變成一種不堪忍受的擔負對這種經濟壓迫所施的抵抗，在上古國家的演進中乃是偉大的勢力或潮流的一種：在羅馬全部歷史中更屬顯而易見尚擔負過重的農夫或田奴與在城市中尋覓安息的無土地的國民發生了聯絡而打起共同的主張。在新實業時期尚未開始以前統治階級便亦為有地階級；而這種雙層的威權在每個地方社會之中均曾產生極大的分裂民主國家便是產生民主制度的勢力又從而推波助瀾以造成一種新興的主義與勞動的分裂。新興與生產工具的所有者與普通工人的分裂曾挑起如許惡感與幾許革命的意念後一種意念是由於人們相信資本足以左右政府而來的這個問題我們在別處可以討論在此地我們只限於說這種左右政府的威權不過僅是一種局部的威權並且各種民主制度也還足以提供一種無革命性的解決方法勞資的決裂雖曾表示其嚴重與真實性但亦並非地主與耕種人之間的分別那樣的絕對與寬泛。在民主國內經濟的利

二〇〇

【现代的国家】

第二编　威权与职务

害關係有若干種類與等級其間並沒有深重的分裂容政府威權可以左袒於一方的革命的危機不甚嚴重，因為牠的精神只能聳動一般曾受這種新制度最惡劣的失調與私用的影響的人們過激的「階級戰爭」主義，也只能激動這一般人現代的國家藉失業救濟法保險法健康保護法最低工資的規定以及其他同類的制度業已在取消革命精神一途上著有長足的進展新制度所給予勞動家的經濟威勢假憲法成立的方式而發生活動已足以根本劃除革命的精神。

所以我們的結論是認爲一個眞實的民主國比較一個寡頭制的國家，在抵禦革命的威迫上要算穩固多多了。普遍的意志誠然仍是極不健全誠然尚未曾有極度的發展但是至少牠是已經有了充分的眞實性足以予政治權威以一種新穎的品質這種威權的形勢上的基礎已不復是主人與僕人的分裂而是經理人與主要人的一致合作。

在人類生活上權威是無時不存在的在以往發生變遷的，不是權威的事實而是權威的形式上古時代並沒有無政府的情形而為權威逐漸所自止的那時候倒有一種粗野式的權威——牠在以往是在一個固定的方向上進化着的，直待牠的理想的品質假借現代國家而得其表現與某種程度的實現。

我們對這種變化的情形可以予以下列的簡述權威之所以存在的現在已不復利賴牠自身的權利亦不復根據握權者之一種自然的或本身的優點——使他有不顧臣民的利害關係而要索其服從的權利權威已變為一種有來源的權威——其付給與擁護這種權威的人便是權威行使的對象現在權威存在的理由已成為公共的

第二編　第六章　威權的隸屬

二〇一

現代的國家

幸福，不是某一階級的利益亦不是假託某種玄妙的神權或既定權而能攫取的。牠所含蓄的意義不是畏懼而是希望。牠已不復如前此的強制不復如前此的專斷不復為命令而為取締不復為一種轄制的武器而為一種調劑的工具有這種意義的權威我們覺得是有限制的且其限制亦非主僕關係上所固有的主人可以任意頒佈凡僕人可以服從的命令但是一個尋求並認識被治者的幸福的政府卻不如此自由了牠的限制是鑄在習慣與既成民俗之內的，是鑄在要索責任的公論輿情與夫一班成文憲法之內的。因此，權威便得放棄某種範圍牠成了統治行為的權威而非統治思想與意見的權威。❶ 權威不能頒發私人的命令，而須遵循某種規定的非私人的方式牠已不復要求普通一般人的意志屈服於武斷與未經宣佈的命令之下。牠已成為雙方的而非為一方的權威已有服從牠自己的取締的必要而溯源於那般被牠統治的人民身上最後牠瞭解牠與那種內心約束——一切人格莫不為本身而尋求的內心約束——的關係並且權威的內心約束愈深愈見其偉大。

如此，權威已有了清楚的解說有了限制本身也須受管理在這種情形業已現實的地方，權威的存在是確有保障的，而革命的條件便絕跡了。

❶ Michels, "Political Parties"
❷ Ostrogorski, "Democracy and the Organization of Political Parties."
❸ Hans Lelbrück, "Government and the Will of the People," Eng. tr., p. 59.
❹ There is nevertheless a point beyond which, as many statesmen have discovered, leadership and persua-

❺ Delbrück, op. cit., p. 29.

❻ It may be said that once a measure conferring benefits on any social group is passed, the fear of losing their votes prevents parties who would otherwise oppose it from advocating its repeal. Similarly acts may be passed for which there is no preponderance of opinion in order to conciliate minorities who earnestly desire them. Here again we must distinguish the motives which bear on will from the will itself. A majority may will an act which it does not approve for the sake of some ulterior result which it really wants. But it is still a majority will.

❼ Goodnow, "Politics and Administration," Ch. VII.

❽ The Teapot Dome scandal is a good illustration.

❾ "Representative Government," Ch. XIV.

❿ Marcel Proust, in his novel "A l'Ombre des Feunes Filles en Fleurs," well speaks of "that negative, methodical, conservative spirit, called 'governmental,' which is common to all governments and, under every government, particularly inspires its foreign office."

⓫ This relationship was admirably explained by Bagehot in his "English Constitution." The explana-

第二编 第六章 威慑的隶属

現代的國家

tion is developed by Lowell in "Public Opinion and Popular Government."

Certain thinkers of the Hegelian school admit the fact of the withdrawal of the state from particular fields but not the principle above stated. Thus the late Dr. Bosanquet, in a letter to the author, wrote as follows: "Take the relation of the state to Art and Religion—the things most out of its apparent sphere. How it ought to deal with them for the best at any given epoch is a fearful problem; but if it, *prima facie*, lets them alone it is none the less dealing with them. It only lets them alone in a certain way and on certain terms, conceived in the interest of the best life."

第七章 強權與主權

第一節 論以武力作最後的理由

國家素卽與武力有特殊關係。在她的根由上在她的發展上在她現在對她人民的管理上在她與其他國家的關係上莫不宜揚以武力為憑藉武力不但是她最後的應援，而且是她的第一原則；不但是她特殊的武器而且直是她的生命鮑山凱特（Bosanquet）說：「國家在對一切制度加以有效制裁的功用上必然是武力的」❶國家是胚胎於暴力生而執掌威權的。另一作家有言曰：「一種健全的社會學所必須記憶的事實便是古時級階界線的劃分不是經假和平經濟競爭之逐漸的分化作用而是暴力征伐與壓迫的結果。」❷誠有如上古哲學家之推察爭鬪「乃萬物之母」而且是她的長子──始則假她自己的模樣而成立，終則變為她的宗嗣的惟一的承繼人──便是國家。

這種學說──有西伯爾（Sybel）與顋西克（Treitschke）一類作家予以赤裸裸的暴露，又有另一羣衆討論國家的人物加以端正的粉飾──實為引起悞會的媒介惟其因為她包含有一部分的真理故其產生悞會的力量更為重大她於屬一特別種類的簡單化的「寫實主義」的不但悞描歷史發展的程序亦且悞描一切事業成就之社會的條件與人類行為的衝動原力並且她對於武力的效用更是予以過於張大的鼓吹。

我們業已證明國家的發現原非起於武力，不過在牠發展過程中武力誠然無疑的是有一部分的貢獻罷了。

❸武力不能使得任何東西結合。武力是一種替代統一的東西凡在武力當勢的地方便沒有統一沒有發展武力有時固亦能作理智的僕人而為統一籌劃途徑但其功勞則應屬於主人而不應歸諸僕人武力如不為公意所鎮壓便無時不從事破壞的工作這種學說竟將社會起源完全歸功於武力其唯一理由不過是說：人類始則根據經驗而習知純武力的效用無則漸知有以修改或推翻武力的方法因此我們追源溯始覺得武力會經有過較偉大的功能而為現在所不關於牠的。「舊有的好制度原來的簡單計策」已證明有嚴重的缺陷取之以武力維繫之以武力，結果只能浪費取者與拒者的精力；而這種精力如果應用於他們合作的努力一方面或者便會產生極大的利益如果世界人類能賡續的產生人類所欲望的物品一如一種野樹之產生果實那末橫掠強取便不會吻合於成功的條件但是人類尋覓的東西旣是絕對大多數要仰給於他們的勞動與努力武力方法對於理智的動物便嫌過於重大。❹人類修改這種方法並且大部分放棄這種方法不一定是因為他們已覺悟武力的可恥或已變為審愼持重的性質──這種觀感或可為結果而不能為緣因──而是因為經驗業已發見社會制度的收穫合作與互助的利益。

在一個社會之中只是一般愚而且惷的笨伯繼企圖以武力而達其目的。蠻橫的力量所得的報酬有限。牠能使一個暴漢擧擊他的妻子牠能以最輕賤的肉體勞動而賺得些微的物質但牠是人類所有物中之最微賤者理智之極惡劣的僕人。牠被人類加以約束，因為牠要是能自由行動的話便要破壞生活與習慣的秩序，便要踐踏社

會人類之適應的與自動的活動所產生的樂利與幸福。牠是一個侵略者，爲人類所覺察所憎惡所拘囚的。如果人類容忍牠風行於世牠不但會毀滅物質的東西而且會毀滅一切文化上的收穫眞理的精神心靈的工作思想的豐腴。

那末，我們還要如一般人之提示，使國家成爲我們天性中之最險惡最野蠻的成分的承襲人嗎？我們在私人生活上已由國家的救助而放棄這種野蠻性了，有如上古西伯來人形式上將本身罪惡轉渡於一個替罪羊或一位上帝的考示。我們還是互相契約（姑且借用民約論的詞調）而將武力的應用讓給國家藉此設置一種合法的主人以拯濟我們脫離我們自己的荼毒呢？這一種觀念又將問題看得過於簡單了，並對國家內部武力的應用又過於吹噓了。我們事實上並不效老生常談的計算人頭以制止人頭的打破。一種大多數人勢力，更爲微妙並且更爲大多數人的武力的社會化。强制力是國家的一種觀念又將問題看過於簡單了，並對國家內部武力的應用不可抵禦亦有束縛與統治我們的效能。法律禁止盜竊與殺害違者便處以懲罰；但是我們大多數人不犯盜竊與殺害的罪惡卻不是因爲有鑑於那種懲罰。社會性是天賦於我們的：這是一種不知有津涯岸畔的過去時代的遺傳現在又成了我們生命的本質。牠們有我們的訓練與經驗以資揹注因爲我們對於我們利賴社會的地方與社會所能提供的機會，是逐日累月都有進一步的認識的。我們內心違反社會的衝動，大都爲我們心靈以內的「監察」所抑制否則亦爲社會公論那種更偉大的監察所約束。牠們很少逾越雷池而闖入强制力範圍以內的；而此種强制力本身亦爲社會的判斷所准許或制裁。人民如不羣集於法律保障之下使要失掉他們的威

第二編　第七章　强權與主權

二〇七

現代的國家

權自然也有若干習俗與社會約束，不為任何法律所支持而仍能號令一種服從的——號令一種不下於對法律的服從。

正如我們個人的內心有種種違反我們生活秩序的衝動社會中亦有許多個人是不顧社會準則而僅有武力才能箝制的他們所特別與之衝突的社會制度顯然便是那些決定財產權利的社會制度。在這方面的誘惑力最大並且在這一方面我們可以說社會制度亦最不完善。大部分是因為機會的顯著的不均等以需要的極端艱窘的情形所以武力在這一種方向比在其他任何境域更覺有必要性人民中凡稍在純粹貧乏的水平線以上的，普通並不破壞財產的法律就是在「貧乏線」以下生存的人民——他們要佔人民的大多數——也因為稟賦中有服從社會的天性而莫不遵守法律雖說這種法律有防止他們滿足其動物需要的影響一個社會中的人民若能免於無家可歸飢寒以死的切膚恐慌武力的效用便要縮減至於極低微的限度，使國家在任何的眼前亦不復能裝着純淨警察的模樣。如果武力極度呈現於社會的表面那便是一種疾病的徵象。

在立法一方面大多數人平常並不威嚇少數人而令其服從他們的意志少數人肯出以緘默的態度是因為這種社會心理乃深藏在他們的天性中。一旦緘默服從與另一同樣根深蒂固的原則相抵觸國家便立即發生嚴重的麻煩甚或陷於危險的境域。當着這種時候並且只有當着這種時候國家放棄牠正式的強制「權利」纔算是有智慧的辦法否則只有純淨的必需或壓倒的利益纔可以給牠以採取這種辦法的理由最終的主權如果破壞普遍的意志便不免陷於險惡的境域。「一九一四年前額爾斯特（Ulster）的態度便是對於國會頒給自治

【现代的国家】
第二编　威权与职务

於愛爾蘭的一種法案拒絕接受牠的主權這次拒絕原出於良心的驅使；包圍着這次舉動的感情作用與人的問題無論是怎樣的錯綜複雜最應大書特書的基本事實便是國會與內閣處於這一種非法組織的抗拒運動之前實俱毫無權威。一般婦女參政權的運動者能於八年之間對一切普通法律的規則採取藐視挑釁的態度現在很少人能嚴重的懷疑所以這種態度能維持得這般成功的理由便是牠的實際的道德的內容。一般拒絕服從一九一六年徵兵法案(Military Service Act)的人們更能證明國家毫無權威足以強迫他們屈服」⑤這種例外的事實對尋常決定服從的條件表示一種劇裂的分歧如果一個國家有鑑於革命或破裂之將臨屢次須仰賴武力以壓迫少數人民的集團這個國家必毫無榮利之可言了。

上述諸點或可為一般人所承認但崇奉國家乃武力的學說的人們，必會答說國家真實的性質不能由牠對牠自己國民的關係上發見而必須在牠抵禦其他國家的統一上方可發見。當着一個國家發生一致動作的時代，如果內部沒有裂痕破綻這豈不是表示國家是一種威力嗎？國家把禁止牠的國民個人應用的武力恢復起來給予國家大組織的會員的全體政治的真實體質可於一個國家在擴張領土與征服異族時所顯示的無阻礙的威力上發見可於「金鋼的戰爭」上發見，可於其外交底蘊上發見——因為外交上溫讓的儀貌是以陸上威力與海上威力那樣勸解的理由為後盾的。

這種言論也是一種簡單化的寫實主義，未足以代表事實的。在近代國際間沒有任何國家有這麼大的強權，可對其他國家進行一種壓迫的政策原因不外這種政策可以使其他一切國家聯絡一致對牠加以抵禦國家武

第二編　第七章　強權與主權

二〇九

現代的國家

力實際上只能在世界上文化幼稚的地方，能夠代國家獲取牠的「所有品」；不過就是在此地經濟威力或比政治威力更有偉大的功績而經濟威力手中是不攜帶武器的牠是一種民族的進取與理智的表現與成績。在這一方面一如在其他方面優勝的基礎乃在民族的品質在民族精力之合於智理的應用頭腦簡單的人看見了結果的威力而慍認牠為原因果真威力是因的話那末僅僅人數之多便足以到處稱霸了而實則一種民族的力量絕不與其額數為比例。就是絕大「收穫」或「佔有品」或者亦不能增進一個國家的威力於秋毫。一位帝國主義的作家——如西利（Seeley）其人者——也得承認：印度只增加了大英帝國的責任而未曾增加牠的威勢。

並且我們亦不能認為近代國家的膨漲大都由於武力的應用國家的武力以往大抵用在國際戰爭一方面，而國際戰爭——如英國與法國諸戰爭，或「百年大戰」（"Hundred Years' War"）——又大致為一種不可估計的浪費消耗而於兩造俱無相當的抵償的利益疆土的開拓大都是建設毅力的結果不是破壞武力的產品。「十七世紀英國的領土擴充是社會而不是國家的擴充。社會發生擴張蓋欲躱避國家的壓迫並且當國家於對法交戰與征服加拿大（Canada）之後企圖隨着膨漲的社會以另自建立牠的壓迫力的時候若于新國家便羣起聯盟而阻止一種帝國——在以往這種帝國的存在，也不過是等於文藝上的修詞學徒資粉飾而無實質的現實厭後另一鬆懈更甚的多數國家的聯邦體從而發現於地球之上亦美詞自飾的而號稱為一種大帝國；但實則帝國威權更完全入於幽窟深淵以致表面社會所具的國家僅能保持聯邦的名譽主席的地位而於戰

【现代的国家】
第二编 威权与职务

争時代則端賴聯邦團體內其他國家的自動的援助這種真實的膨漲既大半屬於社會所以這種膨漲大都是出於和平的方式英國社會在以往的擴張不是出於滅亡——亦並不是出於排除——西班牙荷蘭法國或德國的社會亞瑪塔（Armada）的敗績克溫姆威爾（Cromwell）過於遲緩的反西班牙運動以及「塞金耳」（"Jenkin's ear"）戰役均不會絲毫阻止西班牙文明之逐漸侵入於墨西哥（Mexico）與南美洲諸地並且我們也沒有理由可以相信假如孟特卡姆（Montcalm）在魁北克（Quebec）地方將伍爾夫（Wolfe）打敗了的話米西西皮的潮野（Swamps of the Mississippi）與門里士巴的草原（prairies of Manitoba）便會爲法國殖民的先鋒諸人所重據。

將英國的擴張——關於近世其他「強國」我們也可以作如此論——歸功於純粹的武力或強權便是對於兩種強大因素加以絕大的漠視。一則爲牠的地勢與牠的資源所給予的經濟優勢當着新興的商業與財政的世界於社會變遷之未經通報的川流不息的作用靜寂的潮流之下具體發現的時候牠益形富於這種經濟的利益。一則爲牠的人民的品質；他們俱能以他們的勇敢與冒險性以他們的先知之明與勤勞的毅力，而從事於利用這項利益與優勢僅僅武力是量的，一種笨拙的機械的工具品性是質的，一切創作與發展都是利賴於牠的。最後性質需要應用武力，也只是爲抵制惡精武力的愚惷。

武力只能拯救我們脫離武力人類頌揚「干戈」因爲牠能使他們勝過「干戈，」或拯救他們脫離失敗各國人民對於保護他們的武器暴力——保護此國以抗拒彼國的武器暴力——莫不予以謳歌贊揚但是我們討

第二編 第七章 強權與主權

二一一

現代的國家

論武力對於一般國家的役務絕不應限制我們的目光而只見及此國或彼國分子母相消以後，武力對於一般國家的剩餘貢獻若與其代價相比較那就微薄不堪了同時武力的理想因着民族的狹隘觀念而為一般人所崇尚；而各民族又因如此產生的幻想而自身陷於迷亂與艱窘的狀態。

贊成民主國家的一種主要理論，便是說民主國內的政府不似此以威勢的心理為憑藉握有威勢的人們總是受牠的誘惑而讚美牠但如威勢沒有限制並不負責任這種誘惑力便更其偉大寡頭制在統治階級之間發展有一種優勝的覺悟心完全與他們的統治能力或役務能力無關統治者便是主人翁臣民便是他們的奴僕討論理由便是危險懷疑威權的根據便立有性命之憂所以奴役制乃為武力所援助根據這種態度制乃激動人民的民族威勢的謬念用作人民已身真實屈服的心理條件另一方面民主制以威權為一託付而統治者不但為主人亦且為公僕便可以免於某種威勢的誘惑公共利益公共幸福的宗旨亦且成為政府惟一成立的理由。武力的地位亦趨於卑狹因為人們不以牠對於統治者的價值，而以牠對於社會的價值為仲裁牠的標準這種價值的估計或亦有陷於錯愕之廣；但是至少這種估計所處的四週的情形比較上不是破壞真理的情形。

上述關於武力的效用的討論，仍未答復我們原始的問題武力也許只有一種很有限制的效用，但仍不失其為國家的要素以至於我們証證人們崇尚武力也不過只等於証證人們崇尚國家。例如杜紀（Duguit）便頗有這種意見的傾向：他雖曾否認強制權是一種可以普遍施用的行為原則，卻仍以武力為「國家之原始的主要的

二一二

【现代的国家】
第二编　威权与职务

特徵。

誠然世上無一國家，沒有最高統治的武力。國家與其他一切團體的區別便在於此。世上無一國家能容他種團體篡取強制權的行使。無一國家是處於無政府的狀態，但是武力的行使卻不能敷設一種國家，不然一種海賊船隻或叛逆隊伍也就可以成為一種國家了。國家須有武力，最高統治的武力，但是武力本身亦必須得以成立，人們所承認所接受國家的基本實際或內容不是武力，而是一種普遍的秩序或制度為一切社會活動設備一種基礎的，這種秩序或制度的一種條件便是：牠應有一種威權以資保障。而這種威權必須能制止或懲處一切破壞或滋擾──遇有任何時任何地發生缺陷的情事能維持或恢復牠的體統，但是秩序或制度本身便必須有相當的堅固力，否則亦難於修理補救。使武力成為一種必需品的，乃是國家的普遍性──在牠的範圍以內的普遍性。凡國家所作的事必須先有取得人民服從的把握然後方能作。服從是以一種公共意志為基礎的武力誠為制止破壞侵害所必須但也必有一種根本的同意方有行使的可能同意是原則強迫是例外。

國家所能號令的武力，誠為一種極可寶貴的所有品，但是一種鞏固與普遍的秩序或制度與一種有受破壞之虞的不安穩的秩序或制度其間的差別也就不可以道里計了。因為這種原故地方社會知有以威力與強迫權利託付國家這是國家主要任務的附帶原則，但其主要任務仍是要遵循公共意志而建設秩序或制度再進一步說，社會之付給武力也不是付給政府本身的，而是付給法律支持者的政府的。國家的基本任務是要創制法律這種創制權遠比強迫行使權為寬大這是一種社會建設的偉大工作國家於進行此項工作之時便身旁攜着暴力這

第二編　第七章　強權與主權

二一三

213

現代的國家

的武器但這是為制止人們有阻擾或侵害牠的工作的情事這種武器是國家權利的標識不過武器的應用只是國家較大工作的一種結果，一種必要的結果。國家不斷的要保障牠所建設的結構體；但是牠的保障是為着牠的建設而施的，因為這種建設是國家主要的成績。

第二節 為世界列強的大國

在近代歷史開端以前個個大國都在牠的軌道中有如一個單獨的太陽的旋轉着——或者還有若干陪星環繞着牠但卻不與其他國家組成任何羅集的系統。按通常的情形各種文明之中總有某一國家佔據儁越的地位。如果另有一國家起而與之爭取這種優越的地位，兩下必為此一變而爭執至此，如羅馬之與加太基（Carthage）即其一例當近代歷史開始之初，有多數的大國家突起於同一西方文明之中這種情形便因而成為過去了。這班國家間之威權的衝突從未曾因某一國家的帝國霸權而得其解結西班牙或可起而稱大於一時法蘭西或可臨時為一洲的霸權英格蘭或可對牠自己的一種帝國而施其保護；但是任何強國也不能統治其餘的強國無論牠的聲威如何能激起牠們對於牠的戒懼心威勢的泉源過於普遍公共文明的區域過於遼闊。

從這般互爭消長的國家的無數衝突裏面產生有一種新的國際關係的觀念。這種觀念仍不離一種強權對外的觀念但牠卻承認若干獨立列強的同時存在這些列強第一便是歐洲之一般大國家在拿破崙（Napoleon）牠們的團竭力設法恢復霸權原則以後我們今日名詞上之所謂「五大強國」成立一種不甚相諧的「曲奏」牠們於十九世紀中實力漸充隨之又發生列強勢力地位上的變遷，結所根基的一種協定，漠視了民族的摯忱牠們

【现代的国家】
第二编　威权与职务

日耳曼帝國的成立與意大利的統一，最後又有列強在世界之尚未開發的土地上爭奪權益的事實，這種「曲奏」便完全歸於風消雲散而化爲若干彼此競爭的且極不穩固的同盟集團——彼此爭相防禦以維持所謂「威勢均衡」這便是大戰前歐洲的局勢。

但是歐洲的列強業已成爲「世界列強」。歐洲的文明，普及於世界全部英國的帝國主權，散佈於五大洲上。法國握有一極大的非洲領土另於地球其他部分上亦領有若干權益德國晚近亦加入歐洲文明之分贓的工作。俄國遙跨兩大洲陸新起之強的美國——既係歐洲人的來源復帶歐洲人的色彩——故亦逐漸放棄牠的純美洲的政策而參與一種世界制度的諸項問題最後非歐洲系統的日本國既採用歐洲帝國主義的方法又引進歐洲的經濟文化，使世界霸權上又添一個爭奪者。

在未討論這般後起變遷的結果以先我們姑暫對於歐洲圍範以內的霸權理想的發生予以觀察各國對外關係上絕對主權的傳統觀念在以往既握有極大勢力無論各國利害關係之互相溝通至於如何程度一種「列強的一致行動」便已爲我們所能希望的最佳的成績了但是這種國際諒解——總是很危殆的因爲我們假定現存局勢是爲各國所承認的，是能傳之久遠的。對於新局勢沒有應付的方法每一新要求便足予牠以威脅，而掀動猜疑與憎惡列強往往相聚一堂而舉行會議但是各國莫不以手握着利刃的把柄遲早總是要拔刃起舞以血相濺的爭執問題的是否重要，完全無甚重要霸權威勢這種不受約束的公斷人，一遇有反對的讐仇便不——事實上也不能——權衡動用武力的代價方法之與目的，毫無關係這便是不負

第二編　第七章　強權與主權

二一五

責任的武力與其他一切工具機能之間的區別威勢拒絕投降於任何人物——其間犧牲任何文化的或物質的利益也並在所不計主觀的思慮稱勝一時驕縱的情感得其激盪榮辱的觀念受其吸引。這是主權人的豪霸與光榮所關——人民或亦與有這種感覺，但大抵溯源於一般直接間接握有主權之人的宣傳（與誤傳）凡在主權不受限制的地方人民真實的利害關係完全與他們統治者的利害關係是截然分離的。

這就是霸權的普通心理，而僅能造成「列強的一致行動」的；這種一致行動乃是替代真實組織的一種惡劣的不久遠的辦法，歐洲各國的「曲奏」的命運已足為我們的殷鑒。在凡威權不受限制而負責任——在一種專為這種功用而設置的限制之內負責任——的地方莫不表呈有這種情勢這是歷史曾千方萬法曉諭人類的一種真理：如果我們還需要其他例證的話，我們可以於歐戰初期聯盟各國因不能成立軍隊號令的集中而遭受慘酷影響的一事上求得之。道斯將軍(General Dawes)說過：「在戰時與平時聯盟各國政策決定的困難任何國家的普通國民都是不明瞭的。他們以為很奇怪最終的普通常識的協定與同意——在事變倉卒的時期這種協定與同意便足為聯盟各國的政策的特徵——也要這樣遲緩的纔能產生他們不能領會首先須予剷除的各種障礙。」這種障礙便是「由聯盟國的各官吏的驕縱心與私人權利觀念以及民族共有的自大心予以建立的；並且這種障礙的另一來源便是「各國民族主義的鼓吹家」之廣續不斷的荒謬宣傳。⑧就是一種公共目標的絕大緊急性逢這一種時會亦難於勝過這班官吏的威權聯盟各國間任何強制的調整行動都足以予以影響；

【现代的国家】

第二编 威权与职务

權威勢利的猜忌觀念。

但是威權不但有強大性，而且富於憂懼心列強的協調一旦失敗，各強國便立卽設法聯絡他國——不是聯絡其他一切列強而是聯絡若干有相當實力的國家用以成立一種集團足以頡頏其餘列強的反對而維持威勢的均衡。歐洲各國的外交史——尤以自法普戰役（Franco-Prussian War）後爲然——便表示着這一種奇特的現象——就是基於「均權」估計的國際關係的變遷現象「三國聯盟」（"Dreikaiserbund"）始則發生破裂繼則歸於復興而終仍歸於崩潰離析德國又從而組織一種新「三角聯盟」（"Triple Alliance"）於奧國，（Austria）之上另加一意大利俄國則投向於法國的懷抱中因爲法國正急於尋覓一種平衡力以抵抗德國，英國雖會與法國在競爭殖民地權益上有所觸忤但對於德國海軍的猛進感覺一種較大的危迫遂亦與牠的夙仇成立一種新安協因此「威權的均勢」便使歐洲三大強國結爲盟好以與其他三強的另一集團分庭抗禮；至於一般小國——如羅馬尼亞（Roumania），布爾加維亞（Bulgaria），賽爾維亞（Serbia）與土耳其（Turkey）——亦均捲入漩渦而立於此方或彼方的危險的武器防禦之下。同時，各國無不努力增加其陸軍或海軍的實力——於聯絡同盟國之外——因爲沒有任何人是眞正信賴「列強均勢」的。每一國家都要設法保證自己的安全以抵抗其他的國家；其他的國家自然也都得增加牠們的「保證」攻與守——侵略與防禦——不過是同一事物的內外兩方面結果各國愈增加抵制各國的「保證」各國愈均沒有安全。

各大強國在最近一個時期間的歷史便是證明無限制的霸權不能達到其本身最有限制的目的的一種驚

第二編 第七章 強權與主權

二一七

現代的國家

人記錄限制威勢霸權的失敗，一部分乃是由於外交與內政的分離：而這種內外公務的分離本身又是國家主權的傳統觀念的一種結果。結果便產生若干秘密條約與策略而此中的國家反好像僅僅是許多片塊由一般隱匿着的政客任意舞弄的。當「俄國」發生行動的時候便是沙梳諾夫（Sazonoff）或易斯歐斯基（Iswolsky）一類人在那兒活動當「奧國」威脅他國的時候那便是白齊托爾德（Berchtold）的「強硬」政策在那兒作崇；立於德國行動的後面有方特匹尺（von Tirpitz）與路頓多夫（Ludendorff）的勸誘在那兒發生效力最後這一切情形都要化爲一種寫真——素描一般失敗了的野心消散了的希望化爲烏有了的詭計沒有任何國家能歸於屈服因爲各國都是以矜持與戒懼爲信條的所以一個野蠻的巴爾幹國家（Balkan state）中某一卑劣的刺客的行動，一旦聲動了破壞虛僞與怨恨這座兒山的崩潰雖說天地鬼神交相爲高尙的運動與政策作呼號，這種凶禍也不免要消滅一整個文明中的人類。

「三大專制帝國的政治領袖總是既盲目不見危險又充耳弗聞勸誡的；當事態躋於千鈞一髮的時候，他們一個也沒有蓄意要掀動世界的烽煙的但是他們雖可免於居心引動禍亂的最高罪戾他們既已選擇了直接引入深淵的途徑自亦有應負的譴責。此次大戰的暴發不但是一般暫時間高視闊步於舞臺之上的愚笨演員的罪惡，而且是他們所承繼而不曾絲毫加以改進的國際無政府狀態的罪惡。」❶

國家的霸權觀念在這種歷史背景上顯露有若干有威脅性的缺點第一最高的霸權使政府機關盡化爲奴隸人類的主使者握有權威的人們的宗旨他們的名譽與他們的威信爲一般人們所推重遠過於各民族之眞實

二一八

的利益因而國家體質上便發生一種無所不能無所不至的色彩脫離人民的幸福而自立於牠本身的權利之上。

牠變成了一位上帝——或一種偶像——而受他們的崇拜受他們的祭奠他們便為牠的光榮而犧牲直以為牠

偉大的榮譽普遍的意志不能曉諭他們成為牠的「榮譽」的婢僕似乎認社會上還有一種比較他們自己榮譽為更

數的統治階級——他們握有威權並沉迷於國家的理想——得以在對外政策的險惡遊戲上訂下束縛全國的

方案或條約霸權國家根本上是反民治的——即便牠以民治倫理曉諭整個的民族也還是反民治的因為這種

國家就是在這種工作上有所成就，而不過是要達到牠己身的目的，而非有欲達到人民的目的。牠在工作時

總是離人民而自立於高遠的地位——至多也只關心去徵求他們對於政策的服從，而這些政策卻並非人民所

發起，亦非人民站在最終主權的地位上所曾表示意見的。

並且威權觀念——這個荒謬名詞「實際政治」（"Realpolitik"）的意義內便包含着這種觀念——大

部分是一種錯惧的觀念。一個國家的真實威權不是牠所提示的武力的一種效用。這種真實的威權歸根還是牠

的人民的品質與資源的表現。這種威權不是除在與另一對抗威權發生衝突的時候，便蟄伏而不發生動作的。牠

是在人民一切活動上——並且是經假一切活動——都能行使或表現的，就是一切經濟的與文化的活動——西班

牙的威權歸於陵替因為牠不復表示有這種內部的生氣因為牠不能於文化進步上與他國併駕齊驅因為結果

牠的商業與財富亦趨於低落在這種情形下無論牠能發生如何大的軍事力量也不能助牠挽回牠的偉大英國

为政权得以增长因为牠的人民的精力使牠能收获地理形势与矿产资源的各种利益在此二者均发生有新价值的一种时代。这不是因为牠曾抵抗法国与其他国家而获有战争的胜利。——美国的威势也是基于人民进取力而来；牠的居民虽说牠不曾捲入任何争夺霸权的剧烈衝突的漩渦中。德国的威势纯然利赖实业的发展与其人民对於实业发展的忠毅努力无关於牠的军事武力所慑予崇拜的「辉煌的铠甲」或「满着甲冑的拳掌」不但如此这个霸权於牠的军事武力惨遭顛覆之後而仍能健存於地球之上且定不能永久的为牠的征服者的外部武力所压制與鎮服純武力的積極成功若與進取和識見的成績相比較總是微薄的不垂久的最易於倾覆的武力是有理智的人们最不欲援用的工具他们可以用较好的方法去达到的他们的目的；他们如有採用如此浪費的一種辦法的時候那就必是因為一般昏庸迫使他们无路可寻只要任何地方有不受約束的武力在那個地方也就必有武力以相抵抗。

因为武力总是建设不足而破坏有余的牠可以蹂躏所有的文化与精神上的成绩牠不但能使堡垒变为灰烬，亦能使教堂成为瓦砾——其毁坏工作更较轻而易举牠能毁灭文明的体质兼以消失文化的靈魂但是对於幸福利益——除卻最龐大最不垂久的數種外——牠卻連察覺亦未能，因為任何有益的發展也是不能以武力為基礎的。這種武力強迫的缺點，文明每進一步，牠便愈見增長：因為這種進步不但含有達到文化目標的意義，而武力乃是與文化目標水火不能相容的，並且這種進步使物質繁榮愈有賴於一種經濟的分工，而這種分工又

是必需要合作的自由的奴隸制實際上業已絕跡於世界，不僅僅因為牠見惡而不能見容於人道的精神亦且因為牠在現代情狀下實爲一種過度耗費與不經濟的制度。曩昔西班牙的殖民地因被西國强迫的開拓而反不能有所發展牠待遇墨西哥（Mexico）與秘魯（Peru）的方法，不但不曾鞏固牠的地位最後還使牠的地位趨於軟弱。羅馬曾以法律與國民資格頒賜牠的殖民地而西班牙卻不曾提供任何策劃以輕減武力强迫制度的淫威。因此牠的帝國不能垂久。至少在近代的世界上帝國制度必須讓位於自動的合作；而世界强國如稍有繼續生存的慾望亦必須逐漸輕減武力的應用任意的開拓與私用帝國必須讓與他種特殊權益而這般權益在世界經濟的制度之内维持上又漸趨於艱難帝國的最後形式似乎不會演爲法蘭西帝國的模樣——法國在牠非洲領土內行使有一種較精審的專利權——而會變成不列顛帝國的典型——牠於經驗漸充年齡漸高之後總只想在一種若干自由國家的共同組織系統之内维持其本身而成爲一種鬆弛的合作制度⑩。

人類的利害關係已過於紛繁過於複雜過於互相關聯與依賴已不能由簡單的聯合而予以滿足遠非一大羣海賊之互隸於一種武力制度之下的情形所可比擬更進一步言世界强國的範圍與性質既囊括有若干不同的民族在内便足以完全破壞任何這樣單純的利害關係的統一觀念——就是認純淨的强制權可以促成並增進利害關係的多數民族表呈文明與觀點上極度的差别——不但在文化的地位與會上卽在經濟的地位與會最複雜的多數民族，表呈文明與觀點上極度的差别。美洲合衆國亦爲一種橫亙全洲的多數民族結合體他們由於聯合而得免於紛爭威權的仇

第二編 第七章 强權與主權

二二一

恨；並且在牠們的統一中昔日的強制習慣不但對他們無利亦且有害。地中海的各強國——法蘭西與意大利——在牠們的新國體內包含有若干民族其文明遠異於法人與意人的文明事實上一個國家可以求真正的稱為一種世界的強國國家的公共利害關係不會趨於個別的分立所以牠愈不會依賴武力以求進展世界強國的聯合力，是橫貫超越於文明與文化的界限以外的。譬如就文化一方面論，英格蘭是屬於歐洲的；但是在政治上牠卻與隸於其他系統的國家發生了聯合：比如與加拿大相聯合，而加拿大在地勢上經濟上與一大部分的文化上卻是美洲的一部分又如與印度的聯合。印度便是一種遠東世界的中心國家與文明的互離中心——這是世界強國擴張的特徵——使世界威權與武力制度發生了混淆從而削剝了牠的真實意義民主精神或制度在這種世界強國的本身以內愈有發展這種情形便愈為顯明——雖說不愈為真實。

在這種情形之下外部強權漸被人視為不是促成國家全體之固定目的的一種工具，因為據我們上述的理由，國家或者並沒有這種目的的或者這種目的的沒有一爭的價值；不是某種偉大運動或高尚事業的條件；不是在國家界線以外維持法律與秩序的工具；大體上也並不是一種武器由牠的應用或威脅便可以獲得物質的利益的；而大部分卻認為是一種保護的方法藉以抵禦外來強權的在這種意義上強權實為一種耗費的險惡的東西——不如人類全體都能脫離於牠的荼毒。

第三節 爭戰之政治的演進

戰爭乃是某一社會集團對另一社會集團之武裝實力的施用。戰爭所以有發生之可能，只是由於這種集團

內部之具有社會統一，而此集團與彼集團間之缺乏或否認社會統一牠的意義中含有——同時牠惹起有——此一社會區域與另一社會區域間之一種純然的分離牠們有意識的利害關係上之一種純然的仇對。

有這種意義的戰爭乃屬於社會進化之某一階段一種心智發展的階段——就是認社會利害關係有嚴格的包含性（或普遍性）與排擠性（或獨佔性）的心理階段人類進化之進入這一階段人類的程序業已表示行將終結的一種階段只在他們的進化久已超過他們渺茫的原始時期以後並且這一種階段乃是人類進化的程序業已表示行將終結的一種階段我們所認識的戰爭不會隸屬於上古的世界——成其為一種確定制度的戰爭——

上古世界戰神乃是人類的少年神的一種而在極端未開化的民族間現仍未獲有地位的偶爾的爭鬪與侵掠為物產擄獲與婦人女子而舉行的搶劫誠然常發現於他們之間；但是戰爭——就是各孤立的家族集團尚未脫離危險而競為生存作奮鬪為就是武力與武力的有意的對峙與決鬪卻是他們之間付闕如的並且戰爭當發生之始亦沒有十分重要性——

這是與比較文明的社會間的戰爭性質表示有奇異的差別的地方。

「由若干方面觀察野蠻人之戰爭實不較一種險惡的遊戲更為兇險。在英屬新紀尼利（British New Guinea）之佐伯利安羣島（Trobriand Islands）的人民間，遇有大戰爭，也不過一兩千勇士參加戰役總死傷額數或可達到半打的死亡和一打的受傷。……在新紀利尼之東隅附近一帶，食人與獵頭的風俗甚為流行土人並有一種極不愉快的習慣卽夜間搶劫並無故殘殺婦女幼童與戰士——完全出於非文明的方式但是一經比較仔細的與具體的調查這種搶劫行為似乎亦不過是勇敢而危險的運動——最高成績大抵也只能獲得些小的成功。

現代的國家

約如半打的俘虜而已——並不是一種大範圍的殺戮——牠們實從來不能成其為巨大的慘案。因為實力較弱的社會，大都居於不能通行的山間棲息於險要的斜麓而實行對於邊岸加以嚴重的戒備。[11]

當社會漸由其野蠻式的團結而踏入一種寡頭制的結構體的時候戰爭遂亦變為一種制度。戰爭實涉及一種權威與服從的制度；在此種制度尚未創發以前，不能有戰爭的行為，一如下等動物內之缺乏戰爭的行為權威並能創發種種目標，而以戰爭為達到目標的工具牠特別是能創設奴隸制度俘虜敵人以作奴隸，便是初期戰爭的一種重要的——目標。開拓疆土，對他人行使統制，或向他人索朝貢，這概不在部落戰爭領袖的野心之內。當人類散居於微小而孤子的社會內又為關山林野沙漠所隔絕的野蠻時代這些事很少發生的可能，他們的戰爭都是些為殺戮與搶掠而舉行的遠征——勇士於戰役告終之後可以帶着戰利品與劫掠品凱旋而迴到他的人民的隊伍裏。部落中的男性於平居無聊，時或有剩餘無用的精力戰爭便是這種餘力的出路有時他們也拚死出力以掠奪他人生存的需要品那便是例外的情形了。這種戰爭並不會打破小社會的閉關性或劇烈的更改牠的品質。

及至人數漸增往來關係漸趨成立組織漸臻發達，他們便達到了一種階段，而以戰爭為開闢帝國的工具與策動力，社會制度在一種軍閥階級的統制之下而益趨於濃厚的寡頭制的色彩；因為他們已學知所以組織和支配社會的資源以遂其擴張權勢的野心達到推廣統制力的目的，並藉以使納貢的附屬領土永遠處於臣服的地位。帝國時代幾乎佔成文歷史的全部——不過成文歷史也只佔任何民族歷史中之一小部分能了。一種民族所

二二四

以能藉戰爭以征服他人而建立帝國，必須佔兩種情形的一種。一種情形便是：一種好戰的遊蕩人民——居處於此種程序中附帶的邊境或已從此種文明學得一種科學而引用於戰爭——以征服的戰鬭力掃蕩這種文明並於一種和平文明的淹沒其文化的一種情形。土耳其人（Turks）與韃靼人（Tartars）便亦如此的掃蕩了亞洲與歐洲比較文明的那人（Mycenae）的文明，多利安人（Dorians）便是如此的克服了蒂因斯（Tiryns）與米聖民族。另一種情形便是：一種強有力的文明因其組織或發明的優越，而能以本身文明加於一般與牠有來往關係的比較孤立的並且大致文明程度不夠的民族身上——羅馬文明與近世諸帝國民族的文明對於異族的征服，即其一證。在這兩種情形之下，征服者與被征服者之間莫不有生活上與文化上最顯著的差別，而容有一種寡頭制度的成立假如征服者的優異點是在戰爭技術上的一種特殊發展——有如馬其頓（Macedonia）的密集隊或羅馬的軍團——這種戰術的優異便能在強有力的領導之下成為極有效力的武器以致激起統制全世界的最野心的夢想這些夢想在歷史上都會有比較牠們所屬的時代更為悠久的生命並曾掀動虛妄而慘酷的變力——有如拿破崙之妄動——以現實牠們於一種不同的時代中但是帝國的原理仍然是得着了證實的——就是帝國非經假純文明的妄動的差別是不能達到的。現代國家的帝國野心所曾得到滿足的區域都是脫離一種公共文明時時膨漲的範圍很遠的地方。

帝國時期曾給國家以絕對主權的色彩，而這種色彩現在仍為若干人士視為國家真實性質的表徵。國家於這種霸權心理的激盪之下便採取了一種最堅定的形式。第一，既然在同一社會之內不能有一個以上的威權中

第二編　第七章　強權與主權

現代的國家

心而不發生破裂國家本身當然獨自取得社會疆域內外行使強迫權的權利這種情形不但堅定了牠的組織，亦且堅定了牠的寡頭制的趨勢戰爭制度素爲寡頭制最有力的支持寡頭制不但依賴一種戰爭制度以爲建立外部統治的武器亦且依賴牠以爲自衞的工具爲戰爭而組織的一種國家，教諭人民有一種不容理論的服從的紀律一種「忠順」與「盡義務」的習慣一種對統治階級屈服的精神——因之統治階級便能睥睨推翻多數人眞實利益的一切顧慮然而這種精神所以得其維持只能因爲國家之內握權的人們與服從權威的人們兩下有顯著的文化的差別事實上在帝國主義盛行的時代便是這樣的情形近代潮流曾擴充文化的基礎並提高牠大致的程度都是與帝國的國家相矛盾的戰爭與民治所屬的社合階段是迥不相同的。

經濟與社會各種發展不但普遍了文化亦且普及了權威與勢力。但是軍事科學的進步，殊榮特別是實際的取消了軍事役務素有的貴族式的臂助——騎兵隊克奈西（Crécy）的箭手所引起的革命業已在機關槍的時代得其完成戰爭的法規在一種比較客觀的與兇惡的軍事科學的劃一潮流之下已不復承認遵守一種寡頭制的文化的需要昔日的勇士「嘗與同儕宴飲以示作戰的愉快」今則久已成爲過去了——與爲他鑄造鎧甲或爲他的良騎織繡華美服飾的手工匠同歸於淘汰了——就是在這種比較重大的變遷尙未發生以前軍事武力便已成爲一種雙鋒的利刃了——對於掌握武力的階級也是有危險的。在各強國的歷史上，這種事實已是屢見不一見的了。勝利與敗績是一樣的能毀壞威權機關的紀律，自來即爲政治革命的大媒介。所以撒那米斯（Salamis）海軍的勝利，當促進雅典的進步而使之踏入民

治的道途而亞哥斯伯太米（Ægospotmi）海軍的失敗又使牠這種進展歸於退縮了這一類的結局，在我們近世史上是太多了；我們似無列舉例證的必要但是我們卻應注意軍事武力頗有使寡頭制脫離於其社會基礎而另給予牠一種性質——比較的更為武斷更不安穩與堅固——的趨勢寡頭制的社會結構誠能使牠設立一種永久的武力一種常備的軍隊以為牠意志實行的工具但是這種武力一經成立軍事號令權威的私人色彩與夫軍隊退出社會尋常生活的事實便會使這種工具不忠順於寡頭階級的意志而效力完成軍隊領袖們的野心階級組織的性格誠能引起這種武力軍事組織的性格誠能統制這種武力但是這兩樣東西——引起與統制——卻不一定聯合在一起。那末國家的命運就或者有賴於一種問題的答案——就是「軍隊所服從的是誰？」我們在英國的叛逆治罪法（English Mutiny Act）上面便可以發見這種危險在憲法上的一種很奇異的例證英國國會誠恐一種職業式的軍隊有脫離其掌握的可能乃通過一種法案使國會本身有支配軍隊生存的全權並且為保障這種支配權起見國會又從而規定此項法案有每年另由國會予以核準的必須。

我們所討論的這種危險假如軍隊係招募而來的——換句話說，假如普通士卒（不但是軍官）都是以從軍為職業的——便最重大了。任何國家如欲擴張其帝國於一種廣闊幅員之上——有涉於繼續不斷的軍伍統制與久而且遠的征討行動的時候——便會更動義勇軍制度——因每次事變而臨時由政府命令所召集的軍隊制度——與僱傭軍隊制度。僱傭軍隊制度這種軍隊在古時寡頭制的國家裏已證明有特殊的危險性僱傭軍隊——往往均為外國人民有時亦為「野蠻民族」——便是希臘帝國內一種分化的力量在羅馬馬利爾斯（Marius）嘗改

現代的國家

組軍隊而使之成為一種職業軍隊的形式因此便開始了一種新政治時代後來經過重大的擾亂與衝突卒陷羅於該撒獨裁主義（Cæsarism）的深淵中而不能自拔暴虐君主都是需要僱傭軍隊的支持的這已成為政治上的一種格言了近世史上的拿破崙亦嘗努力建設一種職業式的隊伍以為擁護一種新該撒主義的利器但是在這個時代寡頭制本身的基礎業已動搖故此牠的努力便不免陷於至為不幸的收場了。

這樣我們便走到了另一種階段戰爭的政治收穫成為極危險而無實質的但其代價則有壓倒的重大性並更能迅速的摧毀社會的組織這種情形的由來一部分是因為民族主義的發達——因為民族主義便是古時帝國理想的致命傷——一部分也是因為立足於一種公共文明之內的各民族國家日漸發生有互為依賴的必要。

其一種結果便是近代各國互相添設軍備以力圖增進其己身安全的事實離說職業軍隊現仍為軍事武力的心核但是另有一種全國徵兵制度以資補充因此近代文明便又回到了武裝社會的原則即今所謂「武裝民族」的形式這種軍事「準備」的重大發展所以有發生的可能便是由於實業技術與機械發明的重大進步這種進步的意義就是說戰爭一旦發生全體人民都可以加入決鬥而為孤注之一擲就成年人民——不但男子即婦女亦包括在內——的方面來觀察戰鬥員與非戰鬥員的區別已歸於取消。因此戰爭便有殃及各國全體民族的力量——不但在牠的結果上亦且在牠的進行上因為戰爭的新式武器有如長距離的大礮與爆炸飛機等都是一樣的不分皂白的。

軍備競爭與聯盟競爭的時期卒至引起「世界大戰」——這是一次毫無真實目的的劇烈決鬥竟將世界

各國一一捲入漩渦但其爭執之根本焦點究竟安在卻爲牠們所不會明悉更與牠們的利害毫無關係。自古以來，人類從不曾發見工具與目的之間這樣慘絕的一種差別。這次戰鬭不能加以緊縮而令其不至擴大因爲各國民族之間有這樣的互相依賴性有這樣相互間的密切關係世界所有一切的國家都被波及的原故，不是因爲有任何單獨的問題使牠們趨於分裂而是因爲有一種單獨的制度緊緊的把握着牠們牠們沒有任何可以共得的利益只有共得的不幸的結局據格萊子爵（Visoount Grey）所論，「這次戰爭是戰爭本身在個個參加戰爭的人的身上所獲得的一種勝利。」

這件事實的意義直是說戰爭業已成爲一種不入時代的東西，一種不適合現已普及全世界的文明制度。⑫自然，最後戰爭專門技術的發展強力爆炸彈藥毒瓦斯與其他尚未發見的破壞的利器的施用以及飛機與飛艇的到處的威脅，或可以使戰爭的荼毒完全超出於人類的支配力以外以至使人類根本不再用戰爭作解決糾紛的辦法這也是可能範圍以內的事無論這是不是可以期望的事文明的發展確正比較直捷的引導人類而入於另一種同樣性質的需要。「國際聯盟」的設置——目的在取消軍備競爭與促進國際紛爭之司法的解決方法——並不能算是一種理想的具體的實現，而是晚近人類將制度來適應事實情狀的一種辦法。設若我們假定民族戰爭的時期行將結束，那絕不是一種非科學的純理想主義的表現，而是一種前提之合理的推論這前提就是說：人類大抵總是用他們的制度來適應他們的需要的。沒有任何人能預言人類文明將要產生一種什麼樣的將來；但是現在的文明所需要的是什麼，卻是能容人加以揣度的事我們於何時並於何種條件之下可以接受現

第二編　第七章　強權與主權

二二九

现代的国家

代文明的要求那仍然还是一种主义信仰的问题。

① "Philosophical Theory of State," Ch. VI.
② Oppenheimer, "The State," Preface.
③ Bk. I, Ch. II.
④ This is well illustrated by Angell, "Foundations of International Polity," Ch. 1. See also the author's "Community," Bk. III, Ch. VI.
⑤ Laski, "Authority in the Modern State," pp. 44–5
⑥ Unwin, Introduction to Conrad Gill's "National Power and Prosperity."
⑦ "Traité de Droit Constitutionnel," Vol. I, Ch. V.
⑧ Address by General Dawes, 14 Jan. 1924.
⑨ Gooch, "History of Modern Europe," 1878–1919, Ch. 18.
⑩ In this statement, the author has in mind simply the goal of empire, when conditions are ripe for its attainment. He does not intend to detract from the ability and excellence of administration displayed by France in the difficult task presented by her African colonies.
⑪ B. Malinowski, in "Economica," October, 1922.
⑫ We have not thought it necessary to consider certain arguments which claim that war has a stimulating or beneficial effect within our present civilization, since these are based on a doctrine of the

state and of society which the whole of this study contradicts. We may simply mention the psychological argument which puts forward war as the great uniting force of modern nations. We are told, for instance, that "The French and Italian nations have undoubtedly been welded more firmly by the Great War; while England and her sister and daughter nations (with the one sad exception of the Irish) have been united, by their co-operation in the one great purpose, to a degree which no other conceivable event could have achieved and which many generations of peaceful industry and enlightened political efforts might have failed to approach" (McDougall, "The Group Mind," Ch. X). Statements of this sort are at best gross exaggerations. War often temporarily unites, but it also divides. Permanent unity depends on permanent common interests, and if these do not already exist war can not create them. Besides, we have reached a stage where civilization demands, not the unity of a nation simply, but unity between nations. War prevents this — even the allies of the Great War are not brought closer together in consequence, but on the contrary have tended to fall further apart than before it.

Recent developments have also shattered the economic argument that war acts to keep population within the means of subsistence by eliminating the "surplus." Under the conditions of modern civilization war reduces the means of subsistence even more than it reduces the population, as the fall in the standard of living since the Great War exemplifies. It may be remarked in passing that a reduction of living standards is to-day the most active source of disunion *within a nation*.

第二编 第七章 强横与主权

現代的國家

第八章 法律與秩序（或系統或制度）

第一節 法律的性質

廣義的法律，在任何地方都是發生效力的。凡有生命的地方，便有生命的普遍有效的法律；並且每一種的生命便有牠那一種的法律。這種系統能支持生命亦係為生命所支持——有若干等級與種類的法律在這種大一統的系統以內——牠的作用是無彈性的，不容人有所違犯的，並且是不顧人類意志的——不在我們討論之列。❶社會產生有另一種類的法律有另一種類的系統：其反映社會本身的性質不亞於上述法律的準確。也正是因為這種原故所以這種法律是隨時可以發生變遷可以發展進化可以受人侵犯的，這種社會法律表現在風俗習慣與夫萬千種類的民情土化之上。這種法律的一部分為社會人士所增益所承認所擴充，而為國家的法律。

就是在國家的範圍以內也有兩種法律。有一種法律為國家所憑籍而實行統治前者——我們用以區別這兩種法律——可以叫着普通法律前者可以有一部分包括在一種「成文憲法」之內，與普通法律迥然有別，並且通常都是為普通立法機關的權力所不及的。他的性徵與制裁力亦自與他種法律有別。就是一國——例如英國——的憲法係由普通立法程序所制定制定後也是足以統治立法機關

二三二

232

【现代的国家】
第二编　威权与职务

的，或则比較普通的還是要統治全政府的，並且明顯的或隱約的直接追溯到一種立法意志以外的意志。我們討論主權問題的時候，可再對於這項事實的整個意義予以研究這種憲法一大部分是不成文的，包含在程度方式、先例成規風俗習慣以及「憲法的精神」以內——普通立法機關並不敢對牠加以破壞，而不開罪於最終的主權——牠的威權直接所自出的最終主權。除卻發生暴動與革命的特殊時代以外這便是一種力量很充分的制裁力。憲法的發展——一方面係適應社會的鞏固統一性一方面係適應社會對政治職務的認識——會經對立法範圍一方加以緊縮一方又加以擴大牠曾緊縮立法工作的範圍，是因為牠從立法部身上提統治取締某種行為與經驗的威權牠曾對牠予以擴充那是因為牠逐漸堅持的實行下列各條：一任何特殊權利或優越地位——即政府本身亦不在例外——亦不得使具有權利與地位的人，免於普通法律的制裁二法律上的權利與義務，應建立一種公共的結構體用以保障一切人民均克享有某種基本的自由權利三所有制度均該有普遍的效力；四法律的執行應絲毫不顧人的問題。

國家顯然不能執行或制裁憲法亦猶牠之執行或制裁普通法律一樣，因為憲法便是牠己身生命的淵源。法的某種原素誠能被列入國家法庭審判權的範圍以內但是其他原素即按憲法本身的性質說卻是不能法庭訴訟的程序方式本身便是憲法的一部分此外還有一全套的法規——其中若干並有最高的重要性在形式上都是些「成規諒解習慣與實例」——力能統治主權者的行動而不會亦不能為法庭所執行。❷但是一切普通法律確是由法庭予以解釋與施行的；似這樣施行的一切普通法律便是為國家的機關所配置與執行。

第二編　第八章　法律與秩序（或系統或制度）

二三三

因此，要取得真實的法律觀念，我們便須集中我們的注意——不僅在立法院的身上雖說立法院現已成為法律最重要的「來源」——於法庭的身上，因為法庭是與全部普通法律有關係的。誠然近代國家裏的立法機關能夠支配普通法律的他種來源並且常以牠自己制定的法律去限制或修改牠們對於全部法律所提的貢獻但是在任何國家——就是在具有各種複雜法典的法國——之內法權也不是純粹的和絕對的取決於國會所制定的法律典籍的。

我們在這裏所要討論的便是國家用以取締其國民行動的普通法律，便是發表國家意志的積極法律凡支配國家國民或居民的行為的任何法規而為一種政治法庭所解釋與施行的，均屬於我們範圍以內法律的區別與定義必須於其形式上——而非於其內容上——求得之假如我們在討論中引進一些與法律形式無關的倫理和歷史的觀念我們便只能使問題發生混淆最大的混淆發生在我們要將法律應遵循或應實行的某種理想的法律替代真實的法律，或則墮我們於不可能的分裂而簡捷的否認真實的法律為任何法律。布奈克斯頓（Blackstone）嘗宜稱法律為「一種人民行為的規則，由國家最高權威所規定用以釐定正義而禁止謬誤的；」

❸這個著名的定義便犯了這一類的毛病。其足以引人惧會的地方，不亞於一般上古人的公式——如認政治法律為「理智的法則，」或為「上帝意旨之人間的繙譯」等等。其足以引人惧會的地方，不下於盧梭的主權的定義——他認為主權便是不會錯誤的「普遍意志」——並且引人惧會的原因亦正相同。我們絕不能解釋政治

【现代的国家】

第二编　威权与职务

的實際，如果我們效法盧梭而拒絕承認牠們，或慕仿布奈克斯頓而於承認之後又將牠們所不曾有的完善品質歸到牠們的身上使眞實情形躋及一種理想乃是一種正大而有價值的貢獻但是完全將牠們混爲一談便是一種盲目主義或信仰的作祟而於曲解倫理之中又顚倒科學的黑白了。

因爲一種法律——姑無論其是否公正——固仍不失其爲法律否則同一法案對於某人則爲法律，對於他人則不爲法律；甚或此一時代的法律及至另一時代便不復成其爲法律無論一種法律能增進多數人的利益或是只能增進少數人的利益反正都是一種法律。法律的基本原則，是從武斷的宗教中所抽得的原則（有如關於妻息目的種種立法）或係根據一種人類平等的主義抑係根據社會幸福的實際考察法律總是一種法律。

採用英語的各民族比較其他多數民族在這一點上更不應犯任何混淆的毛病說英語的民族，雖說缺乏一個名詞以形容法律系統的全體但是若干歐洲民族所有之含有此項意義的名詞——有如（"droit," "Recht," "diritto," "derecho"）以及羅馬名詞（"ius"）——實亦含有一種倫理的意義就是「正義」的意義所以在已往會經予這種混淆以很大鼓勵但是（"law"）這個名詞是客觀的，在倫理上是中立而無色彩的牠的意義只指著政治事實而言似這樣我們便能比較容易的避免對倫理的正義與政治的法律之間假定有任何歧見上的聯貫關係我們能討論法律應該是什麽而不假定法律業已是什麽我們能比較容易的證明某某理想對於法律的制定與變遷有何影響而不暗示以這般或任何其他理想自始卽爲這種法律制度所採有的意義。

第二編　第八章　法律與秩序（或系統或制度）

二三五

235

現代的國家

此外，還另有一種混淆——其發生的原由，是因為我們根據某種範圍亞於國家而為法律所由出的特殊權威而給法律以定義的原故，或者是因為我們根據法律所從出的某單獨淵源而給法律以定義的原故，譬如有人便認法律為若主或皇帝意旨的表示，這樣便將法律觀念與令命觀念混成一團了。還有人稱法律為「主權者」的規定，無論這位「主權者」是君主或是人民實則全部毫不容疑義的法律有一大部分並非由單獨主權——亦非由各級主權者的全體——所「規定」。按歐斯汀（Austin）的觀念法律便是政治上司對政治下司所頒佈的命令；這是特別容易引人誤會的，因為牠對於法律到處都表示有的兩種性徵——牠的普及性與牠的正式性——是予以隱瞞或且加以否認的。

我們現在對於這些性徵可重予以討論我們於本書緒論之內嘗予以簡略的敍述因為藉牠們的光我們頗能發見國家的性質我們現在卻要闡明牠們本身便是國家組織的性質的反映牠們實際上並不是法律應該是什麼一類理想原則，而是每個政治制度的組織與效用所必然產生的結果。

法律的普遍性或普通性，在以往差不多是任何政治思想家所堅持說有的——從亞里斯多德（Aristotle），從羅馬一般法學家以迄於今日。但是在此地我們亦必須區別法律是什麼與法律應該是什麼，區別法律在事實上必然具有的普及性與法律應該具有的任何他種的普及性。如果我們把成文法除開他種法律顯然都其關於普通原則與原則施行的法律裁判官吏的過去的判例——這些判例都是「習慣法」的一部分——只當着有同一情形發生時纔能有意義解釋一種習慣的法律顯然是一種普通原則，溯源於一種普通習俗的當「民法」

設置的法律——從一般法律典籍彙集而成的「民法」法律——所據以為基礎的原則更為寬闊衡平法本身便是各種法律中之最有普及性的所謂「理智的法則」那末國會制定的法律又是怎樣一回事呢？這種法律乃是一種公共議案能產生權利與義務的牠是假一種組織複雜的權威而發生效力的——這種權威必須經由一定的程序以鑒定法律必須考察此項法律之與原有法律的關係；必須根據一種規定的方法以制定這種法律並且必須使此項法律公佈全國立法手續的規則——這是一國憲法的基本原素——即保證法律本身必須具有普及性方足以成其為一種規則。

同時，有人常說一種法律除立法手續所保證的普及性外「應」另有其獲得普及性的方法多數權威都堅謂：法律只「應」施用於團體或種類上個人的與行為的或禁戒的種類或團體均在內的人——如歐斯汀——將普及性限於其所命令的或禁止的行為便以為滿足而不需要關於人的方面的同樣的普及性。[4]還有的人——如杜紀[5]——則直謂一種法案如果對象只在某一特殊的人或人的團體，團體本身便算違悖法律。例如法國一八八六年放逐其原有皁族領袖的法令就屬於這一類但是假如我們否認任何經立法部按憲法程序所制定的方案有法律性質那都是不完美的辦法因為這樣我們便不免要引用若干主觀的標準從而使我們對於法律事實的研究發生歧異，並陷於混淆不明的境域。凡遵循固定的立法手續而制定的法案我們均一律承認其為法律那是比較妥當的辦法。由此我們方能比較有把握的區別更進一步說杜紀的先例實為一種不幸的先例。法律不但有施用於某一特

我們在下章書裏便要作這樣的區別。

第二編　第八章　法律與秩序（或系統或制度）

二三七

殊的個人或個人團體身上的「可能」或且有時是「應該」這樣施用的就是一個單獨的人——有如英國的「大法官」或某國原有某皇室的領袖——有時亦可以成其為一種整個的政治階級或團體這種情形並沒有任何武斷的挑選或免除夾於其間。如果按國家的利害關係某一特殊之政治集團或階級——即令是一個單獨的人所組成的——應受一種特別規則的制裁那末為什麼這種規則不應稱為法律呢？普及性——就是在杜紀所考量的意義內——乃是一種政治等級的問題而不是數字的問題某種形式的法律——例如關於納稅或社會立法的法律——在牠們指定施行範圍的時候往往依其本性就是很特殊的；但是在這種特殊具體的決定也還是根據一種普及原則而產生的一種關於所得稅的法律，若以砌磚匠共濟會會員與大學畢業生為特殊納稅的階級便有違於普及性的「理想」——不過牠還是不失其為一種法律另一方面假如一種所得稅的法律按收入多寡分為若干種類階級而納稅或考察合理的區別而定稅則的標準——例如單身人與既婚人之間的合理差別——或許在形式上沒有很高超的普及性但是也不能因為這個原故而遽認為不可擁護。

換句話說當我們把普及性不僅認為是一種事實而且定為一種理想或標準的時候，我們的心理實已從普及性而想入別的事情上去了。我們是在想公允或衡平公平原則是與對人或對行為之武斷的待遇絕相違悖的。按這種原則凡在法律所設想的役務或能力或資格上是一樣的人們便是受同一的待遇，並且比較在這一方面與之不同的人們便應受不同的待遇。這種原則實於普及性而外還需要有別的條件不僅普及性或有關罪於一切公平觀念之虞比如一種徵稅方案無論納稅人是貧是富均向其徵收同樣的稅額便

現代的國家

二三八

有這樣的危險。公平原則所需要的,不是普及性的形式,而是普及性的實質形式乃是法律本身一種積極的象徵:按法律所從出的程序法律只能對待普通的情形或只能以普通方法而對待特殊情形。

我們誠能解除法律與命令的非正確的混淆觀念——邊沁(Bentham)與歐斯汀諸人曾給這種觀念以如此的激勵——這項事實便能更顯明的表現於我們之前照命令的普通意義來講法律是適與命令成反比例的;因為命令是將發命者與受命者二方面分開的——總是將他們的等級分開有時且將他們的利害關係分開。但是法律卻有聯合的效用,因為牠能施用於立法人的身上,正不亞於施用在立法人有威權所代為立法的人們的身上。一位軍官頒佈一種命令他本人是無須服從命令的;與一位僱主對他的僱工頒發訓令,初無異致還有一層,命令按理是屬於行政方面而不是屬於立法方面的。牠是有關於方法與工具的,是有關於特殊事件的,通常是有關於一般不容有一種規則的詳細節目的。否則國家便定要破裂而陷於混亂了。法治簡直便是國家存在的表徵——而法律非與命令相比較法律是永久的基本的。每一種新立的法律必須使之適合於一種系統適應並符合於全部原有的法律將法律與命令混為一般,便是毁滅國家本身的組織。就是在極端專制的國度裏純粹的命令也還是不礙及大部分的法律的——否則國家便定要破裂而陷於混亂了。法治簡直便是國家存在的表徵——而法律非與命令有別而另有其地位,則法治實為不可能的事國家能推廣法治不使任何階級(如中古的僧侶)與任何個人——即君主亦不在例外——能超於法律制裁之外這便是近代國家的一種徵象並且實際上還是任何時代國家發展的一種徵象。

第二編 第八章 法律與秩序(或系統或制度)

二三九

現代的國家

另一方面法律的保護與他種利益已不復為國家疆域所限制在上古社會的部落與宗族生活上習慣法乃是親屬的保障不能施行於異族人的身上。在希臘的城市社會裏人們視法律為只屬於純粹國民的團體的羅馬起初本亦同此觀念，後來卻發見有一種新需要而於「民法」("ius civile")之外另為外國人與非羅馬國民的人們設立一種不同的法律系統在希臘教的文化一方面法律保護只給予一般傳統教派的人們；歐洲中古文化也分別有同樣的界線但是現代國家卻是絕對拒絕承認這樣的限制在這一方面又是人類政治原則觀念的發達，對於公道與制度二者真實普及性的承認，加於職務或役務或需要上的公平觀念在發生效用以至促成真正法律的變遷因此法律普及性的形式纔能更容易的更廣闊的符合於牠的理想——這種理想已往在牠的比較窄狹的範圍內只有一半是表露的，另一半卻是隱約的。

關於這一層容後另詳同時我們可以討論普通法律之另一特徵——這也是屬於牠的本性與意義之內的。

凡發自任何權威的一切規則都是無可規避的號令——換句話說，都是對意志而發的，都是規定一種行為的方式而要求服從的牠們附帶有一種制裁力。國家釐定的法律與他種權威所規定的規律二者最大的區別，就在這種制裁力一方面服從習俗是很便易而安適的——能使生活輕易些順利些並且能在同胞觀念與統一觀念上產生快感服從時髦式樣的命令使人能發生一種附和社會的感覺我們所隸屬的俱樂部的規則能維持並激發我們所需求的友誼觀念。我們服從附和因為我們樂意如此作這些方面的制裁力便是一種積極的社會的滿意觀念——我們如不服從附和，便要失掉這種滿意的愉快。在其他的方面，我們與團體有一致的特殊利害關係

——經濟的，文化的，或任何他種的利害關係；我們服從牠的規則，是因為要保護或改進我們的利害關係。此外自然還有團結精神這是有賴於風俗習慣與現在的友誼而躋於堅定的。失掉了這些東西便要使我們生活上感受這樣的貧乏所以我們平常是絕不願出於不服從而將牠們犧牲的這種制裁勢力更偉大因為我們之加入團體是自由的。如果我們有所變更因而團結目標已不復能激引我們的同情則我們便可隨意的脫離地使我們服從的衝動力完全在我們的本身內但是論到國家的法律那就兩樣了。這種制裁力已是不復足用。這裏便是我們上面所堅持的普及性的另一方面。如果秩序制度是要保持的話那就必有人人所「必須」接受的條件如果公道是要行使的話那就必有人人所「必須」滿足的義務或責任這般條件與責任國家便引為已有。要使牠們躋於鞏固國家便另加有一種制裁力他種制裁是有條件的：惟有國家這種制裁——強制的制裁——是無條件的。

執行法律的最後方法是立在法律之上的。

若干學說竟將法律認為「自然的」或「永久的」權利的抄本或認為自由權利的滿足器：這種學說會把國家規定的法律與其他一切社會取締間的這種基本區別弄得隱約不清了。如果說我們的倫理理想應該作我們法律的主要原素那簡捷就是說我們是崇奉這種理想的，任何理想也都是對於事實的要求。但是我們絕不能將倫理的規則與政治的規則混為一談原因有幾種：第一，政治的法律是客觀的，對於任何人都是一樣的，有不容爭論的固定性而倫理的規則卻是主觀的，不定的，一種內心的義務觀念——所以表現個人的社會性質並且無時不受個人所受的一切重要影響的支配的。國家所有的人民既不能在一切方面都是一樣的，

第二編 第八章 法律與秩序（或系統或制度）

二四一

所以國家法律就不能在任何時代任何人的眼目中都是與倫理規則脗合一致的第二法律不但只與公道有關係與秩序和制度也是有關係的牠是為公共便利而制定行為的準則而這些行為準則本身都不是基於任何倫理的區分而來的。⑯在這種情形下倫理的色彩得以存在只是因為法律的色彩是存在於先的假如法律規定駕車人應向右（或向左）通行那絕不是因為向右行有任何倫理的意義於法律業經通過之後拒絕服從法律也許是道德的——不但是法律的——錯誤但是這種道德過失只是一種另有由來的過失這是屬於「禁止的過失」（"mala prohibita"）一方面但是法律是什麼而倫理的基本規則總是要使法律符合於牠們而不使牠們本身符合於法律這乃是倫理基本規則的本性最後也還有若干倫理的原則雖為社會大多數人士所接受而仍不能或不應釐定為政治法律的譬如家庭範圍以內便有「自然愛心」所激發的義務與責任觀念而為任何外界的法律所不能保證其滿足與履行的。還有利用機會的責任避免浪費的責任或維持某種工作或努力的標準的責任這些都不是法律所能執行的所以法律也不應有取締牠們的企圖日常生活的情形每提供我們以若干方法與途徑以供我們於品評論價之後決定其取捨但是關於這些方法與途徑外面法律的壓力——即令有伸張的可能——也只能淆亂我們的觀聽刺激我們的反感這個問題我們將來還要重加申論在此地我們只要辯明：倫理的範圍是要比法律的範圍廣大的多多了國家的法律有一種相當的特殊的制裁力在某種地方這種制裁不能施用或即施用而亦不能達到牠的目的法律便成為一種笨拙的多事者——干預到異類的領域以內去了。

普通法律之內，誠然有幾種在驟然看時似乎是缺乏強制性的——例如一種容許或附與權能的法律，或歐斯汀之所謂「宣佈性的」（"declaratory"）一種法律——這就是「立法權威所予的解釋的一種法案」或推翻前案的法案，但是這些表面上的例外很顯而易見的是落在上述普通原則之內的。一種解釋性的法案是釐定政治取締的條件的；在這種意義上牠不但有強制取締的實質而且有強制取締的形式一種授予權能的法案——例如頒給一種公司組織法與某公司，或授予納稅權與某城市——亦有一種強制的性質因為牠能約束一切有關係的方面來尊重牠所授予的權利而舉辦的。一種推翻性的法案是要取消一種既成的邊照其所頒給的權利而舉辦的，取消乃是一種權威的行動其在消極一方面的強制性，正不啻一種設立規則的法案之在積極方面的強制性強制性乃是強迫的機能本身上必需要的一部分全部政治法律無非是若干強迫的號令所組成的一種系統——牠們的滿足是既不能聽個人的自由抉擇又不能委諸個人良心的裁奪的。在專制制度之下，如在民主制度或「自治政府」之下亦莫不如斯。法律的強迫在最後一層意義上並不是統治者或政府的強迫——強迫是國家生存的必需品，斯。國家在社會其他團體間的地位的標識但是這話也不是說服從法律大都是由於強迫所致或如霍布斯（Hobbes）之所言，服從法律是因為受了畏懼結果心理的懲惑然而沒有一種強迫性的原素我們業已證明法律所固有的普及性便要缺少保證因為國家法律是有普遍的施行效力的，所以牠必須有強迫性。為國家法律的禁令是施用於行為之外表的所以牠能有強迫性。

第二節 法律的統治

在倫理一方面按康德(Kant)之卓著的原則,只有一種「絕對的命令」有如下述:「你在行為上所應遵循的那種格言——並且你只應遵循那一種格言——必須是你同時能慾望其成為一種普遍的法律的」或者我們作如此的解釋:任何事物對於我是正義的必須同時對於其他一切別的人也是正義的假如這些人是處於同一情形之下而有同一抉擇的途徑的話法律的邏輯能產生一種與此同一性質的客觀的命令按這種命令的條件,一種法律對於我既是法律上的權利與義務而言——包括法律的權利與義務而言——對於一切國民也必須一樣的是法律;因此,任何人也不能根據特殊權利或法律目的以外的任何理由而取得義務的豁免或遭遇權利的拒絕這個原則便足以保證「法治」我們且從事於性質不似這樣抽象的討論。

法治是與政府方面的——特別是執政首領方面的——任何武斷行為絕對相反的。如果一個官吏或執政人員不經過美國人所謂「相當的法律手續」("due process of law")而對某一國民施以逮捕與拘禁或罰金他便違反了法治在這種情形下法律存在所保證的秩序與安全在有關係的那個人一方面,是被擾亂了在全國國民一方面也是被置於危殆的境地了這種武斷的行為所以是直接與法律本身的利害關係相抵觸的然而誠如戴西(Dicey)之所言大多數國家之成立這種意義的法律統治還不過是最近的事實法治的條件在英國成立的最早且最久;而現在則為舉世所承認而為一種基本的政治原則法治原則的接受使我們在解釋政府意義上能認其為社會的一種機關領有按規定方法而工作的威權的一種代理人只有一種另有由來的威權與

二四四

【现代的国家】
第二编　威权与职务

一種委託的勢力，非復爲國家的主人翁了。

據此以論則政府本身亦應受牠所制定的法律的制裁，更應受牠所擁護的較大法律的統治這也是法治原則的一部分無論執行「行政法」的特殊法庭之或有或無政府的責任是與被治者的責任不同的必須按照與牠的職務與威權相宜的準則而受牠的裁判不但如此，政府還有若干責任，是政治法律的普通制裁力所完全不能執行的但是也有他種的制裁力是能將政府本身有效的給放在普通規則範圍以內的這是我們將要加以觀察的問題。

法治有兩方面尋常人們都不給以充分的區分如果根據於出身階級財產或特殊權利法律有豁免任何個人或團體在某種行爲上的法律責任的情事——而這種行爲如被其他個人或團體所舉發則成爲法庭應理的事件——那末法治便被侵犯了。法治包含有這種條件假如任何種類的行爲是應受法律制裁的，無論其出於何人牠總是應該受這樣的制裁的。換句話說國家所設立的制度必須是不容例外或豁免的譬如說，一個私人的鐵路公司如因其職員的過失而對我加有同樣的損害我便能向法律求得賠償那末按法治原則如果政府（或國家）因牠自己官吏的過失而對我加有同樣的損害我就應該同樣的能控訴政府本身在同一的情形下——就是牠以法律的責任加諸他人的身上時所有的情形——也必須有牠的法律的責任，而且這種責任，我們將來可以證明，絲毫沒有與主張事實的主權學說不相符合之處。在法德等國成立有一種制度用特別法庭來審判由國家官吏的行爲中所產生的案件——這種制度卻並不違反這種法治的原則但是如果因爲一種侵害

第二編　第八章　法律與秩序（或系統或制度）

二四五

行為係出於國家的一位僕人國家便能規避或否認牠有牠所加於一種私人公司身上一樣的責任,那就算有違於法治原則了。❼並且如果一種行政機關或常任委員會擅用威權來裁判因他們行使職務而發生的爭訟同時又不給予當事者以上訴於法庭的權利那也便算有違於法治原則了。如果國家以特殊權利頒給某法人或非法人的團體,牠得免於其非法行為的法律責任——英國一九〇六年的職工爭議法案(Trades Disputes Act)便會給各職工聯合會以這種特殊權利——那亦是一樣的有違於法治原則了。

我們可以更進一步說:凡在事實上——形式上姑不具論——有排斥歧視的情形使人人不能有平等仰求法律救濟的機會法治原則便算被踐踏了。此種排斥中最烈的一種,便在訴諸法律的費用上就是在刑事案件上保障人權的效力都往往因被告者之無力提付法律援助的費用而受限制在民事案件一方面訴諸法律也往往不是貧寒人民所能辦到的事;至於上訴於較高級的法庭那就更顯然的幾乎純是富豪的一種奢侈品了。

因此,一大般人對法律均表不滿,特別是在勞工階級中這種感覺很見有力因為他們認為法律與法庭對於各種訴訟人並不是一視同仁的,一部分是因為法律適應新起的社會情狀過於遲緩一部分也是因為法庭裏所包容的人員,因為法律生活的種種條件的影響大半在同情心與出身上都是屬於富有階級的。哀爾里基(Ehrlich)曾說過:「除卻裁判官的人格外公道是漫無保障的。」❽誠如此言那末裁判官的社會同情心,對於司法的情狀必有一種很深重的影響了。❾

法治在這些方面的遺憾,如何能夠補救:那是超出本書範圍以外的一個問題。我們論到牠們,是因為牠們從

反面足以證明法治的理想法治的理想就是要依據公道的原則，設置一種秩序制度的普及性那末這種普及性究應立在什麽樣的基礎上呢？對此要作答案我們仍須迴溯到人格觀念上去旣然人格是我們所知道的惟一的眞實價值法律權利就必須以牠為建樹的基礎否則便會與社會幸福發生衝突。例如法律保障財產的時候那絕不是因為財產藉其本身的存在而便有這樣的權利，這種權利卻只是因為財產上的法律權利是獲得與發展人格的方法因此，這種權利就必須受有相當的限制，不能任其毀壞其他達到這個目的的必需的方法這便是蘊藏在「自然權利」「自然法則」以及類此諸觀念裏面的眞理如果我們對於這種眞理有了正確的認識我們就可以發見在任何時代所成立的法治也不能認爲是一種固定的最後的制度人格上的權利便是惟一能號令一種原始的難破壞的忠順心的權利；但是牠們卻極難解釋或者更難在社會制度內互相調和人格價值的觀念因品格教育與社會環境之不同而有發生無限的差別的可能。在同一地方社會之內牠亦可因年齡之不同而有差別譬如說，在誰人能說因制止一隻羔羊的被竊而得的價值能等於因一人被斬而失掉的價值呢？這一切在倫理評價上的變遷終久必反映到法律上去法律絕不能是靜止的，否則在社會進化的程序上必要提付代價其實法律從來不會是靜止的牠的變遷一部分由於發揮這種變遷的體制形式上可以發見牠們是這樣的眞確這樣的龐大所以一個法律作家竟敢遽謂：「今日的法規幾乎沒有一種是昨日牠的反面法律所能敵對或同日而語的」⑩

我們由此便可以轉論到法治的其他方面。法治要求在牠範圍以內的普及性，但是牠卻不能說一切人類活勤都是落在這種範圍以內的國家既不是無所不包的法律也就不能是無所不包的說任何倫理原則都可以譯

第二編　第八章　法律與秩序（或系統或制度）

二四七

成一種法律的規則:這種觀念是無根據的說任何由倫理原則引申出來的積極義務都可以由法律而予以規定,由法庭裁判而加以執行:這種觀念更是無稽之談人類在無數的方面都受有名譽或習俗或智慮或某種忠順心理的約束;而法律都是不能越俎而代為決定其行為的。無論我們怎樣完全的承認法律不但是包含有一種確定性質的社會規條,而且也包含有「整部關於法律目的的哲學的政治的與倫理的信條」① 由法庭隨時在特殊案件與社會情形上予以施行的法律救濟法的形式確是如此的,絕不能容有這樣普遍的施行法律是社會制度的一種軀殼我們儘管可以說是一種有機的軀殼因為牠是變遷而滋長的但是法律卻只是若干大勢力大潮流——表示社會的性質的勢力或潮流——之中的一種統治的工具。

法律結構誠然能反映地方社會的精神但是牠也包含有牠自己的一種精神因為立法人與裁判官不僅是地方社會的代表他們本身的職業也能產生他們彼此本身的態度。特別是裁判吏他有他的法律訓練無時不堅欲保存法典的一貫性固執的遵守著先例成規,並且選舉服膺有一種傳統的保守的個人主義的哲學他所代表的態度也許就與社會趨勢極相枘鑿屬於裁判吏的職務便是解釋與施用法律從而便是修改與制定法律最好他是應有自由取決的威權的;否則法律的固定性將足以毀滅公道與司法的目的。在相當的範圍內他不但有威權去緩和法律使之適合於法律必須施行到的特殊情形或問題亦且有威權去調劑堅硬的法律原則使之適應於時常變化的社會需要所以他的態度對於陶冶法律的精神是有極大的重要性的。

地方社會的精神比較法律的精神能更迅速的反映根本社會的與經濟的情狀就一般情形說似乎都是這

樣的。在一種過渡時代或發展迅速的時代，尤其是這樣法律以對待一種靜止的環境爲最勝任愉快因爲這個原故，法律往往假定環境是靜止的或則就是牠承認情勢是變遷的牠還是要假定法律的原理是不可更移的。誠有如龐德先生（Roscoe Pound）之所言這種情形便足以使法律學說與政治學說之間發生一種衝突他說：「雖說美國律師大半仍是相信法律的原理是絕對的永遠不變的有普遍施行效力的；並且習慣法亦常曉諭我們以判例的原理是必須要發見的，不能出於創制的，而人民還是依舊的堅信法律是制定的，並且他們可以制定牠。雖說在律師的眼目中國家施行法律因爲法律是法律；而在人民眼光裏法律因爲反映他們欲望的國家業已作如此承認。」⑫永久性質的原則，有一弱點：牠們有如武斷的宗教，是易流於陳腐而發生障礙性的。法律雖權於新興的情勢之下仍欲施用上古的公式法庭之應付實業勞工的歷史充滿了足以證明「永久原則」不充分的實證某種判決案——如太佛菲兒一案（Taft Vale decision）或美國之丹白利帽業判決案（Danbury Hatters' judgment）與柏克鋼鑪業判決案（Buck's Stove and Range judgment）等——嘗使人堅決的相信法律是沒有能力以領略工業生活之新環境的牠嘗採取屬於一種舊社會的法理綱領——有如關於「勾結」（"Conspiracy"）的原則——而施用於與牠們完全不相適合的情勢上最爲重要的，法律常注重人與財產間之靜止的關係，而輕忽人與職業間之活動的關係。法律於應付財產權利的時候，特殊覺進退裕如但於應付行爲與役務之物質性有限的各方面就不曾有如此之成功了——因爲在這種方面的權利，不是附加於一種物質的東西之上的，而是必須附加於人類在社會生活上所履行的職務上的。

現代的國家

其一種結果就是對法治所包括的區域範圍予以一種新限制不但因為法律之效用過於遲滯累重與耗費，並且因為牠缺乏適應能力與同情的觀感所以人們在解決某種爭議方面無不力避引用法律尤以在經濟一方面為然少數國家業已覺悟這種困難而設立特別「實業法庭」以為補救——這種法庭大都是包含一種代表人員其間歷經驗是由於實業方面而非在執行法律職務上獲有的。⑬因此他們的判決案乃可不為一種固定法典的需求所限制；他們的判決案比較是自由的，是富於實驗性的是一種調解的性質遠非較為嚴峻的法律制度所能容忍的但是所堪注意者就是這種辦法之下強迫性的解決方式據已往經驗亦只有極有限度的功用——而強迫又為法律判決案之一種基本的原素，澳大利亞 (Australia) 與新錫蘭 (New Zealand) 的經驗，常引為有與此相反的結果，亦絕不能稱為斷論。⑭一般的品評似乎要以惠特列委員會 (Whitley Committee) 所發表的意見為代表「我們反對任何強迫性的公斷制度。」⑮換句話說在大多數的國家裏人們還是假定法律不能——或尚不曾準備——將秩序灌輸到近代生活最有紛爭的一部分裏面去就是實業中勞資關係的一部分。

並且這種限制，還不止以勞資問題為然。他種經濟爭議，亦已有用一種非法律性質的內部機關以求解決的趨勢。在這一方面，我們可以引用美國電影實業界的試驗為例證這種發展的一種重要原因便在於法律解決方法之必然的強迫性。一種法律判決案便是一種擾亂而使之不安的勢力。牠的效用都是一種外來勢力的效用也所能提供的圓滿解決的方式——假借損失的賠償，假借強迫售賣禁令，及其他諸如此類的辦法——莫不是將

一種不相干的徒然的壓力，帶到實業界之既成的秩序或制度裏去。假如爭執的雙方能相聚合而以他們自己的機關與方法解決他們的糾紛結果不但是足以省費而判決案亦不會如此有擾亂性自然在這些方式之上還有訴諸法律的辦法但是在大多數的案件上比較接近的起訴法是已經證明爲更能令人滿意的辦法。

「法律的統治」應有的普及性的程度與種類究竟如何：我們乃可予以估計一方面法治有一種量的限制，因爲法律本身只能取締行爲的外部並且因爲訴諸法律總須先有由違背法治而起的一種確定而可以評定的傷害或損失。另一方面牠又有牠的解決方式本身上所固有的一種量的限制——用亞里斯多德的名詞——大抵爲一種「分配的」公道牠能劃分與配賦牠所維持的公道地能分付各人分內之所應得，而不能加以調和牠對於互相違反的利害關係所以能予以裁判，也只是當着牠們表現的形式是互相排斥彼此獨佔的時候誠然有時人們亦認爲法律有一種範圍比較寬廣的任務或效用例如佛萊特女士（Miss Follett）之論「法律創作的範圍」（"creative area of law"）便堅持牠的任務「不只是保障利害關係亦且是幫助我們認識我們的利害關係，使牠們趨於廣闊與深邃」⑯但是這的確不是法律所獨有的或特殊的任務這一種任務有其他制度或機關——例如上述一般制度或機關——予以更直接的肩負與履行關於這一種任務的履行，法律解決所必用的方法常使法律不及社會所已開發之其他各種制度的充分。

這些限制不應認爲是法律「裏面」的缺憾牠們都是法律所固有的基本的役務的必然條件。爲要執行那種役務法律就必須是強制的與外表的只有這樣法律繞能敷設極鞏固的基礎以備人民賴以建立與重建社會

第二編　第八章　法律與秩序（或系統或制度）

二五一

第三節　法律與國家

國家又是法律的父母又是法律的子女我們已經發見法律有兩種不同的形式適與這兩種關係相恰合在少數的國家裏——以英國為尤著——兩種法律都似乎係出於同一的淵源無論法律是一種憲法性質的法律，或是一種普通的立法部的議決案兩種都是由國會所通過的但是在大多數的國家裏兩種法律的通過必須假用不同的手續因而能顯露兩者之間的區別有時為成立憲法便須召集一種完全不同的團體——美國就是如此辦法有時普通立法部亦可以制定憲法但須經過特殊的程序例如在法國就必須由國會兩院召開聯席會議並且就是在比利時就必須重新舉辦一次總選而後由三分二之大多數投票方足以通過憲法但無論採用的是何種方法並且就是在通過形式上毫無區別的國家裏這兩種法律性質是不同的，特別是牠們兩下的制裁力完全是不同的假如我們不注意這種區別，我們便不能領略法律整個的意義及其與國家的關係。

普通政治法律的制裁力，是清楚而確定的。國家對於違犯這種法律的人予以懲處，必要時得應用牠的強制力。這種法律是處於國家彰明的保護之下的。國家創制牠的複雜的權利與義務的系統牠執行義務以保障權利。這些法律是國家代社會並為社會而定立的。牠們在自己的範圍內回不能決定國家的制度，而確能決定社會的制度。國家之擁護這種法律視牠們是顯然為達到這種目的的一種社會工具因此牠們便取締社會分子在重重疊疊的私人（不是公共）資格上彼此間所有的義務。這種義務國家是能實施的因為牠是一種公共機關自與為自

的許多屋宇。

現代的國家

现代的国家

第二编　威权与职务

己打算的一般私人或團體大有分別。在此地公的「方面」與私的「方面」分析的極清楚。國家的組織有組織應有的威權；這些威權之一種便是制定與執行法律。

國家可以對於牠的國民中之任何人執行法律但是牠能對於牠己身執行法律嗎？牠能對於牠的特殊代理人或各個委託人執行法律一如其他任何團體牠能制定法律將政治義務委諸執政的官吏委諸執政或司法方面的員司並附以刑罰用資制裁。並且在理論上亦沒有任何困難足以制止法律釐定關於立法人員的職務的規條，並對於政府中之各個人員執行這種規條政府全體可以將己身與有罪的單獨員司分別清楚政府之有強制權，不是因爲政府是多數個人的一種集合而是因爲政府是社會的一種機關因此，如果某一員司開罪政府政府便能裁制那位員司與制裁一個「私人的」國民初無異致，而不損失牠的完整但是假如這個機關本身違反了牠所賴以成立的法律又該怎樣呢？有什麼制裁可以引用到手握法律制裁的團體身上去呢？「誰能監督那些監督的人呢？」("Quis custodiet ipsos custodes?")

這個憲法上的問題，是舊日國家主權學說所忽略而不曾解決的。大多數現代憲法對國民的某種權利均予以明文的「保障」——如言論自由宗教自由集會結社之自由私人住宅之不可侵犯以及他種自由等等。除了這些普通的「保障」以外牠們釐定規條以決定政府的組織政府的人員及其選委方法政府行事的程序方式以及政府各部相互間的關係。像<u>英國</u>一類的國家對於普通立法與憲法立法固然不作形式上的區別卻一樣，也有這種制裁的問題在各種情形下法律都是「保障」國民以抵制政府之某種威權的行使但是卻只有政府

第二編　第八章　法律與秩序（或系統或制度）

二五三

誰能夠行使威權在若干國家裏誠然設立有一種權威，是立於普通立法機關之上的這是一種特殊的組織，有修正憲法的職務；或為一種法庭能宣佈立法機關的法案為違憲而無效力，如果牠認為這種法案違背憲法規定的話。但是這種辦法，也只能將問題推到稍後一步憲法還是規定這一種最後權威或這一種最終法庭的職務如果這種權威真是最後的這種法庭真是最終的，法律那裏來的制裁可以予牠以取締呢？牠這種茫茫不知何所適從的政治穹蒼之間我們要重申這個陳舊問題了：「牠們的基礎是建造在什麼地方呢，或者誰曾為牠墊下基石呢？」

戴西對於這個問題，曾努力作如下述之解決其著眼特別在英國憲法：雖說有（這是他所承認的）許多最主要的憲法規則，是仍在任何法庭職權應該過問的範圍之外的；然而按牠們的性質，如果政府不遵守牠們，政府便會被這種行為所牽連而結果不免陷於違犯普通法律的地位譬如設若英國政府拒絕召集國會至於一年以上這種違背憲法原則的行為本身上不能算是非法的但是「叛逆法案」（Mutiny Act）的效力期限終將屆滿，結果政府行政方面在維持治安徵收稅捐及其他行動上總是不免要陷於非法的。⑯為要在法律以內行動政府在此地就必須要在憲法以內行動這個解釋的方法確很巧妙但卻有欠充分一個政府——每能違反某種基本的憲法原則——如保障集會權利的原則——而不將自己陷於任何非法的地位國會可以通過一種有如此效力的議案並且法庭亦可以承認這種法案那怕牠是違背一種久已成立的憲法「慣例」的。真正能夠制止一個政府出於這種行動的，不是政治法律的效力——因為政治法律牠是能制定亦能修改的。

【现代的国家】

第二编 威权与职务

——而是公众舆论的效力——因为舆论是牠权力所不及的。

昔日一般扑朔迷离的神学家尝努力调和人类「自由意志」的观念与上帝万能的主义今日这般传统的主权论者其狼狈无可藏拙的状态正复与此相同他们的答案是一种玄妙不可究诘的答案使原来的问题仍然不得其解决如故正如有人说上帝在创造人类意志的时候便须「限制」他自己据这般人的观念万能的国家在保障国民权利的时候亦必须有以限制自己的办法既然国家的威权约束牠的宪法便是牠本身意志的表现而自愿受这样约束的。国家自动的不行使某种威权约束的原则这都不过是出於牠的好意因为牠要戮力达到牠自己所标榜的目的没有任何外部的势力没有任何更高的权威可以对国家说：「只能到此地，不能更前进」不过从国家本来的性质上因为牠对自己施行有一种约束，便发生了宪法的制裁力——这是国家自己决定的，自己加於自己身上的。

这种论调与其他类此的学说，同一毛病：就是牺牲事实而挽救威权的理论。我们暂且不必讨论这种观念所引起的国家人格论我们只说这一句如果这个假定的「国人」没有远出於寻常人类的公正与理智徒然依赖牠自己提供的保障——保障牠自己不致滥用威权——那是危险不过的事简直有辱法律的令名了这种学说或足以解释国际间现存的关系因为所谓国际法一向还是利赖着各国本身的愿意对自己加以约束而於他国关系上遵守某种规则故此国际法素即不如宪法那样的稳固宪法所规定的保障向来是很有实效而持久的：在比较少数的情形下，由於一种革命或政变的发生国家制度遂告推翻那是又当别论了那末宪法与国际法因

第二编 第八章 法律与秩序（或系统或制度）

二五五

現代的國家

何而有這樣的差別呢？豈不是因爲憲法的背景內藏有一種完全不同的制裁力嗎？

或者有人要說：我們在此地應分清政府與國家，而認憲法是約束政府不是約束國家的。他能約束立法者——就在他制定法律的時候在立法部的背後站着這位最終的主權人。他曾將某種威權——包括執行法律的威權——授之政府但是他亦曾學知以政府爲他的受委人而不以政府作他的主人翁。如果政府有違犯受委時的憲性條件——一部分的這種條件便已具體而爲憲法——的情事他便將毀滅他所借以成立的支持政府只有一種威權的假借可以由頒給威權的主權人自由收回的。在近代國家裏這種仰賴一種較大的意志——就是人民的意志——的觀念是如此的強大如此的堅固所以憲法並不需有——事實上亦不能有——任何其他的制裁力。

這個理由確是有真理的。任何政府莫不感覺公衆輿論的敏銳——輿論能製造政府亦能毀棄政府。政府對個人與所提供的服從，最後還是有賴於服從的意志；這種意志是有一切國民的感情與習慣予以支持的。政府對法律少數人施用法律的強制力；但是政府絕不能有發爲如此行動的權勢，除非被治的人民大致都是有服從法律的意志的，除非他們最後都是樂意這種法律的。按更進一步的理論如果被治者的意志待以成立他們自己所服從的普通法律他們的意志便能夠成立政府所服從的憲性法律他們如果他們能支持加義務於一切人等的法律他們便更能支持加義務於少數人——於政府——的法律不但如此，依據他們忠順的一種基本（雖說沒有明文載定）的條件立法與執法的規則（不但止是立法部循這種規則而制定的法律）豈不都是他們所贊同的規

則嗎？如果他們不願維持立法的程序與立法機關的組織，他們豈能有服從法律的意志嗎？比如在多數有成文憲法的國家裏為國民便保障有某種權利，為政府便設立有若干法規而為政府本身所不能更改或推翻的；這豈不是公然的承認國家意志是大於政府意志而為政府劃定準確的疆界而不容其絲毫逾越的嗎？

似這樣劃清的國家與政府間的區別，是一種真實的區別；但卻不能救護國家的萬能大多數的成文憲法不能為我們的「最終主權」所更改或推翻這是件很重要的事實；所謂最終主權我們業已有所論列至多也不過是國家人民大多數的意志這是正式的承認各國都有的一種事實。我們怎樣能否認大多數人之更改自由保障的權利呢？在一國之內不能有高於大多數國民意志的意志。在此地我們豈不要說，在這裏限制國家的便是社會嗎？並且在任何國家裏無論牠的憲法的明文條款是怎樣豈不是都有一種既成的原則而為任何主權所不敢蔑視或毀損的嗎？此後我們還要回到這種解釋身上來，而作進一步的商權；因為我們認牠是與認識國家最有關係的。

作家如杜紀⑩均能沿沿自喜的以認清國家與政府的區別為滿足——比較嚴格的說，他們只認清了政府與被治者間的區別因為他們以為國家不過是少數與多數之間的一種關係。他們否認國家是一個單位——團體的或法人的。另一方面依我們看來國家乃是一種特殊的團體具有一種確定的性徵以與其他一切團體相區別，同時亦一樣的與社會相區別。

這種見解的一種直接結果我們應予注意。根據國家萬能主義，以及根據杜紀派之側重個人的觀念，均不能

第二編　第八章　法律與秩序（或系統或制度）

二五七

現代的國家

有任何正式「反對國家的權利」如果主權是絕對的，一切這樣的權利豈不都是牠的意志的表現嗎？國家如何能承認，更如何能執行反對牠自己的權利？為表示其恩義與德讓起見，國家往往容忍牠的臣民關於牠自己所已加的損害提起賠償的起訴。在若干國家內反對國家的行動的法律手續其實就以這樣的形式不過其實際內容很少是這樣的能了。例如在英國遇有關於契約破壞的案件發生時被損一方可以呈遞一權利請願書於「國王」而國王便即受理這項事件以示其恩寵。但是這種案情的真意不免為其形式所掩蔽按這種程序的實際來說這裏便是承認有一種反對國家的權利並且從另一方面說這也不簡單的是反對政府的一種權利換句話說一種由國家所成立而用以反對牠的代理人的權利不是政府而是國家為什麼國家不應為這種契約負責任一如任何其他團體於假手其所派遣的代理人而發生作為時（除非這樣牠也不能發生作為）便使牠自己——而非僅其代理人——負有責任呢？既然如此，我們如何能承認國家是一種團體從而具有相當的義務與責任並且這些義務祇有由我們承認反對國家本身的權利方能獲取其確定的承認：我們的觀念豈不是更簡單，而更切於事實嗎？並且我們也用不著畏懼人們的反詰論調，說這種權利是沒有制裁力從而是沒有意義的；我們只要對國家本身——非僅政府——之仰賴社會意志的事實有適當的認識。

我們非審知國際間的關係這種認識是不能表顯牠最高的重要性的國家不但和牠的人民亦且和其他的國家結訂契約。在這一方面卻並沒有區別政府行為與國家行為的問題。一個政府挪借一種外債的時候牠顯然不止對自己亦且對國家加了一層束縛那末我們可以說因為國家主權是絕對的國家除受道德的約束外便可

二五八

以否認牠這樣成立的義務嗎？這誠然是國家所夙有的態度不過這種態度尚有於法律關如時能強制人類的一種顧慮——就是恐懼亂法破紀的結果的心理——予以緩衝罷了。但是這不是國家性質上所固有的態度；不如此，我們可以說這種態度是與國家性質水火不能相容的。我們於現在轉論法律之最終一大部分——國際法——的時候關於此點將另有所闡發。

第四節　國際法

我們在上一節的結論使我們能用一種新觀念來探討這個國際法的問題。如果我們承認憲法得以稱爲法律，只要我們承認牠能加政府以某種確定的義務——且此種義務成立的堅固亦不亞於政治法律所加於國家的私人身上的義務——那末，我們便須同時的承認，於政治範圍之內除法律執行權以外尚有他種的制裁力，並且效力亦不在執行權下這種認識便已將我們引用「法律」這個名詞於他種更進一層的規則——取締各國間在相互關係上所發生的行爲的規則——上的困難，解除大半了。並且這種認識能指示我們一種途徑循此便可以保證國際法得以獲有一種更健全的制裁力因而上述困難之另一部分又得從而取消了。

因爲民族間或國際間有一種經濟與社會的互賴相依的情形，結果便會發生一種有相當複雜性的國際法規的系統。若沒有這種法規近代文明誠將表呈一種極奇特的現象。完全在任何一國範圍以內所發生的一切關係，便要受一種高度發展的法律與制度系統的統治而使此國與彼國發生連鎖的一切關係反將懸於無限大空之上，無任何秩序與保障——除卻某一國家力能伸張其強權威力於另一國家之上的時候結朱便會產生若干

現代的國家

互相分立的國家勢力範圍區——每區以內雖維持有一種極度強烈的秩序，而各區之間則一任渾沌混亂肆其凌虐——那末這種黑暗狀態只有在牠們衝突的火焰之下方得發生光明了。

國際法便是整飭國際關係的法律系統其中沒有任何部分係出於一種立法機關的手筆；亦不曾經由一種法律的稱謂習慣法並不曾出於立法機關憲法亦不曾有與牠同一範圍的法庭國際法首先所需要的條件——如果牠是要有些許法律效力的話，換句話說，如果牠是要於國際間設置有秩序的關係的話——便是要擴充憲法到一種更為寬廣的政治範圍上去牠必須要代表國際世界的一種憲法。

在這一方面無疑義的牠會為一種比較國家更為偉大的制度系統定下基礎經歷若干時代的演進推移某種原則——關於主權國家對於其他國家所享有的權利，如條約上的權利；關於公認的取得領土的方法關於擴大海洋沿岸領海以及各大國際水道與港灣等；關於保護僑民的法權關於使節來往與其他交通方式等——均會蛻化完成，並為舉世所承認而為平時統治國際行為的法規這些法規便組織成一種基礎現在多數協約便都建造在這種基礎之上——一方面對世界各民族間的複雜交通與貿易予以便利，一方面在最近期間還能保證某種最低的生活程度，均為制止一切文明國家內勞工階級的健康與效率上發生明顯危機所必需在這裏便有一種國際制度，正在演變的程序中逐漸能適應一種國際社會的需要在這裏與在其他任何地方一樣社會是行於國家之前的國家——一面受困於牠的疑忌性重的主權思想，一面又惟恐放棄牠原有的自給能力的

二六〇

【现代的国家】
第二编　威权与职务

——直至晚近方遲疑躊躇的有以適應社會進化所加於牠身上的要求這也是國家在最後一著所必須有的表示。

以上所論，並未涉及那一部分從事取締戰爭——不是取締和平——國際法：這一部分的國際法，表面上仍佔其較大一部分的內容以往人類的努力消耗在戰時法則方面的多而致用在平時法則方面的少這種事實正足昭示我們以那種虛偽的主權與國際關係的理想在既往曾阻礙國際法整個的發展戰爭——就是直接了當的以武力壓倒法律——應另有牠一種的法律——這種觀念在原則上是不可思議的在事實上是不能成立的。純武力不能產生任何權利亦不能承認任何權利戰爭不是交戰國間的一種圍棋遊戲，乃是生死的奮鬥且其方法亦莫非破壞的工具人道的考慮不容有無益的破壞。不能達到勝利的目的的破壞但是誰能制定各種法規以決定戰時的破壞有無效力的界限？並且就在這界限以內這也不過是給戰爭以另一種無理性的辦法用以區別許可應用與不許可應用的工具能了設若毒瓦斯比重力炸彈要大些為什麼原故交戰國不應採用牠呢？就是我們引用人道主義別人豈不可以回答我們說：最大的人道莫過於勝利的敏捷或敗陣後所受創痛的制止。特別是近代戰爭因為非戰鬥的人民也須直接或間接的參加交戰工作製造軍械彈藥或頂替軍士的地位而從事於平常生活必需要的工作。除開某種取締宣戰手續關於料理來往交通以及休戰與停戰等等規則——易言之這些都是不屬於戰爭之真實進行的條件；除開少數關於殘廢與疾病的兵士及待遇俘虜辦法的規則外「戰時法」大部分不但是缺乏理性，而且是無時不遭破壞。

第二編　第八章　法律與秩序（或系統或制度）

二六一

現代的國家

踐踏，眞不能絲毫稱爲法律與「平時法」迥乎不同——平時法固亦間有失敗的機會但事實上確有取締國際行動的效力。

假如我們認識憲法的基礎，我們便不難瞭解一般國際法所有——一部分是已經有全部將來也或許有——的眞實制裁力。任何法律的制裁力必歸根於公意與情假如我們考察政治法律我們可以發見若干規定與執行法律的方法與機關，是憲法方面所無的。國際法直至現在所缺乏的，不但有這些方法與機關而且有公意的統一後者如能超於完成則後者——在必需要牠們的地方——亦必接踵而至。

這種發展上有兩大障礙卽公認的國家主權的觀念與領土具有的原則換句話說障礙根本是伏在公意的偏私成見而不在客觀的情形上主權觀念所反映的便是自給之民族國家的理想——所謂民族國家據說便是威權與勢力之最終的匯合體牠的專橫意志雖間亦其有道德的義務但除牠自己手創的法律以外絕不受其他法律束縛牠的尊嚴是不容有外來的限制的。在牠自己範圍以內牠是至高無上的；在與他國發生交涉的時候牠是絲毫不放棄牠的高大的聲威牠不能隸屬於任何國際的平等團結牠很執迷的認自己爲「一種全體文明世界的惟一保護人而並非一種有組織的文明世界的一個因素」這種國家哲學是如此的誇張牠簡直都不承認一個國家是能違反道德的法律的了。如果國家殺人，那絕不能構成殺人之罪。⑳

道種主義之不合於事實，我們在後來一章書內將有所討論牠是根據於一種觀念而來的。按這種觀點，除每個國家範圍以內的社會外是沒有任何社會可言的。然而國際社會的存在是不容疑議的那末社會延長至什麼

地方秩序制度——姑不論其形式種類——就必須擴充至什麼地方沒有任何單獨國家能作那種秩序制度的保證各國都局部的承認牠們在一種公共系統之內的使命與地位國際法的產生便是結果如謂某一國家能保證這種國際制度那便是過去人的陳腐觀念如謂某一國家能伸張牠的主權以與國際制度相違抗這種觀念亦已爲人類公意所唾棄在政府對內工作一方面看，絕對國家的觀念久已爲人類所廢逐在對外關係上牠的效力亦已漸趨破壞；不過牠還不曾脫離牠的根本能了。如果人類輿論能從環境事實所不容的傳統思想底下脫退出來那就不會有任何根本的困難可以阻止我們授給國際法以一種眞實的制裁力——對於這種制裁力最食古不化的哲學家也許無疑的能用解釋而驅之他去但是他卻亦不能公然完全徹底的加以否認。

㊃ 國際法發展上之另一障礙，便是認國家爲國家所組織之領土的最後所有人的原則。這般人認爲地球是業已由若干政治的地主所瓜分而囊括以去的，每個地主都是他自己領域的主人翁，在他領域以內任何人物亦莫不是他的用益權這種觀念使國際法沒有發展的餘地，牠除開邊疆與侵略問題以外這種觀念一部分是傳自封建主義的遺蹟，而近代殖民制度的發展又予牠以復活的機會一個國家可以說是具有殖民地的——倘未有人居住或開墾的殖民地——如果牠能隨意處置這般殖民地；如果牠能爲本國人民保留其墾殖利用與通商的權利，如果牠能對一種尚未分配給個人所有的領土有效的要求其所有權住或開墾的殖民地的統治之下的。但是這些臨時的情形都是些臨時的情形行將消滅於發展過程之中的。坎拿佔有權利是屬於牠宗主權的統治之下的。

第二編　第八章　法律與秩序（或系統或制度）

二六三

大——就是坎拿大的領土——曾經有一個時代可以說是英吉利——「所有」的，但是這種說法已不復是正確的了。英國是否仍可以合理的說是握有印度的「所有」權也很屬疑問：不過與坎拿大的情形又不同能了，並且就是說英吉利本身是英吉利國家所有的，也是一種淆亂聽聞的言詞。國家有「土地高等取用權」("right of eminent domain")，因為牠可以根據公衆利益或需要的理由而取用國內居民的土地或他種產業。就是這種權利也不過是一種以合理的條件而取得財產的權利；與優先的所有權大有不同當地的政治墾殖已告完竣的時候——這種發展已進步很遠了——任何嚴格意義的土地所有權亦不復能歸於國家了。在移殖程序完成以後一個國家便不復能以牠所實行管理的領土的一部分售與別國——有如拿破侖之售路易西安拿（Louisiana）與美國。

理由當然是因為一種領土事實上不能為兩重主人所有——同時為牠的居民所有，同時又為國家所有除為執行公共役務所必需要的裝備以外，國家最後所能具有的，不過是一種固定領土之內的管理權——國家之有這種管理權，也是由於社會的給付，因為牠是社會的一種機關。這項事實如能蒙予承認，國際法的範圍與效力上便可免卻一種嚴重的障礙獨佔的絕對的財產所有者，誠有如武裝的強者，可以認為是脫離任何公有的律系統而獨立的；但是顯然為保證幸福的外部條件而存在的機關在一種經由文明用千鏈萬鎖而聯貫為一的世界上，就必須互相核準牠們同時各自亦欲為其己身而謀成立的秩序制度；否則牠們便不能完成牠們的任務。

國際法欲完成牠的使命，必要有一種國際法庭——不但藉以解決糾紛亦可藉作國際輿情的集中點現在

在一個方向上已有長足的進步：因為國際聯盟已敷設一種永久的國際法庭，其選派的法官並有很長年限的任期。從前「海牙公斷法庭」（Hague Court of Arbitration）這已是代表一種顯著的發展：海牙公斷法庭只設立有一種臨時的裁判官吏，係由一種名牒中所揀選的，頗類似實業界勞資公斷時普通所採用的辦法；一種常在的法庭其潛勢力自較強大多多他的永久性使他能培養一種習慣；如再益以公意輿論的支持當更能逐漸擴張他的勢力，卒至使呈訴於這種法庭的辦法成為解決國際糾紛之不容懷疑的手續或進行方式。

以前一向所缺少的，不是法律而是法庭依國際法庭的規約法律淵源具體的列舉為（一）國際成例，（二）國際習慣（三）「文明各國所承認的法律通則」以及（四）「司法判例與各國最高資望的政論家的教諭，亦可以作決定法律原則的輔助方法。」但是這些淵源均沒有如此重大的束縛力，致使這種法庭不能因訴訟雙方的同意而應用衡平法上的公道原則，國際法的原則根本上與國家法律原則無異國際法亦猶國家法必須適應每一時代的精神與社會情狀的變遷而滋長發展。

國際法之有效的應用，止需要一種支持與裁判力，那就是一種基礎寬闊的公意輿論：這便是我們在結論上不惜要再三致意的一句話法庭便是一種確定的公共組織精使意見輿情可以集中的，以往的一種大困難就是缺乏一種公共性質的任何國際組織使他節來往的役務按他的本性就不能受公意的激盪國家內政固已成為全體國民的直接關切但其外交的進行，一向還操在一種完全脫離最後主權者的勢力影響而各自獨立的人物的手中這種人員因有一種隔絕隱遁的地位所以一直尚能堅決的株守一般遠不足以促成現代國家進步的習

尚。最近某某諸國對外務檔案的祕密，曾予以陡然的侵犯；結果不免給外交理想與方式以意料之外的暴露：這些發見在在足以表示牠們與比較民治的國家——最少是比較民治的國家——內所施用的理想與方法有一種極顯著的差異。在內政擘劃一方面的國家與在外交經營一方面的國家儼然成爲兩重人格國家以內的秩序的保護人成爲國家以外的秩序的仇人國際法一日不能有效力這種情態便要繼續存在一日國家的性徵之能躋於一致也只能當國家於無論何地都假法律以發生工作並己身亦服從法律的時候。

我們在此地並不是主張在國際間成立一種呆板的大同平等的狀態譬如許多人就想要普及法律的效力成爲一種大一統的時代這便有類於痴人的夢囈了。法律旣不會在一國之內成立有這種殘暴武力不僅是內就更不會創設這種現象了。法律的眞實使命乃在限制純武力的有殘暴性的表現；因爲這種殘暴武力不僅是內部眞實力量的一種替代品而且往往就是牠的警仇。處於法律制度在國際間由權利之下只有促進文明的眞實力量纔能得其發揚秩序制度乃是生命賴以樹立的基礎而在國際法尚未獲有保證以前，秩序制度實立於空虛而危殆的境地裏。

第八章　附表

政治法律之種類的羅列

第二編　第八章　法律與秩序（或系統或制度）

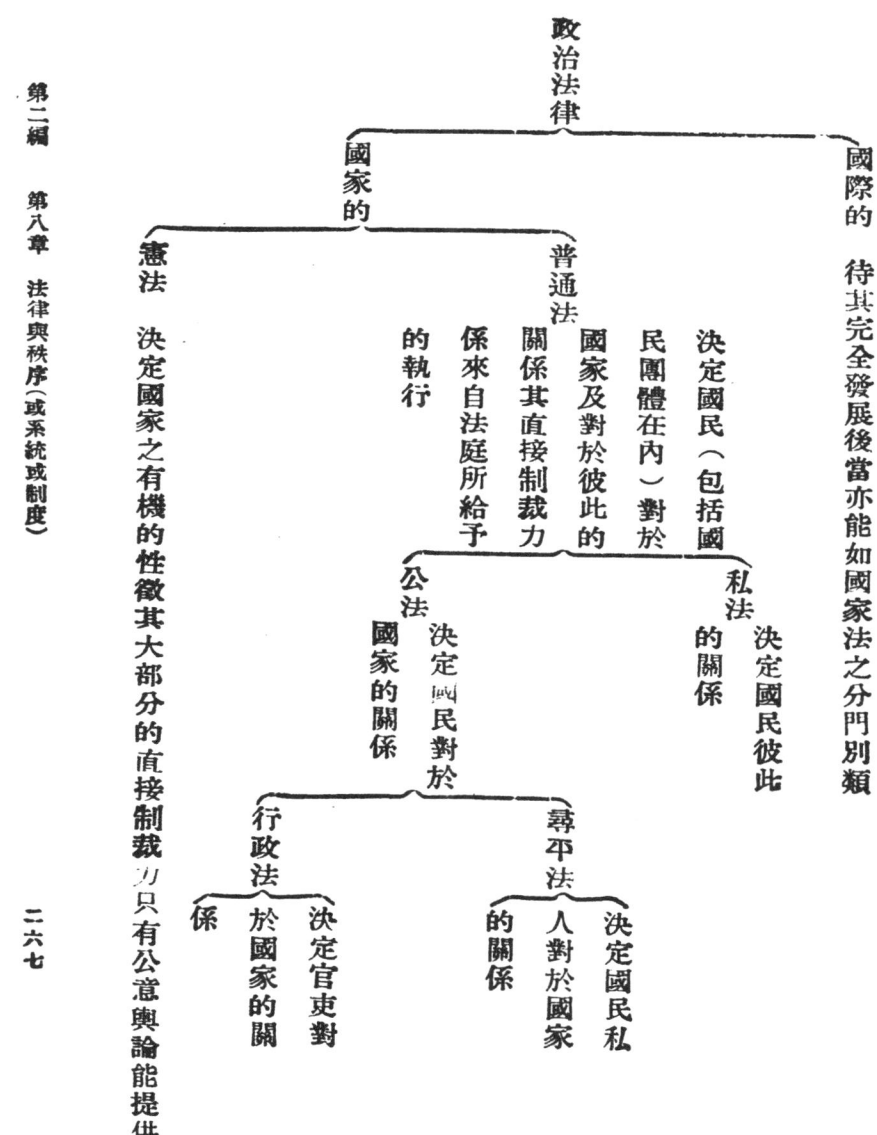

政治法律
├ 國家的
│ ├ 憲法　決定國家之有機的性徵其大部分的直接制裁力只有公意輿論能提供
│ └ 普通法　關係其直接制裁力係來自法庭所給予的執行　國家及對於彼此的關係
│   ├ 私法　決定國民彼此（包括國民團體在內）對於的關係
│   └ 公法　決定國民對於國家的關係
│   ├ 尋平法　決定國民私人對於國家的關係
│   └ 行政法　決定官吏對於國家的關係
└ 國際的　待其完全發展後當亦能如國家法之分門別類

现代的国家

❶ See the author's "Community," Bk. I, Ch. I.
❷ Cf. Dicey, "Law of the Constitution," Introduction.
❸ "Commentaries," i, 44.
❹ It is significant that here Austin limits law by considerations of its inherent nature, not of the power of the sovereign. A fuller development of this principle might have overthrown his doctrine of sovereignty itself.
❺ "Traité de Droit Constitutionnel," II, Ch. II, § 16.
❻ For a fuller discussion see Pound, "Law and Morals."
❼ See E. Barker, on the "Rule of Law," "Political Quarterly," May, 1914. The well-known case of Bainbridge v. the Postmaster-General revealed clearly this defect in the 'rule of law' under the traditional English doctrine of the state.
❽ Quoted by Cardozo, "The Nature of the Judicial Process," p. 16, from Modern Legal Philosophy Series
❾ Cogent illustrations are given in Laski, "Authority in the Modern State," I, iii.
❿ Cardozo, ibid, Introduction.
⓫ Pound, "Theory of Judicial Decisions," 6 "Harvard Law Review," 1923.
⓬ "Yale Law Journal," Vol XXII, December 1912.
⓭ Such as those established in Britain under the Industrial Courts Act of 1919, the adjustment boards

⑬ See, for example, Rankin, "Arbitration and Conciliation in Australia."

⑭ "Report on Conciliation and Arbitration."

⑮ "Creative Experience," Ch. XVI.

⑯ See Dicey, "Law of the Constitution," Chs. XV, and XVI.

⑰ The same conception underlies, in respect of ordinary legislation, the advocacy of "laissez-faire." Many a business man who abhors the "interference" of the state in the economic sphere regards as rank heresy any suggestion that sovereignty itself is limited.

⑱ "Traité de Droit Constitutionnel," passim, and especially Vol. I, Ch. VI.

⑲ See Bosanquet, "Philosophical Theory of the State," Ch. XI. For searching criticisms of this doctrine see "Proceedings of the Aristotelian Society," New Series, Vol. XVI, "The Nature of the State in view of its External Relations."

⑳ Cf. Bosanquet's curious dialectic in "Proceedings of the Aristotelian Society," New Series, Vol. XVII, "The Function of the State in Promoting the Unity of Mankind."

㉑ This right may itself be circumscribed, as it is under the Constitution of the United States and in terms of the decisions handed down by the Federal and State Courts. In England the rubric of "eminent domain" is less familiar and the power of the state over property is less defined, but the active principle is similar.

第二编 第八章 法律与秩序（或系统或制度）

第九章 政治政府與經濟制度

第一節 經濟的與政治的權勢

現在國家已放棄其宗教的管理權；現在國家大抵已開始對本身予以約束，不復作道德問題的仲裁政治的中心問題便是政治對經濟制度的關係。只要政治權勢的中心同時亦為經濟權勢的中心這個問題是沒有多大的實際重要性的。但是我們業已指明過在近代國家演進的過程中牠們兩下不但已發展有牠們的區別，而且在某種程度上牠們還是分離的。然而分離儘管分離，牠們卻不能各不相涉。牠們這種權勢的競爭與中古時代「精神的」和「世俗的」利刃互相競爭的情形大有不同。中古時代的問題只要各方面發見了牠自己相當的獨佔的勢力範圍便告解決了。在現在這個問題方面是沒有這種解決之可能的。每一方面對於那一方面發生影響亦不斷的為那一方面所影響並且還必須總是這樣的繼續下去。政治政府已失其原有的最終性經濟權勢反得從而伸張牠主要至高的要求條件且聽軍火製造家用舞臺上的簡單語調叫喊着：「你那國家的政府！我的孩子啊，讓牠與你同去罷！你們且去玩弄你們的會議，和重要的政論文章，和有歷史背景的政黨和偉人領袖和轟轟烈烈的問題以及你們一切其他的遊戲品。「我」是要回到我的櫃臺裏面去付值給那個吹簫的樂師讓他給我奏一曲的。」❶這雖是一種過於鼓吹而與事理相反的言語但至少是很能昭示近代精神的。比如在以往就

【现代的国家】

第二编　威权与职务

發生了不少的這種彰明的事件，一個政府竟為一種經濟組織的行動所阻撓而不能發生效力了政府也許通過了一種法律以禁止罷工的舉動但是當其罷工發生的時候牠卻又無力以執行這種法律了有時政府且屈服在經濟的壓力之下有如鐵道工人或礦工的罷工等而制定他們——不是牠——所欲望的法律有時政府或窘困於一種缺乏政治權勢的社會的經濟抵抗之下如印度的自治運動有時政府甚或自己承認牠所應有的政治武器的無能而與某種經濟勢力結為盟好以為抵制另一經濟勢力的工具。

政治權勢在形式上是比較優越的。牠能夠正式的以命令規定經濟權勢的條件與限制假如他種方法俱告失敗牠還能夠攫取直接管理的權柄逕將經濟組織的任何部分「收歸國有」但是在此地權勢的形式也是易於使人誤會的。政治威權必須賴有一種意志的統一以充作牠的某礎這種意志統一就能夠限制牠的有效的勢力範圍因為如果牠的任何行為有使任何部分的公意與情對牠發生叛離的情事結果必輭化政府的威權常受這種事實的牽累在我們現在的社會裏既發生有錯綜複雜的利害關係——特別是經濟的利害關係——任何劇烈的立法也不免是一種危險的辦法任何政府都不過是依賴一種邊際的力量而圖生存的這種邊際力量就是贊助政府的有效意見與反對意見相消後的盈餘。任何縮減這種邊際或盈餘的行動便足以輭化政府的威權——至於遠非人民意見翻轉的速度所可比例的程度。不但如此，國家內部的政府行動是彰明較著的，受有一種擴大宣傳所附帶的一切危險：而一種有組織的反政府黨，牠的職務就是要給政府行動以極不利的

第二編　第九章　政治政府與經濟制度

二七一

現代的國家

宣傳；所以政府所處的危險，自然是有增無已的並且政治權威的最後一着方法，便是強制——一種外表與物質性質的強制據我們之所已證明，這種純強制執行的方法其勢力範圍是逐漸趨於狹小的我們只須迴想一般勞資爭議強迫公斷制的失敗——那怕有大多數的民眾意見以為其後援——便知國家制裁的限制了。美國政府在禁止專利的結合營業一方面所作的奮鬭，便是我們另一種的重要實例：其尤堪注意的就是這後一種的經濟權勢不但是用來抵制政治權勢，而且是用來從內部予牠以輭化的經濟權勢有一種目的的單一與集中是政治權勢很難做到的。

一般工團主義者簡直認經濟權勢可以完全漠視國家的權勢這也不免是一種極端的虛妄的論調。我們不要輕忽了國家的功能與實力各種經濟利害關係對國家某種活動所提出的嚴烈的抗拒及其亟欲奪取國家政權，以期達到其本身目的的願望，都是一樣的能證明國家有牠相當的特殊的力量只有國家有牠敷設普遍制度的威權，這種威權是絕不畏被人推倒的但是經濟權勢對於其下屬的人們的收入——這是生活的基本工具——有直接支配的勢力牠所直接支配的還有物價的資源還有僱傭還有信用的供給，還有物價還有競爭經濟權勢就是取締需要的威權，而這種威權又是其於供給的取締而來的牠是有階段性的，不但本身不平等的現象所發出而且本身亦能創發不平等的現象牠的基礎所藏伏在的一般生活與環境的條件，都是一些使人類躋於差異而不平等的境域的情況。但是國家發見牠的基礎是在於一般激發平等呼聲的環境情況裏——這些環境情況也是一樣的有永久性的。

經濟權勢是迅急而不受桎梏的，是自然而變化無窮的政治權勢比較的迂緩而生硬——固然牠亦能應社會之變遷但是牠的基礎是這般的寬大習尚風情又是這般的糾纏着牠所以牠只能適應一種大範圍而業已漫延於社會生活之上的運動。在一種社會變遷尚未接近政治制度以先經濟制度便已感覺到牠的潮流的刺激政治權勢如果有所行動必須對全體社會產生行動經濟權勢能於最近的中心發生行動而任意轉移政治權勢有固定的疆域而經濟權勢掃有舉世的自由經濟羅網有滿佈天下而連綿不斷的繩索其組織在文明最進步的地方最為嚴密國家用關稅取締禁止出口與其他方法阻礙這種不斷的源流否則假如牠能毫無窒礙牠總是要不顧此國與彼國間的固定界線而勇往直前的進行的。這便是經濟權勢與政治權勢間的差別的一種好明證前者在各種方向上自由行動，而後者總是須行一種固定的分合離聚的方式經濟權勢是善變的，有多數中心的；而政治權勢是魯鈍的集中的。

由此可知政治疆域是從不會與經濟疆域相吻合的——或者根本就沒有經濟疆域之可言國家每以關稅取締法而端力限制經濟活動於其本國政治疆域之內但是牠的成功至多也不過只是局部的而且局部的成功都是犧牲領土內某種經濟利益而換得的。比如說牠能加惠於鋼鐵製造家，牠就必要加害於造船的實業假如牠能加惠於某某製造家，牠就必反是而有利農害工的影響假如牠能資助國內製造家，牠就必要損害辦理進出口的商家假如牠能援助生產者牠就必要傷害消費者按經濟權勢固有的性質牠是絕不能由任何取締權的操縱而與政治權勢發生脗合的一個國家的繁榮愈增高這種事實愈為鮮明而易見因

第二編　第九章　政治政府與經濟制度

二七三

現代的國家

為，牠的人民一方面取用於全世界的資源的地方日增一日；另一方面，他們也要將他們的剩餘資本向外投放而發展其他的國家國民的結合便由是而與財政家或股東或商人的結合發生離異因為後一種結合不復能囿於前一種結合的範圍以內。這便是那種利害關係的大分化作用的一方面而為國家一面所不樂於承認的人類舊有的將此兩種範圍混為一談的習慣現仍據有相當的實力足以對雙方加以巨大的損害。一般人既受有一種既往時代的政治觀念的訓練又有現代偏私成見的輔持：故仍能藉獨佔專擅的與最高主權的國家之名而橫割經濟生活——使彼此發生聯貫的經濟生活——的脈絡氣管。凡爾賽（Versailles）條約便足供我們以充分的例證。

當然的，範圍的區分是絕不會過分嚴格的——絕不會將經濟事業盡行劃歸經濟的團體，而將政治事業又盡行劃歸國家教會與國家的問題上所尋得的解決，在此地是絕不可能的。經濟權勢與政治權勢乃是達到同一目標的兩種有區分的工具這是我們所應切記的事實牠們二者同為達到牠們本身以外的目的的工具牠們都是人類幸福的先決條件牠們的領域有一部分是重疊的交切的。牠們二者都是外部的與次要的工具牠們二者都是有普遍性的工具因為人類所企圖的事物沒有經濟權勢是不能獲得的；並且人類所企圖的事物沒有政治權勢也是不能達到的。人類所追求之其他一切的對象不但能提供間接的滿足，亦且能提供直接的滿足。惟有政治的與經濟的工具，是因為牠們的結果，而總有存在的價值牠們純粹是一種工具其役務與用途完全在牠們本身以外。家庭教會俱樂部，一切公共生活的團體友誼的團體或文化的團體牠們所生產的果實，是在牠們本身

【现代的国家】

内的。但是国家与经济制度都祇是一种机械，其所以有永久的必需性的，是因為牠們是人類用以達到其所慾望的對象的一種永久需要的工具。我們根本上就視牠們為權勢亦正是因為這種理由。

因為同一原因，牠們兩下實俱不能彼此分離。國家不能放棄經濟的範圍因為經濟範圍內是應有或且必需某種形式之普遍取締的——例如只有法律方能達到的普遍取締譬如就是提倡極端放任主義的人也要承認：設置並保障一種法定的貨幣制度是宜歸國家措辦的事件差不多任何人也得承認：一種普遍性質的某某經濟役務最好是由國家或國家的分區——如府郡或都市——所獨自經營所專辦我們可以舉郵政與自來水供給為例證。我們所劃定的界線，應根據能力的考量而加以決定，不應僅由利害關係的區分而加以決定比如說要收集和宣佈各種關於經濟情况的統計資料，那誠然無疑的沒有任何機關有國家這樣合事的但是另一方面，要舉辦零賣的生意，國家便完全不相稱了。當社會需要公共標準的時候，並且這種公共標準是能成為立法的合宜題目的，那便有國家取締的地步。凡在個人經營與試驗於社會有利的地方，那末國家便應自行檢束而不加取締。既然公共標準與個人進取二者都是每個經濟界裏的有價值的東西，所以國家的任務便不是組織的而是取締的。換句話說，國家應予以干涉的原故，不是要舉辦國家的經濟事業，而是要維護社會的標準：要制止偏私利用與彰明的不公道要剷除經濟競爭中不須有的危險；要保證並促進公共利益而抵抗各個私人團體的疎忽或自私要取締各種專利營業以資保護社會而免其受牠們的勒索；要保障國家未來的幸福，不致為目前利益的追逐所損害。國家的行動範圍，不能依任何永久的標準而給以規定。這是必須因環境情狀因有無國家行動的需要並因牠

現代的國家

自己的能力而發生差異的。差不多沒有任何題目比這個問題為人們更不樂意予以平和而清晰的討論的他們的恐懼或他們的希望與國家的行動或不行動是有這樣的密切的關係；致使他們遽以籠統的拒絕或感情的諾言來替代理智的判斷雖然如此國家就是在這一方面也正在求得閱歷漸知發見牠的相當的勢力範圍因為牠的成功與牠的失敗是逐漸的透過了偏私成見的迷霧而表顯在牠的眼前。

現代國家各種內部的大紛爭恰是集中在這個問題上——就是國家之取締或參加這種經濟事業應該是什麼樣的性質並且至於什麼樣的程度國家在最近期間的主要發展都是來自這般紛爭最大爭執的癥結之一，就是保護關稅制的問題。一種保護稅制力能激發兩方面的好感：第一牠能鼓動普通國家主義的精神因為牠是希圖恢復政治與經濟區域的統一的；復次牠能吸引各特殊利害關係的歡心因為牠們能依傍牠的援助而在國內市場上免於外國貨物的競爭。但是有若干大經濟潮流卻是與牠相抵制的這般潮流對於分工原則頗能予以有效的刺激而推廣蔓延逼於全球絲毫不顧離開此國與彼國的嚴峻界限另一種極重要的爭點就是關於國家設置並維護生活的環境與程度以資抵抗近代實業生活之競爭的壓迫力的任何問題我們社會的小而孤立的家庭業已失卻了黏貼緊固的親屬團體的支持舊時地方社會的團結天性已不復來作一般被削剝的弱小階級的後援新艱危亦與新機會同時產生意外事變殘廢失業往往被人私用等等情事對於實業的民衆的生活予以威脅為抵制這些情事他們纔發生組織從而創立一種新形式的經濟權勢但是同時他們也仰求國家的協助故此國家業已經由衝突傾軋的途徑而進入了管理取締的新使命。

二七六

【现代的国家】

第二编　威权与职务

我們在這一方面常應牢記經濟權勢不過是經由不平等現象而達到新的不平等現象牠的競爭與專利與論價各方法，都是些使此人與彼人的利害關係發生傾軋的方法使此人與彼人的比較收穫與損失互相衝突的方法經濟界——無論如何由其中的合作予以和緩——也不過是一種競爭的場所在這種競爭的過程中，公共利益或卽遭蒙重量的損害弱小階級便要被驅而陷於絕境一任他人的宰割與壓制——這不但是他們本身與他們家庭的災害也是社會全體的禍患而國家的成立目的卻在為公共謀利益牠的比較寬闊的基礎不是人民的差異而是人民的相似偉大的地方。而國家的成立目的卻在為公共謀利益牠的比較寬闊的基礎不是護人民的地位並且假如牠是忠於牠這種偉大的職守的話牠便當為公共幸福而謀有以緩和經濟競爭的危險與不平等現象的辦法這種行動是有利的，並且是可以成功的：最近百年來實業勞工立法的歷史已足供給充分的佐證。

國家在對外關係上最顯明的是用政治權勢為達到直接經濟目標的工具經過擴充的主權，及朝代或民族的聲威牠們的純政治目標本身已不復能有效的吸引人們的景仰而只能充作取得經濟利益的一種工具——在這一點上還能激發人們的羨慕要取得殖民地保護國委任統治權以及勢力範圍的野心本身大抵都是一種經濟慾望——想要取得市場的支配權生料的新來源或天然物產等等的慾望——所慾惠而成的各獨立國之間所結訂之大多數條約與協定，都是一種經濟論價的形式——關於關稅方面的讓與權利通商便利及其他同類的權益等等國家對於本國國民與他國國民間的經濟關係，自有一種特殊的取締權——這是一種隨經濟國

第二編　第九章　政治政府與經濟制度

二七七

現代的國家

際主義的膨漲而增進的取締權。因此，在現代國際間便已發生有一種複雜的債務與信用的關係。有時國家本身在國外舉辦債務——借進或借出但是比較普通的舉債，都是代較小的公共團體或代私人經營的公司所舉辦的；並且這種交易差不多總是假手銀行業戶所辦理的。因為牠們可以向各私人債主募集此項借款然而借款出去的國家的政府對於這種國外債務仍得行使其直接或間接的監督若國家政府不予同意這種交易是不能完成的；因為財戶銀行每遇有疑慮的時候就是沒有仰決於外交部的意見為穩妥的辦法例如英國錢市歷史若干長久的時期都是俄國的舉債採取閉關主義的，其根據就是英國政府的態度。關於外債的取締權，頗能使比較富有國家的政府手握一種屬害的行使政策的工具。

如果國家不能讓經濟界自行其是，那末經濟潮流就更不能漠視國家經濟界的人們儘管大聲疾呼的提倡「放任」原則但是當他們喊吶「讓我們獨自追求我們目的」的時候他們卻不肯對自己發一種平等互惠的號令他們並不肯允諾此後他們本身不再對國家政府發生影響。第一，國家必須征歛稅課而納稅的方法與數額，便是一切經濟利害關係的一種重要的關切所有形式的稅課，無論其所援引的公平或均衡原則為何總是要影響到財產的分配的：有若干種類——尤其是海關稅——便是溶冶籌措國家收入辦法與一種確定之經濟政策於一鑪的。而且事實上國家任何行動都是有經濟影響的；所以經濟的利害關係無時不企圖有以決定牠的行動。再者各種經濟利害關係又都是彼此對立而不平衡的，所以牠們更不能不仰乞國家對牠們彼此有以援助無論是力求改進勞工狀況的工資勞動者還是反對工聯主義的雇主；無論是組織一種「聯合」的生產者或是反

對高價的消費者；無論是攻擊社會主義的資本家，或是抨擊資本主義的社會主義家：無論他們的信仰言論是怎樣，他們都是急於希圖得左右國家這部大機器在各政黨的分野與活動上面這種事實尤其是極端明顯的經濟的利害關係與地位上的區別，便是決定黨派區分的主要原素。近代社會的大分裂乃是經濟的，而不是種族的或文化的從這種經濟的大分裂各政黨乃可以取得牠們的實力牠們的永久性幾乎牠們的生命。

給近代國家以牠的特殊性徵的事實——或者力量在任何其他事實上——便是經濟權勢的中心與區域，與政治權勢的中心與區域是不相符合的這項事實民生制度會給勞工階級以重大的選舉權但卻不會由此而即給他們以同等程度的經濟權勢——這是與牠的提倡人所希望與牠的反對人所憂懼的結果極不相侔的一種結果政治力量或直可與經濟懦弱聯在一起反之經濟力量亦可與政治懦弱打成一片不過這種事實極不曾發現的很稀罕罷了強大的經濟利害關係，在某種情況之下，或卽不能影響公意甚且事實上反能驅逐公意而使之他去。以美國各大專利實業的經濟權勢，仍不能抑制一般禁止專利營業的立法的通過雖如此說就是在牠們不能抵抗的地方牠們還可以講求逃避。——有如蘇維埃的爆發——政治權勢是不能蹧踏經濟權勢於其足下的；就是當有暴動發生的時候這種蹧踏行為也得提付重大不貲的代價經濟權勢有很多的武器而政治權勢的武器卻很少。政治權勢的作成必須公開，而經濟權勢卻有祕密發作的利益經濟權勢一經成立卽有一種單純而確定的目標；而政治權勢的包容很複雜易趨於分裂經濟權勢頗難陷於腐化破壞的情形——一則因為牠所圖謀的事物牠只為自己圖謀；一則因為社會上除卻牠自己的腐化工具以外別無

第二編　第九章　政治政府與經濟制度

二七九

其他的腐化工具。但是政治權勢在一切階段上無論牠是屬於一種報紙或一種黨派或一種政府莫不是處於金錢財富之恆久不斷的或且有時為暗伏的勢力影響之下的。

然而這兩種權勢卻從來不曾混合起來財富可以收買從而可以支配各種輿論機關；但是利害關係不同的觀念，總是要繼續存在而有表現的機會的另一方面勞工組織——在某種重工業如運輸或採鑛各方面——的權勢的膨漲，亦可以強迫一種無同情心的政府屈服於牠的慾望之下；但是法律規定實過於堅硬不易為環境變遷所搖動而只可以為資本之進一步狡譎的方策所征服。❸ 再者，政治組織對於經濟趨勢必須經過相當時期，方能發生適應。大政治變遷之完成大半出於全體一次或陡然步驟以故比較經濟變遷為難以完成後一種經濟變遷可以逐漸發生，而政治變遷通常都是出於某一派之預定的同意的決心並且這一派人在人數與力量上又都是足以支配國家的。

第二節 國家與經濟生活：迴顧與展望

經濟制度與政治制度的劃分便是一種大社會解放運動的一部分在歷史的過程中，權威箝制人類思想與活動的壓迫力卒告放弛人類漸知不復為全體部落而思想他們漸知發生的行動其方式亦不復為有約束力的習俗的表現。這種解放程序的一大方面便是他們對於一種純粹屈服與絕無活動的地位宣告脫離的事實他們原有的一種生活完全是依賴土地依賴些小區域——每個家庭或每個羣衆所耕植所棲息的區域——的直接出產的；這種生活便陷他們於屈服與不能動展的境地，而今他們是脫離這種境遇的覊絆了。在古時有些人的這

二八〇

【现代的国家】

第二编　威权与职务

種解放是原於通商互市的舉動又有些人的這種解放，是得自武力征伐或豪奪強取的效果但是經濟生活號稱有一種真實自主地位的開端還在實業資本漸趨發達以後資本是活動的流通的資本所有權異於土地所有權，不是政治權勢的附屬品與直接收穫牠是各個人或團體的進取與創造所產生的資本主義之自強不息的精力，已打破風俗習慣的壁壘牠包含有一種蔓延與生產的潛勢力為以前一切經濟時代所不曾夢見的在這一方面馬克斯（Marx）的言論是很正確的他說：「資本是一個活動的怪物有生產與繁殖的力量」生產工具的價值，不但已能超過引用牠們所產生的現下貨物的價值亦且超過了土地的價值。❹ 因此便產生一種經濟的霸權，對昔日權勢的統一予以推翻。

在昔日環境變遷對財產分配有所變更之時政治制度之「內」便發生種種爭鬥的情事新的商務財富要求與奮的土地財富平分威權中等階級既獲得經濟的機會便希圖進取政治的權益普通人民的金錢勢力便是他們求得政治進身的工具國家的性徵亦力求適應經濟潮流的刺激寡頭制遂亦擴充而包括新起的財富階級於牠本身之內或因一種下等階級已組織牠的經濟力量而發生變動但是這般爭鬥糾紛之本身卻不曾涉及任何新異的原則所在不過是一種統治階級的組織問題這種衝突的結果，便是保證與重建經濟與政治優勢的統一這種統一素為階級式的國家的特徵在這種國家之內，政治的下層階級同時也是經濟的下層階級統治階級一如處於封建制度之下者然就是教堂牧師階級，在他們參與政權一方面來看也莫不有一種佔有經濟權勢的階級的特殊徵象❺

第二編　第九章　政治政府與經濟制度

二八一

現代的國家

各階級的聯合系統——上下的貴族牧師有產的公民——代表經濟權勢的等級而立於其下者，便是一般無產的民眾，一般農奴與一般普羅列他利亞（proletariate）

近代資本主義的激進產生了一種新情況只要貿易與錢業繼續的作財富主要的來源（除土地以外）因他們而致富的階級便仍欲用政治方法以求得權勢與威信例如英國十七與十八世紀的商人他們的野心便是購買土地取得一個「紳士」的地位並且設法與佔有優勢的有地階級發生婚姻社會的關係。「一般商人必須成為土地所有人方能獲取政治權勢與社會地位」⑯但是實業資本主義產生了偉大而堅決的變遷絕非舊有制度所能抵抗棉織工廠與鋼鐵工廠的主人不須敲權勢的門——他們已經在門內了。他們所管理支配的各種程序有巨額的人民直接賴以為生哈英頓（Harrington）在他的「海洋洲」（"Oceana"）裏面說權勢是與所有權同行的確是和生活工具的所有權同行的；而實業革命的重要影響即在使額數日增的人民不復依賴土地而過分依賴資本的工具

那末為什麼資本家不直接攫取土地所有者的政治地位而由此恢復權勢統一的舊觀呢？其原因有二——都是能證明隨資本主義的革命而發生的偉大的社會分化作用的第一土地階級有一種利害關係的一致與一團結的鞏固性而為資本階級所不曾享有的隨資本家的興起而發生的社會分化作用，在他們階級內也產生了利害關係的衝突競爭與爭取獨佔專利的奮鬥使他們趨於分裂原料所有者的利害關係與製造家的利害關係，截然不同商業家與船運家的利害關係與國內生產家的利害關係亦互不相容新興財閥的權勢企圖有以支配

二八二

工業的權勢經濟制度的不平等，日漸趨於擴大，趨於撲朔迷離，一種有地階級要同意於某種政治方針——例如關稅政策——比較的容易；但是要想統一資本的政治要求那就艱難多了。更進一步說工作的新分配使經濟上的被壓迫階級已身權利的伸張有一種有效的經濟武器，用以抵制資本的所有者。政府儘管過通禁止勞工聯合的法案但是他們卻不能制止在這一種緊貼的無產階級裏面的知識理想的傳播亦不能制止他們對於某項工作的公同的引退——這是在新組織方式下所可能畢發的行動。在歷史上發現一種經濟權勢而與財產所有權或支配權互相離異，這還是破題兒第一遭工業革命旣以機器代替手工具便使勞動者不復能有他們用以工作的工具與物料的所有權但是牠卻又從而頒給他們以這種非物質而富於潛勢力的武器——這一種權勢不但不依賴財產所有權事實上反因為牠不涉及所有權而更爲不受妨礙。

這種新軍突起的權勢的存在使政府態度與行爲發生了劇烈的變動，資本家不曾變爲以前土地所有者一樣的一種統治階級。他們自然對政府也發生有一種深頂的影響但是他們卻不是——好像是根據一種自然權利的——國家統治人他們的財產權不會自然而然的變成政治權。他們還須聯絡一般所有不豐或一無所有的階級否則亦須籌劃予他們以抵制。因此政府便成爲一種合成組織，或一種調和組織昔日的階級結構已失卻牠的保障但是結果公共幸福的口號的喧囂遂由利害關係的衝突而傳達於我們的耳鼓之內以前的地主大都不但能保障他們的特殊利益，而且能自由的予牠們以擴張——他們昔日圈地的擴充卽其一例同樣的各商會組

現代的國家

合亦完全能碾佔牠們的市場，並支配他們的職業手藝以達到他們的特殊目的。現在呢？每一種利害關係都得在選民這種更大的審判臺前辯護牠自己的案件姑無論其內心動機為何如都須藉公共幸福之名而闡發牠的宗旨獲取牠的目標。

就是最強有力的利害關係民主制亦使牠們有仰求公衆支持的必要：至少這可以說是民主制的功勞政府與財富之間，或政府與社會威信之間，不復有任何「直接的」聯合因此社會的階級結構便失卻了意義與固定性，社會與經濟的優越地位如欲得着相等的政治利益那就必須要出於奮鬪而奮鬪也許毫無結果在這種發展之前幾個階段上財富還可以收買政治權勢——例如在瓦爾卜（Walepole）的時代便是這樣的情形，但是厥後選舉權漸趨推廣，這種辦法終歸於失敗。無論如何，這種辦法亦不能與政客所能提供給他們贊助人的役務酬報相頡頏不過這種種策略除非在公衆輿情極不開明極受矇蔽的地方牠們也不能有比較很大的效用罷了。就大致的情形而論，在近代國家裏面惟一取得政治權勢的途徑便是對公衆加以勸誘。

財富亦常努力以求達到這樣的目的——牠的主要利器便是牠之收買與支配大言論機關的能力但是牠在這一方面的效能，是易於被人誇大的。意見言論是自然而然的成立的，並且有若干發揮的方式各大言論機關——特別是各大報館——或有利用人民的私見的情事，但牠們却不能與牠們相反抗牠們都是些耗費金錢的工具；而牠們的成功又完全要依賴牠們所仰訴的人民的贊助多數的意見能產生一種報紙；而一種報紙不能產生多數的意見印刷機關能對於業已形成的輿論傾向予以堅定與力量有許多事件的新聞來源是獨佔的祕密的，是

一種特殊權利——比如外交關係就是這一類的事件；關於這一類的事體印刷機關是有特別效能的。因為這個原故各國政府往往戮力於培植印刷新聞的事業——特別是要用來闡明牠們的外交政策❼但是大輿論的運動的興起與滋長似乎是獨立的，不為支配或箝制輿論的勢力所驅策的；社會主義在歐洲方面的繁與便足以供我們以很豐富的實證公眾輿論最後還是公民品性的發洩。

這種情形的一種結果便是資本雖有一切經濟的權勢而在政治上仍須採取一種守勢資本一向就在作保存經濟優越利益的奮鬥以資抵抗那些意欲用立法來消滅他們努力的各階級的壓迫。資本的法律基礎頗有弱點其奮鬪便是集中在這些弱點上譬如資本主義的穩定性實有賴於財產遺傳制；而國家之徵收死亡稅與承繼遺產稅，便已接受一種危及那種穩定性的原則還有若干人認為國家在這個方向上還應繼續的向前邁進比如按他們的主張，除開一種中度的財產數額外其他一切財產均應一律取消其遺贈與承繼權不過對嫡系承繼應予以特殊通融能了。❽國家的納稅權，大都為資本主義恐怖的一種對象國家的事務現在業已達到極高大的程度，此外國家並已負有鉅額的債務雖說這些債務大半都是進行毀滅財產的戰爭而獲得的結果任在這兩方面國家都是迫不得已的而業將欲聚的範圍予以擴大這種納稅的程序實已成為一部經濟統制的大機器，特別是因為國家有增關收入來源的必需而業已採取有等級的，挑選的並且最後還是累進的稅則制❾這也是勢所必然的結果。資本主義反對國家事務的推廣特別是在「社會立法」一方面反對用抽稅作產生社會改革的工具特別反對他們認為有偏私性的一種立法——加富有階級以較重責任的立法。因此，便發起了若干極端嚴重的問

第二編　第九章　政治政府與經濟制度

現代的國家

題，無一不有關於國家前程的方向。

資本的權勢，在外遭遇有這些與其他的威脅，故不得不牠本身內部的鞏固為要達此項目的牠曾發展法人或公司形式的組織。我們在此地只能對於這種經營管理的制度，略一涉及牠的驚人的成績牠一方面使一般活動的資本家能號令並不歸他們所有的鉅額資本一方面又使極廣遍的投資者在這樣成立的大結合裏面，有一種有穩定力量的利害關係牠曾將財務管理與專門性的經理分開從而予資本本身以更大的權勢而使牠能聯合並統一牠的活動於極廣大複雜的工商貿易的區域之上牠已使銀行投資保險與他種財務營業等等強大而極形集中的機關能利用混合的董事會組織與他種計畫方策以決定並操縱商務實業的政策⑩ 牠曾將賺錢力量的純希冀與「進行的實業組織」的無形資產變成現有的資本。結果不但將國家所曾頒給的許可狀與特權執照等物亦且將社會人士的純好意與惠顧都變成了各實業領袖的實質的收穫；其促成這種變化作用的程序也正是使牠們成為一種更廣闊範圍的人士們的「既得權益」的程序最重要的就是牠曾產生一種非人格的組織——這種組織不但是匿名的閃避的，而且是自己足能延長生命的，有不死的潛力的——在這種組織的庇護之下，並經假牠以形式，真實具有經濟權勢的人們能獲得一種世界人類未之前聞的安全與永久的統制或支配權。因此資本這種中心權勢逐漸趨於流通與普及化而為本身目的對社會的各種生產活動予以統制與支配。

經濟與政治權勢的變動不定的離心力，最好是用牠們形成的局勢來作實證，以資剖釋經濟法人或公司的

二八六

發達，已致放任原則於死地牠的勢力——姑無論其善惡爲何如——確是過於偉大，而不能由我們一味的任其自然。牠不能不影響國家的政策；而國家若不否認其自身存在的理由，亦不能不肩負取締的責任消費者仰求國家給予保護以抵制專利獨佔，勞動者要求國家保障勞工，輕本營業的商人大聲疾呼的反對「非公平的競爭」，而「重本商業」又企圖提高稅則以消滅外國貨物的競爭，國家無時不感覺經濟勢力互相傾軋的影響與刺激，自不能束手旁觀牠必須依着公意趨向的轉變而有所作爲。大都國家必須按據其本身民治化的程度而發生一種調劑的勢力，以賷綏和那些構成經濟權勢之根本條件的不平等現象。

因此，國家的行政與司法職責比較其立法的工作，乃見有重量的擴充：這亦是我們應加注意的事體。近代國家有時對於鐵道電話電報與他種「公用事業」取得完整的管理權；就是當牠不履行這一種步驟的時候牠也要設立機關委員會等以擔負取締的工作。這般機關委員會往往爲國家賦予重大之調查與監督的威權，大致在法律規定的條款下，總有管理役務取費與他種收價的標準的權利，和取締有關係的公司所發出的證券的權利。現在經濟與政治權勢間一種最發人深省的爭執，就是這種政治委員會的組織與職權的問題——這些委員會無非都是由政府加以委派而以之監督經濟界之較富於專利性的各種公司的。比如關於最近發展的一種專利營業——就是供電的專利營業——片雪佛尼亞州長 (Governor of Pennsylvania) 便簡直發過如下的言論：「旣然片雪佛尼亞與國家政府正籌劃處制電氣營業所以我們與我們的子孫便可以成爲自由人便可以成爲我們本身幸運與我們本身靈魂的主人翁；否則，我們便要成爲亘古以來最普及最蔓

第二編　第九章　政治政府與經濟制度

二八七

現代的國家

延最深入的獨佔營業之柔弱無助的奴隸我們不統制電力牠的主人與所有者便要統制我們」⓫我們還有應加注意的一件事就是某種「社會立法」的議案的通過——例如健康保險法勞工報償法失業保障法及其他類此的法案——本身上就有設置一種永久行政機關的必要本身上就必須成立一種新的半獨立的具有極大之任意處置權的行政分部的機關這些機關與委員會似乎是在經濟界內的要害所在敷設的一種互相銜接的政治前哨隊。

政治與經濟權勢的離心力還有另一方面，亦頗值得我們予以特殊的品評傳統的觀念在國際關係一方面，還有遲遲不肯遽去的模樣雖說在其他地方牠們卻久已被人拋棄了。關於本節所討論的問題，便是這樣的情形。依一般流行的見解政治權勢在國際關係上仍然是附帶有一種對等的經濟利益的但是政治權勢在牠的對外一方面却是一種很糜費的武力競賽——加國家以嚴重的負擔而這種負擔實為國家生產力上之另一重的稅課國家實業競爭力上之一種大障礙但是贊成將政治與經濟權勢打成一片的主要理由還是以帝國統制權的利益為根據的據他們說政治的所有權便等於經濟的用益權我們在前面已經有所證釋這個理由也只能用到一般嚴格的所謂「殖民地」或附屬領土的地方上去從前的一種「殖民地」一旦獲得自主的地位，如澳大利亞與加拿大便要斟酌牠自己的經濟利害關係而比較的很少顧念及政治的關聯上去加拿大的輸入從美國來的，要比從全部大英帝國來的多至三倍❷另一方面即令我們轉論到一般真實的「殖民地」上去我們也可以發見政治佔領權的經濟利益在普通人的觀念中是過於張大其詞了：其重大利益也不過為少數的特別受惠

二六八

的權益家所攫奪以去罷了。依歐戰爆發的前一年的貿易統計，「如果英國合衆王國能保留牠全部的非洲熱帶的領土用作牠的製造品的一種市場並作牠的工業的一種生料策源地，這些領土全體也不過只能供給英國出口貨百分之二的市場並且也不過只能供給英國進口貨百分之二的來源，況且自來也沒有任何國家對於牠的殖民地屬國作這一種專利的榨取而有所成功的這也是自然的道理在真正事實上英國在非洲的這般屬地這只供給了英國出口貨百分之一的市場，與英國進口貨百分之一弱的來源，牠們對於英國貿易與工業的經濟重要性略與智利（Chile）相等；至於爲英國製造品作市場，阿根廷共和國（Argentine Republic）幾乎有牠們三倍的重要性而爲英國進口貨作來源又有牠們六倍的重要性」⓭並且阿根廷又不曾勞英國一兵費英國一文以爲取有的代價。

我們在結論上可以試對將來發展——就是這兩種權勢業已表現的性徵，彼此令近代國家所有的發展——的趨勢予以極概括的估計。有若干思想家臆度經濟中心行將與政治中心再度發生聯合國家社會主義派便是這樣的態度同時組合社會主義派也是同此態度但另據有一種不同的公式罷了。我們全部的論證使我們得有一種適與此相反的結論因爲我們曾努力以資證明的，就是經濟與政治權勢的分離。乃是普通社會進化程序的一部分經濟與政治權勢的衝突，曾使若干思想家假定將來有一種威權的統一，可以劃除這種衝突，正如從前宗教與政治兩種威權的衝突會引人類崇奉神道政治的觀念或使他們服膺反此的國家全能論的觀念一樣但是，分化的問題從不曾像這樣的解決過只要解決是可能的話解決的方法必要出於調和，而不能出於混而爲一

第二編　第九章　政治政府與經濟制度

二八九

现代的国家

苏维埃主义（Sovietism）原来的形式，也是一种联和政治与经济权势的方案，这是件饶有趣味而值得注目的事，不过后来不克抵于最后的成功，这倒也是紧急事变中——就是在一种比较未开化的社会里面——所必然的结果能了。

这两种权势实际上能调和至于什么程度，乃是一种最难解答最富研究趣味的问题。其答案大致要视经济发展的方向何如继能决定现在的经济制度尚不曾发达到一种均衡的局势远不能与国家相比伦她被纯粹内部的纷争所围困而尤受窘于劳资间的大分裂如果欧战前八九十年间各工业国家内所有之生活程度日渐高深的现象得以继续进步的话，这种分裂势势必渐趋轻减之余，必将达到一种更深的完整程度这是有相当把握的事，特别是在目前「生育制限」的办法日渐流行的时代。

国家的行动现亦有同一的趋势。自从劳动阶级得着政治解放以后国家的经济活动的纯净结果，便是逐渐设置最低限度的生活标准——其具体形式就是一般预防疾病失业与不测事变的保险制度各种最低薪资方案家庭补助金老年恩金制童工的禁止与工作时间和环境的取缔等等设若经济制度会达到此目前更进一步的完整程度的话这种取缔一大部分便会直接由一般经济机关所掌握施行而国家所剩余的工作便不会在这

二九〇

【现代的国家】
第二编　威权与职务

般标準的決定，而在牠們的保障與調整⓮無論如何，現在的趨勢是很清楚的，在這個方向上所已獲得的進步，是無法可以消毀的了。不但是直接受惠的各階級就是普通地方社會亦逐漸省悟保障社會會員的方案的重要性；其意在避免經濟艱窘情狀所引起的消費與敗壞與盲目叛離等情弊國家最後還是自居於公共幸福的大保障人的地位了。社會所有人民一旦獲有一種合理的最低限度供給的保障——使任何人均不至感受普通身體需要（如滋養料蓋蔽物暖氣與健康等）的缺乏而遭困累——社會本身便有了一種新穎的比較更圓滿的意義。在這種最低限度的邊際以上經濟競爭界更得免於本身最險惡的社會艱危而不喪失其施惠社會的潛勢力。如果人們正掙扎於河海之中以求免於滅頂的慘禍那便和游泳比賽中為取得錦標而作奮鬪的情形大有不同了。一種有進步的文明固然沒有不合於——事實上或許還利賴——為生活的物質錦標而作奮鬪的情形；但是牠確有不合於為純生活而作奮鬪的情形。

國家保護經濟競爭場，卻不曾亦不能毀滅牠國家的活動——比如取締專利營業——是要予競爭者以保護：或是要避免他們彼此的損害，或是要抵禦他們外來的危險在此地一如在其他任何地方牠的事務便是保護便是維持秩序，是在牠能力方法範圍以內而增進公共利益但是因為經濟權勢一面產生一面又依據不平等現象以為生存國家的工作在此地比在其他任何方面便更形困難且更形重大。

● ⓮ Shaw, "Major Barbara," Act III.
Witness the influence of the Comité des Forges of France in the determination of reparation policy,

第二編　第九章　政治政府與經濟制度

二九一

③ in respect, e. g., of the deliveries of coke.

② It is significant that the most formidable exercise of the economic power of labor, the general strike, has never so far succeeded when the issue was an economic one. We might instance the general strike of 1903 in Holland and of 1909 in Sweden, and the semi-general strike of 1913 in New Zealand. It has occasionally achieved some success when the issue was political, as the general strike of 1893 in Belgium for universal suffrage or that in Germany at the time of the Kapp "Putsch."

③ Toynbee, "The Industrial Revolution," V.

④ Cf. Beard, "Economic Basis of Politics," ii.

⑤ Cf. Marshall, "Industry and Trade," I, iv, 3.

⑥ Thus in 1924 the French Premier Poincaré, according to press dispatches dated 27th Nov. of that year, asked for a credit of six million francs as a secret fund for the dissemination of French news abroad. The Iswolski correspondence throws a somewhat lurid light on the uses to which secret propagandist funds may be devoted.

⑦ Cf. e. g., Dalton, "Inequality of Income," Pt. IV.

⑧ The term "progressive" is used in the technical sense, referring to taxation, such as the supertax on incomes, which exacts more than a proportional share from wealth of progressively larger amounts.

① Cf. the report of the Pujo Committee as to conditions in the U. S., popularly presented by Brandeis in "Other People's Money." But Mr. Veblen may be right in holding that the "Massive interests" need no longer to depend on formal devices of this sort. See his "Absentee Ownership," Ch. XII.

② Governor Pinchot's Message of Transmittal introducing the Report of the Giant Power Survey Board, 1925.

③ Thus for the twelve months ending February 1924 the imports from the British Empire were valued at 198 millions of dollars as compared with imports of 604 millions from the United States

④ Leonard Woolf, "Economic Imperialism" (Swarthmore International Handbooks), Ch. II.

⑤ Thus the Report of the Whitley Committee, envisaging a greater economic integration through industrial councils, went so far as to say: "It appears to us that it may be desirable as some later stage for the state to give the sanction of law to agreements made by the councils, but the initiative in this direction should come from the councils themselves."

第二编　第九章　政治政府与经济制度

第三編　體制形式與組織制度

第十章　組成與解散

第一節　國家的興亡

任何國家都是有興有滅的，我們本章的用意就是要有以解釋這一件重大的史實近世大多數的國家，都只有幾世紀的歷史固然似乎是發生在一種較悠遠的時代，而巍然健存以迄於今日但是牠們的制度文物與國土疆域業已有重大的變遷牠們也不過是只在名稱上堅固常存的罷了。就是在我們目前的時代還產生有嶄新的國家例如捷克斯拉夫（Czechoslovakia）便是。有時一個國家既已滅亡繼又復活如波蘭（Poland）便是但是中古時代之若干小國，或中古時代之惟一的帝國，而今安在呢？假如我們在歷史上更作進一步的遐望，我們便可發見更多數目的上古帝國——牠們都是在牠們的先進國家滅亡以後而繼興起的但是牠們本身不接踵又完全歸於圓寂了。「朝笏與王冕是終必歸於破壞傾覆的」——這便是歷史使我們發生的感想。國家的這種消滅性我們將何以解釋呢國家是如何產生的呢又是如何歸於消滅的呢？

各個國家的生產可以用充分簡單的方法來解釋。一般老宿作家曾區分國家為「組織的國家」與「取得

現代的國家

的國家」表明若干國家是用和平方法產生的,又有若干國家是於戰爭中產生的。據我們上面的敘述國家是在社會之內自然發現的逐漸纔獲取牠特殊的形式與性質國家最初的產生便是如此的——其他一切辦法都只是重生或改組當一塊新領土被佔領或被他國人民所移殖的時候在某種意義上可以說是產生一個新國家了;但是牠的國民卻已從原有的國家帶來有一種既成的國民性格任何國家的產生也要經過長期的預備雖說有的國家好像是產生於刹那間似的。一般為戰爭所產生的國家,也是這樣的,一種被壓迫的民族,或可以推翻壓迫由勝利而躋於國家的地位但是他們必曾久懷政治獨立的習慣或願望;即當其被壓迫的時節亦必曾參加國家的生活一個久經成立的國家本身亦可以設置或解放另一國家但卻也須滿足同樣的條件同樣的任何國家在統治異族人民而使之屈服於牠本身之下的時候亦正是為他們的政治再生準備道途:無論牠是怎樣的不樂意,也沒有用處牠能使法律的綱紀與組織的觀念活躍着同時牠因有牠的異族的形態故能使他們統一的精神與牠們所有的領地權或最後遠知放棄牠們的領地權藉以保存牠們大部分的關聯帝國即為新國家之富於生殖力的母親;但在上古時代子女往往使母親陷於破裂近代帝國之一種大願慮,就是如何制止這種破裂並發見牠能保存牠的宗主權至於何種程度尚不激起變亂或遭至牠本身的滅亡比如英帝國現在對印度的態度,就是這樣。

舊有國家如有被瓜分的情事或若干老國家有發生統一的情事,結果均能產生新的國家。英格蘭與蘇格蘭

【现代的国家】
第三编　体制形式与组织制度

聯合而成大不列顛國合衆王國（The United Kingdom）當組織愛爾蘭自由邦的時候卻又被瓜分了挪威（Norway）與瑞典（Sweden），比利時（Belgium）與荷蘭（Holland）均已分裂而日耳曼（Germany）各邦卻又發爲統一。征服與朝代的聯合在古時世界上是創設較大國家之主要的方法有如內部威權的糾紛與朝代的爭執，爲牠們破裂的主因一樣厭後民族觀念發生而爲既成的權勢制度的溶解劑自治權利的要求有時因分裂而實現有時亦假聯合而滿足否則亦爲一種既成的統制權威所抵制因爲這種統制權威力能維持統一，或別行分化。在近代世界中這便是兩種大勢力而能決定國家第二種之構成或重構的方式的——企圖在一種國家之內作充分發現的基本民族精神與夫與此相頡頑而有強制性的主權當民族精神的勢力既告竭蹶或已告成功的時候另一原則或可發生效力——即聯邦制的基本原則就構成聯邦制一方面說民族主義是勢力次一等的原素並且有更具體的利害關係的觀念所掩覆或取而代之的可能因爲聯邦制在一方面的特點正坐於此就是假如聯邦全體是建造在公同民族籍貫之上的參加聯邦的各邦便大概都是根據某另一種原則以資彼此間之界限劃分的；不過假如參加聯邦之各邦是各自有民族的分野的，則包括全體的聯邦團體大致又必超越民族原則而自以奠定其基礎的。如果我們說昂太利諾（Ontario）民族或麻色秋賽尺（Massachusetts）民族，或南澳大利亞（South Australia）民族，或非騰北格（Wurtemberg）民族，或北壬（Bern）民族那便是一種不可思議的言詞不過另一方面假如我們認大英帝國（British Empire）全體有同一民族的籍貫那也是一樣不可思議的設想因此聯邦制有一種調和極端民族主義之特殊的功效因爲只有這種制度似乎能容

第三編　第十章　組成與解散

二九七

現代的國家

國家的自由組成而不必以民族主義為基礎。

由叛離而脫去原有國家的關係——此與民族主義的叛變不同——往往亦產生新的國家。在大國家本體以內的脫離運動，在以往很少見有成功的。在這一方面最惹人注意的一種勢力，便是羅馬平民之帶有經濟色彩的脫離關係的運動——此種運動曾兩次發現於羅馬上古歷史中。美洲合眾國的南部諸州的經濟性的獨立運動，起自主權權利隸屬於聯邦中各會員邦的觀念。在上古與近古時代中會因宗教或階級的差別所掀起的脫離運動，而產生若干「殖民地」。在這種情形下，脫退運動者——有如美國人的「遊行祖」（Pilgrim Fathers）或「摩門宗派」（Mormons）等——的目的，都是要尋求一種新國家，而希能在此地自由的度他們祖國所拒絕他們的那一種生活。

在以往力能作第二種產生新國家的方法的各種原動力，亦同是致舊國家於瓦解的原動力：這是我們即將證明的一種事實。在這一切國家的背後有一種共同的根本的產生或組合的原由國家——不是任何特殊形式的國家——都是產生於一種社會潮流之中的，而這種社會潮流又必是力能逐漸構成一種固定的組織以行使社會相當的職務的。我們可以說這乃是國家的天然產生法。那末，也得什麼相當的程序是我們可以叫做國家的天然滅亡法的呢？這誠然是我們因第一點的引誘而自然要舉發的疑問了。既然在一切次要的產生國家的原動力的背後有一種單獨的主要的產生國脈國運的基本原動力；所以在一切次要的國家解散的原動力的背後也自有一種單獨的無可逃免的國家滅亡的原則。

二九八

對於這個問題，若干思想家都會異口同聲的給以正面的答案他們不會以列舉戰爭與侵伐的慘酷結果為滿足，亦不認帝國的崩潰為盡由於權勢分配的變化或盡由於新興突起的外侮勢力的壓迫。徒然說在朝代統制的情形之下一種國家可以因經濟力量的新喪而羅於崩潰當原有各領士彼此發生離間的時候或當通商的途徑發生變遷的時候當人口因疫癘或戰爭或饑饉的災患而陷於縮減的時候或當政府之放蕩的驕縱或暴戾的庸暗或人民的愚昧有浪費國家資源的時候：他們認為是有欠徹底的言論有欠充分的解釋據他們說歷史上的偶然事變，不能解釋國家滅亡的普通原因亦如人生的偶然事變不足以解釋人類死亡的原因一樣此外還有更深一層的原由是國家生命中所固有的國家亦有生命過程上的定數，而歸結於死亡。

這便是那種玄妙的國家解釋的一部分——對於這種玄妙觀念我們已曾有所評議這種解釋所用於國家之上的一種生命觀念，是只能適合於社會的；並且對於社會或則都還是虛假的作者在另一地方會努力證明這一點：就是社會並沒有有機的生命的節奏韻律❶在此地我們還要別循另一途徑我們還要反覆的說明國家與社會間的一種區別國家是一種結構體一種結構體是可以崩潰而消滅的有如其他一切組織牠可以陷於破裂而成片礫可以由內部或由外部而被毀滅這種毀滅很顯而易見的不涉及社會的毀滅當波蘭國家被顛覆以後，波蘭的社會卻仍健在。羅馬的各地方社會是繼續存在的，於帝國的大廈既告傾跌之後如果我們認郡國與權勢的起覆為社會與文化的始終，我們便會喪失歷史線索繼續性的觀念了。

上古各帝國前仆後繼的代興代滅並不代表人類歷史上若干新起點。一種帝國威權的勃興與陵替，往往於

第三編　第十章　組成與解散

二九九

現代的國家

人民的生活與習俗沒有多大的分別。人民由生活而罹於災難，由災難而至於死亡，他們行走他們列祖列宗的路程；他們有他們的甜夢作他們的奮鬪朝代君王的野心鼓盪澎湃於他們的頭上於他們的四週但卻不能影響他們於秋毫按事實眞理來說帝國的死亡是帝國的定數。由權勢而生的，必由權勢而消滅帝國之所以歸於滅亡不是因爲牠已經履行了一種自幼至老的有機循環圈而是因爲權勢的轉移在人事變遷的局面下是不可避免的。帝國起於不幸亦終於不幸——始則爲被征服者的不幸繼則爲勝利者的不幸這一種簡單的權勢律不應認爲一種國家的死亡武力一經應用就必要產生反抗）也是因爲牠是建立在一種危殆的武力結構之上的（因爲原理。

生命與組織間的區別，發現在國家方面的最爲峻嚴顯明。在國家身上我們可以發見有意識的組織之最偉大的或且爲最垂久的現實人類所尋覓的目標係爲達到該項目標而敷設的方法與工具本身所規定國家遂成爲一種浩大的支配與管理的機關人類不察而謬以爲國家這種工具是爲牠自己的原故而存在的，或認爲國家純粹的形式中便包含着所以創設國家的理想的眞價值但是這種偶像式的崇拜結果終陷於劇變國家乃純是一種人類理想的創製品的創製品的精神而代有之。形式是要歸於朽壞的——要予以復興與只能從形式以外設法。形式與精神之間，制度與生命之間總有一種歧異不諧之處。前後相繼的世代人類的新生命對於制度組織的模型不時加以破壞亦不時加以重建生命本身亦必歸於朽腐。但是國家這種組織從不足以達到人類假國家所欲達到的目的牠的變遷正足以表示人類理想的堅持而不

第三编　体制形式与组织制度

足以表示人類理想的搖動總而言之，社會要比國家為有繼續性這是值得更進一步解釋的一種真理，因為牠對我們關於國家性質與服務的論證頗能予以闡明。

第二節　文明與文化

社會除外部的環境外還有一種內部的環境：外部環境牠只能塑型，內部環境牠卻能鑄造。內部環境中包括有全部習俗與組織複雜錯綜的制度機關用以統制自然的方法設備與工具表揚發揮與交通來往的方式與機會決定生活標準的舒適奢華文雅的諸物品以及假以生產牠們並分配牠們的經濟制度牠包括一切人類的智理與藝術——牠們將世界變為人類精神的一種家庭牠也包括專門技術的與制度組織的設備，如議會與電話交通所公司特許照與鐵道，保險營業與汽車這種全部的生活的儀器我們在此地特呼之為文明很顯然的政治制度亦是屬於這一種領域，而成為牠的一大部分的。

我們必須認清文化與文明的區別——文化乃是刺激文明與創造文明的精神文明是文化的工具器皿的體質甚且是牠的衣飾文明發現在政治，在經濟，在技術上；而文化發現在美術，在文藝在宗教在道德上我們的文化，便是我們——我們是什麼，我們所用的文化便是什麼；——我們是什麼，我們所用的文化便是什麼——牠所藉以表現牠自己性形的東西本身上就是我們所本身卻不是技術文化便是生命的完成。牠所需要的，不是這些東西的滿足沒有任何人需要銀行制度與工廠與投票箱因為牠們本身不會具有什麼內實的價值假如我們不經假這種程序而即能獲得牠們的產物，我們便將極樂意的拋棄這種程序但

是文化的事物是有一種眞接的意義的。牠們二者的區別便是取得的方式與取得的物件之間的區別便是度生活的方法與所度的生活之間的區別。我們在技術之上的利害關係是別有淵源的，雖說牠亦能如其他一切利害關係之窄籠人的心靈；而我們在文化上的利害關係卻是基本的利害關係。

一種文明的工作與一種文化的東西其間有很大的區別。一種制度的或技術的成績所謂能提高文明的程度。這是一種對過去的改良。一旦紡織機或鐵道汽機或打字機發現以後人類便從而繼續的加以發展文明是累積的新模型改進舊典型而使牠成為陳腐的過去的這種成功能自予以延長而為進一步的發展的基礎謂文明為一種「長足進步」是很相宜的，因為每一步驟可以引進另一步驟，總是向前不息的，歷史上之劇變烈禍亦足以阻礙這種累積的進程；但是任何事物似乎均不能陷牠於整個的破壞。假如任何時代均不曾對於這種與日俱升的文明的大廈貢獻若干磚瓦柱石那個時代誠然為一貧極沉悶的簡單的時代無疑了。但是文化卻不是累積的，每一代的新人物均必另有以獲取他們的新文化。牠不是像文明一類之簡單的遺傳品在這一方面過去的收穫誠然也是現在成績的基礎但是卻不必一定能比肩過去更不必一定能改進過去。希臘美術與希臘戲劇所已達到的高峯體起的後世人類並不曾有維持的能力。但丁（Dante）或沙士比亞（Shakespeare）的成就繼起的人類絕不足與之相抗阿齊米狄斯（Archimedes）或加里利阿（Galileo）或牛頓（Newton）的發見都是後來的發見的基礎而後來的發見並均不足以超過他們原有的發見。但是蘇佛克斯（Sophocles）或安基諾邁克爾（Michael Angelo）或彌爾頓（Milton）所發揮的，其他以他們的作品為藍本的人們，並不曾給以更好的或更盡致的發

揮我們不否認文化也是有進步的，但絕不是穩健的進步牠的進步是可以有變動的，似乎是無定性的，而容易發生退化與反覆的。

其原因又暗示文明與文化間尚有另一種區別。文化是必由每一世代另自取得的，因爲文化之一種直接的發現。一個音樂家只能爲其他音樂家製譜歌曲；一個美術家只能爲其他美術家繪圖描景，這是至眞且確的話。一個詩人只能爲那些有詩文天才的人們詠詩唱和，每一美術的作品至少須連帶有兩個美術家——創作的人與領略的人推之其他一切文化的產品亦莫不皆然文化的發揮是同類人物之間的交通，其所以有發生的可能，也只是因爲他們有相同之處美術家的製作只是爲其他美術家而發的；但是工程師的工作，並不是只爲其他工程師而作的。橋梁建築者並不爲其他橋梁建築者建造橋梁而是爲那些或則完全不能認識他的技能的人們建造的橋梁利賴一種技術發明的人亦只千萬而對於牠有秋毫認識的或只有極少數的專家。人利用的物品所需要的認識愈少必愈完善認識的目的，誠有如美國人之所言便是要使他的發明有「耐愚性」("fool-proof")。我們對於我們時代的智力與能力定會有一種完全錯誤的觀念，關於我們時代與其他時代之間的比較定會得一種完全錯誤的標準，如果我們僅以其制度與技術設施爲裁判的根據。我們的估計定會比較的公允多多如果我們的裁判根據是一代人們所讀所作的書籍是他們所服膺的各種理想是他們所追逐的樂利，是他們所崇拜的宗教是他們眞實所關注所思念的一切事物。

因此，一個民族常能抄襲假借另一民族的文明，而文化便不能如此的容人抄襲假借。技術物品能被移植，而

第三編　第十章　組成與解散

三〇三

現代的國家

不發生變動制度一方面的措施，因為與牠們所支持的一種文化有比較接近的關係，故於被人假借抄襲之際，尚往往發生相當的變遷。未開化的民族容易學知來福槍的用法，而不易學知投票選舉的方式。泰西民治主義的各種制度不能適應遠東或即南美的社會生活，而牠們在某種程度內是可以轉移的；並且事實上業已為多數國家所採行，而這些國家都不是牠們的故鄉。但是一種文化是不能輕易採取的：就是這樣，他們都要必然的加以一個民族逐漸吸收假如他們是有此準備的假如他們是與牠有恆久接觸的。不過就是這樣，他們都要必然的加以變遷而使之成為他們自己的文化。如果因民族身外的考慮而表面上採納一種異族的文化，這種文化必成為一種戲謔的玩藝或成為一種空洞的形式，兩千年內基督教之非常的幻變——不但涉及牠原有主義的更張，而且往往使牠們遭受淘汰——便是文化不能被人「採取」這項真理的一種絕妙實證。一種民族文化乃是表現該民族之性格的，不能表現其他任何物件故此文明實遠較文化為暢達而遍通。日本能迅速的採納西方的文明——無論其為土著但是牠卻不能亦不願採納他們的文化。我們自亦不應暗示這兩種因素是完全分離的，抑為採取的——都是一種社會環境；而人類對於同一環境無不作同一的反應。文明與文化必彼此有所反應。這也是勢之所必然但是這似乎是很明顯的：在一種公共文明的形式之內，多數文化是能繼續各自維持其特殊色彩的。若有交通的便利文明在牠們的較大的方面上是必然要變為合一而普及的。但是在這種生活之外表的一致之下巨大的文化差別仍然是要繼續存在的——不但存留在地球上每一民族之內，亦且存留在世界上各民族之間。

三〇四

【现代的国家】

第三编 体制形式与组织制度

此外尚有一種區別，我們現在可加以說明。我們業已指明文明有異於文化，牠是累積的。在另一意義上，這話也是真實的。多數工具可以堆積而成力量偉大的機構制度可予以擴充而成更大的制度但是文化卻拒絕加與乘一類的機械功用作者在另一處會給此項真理以下列的闡述：我們可以將一個國家或一個團體的財富加起來而得着一類的總數。我們可以將牠的人力加起來而得着一種總數。但是我們不能求得牠的健康或牠的習慣或牠的文化的總數。一千個薄弱的意志不能堆積而成一個堅強的意志；正如一千個單位的軟弱力量不能聯合而成一個單位的強大力量。我們不能將智慧像財產一樣的加起來。一千個庸碌的人不能總匯而成為一位天才。

我們現在可以重新討論國家興亡的意義——討論其於這些興亡現象發生所在的社會的關係。國家不但是文明之最偉大的結構品，而且是能給其他一切文明結構體以黏貼力的一種組織，但是國家與文化的關係並不是如此密切而不可分解的：一個國家的滅亡並不定須牽動一種文化的毀壞。政治組織可以被人推翻而精神生命卻可以仍然維存——另覓棲枝於其他組織之中。有如家庭，有如習俗與地方組織的複雜結構體等等靜以待時機的來臨以圖再藉國家的組織而發揮牠的本性。不過這些另覓的組織不能及國家的充實罷了。

言及此我們便到了我們最後而敘有趣味的一個問題了：歷史上所生存的究竟是什麽呢？在歷史那種浩帙巨錄之上是這樣充滿了混亂與變遷時間似乎是食人類子孫的巨愁人類的功業與苦難中究竟有什麽是能存之於久遠的呢？除了千萬征逐戰役的鼙鼓喧闐和踐踏遺跡除了帝國的顛覆瓦解除了上古

思想信仰的逐漸的傾跌崩潰有任何事物是能巍然繼存以迄於今日的呢啊，自然原始即告開創而為時代過程所切磋琢磨的東西有幾樣是仍然健存的呢？如果一切都是混沌的什麼是流傳的呢？如果一切都是變遷這種變遷中至少也有一種方向嗎？

生命的繼續，不是牠的制度文物的繼續組織的復興是從外面來的，牠們可以被改進或被取消或被取而代之。社會的復興是從內部發生的。牠有生活肌膚上的繼續──因為這些生活肌膚於不知不覺的同化的新原素很巧妙的予以原狀的恢復如果我們着眼只在一般制度上或者如果我們將社會與國家併為一體，歷史便成為片段瑣碎而非為聯續不斷的了我們認為各種文明的起伏似乎各是一種孑然孤獨的發展於生於死都是另自完成一種系統的我們對他們也施用我們老生常談的譬喻比之為一種閉關的有機物──牠是起自生命以前的虛無漂渺然後經歷牠的過程而直至於崩潰瓦解的毀滅消亡我們以為各民族都是要和每代人物一樣的歸於圓寂的。

但是民族是不死的：他們只在無極的變化中發生復興他們不知有生亦不知有死他們具有一種有條件的不滅性。因為現在的生總必須放棄牠自己過去的死一種民族是沒有固定的完整性的牠只有繼續性永久的同一性是任何生活着的東西所不能有的。一個民族誠有如社會之一種蛛絲祕網其大體為血統與環境所組織其彩色不為事變與經驗所紛雜樣式總是在增長與變遷的過程中因為機杼是不停的在工作絲網體時則緊縮任則擴大要求得歷史形態之回復是絕不可得的牠們的線索分合離聚彼此混亂紛雜而至於不可復認的程度任

何事物亦不繼續維持牠自己的同一性，除卻這些線索所自出的不可知的生命原料以外。

生命的繼續性能勝過陳腐的信仰與傾頹的制度其根基之深固遠過於歷史上的各種結合——我們最喜將我們現在各種社會團體與之混為一談的歷史結合體綺麗沙伯（Elizabeth）時代的英國那怕也富於光榮的歷史也不能給今日的英國人以任何真實的與奮實際上那個時代的人物到現在還有什麼存在的呢凡現存的家庭人物的肖像寫真與限嗣相續的遺產亦不能保證最富排外性的團體與其本身過去同一性因為每一世代的人物均為一種新鮮的紛雜集團永遠不斷的發生變動的。英國的環境誠仍然是繼存的但與從前是怎樣大的不同啊英國的血統固然也是健在的但既是這樣的混合舊的成分又是這樣的溶化新的成分牠一定是已經過一種不過勝計的變遷無疑了。新標準新機會新信仰新問題，使我們今日的世界與從前的世界——就是只十多代以前的世界——都完全不同了。倘有少數的文化的碑碣，存在今日而對於我們時代尚有相當的意義——少數的詩詞少數的戲曲少數的建築少數的繪畫但是牠們所以存在，也是因為牠們所表現的精神似乎是普天相共的，是屬於人類全體的。

然而今日的新生命，卻完全是產自過去的舊生命各種新民族與各種舊民族，一樣的都不過是某某血統的各別的分枝而這些血統的基礎都是潮源於天地初開的時代由生物觀念來說沒有任何民族是比其他民族老些的或少些的少的幼的只是歷史潮流所產生的結合新的異的只是機會——遺傳與環境之完全不可分解的情形所造成的機會。如果一個民族是無始無終的，牠也是沒有永遠性的，一種民族乃是一種結合一種社會的和

第三編　第十章　組成與解散

三〇七

諸當牠達到某種發展的程度的時候，牠的人員便發生了民族自覺心，而企圖置牠於一種國家組織之內以資保障。但是他們真實所覺悟的——除開關於種族純潔性的幻夢以及不帝與此一樣虛無渺茫的共同歷史習慣的觀念等等——乃是發現在目前的一種文化然而我們曾經說明過這種文化是無時不在變化之中的牠在一個單獨民族的範圍之內都表示有巨大的差別牠的惟一能垂永久的表現便是一般超越民族範圍以外的徵象。

上述諸說對於一個陳舊而仍甚流傳的主義，是大相徑庭的。按這種舊觀念人類社會猶人類個人是自始及終要經過某某固定之生命的階段的。一國的興亡依這種觀念便是一種有韻調的社會程度的始終每一地方社會與每一文化均須經歷幾個特殊的時代界線有如一位最近提倡這種主義的學者之所申言每個社會或文化都有「牠的孩童時代牠的少年時代牠的成人時代以及牠的龍鍾老年。」❸歷史上所提示於吾人之前的，不是一種文明或文化的發展，而是一種界段分明的新陳代卸的現象——每屆都要滿足每屆固有的使命。一種循環觀念，司片格勒（Spengler）曾提出一種很奇妙的闡明。據他申說他能表現文化與民族的春夏秋冬四季的作用。❹他藉用四大例證——就是他之所謂印度文化，經典文化，亞拉伯文化，與西方文化——而於平線分行之內列示其每一階段的特殊徵象這四種文化——最後一種就是時下歐洲文化亦包括在內——都已完成牠們的使命或正在牠們生命最後的一個階段中。在牠們一方面更向前的發展是業已結束了的，惟一的未來發展是屬於各種新文化的：當「世界大時期再行開始」的時候這些新文化或就要從時間的胎胚中產生出來。

【现代的国家】

第三编　体制形式与组织制度

這是一種上古命數主義的最新的解釋頗有一加分析之價值的：因為牠與我們所提倡的文明與文化觀念，社會與國家之關係的觀念是直接衝突的。據我們上述的作者之所言文化的春季便是一種「迷夢」式的覺悟心的喚起而表現在這種神話的幻想與傳奇都很自然的表示人類之與自然合一的觀念都是以神奇方法而解釋經驗的資料其結果便產生「黎居吠陀」("Rig-veda"), 希臘的世界開闢論古時基督教諸神父的作品以及現代歐西文化裏的但丁的「神曲」("Divine Comedy"), 與哀傀那斯 (Aquinas) 的「神學總論」("Summa")。

同時，都市與其尖銳而褊狹的理智亦告發生其精神便逐漸壓倒鄉村之天真的生活春季的世界觀念逐爲人類予以極有品評性的重述。人類起始探討理論發展抽象的思想。這個時期就好比是文化的一種漸趨成熟的時期求知的心靈——對本身仍有自信力——四出尋覓新方法解釋的新工具。世界亦漸擴大而觸於新眼簾之前。這便是探檢搜索的時期——在歐西便是加里利阿 (Galileo) 與德卡蒂 (Descartes) 與培根 (Bacon) 的時期。這便是夏季於不知不覺之中進入於秋季的時期大城市的精神——大都會——漸趨有力社會生活與自然界的生活途宣告離異據哲學家的視察前者似乎是一種寢假而成的習慣不能歸根於必需的這便是大「開明」的時期希臘巧辯派的時期，或則是洛克 (Locke) 與盧梭 (Rousseau) 與佛爾特兒 (Voltaire) 的時期但是秋季也自有其果實的產生在分化勢力尚未作祟以前偉大的綜合的各種哲學——基礎便在宇宙合一與有認識可能性的觀念上——尚得被人推進而躋於成熟結果我們便有柏拉圖與亞里斯多德的思想系統或

第三編　第十章　組成與解散

三〇九

現代的國家

亞非肯拉（Avicenna），或康德（Kant）與哈格爾（Hegel）的思想系統。

厭後便到了冬季思想的統一不能抗拒理智的批評社會的統一亦不能抵禦個人主義的逆襲各大社會典模，都被破壞而無完膚宗教的信仰或士著的習俗已不能維持生活的完整性這便是世界都會主義的時期與個人主義同時進步的，有軸反面的過激主義或社會主義民族之最後的大一統，遂由此陷於瓦解而尚沒有任何其他組織足以取其地位而代有之。在希臘世界中這便是犬儒學派（Cynics）西林學派（Cyrenaios），與淡泊學派（Stoics）的時期；在現下的歐西世界中這便是叔本華（Schopenhauer）與尼采（Nietzsche）與法格勒（Wagner）與易卜生（Ibsen）的時期建設的時期於焉告終而人類便從事生活在他們所已推翻的風俗習慣的傾片倒礫之中這種現象發生的時候文化便算業已經過了牠的歷程牠的生命已由消費而歸靜寂離心力終算大告成功。

上面所簡述的這種學說，是能使人對牠發生深刻印像的；而牠的發明人更從而用極豐富的歷史事實作牠的佐證而堅實牠的力量但是分季的比方有機的譬喩，都是無歷史正確性的。我們要附和孔德（Comte）而謂人類文化就大體言是經歷固定之階段而向前演進的那倘有很可言的理由但是如果要說每一種文化是一種業已完全的或行將完成的循環圈——本身上是圓滿的並且是有預定的命數的——那便確是荒誕無稽之論了我們不要因鑒於帝國顛覆的現象，便忘卻人類文明之較寬大的進步或忘卻不如此穩定的不如此可以預卜的文化進步分明個別文化的生死時判別牠們由春而冬的階段那是一種極武斷的辦法試問我們如何能證

明荷馬（Homer）時代的文化乃是代表一種肇端，而不是有如若干學者之所云代表一種收局呢？我們如何能證明，印度文化業已完成了牠的使命呢？爲什麼希臘的巧辯派便是與柏拉圖與亞里斯多德同屬於成熟收獲的時代而淡泊派就要屬於時代的冬藏之期呢？爲什麼一種宗教的形而上學的觀念的闕如與一種純粹倫理的觀念的代與便足以代表這種循環圈的終點呢？例如中國文化略在二十五世紀以前，至少從過激派的老子與倫理派的孔子的時代起就提示有這種徵象了。

在人類歷史的過程中確似有一種起於小親屬團體的階段而迄於世界都市的階段的進化程序。至少在這一種程序之中文明與文化是聯同向前進展的。從幽暗飄渺的神話時期到理智信仰與科學思想的時期，的確似乎是有一種大概方向的。孔德的大膽的概說——謂人類是從他之所謂神學的認識走向一種積極的世界認識的——頗有可以支持的理由。這種程序無疑的是與都市生活的發達有聯帶關係的因爲都市生活的勢力很能給社會的形式與精神以深重的影響。由此我們不但僅能追溯某一社會的演化而且能追溯某一般社會的演化不但能追溯某一國家的進步而且能追溯某一般國家的進步。人類固然是分爲若干集團與類別但仍不失其爲人類，文明之大部分的工具都是滿足人類共同需要的一種方法這種方法既是可以轉移的所以能逐漸擴充而普及於世界全球而實行予以推延擴充的各種機構本身上也是文明的一部分文明逐得逐漸變爲世界文明故能免卻舊日文明所遭遇的一種危機——就是被外部野蠻人種的橫流急湍所蕩平淹沒的危機。如果文明有被毀滅之一日的話只要地球上的資源仍然存留牠便只有從本身內部發生貼危而罹於毀滅的可能據我們之所已證

现代的国家

明的理论，按近代文明的性质这种文明的浩劫若没有一种悽惨无伦的空前绝后的人类退化是不能发生的。在文明一方面是没有循环圈的完成的没有新的肇端的。"Vestigia nulla retrorsum"——是后退无路的。假如这种道路是从农村社会引进世界都会的，那就不能回复到农村社会的阶段现已滨临便要永远存留在人间；因为牠是利赖专门技业的进步而促成的，而这种进步又是人类的一种久永的所有品。

另一方面的文化却不如此稳定，不如此安全牠随起又随落没有任何关于牠的文明的情形的研究似乎是能解释牠的过程的。我们不能说明：为什么牠在某一时期内能发展到一种惊人的高度而这种业已达到的高度一至另一时期又复归于消失。在此地我们便是陷于变化莫测的境域了。我们可以指明或者为助成牠的进步的条件或者为阻碍牠的进步的情形；但是这些都不能解释牠的兴盛亦不能解释牠的失败。说牠是过于类同无定向的风浪了人类生活之易变以牠为最高的例证了。文化是不能静立片刻的。就我们现代人的知识说牠也须发生变迁——牠必须寻觅表现的新门径文化是一种反应作用在生命藉每世代的人类以自新的时际牠总是不得停息的。牠不住的在寻求新方式新出路新解释。

在这种寻求的程序上——牠有牠的成功亦有牠的失败——我们离开那种循环圈的完成与定数的结束时期，便愈见遥远了。山峪与流域向既住推延几至于一种不可捉摸的边际；而未来时期的云雾中又藏伏着一种新的连系人类幻想力绝不足以窥其津涯岸畔我们的时间观念已因天文地质生物与人类诸学而发生扩充故此我们的思想已不复为圣经时代的狭小的鎈固所拘围了。这种观念的扩充使我们对于我们一生短小时间的

312

事故所提供的反應，也應發生變遷。歷史中片刻的行動，不足以「毀壞一種文明」或「爲人類引進一種新時代。」我們過於近視的希望與憂慮，爲我們造下了新牢獄；我們坐在這囹圄之中便從事寫述關於文化與文明的無稽的談片——不知文化與文明自始迄今便是人類自身所鑄造，而不僅是我們的時代所薰陶。

在這種文化與文明的進程中人類曾經造成若干的工具與機構。有一些，他們已經拋棄了；另外有一些，因爲他們認識牠們是日漸精確所以牠們也日漸發見牠們更大的潛能與效用。國家便是屬於這後一種類的

❶ "Community," Bk. III, Ch. II.
❷ "Elements of Social Science," Ch. I.
❸ Spengler, "Untergang des Abendlandes," Vol. I, Ch. II.
❹ Ibid, Vol. I.

第三編　第十章　組成與解散

第十一章 國家的形式

第一節 歷史的與現代的國家形式

本書的第一部分用意在解釋一般國家的普通演進的情形。我們曾極力證明：政治形式的團體是逐漸由一種經緯不分的社會組織中發現出來的，厥後纔產生那種特殊的徵象——使國家不但與地方社會即與他種形式的團體亦發生差異。我們曾形容這種演進程序是有一種單獨而特殊的形體（國家便是牠相當的名稱）曾經經過各種不健全的（因為經緯不曾分別完備的）形體（有如希臘政體與封建組織等）而發展牠的特徵的一種程序。這些我們都認為是過渡的形式而不是特殊的國家體制或者在一種國家的分類裏面不應該包括皮西坎斯阿伯斯("pithecanthropus")一樣但是無疑的不但在演進的程序裏面，就是在人類的分類裏面，也是有類別的歧異的這種單獨的國家團體是有若干各別的形式的。如果說一方面有過渡時代的發展另一方面還有正式組織的國家那末我們究竟應該在什麼地方畫定牠們兩下的界線呢？這便是一個不需有而或且還是一個無可回答的問題了。國家由非國家而演變成國家的蛻化程序於不知不覺之中便化而為國家在牠本身內部的演化程序在這後一種程序之內我們又能分別幼稚的未成熟的國家形體和他種我們或可認為比較高度發展的國家形體嗎比如說我們能分朝代體制與神權體制

第十一章 國家的形式

為一類而近代民治體制又別為一類嗎？

我們認為古時部落與他種上古地方社會所有的民治色彩是使我們對於牠的真實性可以懷疑的。無論如何，即令牠們是富於民主性的，牠們也只是民主化的地方社會而不是民主化的國家政治制度之初次組成，似乎總是由於某一階級或家庭的統制，而社會其他部分則直接的對於這種階級或家庭居於從屬的屈服的地位。最初的國家嚴格的是一種階級式的國家所施行的與外表的對於這種階級或家庭居於從屬的屈服的地位。最初的國家嚴格的是一種階級式的國家，是以君主牧師與貴族在一方面和進貢納役的平民又另在一方面兩下的區別為基礎的。在上古生活的環境之下，這種情形是不可避免的：因為當時階級團結的天性有強硬的習俗予以堅定；因為當時人民的愚昧產生有迷信的精神使人屈服於虛無的權威以及他們的「解釋」（按即代表）人之前，而不知有以自拔並且因為當時生活的危弱與不安定使人有崇奉一種不容疑議的權威而藉資團結集中的必要那種權威的變遷與漸次弱化我們業已有所追述國家從習俗的屈服這種形式又進而為有意識的組織的形式。由未發展的權勢逐漸變而為世襲的權利由世襲的權利又一變而為負責的——最後還變為選舉式的——威權雖說開始不是民治，結果總是某種形式的民治不過我們所謂民治，不一定就是多數人的統治；而是普遍意志活動的發生效力，對於牠自己所遴選的一種政府，不許，而且提供直接的支持的意思。如果我們認國家為一種社會的機關而這種解釋是正確的我們就必須認一切國家——凡普遍意志不是活動的——為體制不健全的國家。這種見解我們一研究歷史的演進程序似乎便可以證實因為國家的大趨勢雖亦不免間有反覆然而「在牠最終變化真正成為一種國家以後」總是傾注於民

第三編　第十一章　國家的形式

三一五

現代的國家

治的國家的演進似乎總是這樣的。

這一種觀念往往亦被人加以襲擊。司片格勒——他是最近反對這種觀念最激底的一人——宣稱民治制度若與世襲朝代制或階級國家相比較乃是「皮相的膚淺的反歷史性的」要否認任何歷史演進程序的結果的歷史性恐怕都是無用的。至於攻擊民治爲皮相的，亦不能爲重要試驗——就是重大的事變——所證實我們可以假定比較穩定的體制而在我們討論政治革命的時候我們已證明民主制是比較朝代制爲能安然渡過這種劇變的。「政治」平等的體制——在一般資格成熟配享平等的人民之間——並不是淺薄的亦不是很容易被推翻的任何制度也不是絕對鞏固的不過一種制度如果建立在社會之有意識的合作與參預的扶持力量之上便是最堅固的。人民能推倒任何形式的政府但卻不能推倒他們自己的政府——惟有這種制度他們是不能剷除而代以其他制度的。一種共和民國或可由外來勢力而加以毀滅但是從內部差不多是攻不破的——在人爲的制度之內總算是最攻不破的了。每種劇變都有使普通人的意識中對於發生事變的制度發生一種迴想的影響如果一種制度具有任何有意識的經過理智測度的支持習慣以爲其後盾那種陡然發現迴想便不能有多大的擾亂挑撥的力量故此民主制便已有了一切社會勢力中之最有傾倒力的——就是人民自覺心——站在牠的一邊除卻有意識的民主制外在任何其他形式的國家裏面政府的根基都是可以脫離樹之軀幹的。習慣在習慣能夠循行牠自己之安靜的途徑的時期間，或足以爲一時之治但是一旦發生有破壞習慣的事件——在劇變時期中這種事件是必然要發生的——我們馬上便可發見習慣

本身並不是根基最深的東西，不過只算得是這種東殼而已；僅憑年齡悠久不能依作力量；信仰心因爲是幽暗的，所以既不是可靠的，更不是神聖不可侵犯的；人類生命中天賦的本性亦從來不曾完全的譯成人類的制度。民主制體視他種制體是比較容易的容忍變遷的發生；牠似乎是有一種比較永久的並且比較穩健的發展的可能性的。

更進一步說，假如普遍意志不是活動而有決定政府的效力的國家——在牠人民大多數的眼目中——就必要發生一種權勢制度的色彩而脫掉一種幸福制度的性質手握不負責任的威權的人們，或亦將以公共幸爲口頭禪；但是這種宣傳大抵只是一種信仰——無論如何是不足以使天下信服的，一種權勢制度的觀念而一種幸福制度的觀念必然是一種最後的觀念。權勢乃是一種工具，而幸福乃是一種目的。所以牠們二者的差別，就是爲某一階級的幸福而維持的一種制度與爲全體幸福而維持的一種制度。因此教育之每一進步甚或多數人組織意見發揮意見或交換意見的能力的每一進步都對於這種權勢制度是一種威脅國家最所必需的，便是鞏固安定；而鞏固安定，恰是牠的權勢所最不能取得的，因爲文明的活動的效能大抵都不是政治強權所能達到的。在這一方面我們必須切記「社會」制度（包括習俗道德親屬與宗教制度而言）是從來不能由暴力予以決定的，那怕就是在「政治」制度顯然有強制性的地方：實際上一種強制的政治制度是沒有存在之餘地的——牠惟一存在的方法便是假借社會制度以爲基礎而已——本身則爲居於這種基礎之上的一種上層建築，因爲只有社會制度纔能表現地方人民的內心態度。誠有如格林之所指明任何

現代的國家

專制制度亦不能損及這種根本制度的毫末否則便有被推翻的危險。所以，在權勢制度與牠自己的社會環境之間，總是潛伏有一種歧異的。這種歧異，由於我們包括在「文明」這個名詞之內的各種勢力潮流而增加重量并使社會人民對牠發生覺悟因此我們在結論上可以說：不但社會劇變的慘烈震盪即社會進化的遲緩程序亦足以顯露朝代式或階級式的國家遠不及民主制的穩定與充實。

我們所以不憚詞費的反覆討論這一點的目的是要藉以證明我們下面所要列舉的國家類別的理由。

本章的目的，在於爲各種形式的國家分門別類而列述其特徵我們現在可以將國家分爲下列兩大類：（一）朝代式的國家——這種國家之內，或則是缺乏與國家所包括的地方社會同一範圍的普遍意志或則是普遍意志只是緘默的或屈服的；（二）民主國家——在這種國家之內普遍意志是普及於地方社會之全體的，至少也是普及於地方社會之較大部分的並且這種普遍意志乃是政府體制之有意識的直接的活動的砥柱。

第一種國家包括由階級統治的國家帝國以及其他一切國家——就是有人所謂「民主國」也在內——凡政府是由全部社會之一有特殊權利的部分所組織的國家就是希臘的各民主國我們也要包括在這一類。牠們的國民雖說對於政府業已獲有一種民主化的關係而事實上他們仍形成爲一種統治的階級所以由全體地方社會的觀點來討論這般國家就是在牠們發達最完備的時候也還離不了寡頭制的色彩在一種有限制的團體之內所存在的政治平等，無論是怎樣的完全國家仍然是朝代式的國家，如果牠將牠所統治的地方社會的大多數人排擠於政權之外的話。如果在國家居民之上通常都有行使強制權的必要而這些居民的意志又不是普

三一八

【现代的国家】

第三编 体制形式与组织制度

遍意志的一部分，這種國家根本上便是一種暴力制度。牠是建造在暴力之上的，牠的政治必然是以假公濟私爲目的的。

第二種國家只包括各種近代的民主國家，這種民主制誠然是一種程度的問題牠的界說也是與其他制體一樣很難以劃清的。但是，比如說設若一個國家現尚未解放牠的女性人民，而仍將她們置於無參政之權的地位我們不會因此便即拒絕予牠以民主國的尊號吧；因爲婦女不成其爲政治上的一種特殊階級，而可以認爲已由家庭之男性人員間接的代表其參政權；不過這種解釋當然還是不能算爲很充分罷了。若干國家對於國民籍貫加有種種資格的限制我們亦不能因此而即否認其爲民主國因爲這些限制按理可以認爲是履行公民義務時所必需有的一種最低限度的個人資格。並且我們在此地也不必提起人民統治之是否真實的問題因爲民主制總是不免爲影響「人民意志」的社會與經濟情形所影響的只要立法的主權是正式由普遍意志的行使而加以決定的，無論這種普遍意志受有如何影響力的刺激我們也要稱這種國家爲一種民主國在本章書內我們所關注的，是形式的分別。

第二節 朝代國家的形式類別

在朝代制的國家裏面權勢或強制的色彩當然是很濃厚的；不過有時一種習俗或一種宗教的勢力，若能與多數屈服於少數之下的情形相適合，亦足以掩飾這種色彩罷了。在朝代統治的情形下國家有一種特殊的性徵，因爲牠在表面上都是不以全體幸福爲標榜的所以牠必需有一切可以爲牠所利用的心理勢力予牠以支持：這

第三編 第十一章 國家的形式

三一九

現代的國家

種心理勢力可以使民眾的觀念上深感覺得牠自己的尊嚴與他們本身的卑微為要達到這種目的,牠便崇拜權勢極力激發臣民的那種感情上的忠順心;而臣民這種忠順的酬報也不過只是關於他們統治者的光榮與威力的迴想未免太無實質了,這種國家敬重軍伍的勳績以牠為畢生的目標並曉諭以勇敢綱紀與犧牲諸美德在牠東征西討的工作程序內牠必將「君王與國家」並為一談;而自居於捍衞國家拯救國家——以脫離牠自己好戰的方針所牽動的危機——的人的地位牠常擡舉階級與門第的高貴用以在平賤人與貴族之間劃定一種幾乎不可逾越的鴻溝牠假借稅課與佃租之名實行搾取貧賤者勤勞困苦所獲的盈餘一手兼經濟與政治威權二者而有之因此並將被壓迫階級的機會這兩種外部條件而剝奪以去這樣一種嚴厲的壓迫制度凡為文明人類似乎都是曾經經過的這種制度若不與宗教制度發生關聯與提繫教人民以屈服與忠敬的義務並堅持嚴酷與勒索性的神仙的萬能之說以及人類對牠們意志——由僧侶階級代為解釋的神仙意志——之屈服的義務,藉為政治朝代設立一種相適的背景便很罕見有能遏制被壓階級的反抗勢力而維持其己身生存的這種宗教都是愚昧的幻想對於一種玄妙與惱惑的世界裏的現象所發生的自然反應,自古即與朝代國家的階級統治有密切關係的。

任何朝代都是寡頭制的。按一般的慣例,君主制與寡頭制都是分為兩種不同的國家體制;但是這種分別只是以次要差異為根據的。在一切形容政治形體的名詞之中,最淆亂觀聽的,莫如一般表示數額因子的名詞。君主制嚴格的說只應是一人統治之謂,而別於少數統治的寡頭制但是大多數的寡頭制度莫不具有名譽的或君主

【现代的国家】

第三编　体制形式与组织制度

的頭目——這是牠們的特徵而另一方面自來亦沒有任何政府只是一種純粹的君主制即令一國具有一位單獨的望之而似爲至高無上的統治人他必然也是將他的威權建立在一種團結階級的活動的扶持之上他不但有賴於這種階級的合作以爲治而且必須以增進這種階級的利益爲政治的目標他差不多總有一種樞密院——這般君師顧問都是代表一種階級的他誠然可以效威廉二世（Wilhelm II）而自稱「純假上帝的恩惠」以爲統治的根據但是他也必需有一種具有特殊權利的集團其利害關係是與他這種妄自誇耀的威權行使極相調和的在這種階級之內誠然亦有發生爭執之可能驟視之似爲君主與貴族之間的一種衝突——有如英王約翰（King John）之與其貴族的衝突但是事實上這種爭執不過是寡頭集團內部的分裂一種宮闈派與一種反對派之間的閱牆之禍。一切君主制體都是寡頭制體的分類而一切寡頭制體並不定是君主制體的。① 寡頭制可以由議會予以統治而不具任何單獨的統治首領或君主；不過這種情形大抵都是「城邦」時代的一種遺跡罷了——共和時代的羅馬所有的貴族院與行政官憲即其一例所以我們可以將寡頭制體分爲君主的與議會的兩種。

就大概情形而言君主的寡頭制，不是世襲的，即是選舉的往往起初她是採取一種選舉的形式——其選舉權操在某一種佔優勢的階級的手中——而後來漸趨穩固變爲世襲的形式。波蘭之選舉式的君主常人均認爲是她的離奇憲法中的一種弱點羅馬帝國的歷史亦昭示有在這兩種原則之間若干驚人的反覆變遷帝國威權起初雖說是選舉的形式，但經過很長的時期都把握在同一帝王家庭之內；不過從未曾完全變成爲一種世襲的

第三編　第十一章　國家的形式

現代的國家

權利;最後,並且任何人一經步騎兵隊任意歡呼的擁戴,即可以攫天子的尊位世襲的形體有保障國基鞏固的大利益而鞏固乃是朝代國家的一種基本條件牠能灌輸那種玄妙的崇拜權威的心理使人民不以居上者的功績事業如何爲想念從而能予威權承繼者的懦弱與昏庸以過分充實的抵補在適合於寡頭制的情形下,世襲君主的無能只能表示統治階級眞正威權的堅實性。

除此兩種世襲與選舉的尋常君主體制以外,我們還須加上若干非尋常的體制——牠們都是政治變亂的結果。一位君主的登極或許是一種小政變的結局,並且在上古寡頭制的國家裏,即一「宮闈革命」往往亦可以決定王位承繼的權利但是這樣攫取王冕的君主,所處的地位總是很貼危的,除非他能建立另一朝代或假某種選舉方式使他自己的拜命合於常法另一非常的體制便爲獨裁制——按這種制度,君主在表面上不過是一種暫時的權宜辦法藉以應付一種緊急情狀的。羅馬的獨裁制便是這樣的學理;在近代歷史中某某統治者——有如克溫姆威爾 (Cromwell) 輩——均曾假國家「拯救人」之名,而實行統治獨裁制也許有憲法的性徵如在羅馬的獨裁制;但是比較普通的,還是以武裝勢力的轄制爲基礎的。

於討論君主的寡頭制之餘我們復次可以述及議會的寡頭制。這是比較罕見的一種體制,因爲牠不十分能使政府作到寡頭制所必需的穩固的地位。城邦時代,政府是一種政治執行官憲的性質議會的寡頭制,自然是牠們的特色有時在上古蠻情形之下,亦可以發見這種制度:因爲牠們總有一種長老議會或部落會長的議會以執行政事但是牠的純粹形式卻是近代情形中所不可復得的。我們現在所能發見的,都是君主式與議會式的一

【现代的国家】
第三编 体制形式与组织制度

種混合體有一位名譽的君主或統治人在某種方面是必須仰一種議會的鼻息而圖生存的；而這種議會不特僅備君主的諮詢顧問亦且為確定參預主權行使的人物議會人員或為有特殊權利的階級的代表，或則他們的權利是在結構上牠或則是簡單的，或則是階段梯式的。換句話說議會議員或則有平等的政治權利，或則他們的權利是分別有等差的。波蘭制度（與其「任意否決權」"liberum veto"）便是前一種體制的一個例證他國在封建時代的議會組織法便是後一種體制的顯著實例。所謂神權政制我們不分神權政制為與寡頭制不同的另一種體制因為牠們的區別不在組織而在統治權的溯源但是純粹的神權政制卻是不多見的一種東西在寡頭制的國家裏所常見的，乃是神權制與他種威權體制的一種混合體──有時兩者合為一體有時則成立一種兩重威權體制比如埃及各朝代與過去若干東方帝國神聖羅馬帝國 (Holy Roman Empire) 實際上在文藝復興時代以前之大多數的中古國家在回回教王 (Caliphate) 之分離與其最後的取消以前的士耳其帝國都是這一種體制的例證。

議會的寡頭制亦可以根據單一式的寡頭制的分類標準而予以分割；換句話說牠的議會亦可以分為世襲的與選舉的，或者牠亦可以成為一種獨裁制俄羅斯的蘇維埃政府，我們可以說是最後這一種的體制。但事實上乃是一種少數人的獨裁，不過要根據於無產階級的支持罷了。這國政府是一種「無產階級的專政」而事實上乃是一種少數人的獨裁，不過要根據於無產階級的支持罷了。這是一種特殊的體制，是一種有階級限制的寡頭制與其他一切寡頭制不同其國民權利──在社會經濟的意義上──不是由上面而是由下面而予以限制的這一種體制只能在一種寡頭制的國家裏發生當一種寡頭性質

第三編　第十一章　國家的形式

三二三

極強的組織陡然的並完全的被推倒後從前被壓迫階級的某種分子，一旦佔據優勢而施行他們舊時主人的故智於是便成立了這一種體制。

由單一式而討論到複雜式的寡頭制，我們可以將封建時代較大的國家包括在這後一類的體制裏但是最能代表複雜寡頭制的卻是帝國。我們前已論述大陸帝國與海洋帝國之寬大的區別前一種帝國囊括有一廣闊並且普通還是連續的領土其中的民族，也很見複雜大都爲一種統治家族所有的威信與軍備組織所鎭懾與結合朝代帝國的臣民，也很見複雜大都爲一個國家或民族的意識亦並不能組織成爲一種有效能的地方社會不過普通由於早期的移殖侵竄和征伐等行動所致有相當程度的重視朝代與誠服朝代的心理便將無所依而存在了但是這種朝代最初的成立總是由於一位征服者的才幹，如中國的元朝成吉斯汗與加伯那罕等；或是由於聯姻的關係如圖("tu")，費里克斯("felix")奧地利亞(Austria)，魯比("nube")等或由於較小朝代清各朝代的情形）如果並這種公共交通而亦無有帝國所必需的重視朝代與誠服朝代的心理便將無所依而存在了但是這種朝代最初的成立總是由於一位征服者的才幹，如中國秦漢明國家之統治家族間他種的結合所致朝代國家的行政區域大都按地理或種族的界限而分爲若干「行省」而中央之於各省頗有成爲外形組織的情態各省有他們自己的組織朝代對他們關係頗弱或且不表任何關切着眼處大都只在他們的財政與軍事上的貢獻故除分內應繳之稅貢與軍械餉餫外行省統治人尚保存有一種專斷的威權。

這種朝代體制的弱點，不但有引起朝位繼承權的爭執的可能（假如朝位因世襲而落於柔懦無能的繼承

人的手中，威權爭執便可以由此發生；）而且最重要的，還在各行省的離心的趨勢因為這些行省與中央政府的關係沒有任何充分的聯結的原則足資維繫牠們對中央所提供某種貢獻，而本身卻得不着中央所頒給的給養反無時不受厚斂重聚——這種納貢制度正足以促進厚斂重聚——的蹂躪結果往往朝代的全部組織不免陷於艱危時或罹於破壞，而帝國的中樞於遭受戰爭摧殘之後則有由某一中心與某一家族而遷徙到另一中心與另一家族的可能。

帝國之第二大種類——就是海洋帝國——表示有組織上很有趣味的差異牠在種族上與文化上遠不及大陸帝國的統一牠能治文明程度與種類完全不同的多數民族於一鑪；而從權勢一方面看這乃是一種安全的原素因為牠的被壓迫的人民沒有多大的互相聯合以謀共同抵抗牠的能力與機會這種體制不需要政治的手腕便可「分化而統治」因為牠的威權定基的波瀾業已分化了牠的分子牠的威權比較的迅急比較的可靠並且不易為內部發生的陰謀所陷害中央政府的形式對牠不是重要的問題。一種民主政體可以統治一個海洋帝國，不過不能不經過某種反民治性的改變罷了；但是民主政體卻很難統治一個大陸帝國海洋帝國的權威不似大陸霸權之需要軍隊性的綱紀因為牠比較的集中，並不利賴人數衆多與武裝軍旅以維持生存。更進一層說海洋帝國所取得之權勢上的收穫乃來自商業的利益與貿易的讓與權利，而非來自財政的統制；且其經濟的方法有一種平等互惠的色彩，是政治方法所絕無的並且牠比較的容易適應環境的變遷。雅典（Athens）之待遇牠的短命的帝國乃根據強制聚斂的領土原則。西班牙之視牠的帝國直如是牠的「所有品」利用與沒收牠的資

源近代殖民的帝國乃逐漸更改牠的方針就是在最初的起根上，也是與古代帝國有軒輊的，因為牠的宗旨上以各種經濟的原素為佔優勢殖民地之設置乃用以維持祖國支配商務的威權用以獲得一種原料與金屬貴物的策源地用以作貨物傾消的市場用以作人口過剩的一條出路但是及至殖民地逐漸躋於發達牠便進而要求更大的自主權而與這種經濟生活的統制不能相容由此便發生殖民地與帝國權威之間的齟齬與抵觸而格蘭費爾（Grenville）政策之慘淡的失敗乃宣告一章歷史的終結由此可知殖民帝國的整個趨勢都是在減輕其帝國的色彩一個方向上。在那些業已由本國國民加以有效的移殖的區域一方面牠便放棄其集權統制權的大部分而以企圖合作的闖結與經濟的權益為鵠的。在這一方面帝國已有逐漸變為一種永久性的聯盟集團或邦聯國的模樣在其他區域一方面因為有氣候與異種文明妨礙有效的殖民的關係牠便成立有某種宗主權的系統以替代古時高壓的統治制度，由此牠便可以兼收經濟利益與軍備力量只在牠所統治的土著民族文明比較很見退化的地方牠會保留舊日純以私用為目的的方法——就是在這一方面形式上亦已有所更張了。

第三節　民主國家之體制

各種民主體制之性徵與發展的研究，便要佔據我們下列幾章的大部分。目前我們且討論那些大的區別，用以將多數民治的體制分為若干總門類依我們上列的定義幾乎全體的近代的國家都應劃為民主國一類但是沒有任何兩國在性徵上完全是相同的。民主制一方面是一種程度的區別。一方面也是用以表示普遍意志的特殊機關組織的區別。

【现代的国家】
第三编　体制形式与组织制度

民主體制內部最早的區分便是直接與間接民主制的區分——這是根據國民全體之是否有真實立法職權而定的。在前一種情形之下最終主權與立法主權是合為一體的直接的民主制，盧梭雖目為國家之惟一的真實體制其實並沒有多大的意義我們直可以謂其為與人民天才是背道而馳的。我們在前已有所證明，上古城邦時代之所謂直接民主制簡直不是民主制而是平行的寡頭制——其政治統制的權利與祿位完全是由一種統治階級的國民所把持分潤的這些緊張而無定局的試驗雖在國家演進上有高度的重要性並不足以表示我們的原則有任何例外——就是說民主制是一種近代的體制這般國家裏面實缺乏鞏固性並沒有公私利害關係的相通以故沒有發生一種政治代議制的可能普遍的意志不但只是局部的，而且是不穩定的民主制需要相當程度的鞏固性然後少數人方能代多數人作事因為必如此多數人對於少數人方能有信任心方能施行一種監督否則國家有一種公共利害關係以資維繫的話便沒有多大的保證了我們在近代世界上誠然尚能發見少數隱而不彰的「直接民主制」尤其是在瑞士(Switzerland)深山中之某某微小府郡一方然而牠們只是一種經緯不分的農村社會——牠們尚有一種家長威權原則的遺蹟使公共生活略生一種黏貼力。

代議原則乃是民主制的精髓誠然某種現代國家中亦有直接表示人民在立法方面的相當機構——創制權與複決權——並不是常存的立法組織而是一種憲法的方法遇有特殊的時機用以決定某種困難問題的。如果牠們能繼續的發生效能牠們便會毀滅政府的責任心而一種民主國若無政府的負責又是不能發生功用的並且任何民主國都必需要且發展有一種政黨制度：而關於政黨界線業已劃分清晰的各

第三編　第十一章　國家的形式

三二七

現代的國家

種問題上，創制權與複決權是沒有多大用處的這一層，我們將來尚欲有所論述複決權只有當破壞政黨陣線的重要問題發生而亟需解決的時候纔能有實際的效用：如某某國家內的「禁酒」爭議便屬於這一類的問題。⑫遇有這種情事的時候，便可以引用複決權而不損害政府的鞏固性與責任心，實際或則還爲各政黨所歡迎而目爲一種逃避困難的方法因爲這種制度可以代牠們免掉作一種使政黨團結趨於分散的決定的必要至於創制制度——牠是瑞士特殊的貢獻——其策源地原出於一種包括有多數小政治區域的聯邦國家，其國家係由語言種族與宗教上很混雜的分子所湊合而成的這種制度的價值，脫離了牠所從出的特殊情形是不免引人之嚴重懷疑的。這實在仍是一種城邦的措置；現在只有人口稀薄的少數州內，例如阿利崗（Oregon）與可洛那度（Colorado），牠的常久用處尚能有所發展這也是頗值注意的一種事實。在一種大國家內這種辦法若果應用過多定必成爲一種立法制度上的贅疣機構一種由不負責任的政客所操縱而易以鼓起政潮的秕政並且「要求（創制權）」的聲浪大抵以在信任代議士的人格與能力最薄弱的地方爲最高張」這亦爲足以發人深省的一件事實。⑬

近代民主國家，個個有一種代議制度分別民主國最簡易的方法便是引代議原則的形式與範圍以爲根據的。這種重要的立法議會，是基於代議制的：這是這類國家大家共有的一種徵象其兩種極端的種類第一便是中央政府——包括立法院與行政首領二者而言——完全仰賴代表選舉的結果而定其組織的國家，這種制度以美國爲煌然特著的例證；而在第二種國家之內只有「衆議院」是直接代表人民的其行政首領便不是取决於選

三二八

【现代的国家】

第三编　体制形式与组织制度

第三编　第十一章　国家的形式

舉制度的，此外尚有一種非代表性的「上議院」與夫一位永久的虛名的國家元首關於後一種，英國憲法便是今日尙克健存的最卓著的例證在這兩種極端形式之間我們可以發現有區別的種類極為衆多使分類工作發生有很大的困難。「第二議院」的遴選方法，或決於世襲遺傳或出於選舉，或由於任命，或於這一般原則中採用任何混合的辦法但是有少數的國家卻完全將第二院摒棄了行政首領的選任直接間接的，或取決於人民公選或任憑國會或立法機關的票決內閣閣僚或須仰賴立法機關中佔優勢的政黨，或脫這種政黨的牽制而獨立如果我們對於事實上由這些方法的混合而發生之無數種類的體制──加以檢討那便要使我們的分類陷於過分叢雜紛亂的情形。在此地的形式是容易引人誤會的，除非我們的觀察越過形式而直入於實質例如我們要領略一種民主制的性質，我們不但要考察牠的第二議院之是否為一種代表性的組織，而且還應考察這第二議院之是否為一種有效用的組織；不但要考察行政首領的位置之是否為世襲的或為選舉的，而且還應考察他的威權的大小為何如。最重要的區別，或則便是「有限制的君主制」與「共和制」的區別──這種區別是按名譽的元首是世襲職或非世襲職而定的便是「國會制」（'parliamentary' system）與「議會制」（'congressional' system）的區別──這種區別是按行政首領之是否有賴於立法機關的支持而定的這後一種的區別，我們將在下章予以討論前一種的區別，已在政治演進的過程中失掉牠原有之嚴峻性的大部分民主制是與政治威權之世襲的傳受制絕不相容的；但是在國家久已經過慘淡經營而成立整列的民治機關與制度以後，一種名譽的君主或仍

三二九

現代的國家

有存留的餘地，而爲一種傳統制度的遺跡，或爲一種統一的徽記並且普通還作爲社會或階級的威信之一種中心點。但是「有限制的君主制」（無論其「限制」爲何如）與共和制間的區別，是仍然保有相當意義的；因爲君主制固有的社會威權已被削剝的地方還是有一種心理上的效用能促進保守主義，並堅定階級國家的某種性徵——如爵位與名器的分別等差諸事。❹

民主制一如寡頭制，有單一與複雜兩種形式的分別。一種複雜國家便是在一個政府之下結合若干政治集團，而各個政治集團倘保存其個別行政系統的制度在帝國的形式下內部包含的各部分並不能成立這種公共政府。在聯邦制的形式下，這種組合的各部分一方面保存有某種程度的主權，一方面亦共同組成支持聯邦全體的主權。牠有一種普遍的意志與聯邦範圍同一廣闊（內戰時期卻是例外）但是帝國的基礎是建在一種比較褊狹得多的意志之上。聯邦制與一種純粹國際聯盟或同盟組織是有差別的：因爲聯邦制所成立的大範圍的結合體，本身乃是一種眞實的國家，而不只是代表若干獨立政府所同意組織但仍可以更改的團體很明顯的牠會限制——雖不曾完全取消——各會員邦的主權。

亦有由多數國家所組織的聯盟或結合體似乎是介於純粹國際同盟結合與聯邦制之間的。這種聯盟或結合體與國際同盟的分別，就在牠們是有一種共同政府組織的，所以在有關全體的事件上特別是關於對外關係一方面牠們是假一種單獨的公認的權威而發生行動的。牠們與聯邦國的分別，就是在這種公共政府只能與各組織的邦發生交涉不能直接與牠們各個國民發生交涉由一七七七年大陸會議（Continental Congress）所

【现代的国家】
第三编　体制形式与组织制度

制定的規條而組織的美洲邦聯制（American Confederation），便是屬於這一類這個邦聯制乃是一種鬆懈而調整不善的結合體對於各邦與各個國民均沒有執行自己決議案的強制權較此為更堪注目而複雜的一種結合體便是英國的「國際共有組織」（British "Commonwealth of Nations"）——這是由一種殖民的帝國逐漸分化而成的牠有一個單獨的「外交部」代表全體「帝國」而發生行動；所以牠之對外的一致是有所保證的了內部包含的各邦雖有自主的權利但無國際上的地位——其國際地位也只是那個帝國的會員邦的國際地位❺但是另一方面牠的內部的統一幾乎全不是形式上或憲法上的東西一部分是靠着人民的習慣與情感靠着民族籍貫的共有因數一部分也是靠着祖國與各屬地之間的特殊佈置與措施。

「國際聯盟」（"League of Nations"）的組織現在仍太幼稚不足以分屬何類但是牠假如能發展牠的性徵牠或則便會落於這一類牠的活動的效力或將產生一種新式的「邦聯制」在這種制度之下各會員國必須將某某有限的威權給予一種太上國家在有關於各會員國彼此關係一方面；而各個人民卻不能如真正聯邦國家內的國民對於他們所隷屬的各個國家所會同組織的這種國際政府提供一種直接的忠順。❻

這若干種類的邦聯制或應以之隷屬真實國家一類而不應僅視為國際同盟的結合體若認這種結合體為有主權的法人組織誠然不免有一種學理上的困難；但是這種因難已有我們前所解釋的主權之較廣大的意義，可予以迎刃的解決。

聯邦制之特殊的徵象，乃在於主權正式的分配上——分配於各組織的邦或局部的邦與牠們所會同組織

第三编　第十一章　國家的形式

三三一

331

的大邦之間聯邦國內每個組織邦的國民須提供兩重——但不是兩重互相衝突的——政治的忠順。他不但是歐海阿（Ohio）的國民也是北美合眾國的國民不但是巴凡維亞（Bavaria）的國民也是德國聯邦的國民這種兩重服從制在形式上有存在的可能，乃是由於一種成文的憲法因為牠會將組織邦與聯邦二者的職權同樣給劃出明晰的範圍比如憲法將教育管理權或刑法施行權劃歸各部分那聯邦主權在這些方面的任何行動便算越權另一方面又如憲法將幣制或關稅取締權或外交事務管理權劃歸聯邦各組織邦在這些方面的任何行動便算越權。關於某種項目憲法可以容許雙方立法權的存在；以調和主權之分裂的。誠有如我們在另一地方之所已論列在一種眞實聯邦體制之中我們是找不出一種最終的全體意志，成文憲法所發揮所包含的一種意志要比聯邦或組織邦所行使的任何意志為更有根本的重要性。

聯邦制的形式在各種不同的情形之下，有很顯著的差別。❼ 在德國，在瑞士聯邦國，在澳大利亞，在加拿大，在美國，都有一種特殊的色彩。主權的分配是這樣的不同所以要加以概括的論述那是極為困難的；並且在某種情形下——如一八七一至一九一八年的德國聯邦制與一八七四年成立的瑞士聯邦制——就是某種參加外交關係的權利都是由可以各組織邦予以保留的這一種辦法不過要認為僅僅是普通原則的例外或局部限制罷了。就實際的情形說，全體的聯邦是可以取締各組織邦與外國列強所有之一切關係的，並且無例外的牠是獨有

宣戰與媾和之特權的除了這種普通原則以外組織邦與聯邦間的職權分配，便沒有其他必然的準則：不過按事實權宜與利便的觀察武裝軍隊移民與國籍造幣與各種邦際交通的機關——一類的管理權都是應該賦予聯邦威權的普通也都是像這樣的辦法。

有若干聯邦制的國家，牠們各組織邦的職權重要性可以說是次於聯邦所執行之各種職權的。在加拿大便是如此情形所有憲法不曾規定的剩餘主權一概屬於聯邦全體聯邦握有一種很概括的權利「凡關於本法案業已劃歸各省立法機關所獨有之各種事項以外之一切事項得以制定法律以維持加拿大之治安秩序與良善政府」並且最重要的就是聯邦政府如認任何省立法為有損於國家全體的幸福時便有予以否認而取消其效力的大權。在形式上，美國適立於另一極端因為美國憲法第十條正案明白規定：「凡本憲法所不曾賦予聯邦而亦不曾禁止各邦得以行使的各項威權一概歸各邦與人民所保留」。但是這種形式上的限制有漸為聯邦國的邏輯所埋沒的趨勢。因為聯邦政府各機關與委員會的活動假聯邦協款津貼的分配（在興辦普通企業時以各邦合作為條件的國幣分配）假中央較大組織之威信的膨漲，在在可以在邦際事務一方面逐漸擴張牠的活動聯邦主義一如民治主義也不過是一種程度的問題但是目前一般的趨勢卻是向著一種較強的聯合與統一這個方向而走假如一種聯邦制真是迎合各邦的贊助的一種聯邦制這種趨勢乃是必然而不可避免的。因為這種聯邦制能促進聯絡與交通的密切性並能解除個別主權所成立之歧視主義的有形無形的窒礙與隔絕新關係的線索，很容易於同意的各邦之間組織完成若干人類利害關係的大同性質亦得以開釋而被認識。

第三編　第十一章　國家的形式

三三三

現代的國家

在組織緊湊的聯邦裏面僅關稅壁壘的關如已是一種最有潛勢力的因數，足以開放統一的精神；因為人民遊歷不至徒然的不安的感覺到此地與彼地有一種無形隔絕的界線。一種聯邦制一經成立只要基礎合理化便是一種廣續不斷的統一潮流這卻不是說各組織邦的自主權便將終歸於消滅最宜由一種共同政府所增衛的利害關係自將漸趨於集中而個別的利害關係亦將伸張更大的自主權同樣的在單一制的國家裏利害關係的邏輯亦同時能造成集權與分權兩種趨勢因此從這兩個方向上聯邦國與單一國的性質都是互相漸躋於接近的。

聯邦制的大利益在於牠能容許公共利害關係的成立與認識，而同時免於過分的或強迫的集權制。假如我們拿美國聯邦內兩個邦——如紐約邦與費紀里亞邦（New York State and Virginia State）——之間的情形和一個美國邦與其國際界線外的最接近的某鄰邦——如紐約邦與昂太利諾（New York State and Ontario）或華盛頓邦與英屬哥侖比亞（Washington State and British Columbia.）——兩方面的情形，比較對照一下，我們便可以發見一種絕妙的例證。在這後一種的情形下一切人口學方面的象徵氣候領土人民，與社會發展的諸情形都是極相類似的；而在前一種的情形下牠們是有較大的差異的。但是交通的便利與公共利害關係的自由發展在聯邦國家之內很自然的能產生一種活動的統一觀念而政治隔閡與方向不同的政治聯絡卻能阻止這種觀念的發軔那怕牠們所處的情形在別的方面是對於牠要算順利得多的。

我們現可進一步而給國家體制列一表略不過我們同時要記得國家一如他種社會團結的體制，一樣是不

【现代的国家】

第三编　体制形式与组织制度

能判明的最後的分為若干種類與屬別的各種類別彼此間的界線，差不多是沒有形迹的——在歷史上是如此，在現在也是如此的。社會團結的類別，比較上沒有有生機的動植物的類別那樣的固定性牠們不過只有少數有區別的構造原則是歷史上與現代各種國家組織內所包含的不過從來不將某一項原則完全的包含而總是將幾項原則互相參雜錯綜的包含罷了。

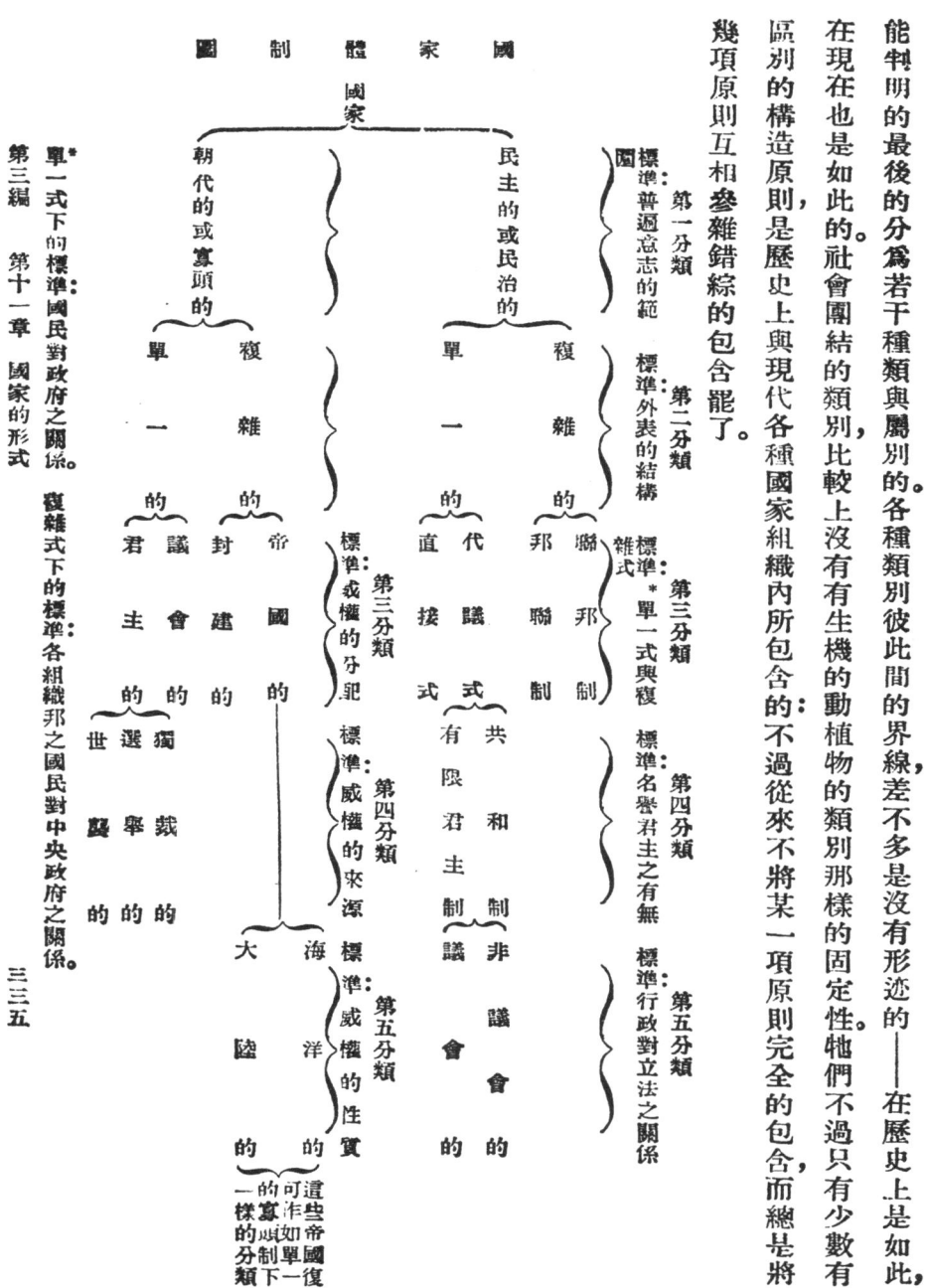

國家體制圖

國家
　民主的或民治的
　　｛複雜的
　　　聯邦制
　　　邦聯制
　　｛單一的
　　　代議式
　　　　共和制議會的
　　　　有限君主制議會的
　　　直接式
　朝代的或寡頭的
　　｛複雜的
　　　封建的
　　　帝國的
　　｛單一的
　　　議會的選舉的
　　　君主的獨裁的世襲的

第一分類　標準：普遍意志的範圍
第二分類　標準外裏的結構
第三分類　標準：*單一式與複雜式
第四分類　標準：名譽君主之有無
第五分類　標準：行政對立法之關係

第三分類：標準或權的分配
第四分類：標準威權的來源
第五分類：標準威權的性質
　　海洋的
　　大陸的

* 單一式下的標準國民對政府之關係。
　複雜式下的標準各組織邦之國民對中央政府之關係。
　這些帝國可作如單一復制下一分類樣的分類。

第十一章　國家的形式

三三五

現代的國家

附註：關於複雜式的國家民主制這個名詞是指着各組織邦——不是指着國民——對全國的關係而言的。如果這種關係是一種自由的關係這個國家便屬於民主國一類不管各組織邦之內部的性質是怎樣。

❶ In certain primitive societies the chief or king is raised to such a mystic eminence above all his subjects that it is possible to accept literally the term "monarchy," but such a condition cannot occur in any organized or modern state.

❷ We should of course distinguish the employment of the referendum in the original establishment or the amendment of a constitution from its employment in respect of legislative acts. In the former case it is a device for eliciting the general will, not an instrument of government at all but a means of creating the constitution within which government shall act. So employed it is in fact the obvious mode of expression of the general will, and does not properly present an alternative to the established forms of legislation. Here however a confusion is apt to occur if mere legislative enactments are illogically treated as if they were constitutional amendments, as in the case of the eighteenth amendment of the American constitution.

❸ Lowell, "Public Opinion and Popular Government," p. 103. The exceptional employment of the initiative, to decide a conflict between the legislative and the executive branches, as in Esthonia, or to determine a question of boundaries within a federation, as contemplated in the new constitution of

❹ Germany, or to remove some constitutional deadlock, is an entirely different matter.

❺ Constitutional monarchy, said M. de Laveleye, is the most 'delicate' of the forms of government, "mais ce régime excellent exige de la part du souverain ou une indifférence complète ou un tact supérieur" ("Essai sur les Formes de Gouvernement".)

❻ On this interesting and difficult point, see Kennedy, "Constitution of Canada," Ch. XXV.

❼ This was in effect the type of federal union achieved by the old Achaean League, although the citizens of the component states were nominally empowered to vote in the national assembly of the "League"

❽ For an account of these differences see Newton, "Federal and Unified Constitutions," and Smith, "Federation in North America".

第三编 第十一章 国家的形式

第十二章　政府職權的調整

第一節　職權的分置

在本書內政府的機械方面是與我們沒有關係的我們的目標在闡發國家的性質與方向；假如我們同時牽涉到各種政治組織與制度——在各國既往與現在的情形之下所發展完成的組織與制度——的檢討我們的目標就要有遭遇混淆之虞了。因此，在這一章與下一章書內我們只要能考察那些最能直接表示社會溯溶勢力的某某基本組織制度的普通性質那就算很夠了從這一方面看最有重要性的組織制度莫如一般與家諭戶曉的分權原則有關係的組織制度。

這種原則並不是治人者和治於人者的區別，那樣與國家本身同時產生的最初的原則。牠是屬於近代民治國家的任何朝代式的國家亦不能宣揚這種原則，因為牠牽涉有一種主權學說與朝代國的本性是不相容的牠所需要的，不只是立法權與行政權的分立牠更含有前一種立法權之某種優先地位的意義這是朝代國家所絕對不能承認的。並且在上古城邦的行政制度之下牠也是不能發生的這一種行政官制度所活動的範圍過於狹小；不能使立法職務脫離行政職務而躋於分立的地位。❶立法職務與其他一切職務之有效的分立根本上還是基於法律的威權與立法者的威權兩方面的區別而來的。如法律是有普遍效力的，是國家全體所昭示的意志，那

末，我們就必須救牠脫離依賴別人——就是那些於任何時間都握有借大威權可以假國家之名以發生行動可以修改并解釋並執行法律的人們——的意志的危險。按此項學說之偉大發明人孟德斯鳩(Montesquieu)的根本觀念，法律鞏固性的保障就在與法律有關係之各種職務的分別隸屬今借用他自己簡單的語調，「按事理之本然，威權自應作威權的一種牽制。」如果我們要保存自由要保存法律本身的話。

分政府職務為數種不同的類別——普通分為三種——誠為一種古舊的觀念可以追源到政治分析的鼻祖亞里斯多德的「政治論」("Politics")。在孟德斯鳩以前也還有若干思想家——以洛克(Locke)為卓著——他們曾再三致意於這種職權的分別，認為有實用上的重要性但是「法義」("L'Esprit des Lois")的作者，確曾作進一步的主張依他說重要事體不在職務的分析，而在將牠們分屬於不同的機關的原則在他的眼目中這種職權分置乃是保障政治自由最切實的一種藥方至於這種政治方策之哲學的含意他幾不曾加以考察或且不曾有所領悟。他想像中的三權——「立法」與「司法」——「應該」是並且「必須」是分別隸屬的；換句話說，應由且須由不同的人物或團體予以行使這種學說在美國聯邦邦內之某某組織邦如費紀里亞與麻色秋賽尺(Massachusetts)等邦——的憲法裏曾以爽直的文字予以載明。法國革命議會亦曾宜稱這種學說為國家本身具諦之一部分按牠所闡發之堅硬的主義「任何社會如果沒會規定威權的分配，都是沒有憲法的。」

這種學說雖表面上是很單純而易於辨明的，卻曾掀動政治學說上最深重的幾個問題我們站在任何立場

上，能說政治「威權」是有分別的嗎我們還是只在指着一個單獨而不可分裂的主權的若干方面或表現而說呢？如果這樣牠們在「隸屬」上如何又能分離呢這些「威權」是否僅僅爲附於政府的各種活動或職務可以由分別的機關予以執行而這些機關還是合而爲一單獨的政治「機構」的呢？我們應該分別「權」與「職」而與霍維幼（Hauriou）❹齊聲的說，職務在事實上是可以混合的，而威權按事理之本然乃是若干分離的「意志的範圍」——不是這個來自那個而是有不可轉移性的區別的嗎？

機關與職務的分別那是很清晰的。國會可以說是一種政治機關，牠的職務便是立法行政部是一種政治機關，牠的職務便是行政內閣是一種機關牠連立法與行政兩種職務兼而有之。法庭也是一種機關牠有司法的職務其餘概可由此類推如果我們追踪霍維幼先生及其他一般人而更進一步的堅持職與權之間的分別，上述權與的分別就只有發生艱難的了。在一種職務得以行使的任何地方那就當然有行政職務的威權在有一種活動的任何地方那就自然有行使那種職務的威權。我們縱能發見在這種看的職務背後還有一種所謂視力的東西那對於我們研究那種職務的工作又有什麼補益呢？我們所研究的威權盡是活動的威權盡是執行職務的威權——否則我們便不能研究就本篇討論的目的來看職與權的分別，實在牽涉有一種「不必有的物體的複雜化」。我們的問題（亦正與孟德斯鳩的問題相同不過他所談的是「威權」罷了）所關係的各方面乃是政治職務的性質牠們彼此間的分別界線以及由各種不同的機關去執行牠們的可能與利弊等問題。

首先政府職務之不可再爲緊縮的種類是些什麽？換句話說，一切政府所必須進行的工作的基本方法是些什麼？政府旣然不能爲牠自己或憑藉牠自己的權利而發生行動卻總是要假國家之名而發生行動，旣然牠的主要工作便是要在社會之內維持普遍的秩序：牠就必須依照業已成立的規則或法律而發生行動進行工作。如果牠對於這些法規的任何一種有增益修改或取消等行爲因爲同一原因牠也必須遵守立法手續方面各種旣成的原則。最後牠還可以有修改這種立法原則的威權可以由憲法本身予以保留而不給予政府政府在釐定法規——無論爲普通法律抑爲憲性法律——的工作上政府所行使的總是立法所指定的權威的故此按選輯來理論立法職務總是高於一切的職務。

在這種分析工作上我們還可以更進一步而分立法職務爲兩種——一種是關於憲法的，一種是關於普通法律之法典的。我們從前業已說過這些職務是可以由國家內的同一組織或不同的組織而予以行使的在若干國家內我們還可以發見更進一層的職務的分類美國便是很卓著的例證美國有一種修正憲法的團體，可以依照憲法本身所規定的手續於任何時期召集開會而另一方面國家還有一種固定的機關——就是最高法院——賦有決定普通法律之合憲與否的權利。

立法權與制憲權的關係所產生的特殊問題，我們現在可以作個總結的說說政府通常的職務可以分爲兩大類，一類是關於立法的行爲，另一類是關於實施法律時所必需的行爲，凡政府行爲而不

現代的國家

直接或間接的有賴於立法威權的——有如寡頭制的「執政元首」或專制君主的種種行為——統不應包括在這一種分類裏面這一種行為尤其以屬外交關係一方面的為多如結訂條約宣戰與媾和以及普通外交方針等；洛克會以處理這些事項的「聯合」("federative")職務為他的政府三權之一這是很值得注意的事實際上，他的分類——區別立法，行政與聯合三權——在他那個時代的邏輯至少也不弱於後來取他的分類而代之的孟德斯鳩的分類。因此我們可以說在一種完全民主的國家內——卻也只能在這種國家內——上面所論述的兩重分類法實包括政府所有一切的尋常活動。

寡頭制有一特徵即執政權威或行政權威總是超於立法權威之上的：正和民主國以與此相反的關係為原則，是一樣的情形但是不僅只在民主制的發展中而且在寡頭制的發展中也還可以另外發見一種職務的區分。法律之司法方面的實施，可以賦予人民或他們的代理人而牠的行政方面的執行，卻是委諸一般較少數的階級的。比如，「在日耳曼各邦內，在判決案與懲罰的執行權（就是司法行政權）久已歸國王與其臣僕所有以後法律的解釋權（"Rechtsprechung"）以及財產侵蝕與私犯罪的裁判權仍然是繼續操在人民的掌握中。」⑯就最寬大的意義上說法庭司法的職務乃是司法行政權的一部分但是歷史的演進程序，卻已將行政與司法分為

〔三四二〕

第三編　體制形式與組織制度

第十二章　政府職權的調整

兩權；並且這後一種職權既然在事實上是特別可以和立法與行政兩種事務分離的，所以我們便達到現世所公認的三權分別的觀念了。

那末，有人聲稱這些職務是應該附屬於政府中不同的機關使之彼此互相牽制而形成鼎足而三的對峙的：我們以為這種說法又是怎樣呢？第一我們應注意這些職務並不是同格的，或平等的：司法職務——雖說牠的範圍遠比法律議案的解釋與施行為廣大——顯然是屬於立法職務之下的並且在近代民主制之進步的過程中，行政職務亦已逐漸從一種優越或同格的威權地位被貶降而至歸立法職務所支配監督的地位了這一種支配監督權乃是一切「負責」政府的一種基本條件：沒有牠民治便不能存在了。例如在各殖民地變為自治國家的歷程中，第一種需要便是設置一個依賴殖民地立法機關的行政首領以替代一位由外界政府任命的行政首領。

❼同樣的，一國之內從寡頭制到民主制的變遷以及君主地位的取消或被貶降而成「立憲君主制」的過渡其實都必經由一種代議立法部的發展而逐漸取得監督國家各行政首領的威權這一個途徑。❽那末，如果以這些職務附屬於各個不同的機關那便不是因為牠們是或應該是平等的威權了。並且牠們也不能平等的作彼此的牽制例如司法機關就幾乎完全不能牽制立法機關。❾

在孟德斯鳩作文章的時候，其他二種威權還不曾相當的隸屬在立法威權之下政府的一切活動均應取決於法律這一種辦法比較他自己的方劑，已證明為一種更重要的自由保障他的方劑之最近的目標就是要保證法律的純潔性免受個人威權的誘惑他所能供給我們的，不過就只是這一種機械式的分權方策：這一種機構

誠然也有牠自己的地位特別是在司法一方面的施用；但是比較更大的民治原則——由嚴屬的選舉民衆使權威負責任的這種原則——牠的重要性便相形而見拙了。

孟德斯鳩所規定的威權的絕對分立顯然是不可能的，任何立法機關也執行些許行政的職務，牠旣是主要的且有時還是惟一的代表機關對國民直接負責任的，所以牠常提起並討論一般關於行政與司法行為的問題。

再者立法議案與行政或司法決定素即不很嚴峻與明晰行政閣員的法規或命令在以往乃是立法的重要替代品並且在舊憲法時代的奧國（Austria）與普魯士（Prussia）牠們還是寡頭制的一種壁壘藉之以避免人民選舉的議會的挾制的。就是在現在也還沒有很清白的鴻溝可以用作立法相當的對象與行政或司法決定的對象兩方面的界說的。在英國國會裏某種議案應作「公案」("public bills") 提出還是應作「私案」("private bills") 提出乃是一種隨意取決的問題前一種認爲是眞實立法的性質而後一種乃是些地方政府的事項而爲國會行使有行政的管理權的。茲舉一極端之例以爲說明：在加拿大國的某某省分內夫婦離婚是非經聯邦議會正式許可不行的；而差不多在其他任何地方這都不過是一種法庭的事體立法機關爲什麽不應企圖取有行政與司法兩界的尋常工作在今日的主要理由而已不是因爲有危及自由的地方，而是因爲這種勾通必將引起效率的損失。立法工作所隸屬的一種代議機關，必然是人數很多的機關，而且是非專家的機關所以牠是不適宜於各種行政之專門工作，因爲牠是易受每日政治的影響的，因爲牠的組織與性質是不合於司法精神的因爲牠的人員不是按據他們充任審判官吏的能力訓練而被選的。

「分權」的真實問題或即為如何調整這些職權使責任不至脫離效率而無所歸屬。責任必須有代表制而效率必須有專家的知識；此二者是很少能混合在政府某一單獨機關身上的。假如代表原則亦施用到行政員司與審判法官的身上去了——例如美國便有這種的趨勢——我們便會得著一種奇異的結果需要最高專家資格的位置也要乞憐於民眾的情感——這種情形必至將最尋常的事務亦毀壞無遺更進一層說在這一種制度之下立法與行政之間無必須合作與一致的保證後者並不須仰賴前者故亦不須對前者負責任有獨立孤立，必有抵觸衝突。⑩ 我們在事實上所需要的，不是職權的分置，而是牠們合理的調整——遵照民主制度的第一原則，就是一切政府都是被治者所派遣所監督的一種委託機關，而加以調整。

每個現代的國家對於政府中公認的三種職權都有所分辨而希圖予以相當程序的調整。其所採用的方法，在重要方面各自不同。在司法對其他職權的關係一方面調整的方式通常是很簡單的——大抵不外乎法庭如何組織與法官如何委任的一種問題。法官可以由行政首領任命，或由立法機關委派或由人民直接選舉——普通辦法都是出於行政首領某種任命的方式各種制度的優劣在此地不能討論若干國家特設有行政法庭，一切行政人員統須受他的制裁而其他國家又沒有這種法庭這種事實所引起的問題我們亦無須討論我們在此地只須注意這一層就是審判的職務是需要並且容許審判官有一種異常獨立的地位的使他脫離於黨派政治的壟斷與幸運他獨坐於旁作解釋與宣告他的職務的界限不是由一時的政策所決定而是由法典的精神與一種以研究法律為專攻的偉大職業階級的精神所決定的。就是在這裏，也必須有一種根本的保障方法任何

現代的國家

人也是不能受威權的委託的，如果沒有防止濫用威權的相當保障。一個審判官在他的法權範圍以內，亦可以成為區區一躁急的暴君。但是上訴的權利卻是一種限制他的力量；在最後一着審判官還是可以受政府的普通威權——由立法機關行使或由立法機關與行政首領同行使的威權——的制裁的。這種最後的保障是可以覓得的，其覓得的方法要不外使政治臨時的變化不能動搖業已受命的法官的威權，或影響他的地位。

行政與立法之間的關係，當然是更為嚴密與繼續要使牠們二者發生這種極重要的關聯最有效的方法似乎便是「內閣制」——按白結特（Bagehot）著稱的名詞，內閣便是上述兩種職權相會合的「肘狀關節」（"knuckle joint"）。在一切國家之內，如果行政首領不是由民衆選舉方法所直接組織的，這種制度無疑的是有牠的優點的。在這種國家裏牠不但能維持政府的和諧性亦且能保證政府負責任沒有這種制度立法機關最高的地位便沒有保障而立法機關這種最高地位又是順應我們所謂立法為國家基本工作這種原則所應有的條件。這種制度使國會成為政府的中心使最後的主權者由直接監督國會便可以支配國家全部的行為，而無須有一種複雜的憲法的機構。內閣實際上亦可以操縱國會；但是國會既然總是有監督內閣的權利與勢力的，如果要避免這種危險，只須予這種權利與勢力以承認便行了。這種制度的弱點——假如牠有弱點的話——不在制度的本身而在民衆意志的消極任何制度的力量也是不能比牠自己的後臺支持更堅強的另一方面，如果行政首領不是與立法機關有直接關係的，如果他不是正式受立法機關監督的（美國就是這樣的情形）他們兩下彼此的職權就必須由憲法加以詳確細微的規定。❶ 這種方法就遠不及內閣制之富於彈性了國

家的機構在本身內沒有聯合一致立法的威權沒有很明晰的最高地位——我們法律性質的觀念認為立法權所應有的地位行政首領在一種極不合式的獨立地位上發生行動或是在立法機關上發生一種左右牠的影響：這都是不易與民治原則相調和的。

一國政府如有一個單獨的中心（有如內閣制之下的情形）政府全體對於最後主權者之負責任便有正式的保障了。如果中心不只一個（如從前德國制度與現在美國總統制度下的情形）調整的重任便須放置在一種憲法機構的身上而這種機構對於政治情況的變遷與民眾意志的運動就很不容易適應了在實際上這後一種方法特別的能掀動近代一切國家在某種程度上都不能避免的一種問題——就是主權的問題——就是牽制與平衡制度（所謂牽制與平衡制度，就是由政府之某一機關對於另一機關的行動加以限制監督與牽制之謂）所引起的主權問題。我們且轉論到這一個問題。

第二節 在一種政府制度之內的牽制與平衡

差不多近世一切國家對於牠們自己代表的自由行動都規定有相當形式的限制任何國家也沒有絕對無限制的單獨的立法機關，其意志可以毫無阻滯或問題的風行全國的。除一種獨立的行政首領所產生的特殊情形不計外立法機關之制定或修改法律的威權還有三種被限制（或可以被限制）的方式此中的第一種便是一種成文憲法——這是立法機關在牠的尋常活動上所不能更動的。第二種便是立法兩院的並存每一院必須核準另一院的議案，然後議案方能發生法律的形式。第三種牽制便是選民自己的直接干涉——現在不是要選

現代的國家

舉代表而真是要立法要創制議案或要核準或否決出自立法機關的議案這一些牽制的方式對於主權性質的研究都是有重要性的。

一種成文憲法所規定的限制，有程度上與種類上很大的差別。在某種情形下——有如比利時——立法機關在一種特殊召集的形式之下，亦可以正式的加以修改。在其他情形下——有如法國——修改程序必須為修改手續而舉行一次特殊選舉，用以產生國會兩院，然後由兩院三分二之大多數票決之加以修改；其用意是要使任何修正案若沒有絕大多數意見的贊同，均無從實現。只要承認國家有一種憲法或根本法——無論其為成文的，或不成文的——就足以處在立法機關的威權之上，一種複雜而艱難的方式予以修正。此以美國為特著——憲法完全產生某一種「道德的」限制，在修改途徑上沒有任何明文規定的困難立法機關若不受很堅強的激刺，是不會更動牠的但若憲法本身使修正手續陷於困難——有如限定三分二或四分三絕大多數票決為一種條件等——那便要發生一種特殊問題。我們可以說憲法的正當事務便是要保證公共輿情很的確的是贊成一種擬議的更改的，然後這種更改方可以正式譯成法律。但是憲法現在卻不僅作這種保證了。牠使少數人有一種否決修正案的權力。如果任何政府都是以人民意志為墊基的，那末現在這種制度業已給少數人以一種否決多數人意志的權利，這算是以什麼意志為墊基的呢？或者多數人對於這一種的限制有表示默許或且有表示贊同的情事；但是我們怎樣能知道確有這種情事呢？——因為他們現在的威權是被一種過

三四八

【现代的国家】

第三编　体制形式与组织制度

去的行动所削剃了性質這樣嚴峻的一種憲法，豈不是束縛了國家目前活着的意志嗎？倘我們效法歐斯汀(Austin)而謂美國的主權是操在四分三的大多數邦的手裏，我們豈不真是在說四分一的少數邦便有至高無上的威權了嗎？在任何地方只要人們確有大多數人以上的意志的贊同方肯通過一種修正案豈不都有這種情事發生——而我們在此地所說的豈不是這一類證實嗎？人們的這種努力結果是置少數意志於優越的地位了：他們通過修正案時所要求的人數愈多把持者愈爲少數人的意志了。

主權者不能束縛自己的主權，主權者過去的行動不能限制主權現在的行使或應用，至少也是一般未曾被禁錮於一種硬性憲法的鐵蹄之下的國家所公認的。這一種原則是各國法學所公認的一種格言——承認並堅定從前那種行動的地方卻不能卽由此而更進一層的說：四分三的大多數所決定的便「應」需要取消——這是主權的邏輯但是我們合於邏輯的大多數能於一種硬性憲法的鐵蹄之下的國家所公認的實際上這是惟一合於邏輯的辦法——至少也是一般未曾被禁錮於四分三的大多數方能取消或者換句話說，「應」只需要四分一的少數便足以維持這種性質的憲法規則——就是在歷史某機會上是曾經一致贊同所採行的——也或許使普遍意志本身陷於不必有的不合理的艱窘之中，因爲牠能束縛真正決定政策的最後一個政府宣佈一種規則或一種保障有永久時間的約束力，結果這種永久的保證也只落得後來被人取消了約束的威權在邏輯上便是放弛的威權卽令政府經由立法或司法機關對於牠原來的保證有重予堅定的行爲——例如美國最高法院審判長馬胥爾(Chief Justice Marshall)在迴邇著稱的達特莫斯大學一案內(Dartmouth College case)

第三編　第十二章　政府職權的調整

三四九

現代的國家

之所爲——這種行爲也是主權者的一種新行動，或卽爲原有保證之一種更改而非爲牠的認可或確定有的人或要說這一種說法有損於國家所簽訂或保證的任何契約的神聖性。關於這個問題我們的確要回答說：在此地我們是非得追溯到一種最後的道德原則不可的了。國家有道德的約束而必須履行其契約與保證不是永遠的盲目的被約束——因爲道德責任的性質原不是這樣——而是牠感覺到這種責任所牽制的問題的全部的時候在這種範圍內，國家是爲道德所約束的；但是牠如何能受法律的約束呢？說牠受有法律的約束便是認法律的淵源與制裁。不但如此，我們亦且不能接受下述的這種簡單的解釋：就是說國家「應該」永久的恪守旣往政府所規定的一切保障，只要這些保障是旣往政府所意欲存之久遠的。因爲這種說法便是要「容許牠們事實上的錯悞，牠們的荒謬法律觀念，牠們的經濟的愚頑思想，牠們黨同伐異的偏私與情感作用，經過子孫萬代而垂之無極；並在我們某某最關重要的利害關係上成爲我們的法律。」⑭

在一種聯邦式的國家內，自然還另有一種主權的問題。在這裏頗有一種成文憲法的必需用以規定聯邦國家與其各組織邦彼此的職權；但是什麼意志能決定——並且有時還能更改——這種職權的分配呢？在此地我們不能簡單的引用大多數的原則——無論所謂大多數是聯邦國家全體的大多數或是各自另成單位的各組織邦的一種大多數。因爲在一種眞實的聯邦制之下，各個組織邦在原則上莫不有一種相當的自主權是聯邦組織邦的一種。按這種情形的含意，關於各個組織邦對全國或對其他組織邦的關係上的任何變更均不應由各該組織邦本身以外的大多數人強迫的加於牠的身上；或者比較嚴格的說，「除在加入聯邦時或在厥後任織條款中所承認的。

三五〇

【现代的国家】

第三编　体制形式与组织制度

何時期中所已接受的各種條件外」牠是繼續的處在一種自由國家的地位上的，一個國家業已轉讓或放棄某種威權的事實在選輯上不應有所損及牠所保留的威權牠在這些威權上的堅持性也許有礙於牠與其他各邦所組織的聯邦國家全體的發展也許嚴重的妨害一種全國性質的企業與計畫但是這卻是聯邦體制本身上所固有的一種因難。

一種更艱深的問題，還潛伏在我們上面所堅持的最關重要的那種限制中——「除在加入聯邦時或在厥後任何時期中所已接受的各種條件外」譬如一種組織邦便是被聯邦憲法所約束的因為這是牠所已同意的契約憲法內所規定的修正程序，自亦包括在內但是牠所受的約束的程度須以牠所保留的主權不受違反牠意志的影響為範圍在這個範圍以內憲法乃是一種根本大法；在這個範圍以外牠仍然只是一種邦際間的條約這一種結論是與聯邦制的精神與宗旨若合符節的。否則，各種聯邦憲法內規定主權的總條款——有如美國憲法第十修正案，或瑞士聯邦憲法之第三與第五兩條⑯——便沒有永久的價值了。這一條的本身如果認爲是不能由大多數投票而予以更改的，那是很合理的因爲牠是聯邦的先決條件。

其限制的界線是由牠的各組織邦所保留的主權加以劃定的。似這樣有限制的主權觀念與舊日的主權學說是很難調和的；但卻與一種切於實情的國家解釋，完全是相吻合的：關於這一節，我們後來還要加以更詳細的商權聯邦國的主權，不因其受有限制而減其眞實性牠也是立足在一種普遍意志之上並且這種普遍意志也許隨時代潮流而漸趨於堅強與寬大。只有在這種意志之內——這是聯邦國的人民贊助聯邦國全體

第三編　第十二章　政府職權的調整

三五一

現代的國家

的意志——我們可以發見聯邦國之永久性與統一性的保障。聯邦國如能很聰明的遵奉各組織邦所保留的主權不但僅能制止分裂而且能堅定與培植牠自己的完整性聯邦國公共國籍的觀念有在聯邦國內得以增進的共同利害關係加以堅定習俗與先例會繼續不斷的發生與牠有利的影響一種國家的精神亦將隨之而發展這種精神將使各組織邦的自主地位漸趨於消沉但亦不會企圖——並亦無須企圖——毀滅那種自主地位因為公共目標的觀念旣逐漸深入人心這種國家精神便自會發見其應有的地位各個會員邦對於聯邦的條件原來所提供的接受將變爲對於全國所提供的忠順；而利害關係與政策方針上的衝突亦將不能產生很深重的分裂——其影響至多亦不過與在單一國家內所發生的同一嚴重。在這種情形之下各會員邦或仍得以維持正式憲法所規定的邦權；否則有如南非洲（South Africa）的情形牠們也許共同走向一種立法上的完全聯合上去使普遍意志得以集中化而無形廢棄聯邦憲法中威權分劃的緊嚴堅硬的界限。⑪

我們現在轉論到限制或牽制立法會議的行動的第二種方式幾乎在任何近代的國家裏我們且將某某聯邦制度內的少數會員邦除外——都有兩個立法的議院歐戰以後的一切新憲法——芬蘭（Finland）亞斯東尼亞（Esthonia）與猶哥斯拉夫（Jugoslavia）諸國憲法除外——都是採用這種制度在騷動與過渡的時代會有一院立法機關的嘗試——克溫姆威爾（Cromwell）時代的英國革命時代的法國，與憲法未經成立以前的美國；但是牠們後來卻都恢復兩院原則了。由此可見凡爲國家都似乎有設立兩種立法院之堅強的慾惠原動力：用意在使一院的意志非經另一院的同意不能發生法律的效力。

【现代的国家】

第三编　体制形式与组织制度

然而我們假如問牠們的原動力究竟何在卻亦不能得着很清楚的答案最普通的答案不過是說：設置一個第二院的理由便是因為人們都感覺有給第一院行動以相當牽制的必要藉以避免躁急而考慮不精的立法有被通過的危險即令這種理由能夠證明這種事實存在的原故無論如何牠卻亦不能解釋兩院制的淵源牠的來由便是社會間階級的區分：上等階級保存一種政府機關，而民權膨漲又孕育成另一代表的議會後來發生的聯邦國家發見這種普通原則於牠們頗有便利；第二院是一種適宜的機關使各會員邦得有單獨而且比較明顯的派遣代表的機會。由此這種兩院原則便逐漸被人視為一種普遍的政府徵象人人都假定牠的敷設是當然的事體。大多數的討論都在第二院應如何組織的問題上而不在第二院應否存在並且借如何理由而存在的這個根本問題上並且兩院制的事實所牽涉的主權問題所引起的討論亦不見多擁護「一而不可分割」的主權學說最有力量的人物亦嘗贊成一種兩院的制度：而他們所優容的兩院不但不會互相聯合而往往還發生嚴厲的分裂。

如果我們能接受將兩院分為「上」院與「下」院的這種名詞的表面意義這種學理上的困難或者還可以解除因為那樣牠們兩下的關係無甚異致不涉及任何真實威權上的衝突但是這樣的關係在現代國家裏已不復有若何真實性。⑮於人民權力發展擴充以後從前的下院大抵已變為最佔優勢的機關；在任何國家牠亦不自居於從屬的地位除少數聯邦國家不計外一般趨勢反都是要壓抑第二院的普通第二院都不及第一院之受民衆的歡迎不及第一院之能代表與適應公共輿情的變遷實際

第三編　第十二章　政府職權的調整

三五三

上，第二院的地位已處在一種特殊的進退維谷之間除非組織在一種寬大的代表原則之上，牠是不能有公意支持所賜予的威權的；但是如果牠是這樣組織的牠又有形成為第一院之重複物的趨勢而缺乏存在的理由了在最近幾種憲法中——例如愛爾蘭自由邦（Irish Free State）的憲法——制憲人會花費不少的思索力想為第二院計劃一種代表的基礎——一方面要與第一院的代表基礎不相雷同，一方面也要不損失第二院號稱以民衆意志為根本的理由⑯然而上述的這樣問題究竟事實上能否解決，仍然是使我們懷疑的一種問題。

要使一種制度之內的兩院有平等的威權——每一院對於另一院的立法行為有同等的否決權——那是不可能的。可能卻也不免有極端煩難而不易處決的結果，一種正式的糾葛還可以用某種形式的聯合委員會予以避免——例如法國瑞典與其他數國便都是採用這種辦法但是除非兩院都是受公衆輿論同等的贊助——這似乎是一種絕辦不到的情形——代表性比較真實的一院，牠關於任何重要問題的意志總要於相當時期佔據優勢的更有深一層的困難便在行政首領對於兩院的關係任何閣僚對國會負責任的制度也是不能發生效用的假如那種責任本身是分裂的話如果內閣能與「上議院」勾結以圖共同對付「下議院」責任政府的基礎便不穩固在這一方面英國制度——牠使內閣直接對於平民院（House of Commons）負責任同時又給內閣以解散國會之權——很有可以擁護的堅強理由內閣制度的效用似乎含有「下議院」最高地位的意義在一種民治國家裏這是尋求政府統一的惟一的辦法我們很可注意的一件事就是歐洲最近處於民治精神刺激之下而成立的憲法，個個都是企圖使內閣對於國會負責任而同時又使第二院從屬於第一院之下的。⑰

地位先後的問題如不解決，要求得任何關於兩院彼此職務輕重的結論那顯然是不可能的。各國第二院所享有的威權程度與種類上都有極大的差異所以僅僅一種歸納是沒有多大價值的。不但如此第二院形式上左右立法的權利亦不能用作表示牠的真實威權的標準大半還要視公衆輿論所賦予牠的威信——威權最後的來源所供給牠的支持——如何以爲轉移這是英國貴族院（House of Lords）屢在與平民院發生世人熟知的衝突的時候所已領略的事實。一種軟弱的第二院——有如加拿大的參議院，其議員乃爲內閣所任命任期爲終身職——依憲法之文字亦可以有重大的威權：但是比較的或亦不能發生效力。一種強大的第二院——美國參議院——可以不負責任的使用很重量的威權如他國參議院——在形式上亦是一樣的自由——發爲這樣的企圖那便要釀成憲法上一種劇變了。⑯

關於第二院對於第一院的關係，有一種普通——雖說不是普遍——接受的原則。爲要維持政府的統一性並保障民治基礎起見普通人莫不公同承認第二院所行使的威權不應與第一院平等比肩——無論是在威權的範圍上或在牠們的最終性上普通人公同承認財政議案的發起應屬於下議院下議院關於這一方面的議案應有較大的支配權並且普通人也都承認行政首領——至少在採行內閣制的國家裏——應直接與下議院——不是與上議院——發生關係。⑰這些公同承認的原則——在近代採行牠們的國家裏——頗能成立一種調整而統一的政府體制。

假如我們接受這些原則，那末第二院應有的職務又是些什麼呢？據一般人的論調，第二院的眞實職務，在作

第三編　第十二章　政府職權的調整

三五五

現代的國家

一種改訂的機關並作「躁急立法上的一種牽制」關於前一種職務,我們必須分別內閣制體所引起的情形與某種國家使行政首領對立法部保持獨立所引起的情形。在前一種的情形下國會享有一種負責內閣的役務——從而享有一種常在的專家團體,為之編制法律所以牠不須亦不應須仰賴一種第二院作為牠作專門修正的工作;不過在缺乏這種條件的國家裏上述職務總算是適當的職務能了。至於說第二院的躁急行為是一種有用的牽制那實際上便是等於說第二院——因為牠不及第一院——所以比諸第一院為更傾向於保守舊制這種論調誠然是真實不錯的;但是如果我們必須拿任何政治制度之便利兩大代表公眾輿情的對偶機關中某一機關而不便利其中另一機關的事實來作擁護該項政治制度的理由那便是一件不幸的事體了。關於本題彌爾所發的言論是有智慧的:「我頗不重視最常刺我鼓的贊成兩院制的那種理由——就是說用兩院以制止躁急行為而強迫發生一種第二次的考量計議。因為一個議會內固定辦事的手續若不需要遠在二次以上的計議,那個議會就必是組織極不完善的一種代表集團了。依我的見解最能為兩院制張目的考慮(這個考慮我認為有相當的重要性,)便是任何政治制度擁有威權的人——無論是個人抑是議會——既明知只有自己必須對酌,在心理上所受的一種惡影響任何集團的人物均不應能——那怕就是暫時的——使他們這種私人意見佔據勢力而無須徵求任何他人的同意。」⑳這或者便是最後的理由設若我們能夠建設第二院,其本身組織不致使該院自然的傾向政治習慣上原有各大政黨的某一政黨而背離另一政黨這種理由或可以有不可攻忤的流行價值。

三五六

【现代的国家】

第三编　体制形式与组织制度

不過這一種條件，恐怕是人類的聰明所不能辦到的。因此，若干國家裏的第二院，在威權一方面，不免受一般人認為牠所最不肯協助的那個政黨的攻擊結果便使牠的威權漸趨於軟弱因為遇有與下議院發生爭議的時候，牠不能激發一個政黨——而必須激發全國——的同情與援助這種情形現已產生關於牠的主要職務的一種新觀念認為牠的這種職務在「於通過一種議案成為法律的程序中插入相當的（而不多過於相當的）遲延——使全國意見得以對該案充分的發揮所必需的遲延。」㉑在實行這種職務上這種第二院至少在牠的支持一方面是有把握的因為牠對於國家的意志（這種意志現已明知道牠自己是能夠且必須佔據優勢的）不是要發生抵抗而是要提供保障。

我們還有必須討論的一套制度，不但給最後主權者以代表議會，而且給他們以直接立法的職務這些制度便是創制權與複決權。㉒牠們代表現代國家裏的直接民主制的運動牠們內部的意義是說代議原則不足以提供民衆意志以真實發揮的門徑否則便是說國家內有某種方面的立法——尤以憲法或各種根本法為最著——是任何代議機關也不應對牠們操有無上之權的。我們應分別這種方法在憲法修正程序上的應用與其在普通法律的制定或修訂上的應用。牠們代表現代國家裏的直接民主制的運動牠們或可給憲法以一種特殊的制裁力並加重牠的制裁力——需要一種大多數以上的意志方足以修正憲法的制度——在理論與實用上的分量，而不發生某種制度。我們在前面業已有所闡明：假如我們正式的想組織一種比大多數更為強烈的意志我們便不免毀滅我們的缺點。我們在前面業已有所闡明：假如我們正式的想組織一種比大多數更為強烈的意志我們便不免毀滅我們自己原來的用意，因為這樣我們便將主權者決定的權利在相對的範圍內付與少數人了簡單形式的複決制的

第三編　第十二章　政府職權的調整

三五七

應用，使最後的主權者有直接決定的機會：因為牠能在可能範圍內使這單獨的憲法問題脫離其他一切使一種代議機關的決定陷於糾紛複雜的枝葉問題牠仍須取決於大多數但卻是在直接負責的情形之下故能給他們的抉擇以特殊的重要性因此憲法可以無淆亂或阻礙的與國家普通法律分別清楚而別為一種系統。

這種區別在某種範圍內有現代國家的習慣足資證明。在這些辦法發祥地的瑞士關於憲法問題複決制是強迫的，而關於其他問題卻只是「免許的」。在美國一方面複決制之得名大抵只在用作修正憲法的程序上在澳大利亞聯邦亦會採用這種制度以解決各憲法問題在歐洲最近成立的各憲法一方面牠們所步武的趨勢亦都是如此。例如在新興的德國裏這些辦法也可以用來作修正憲法的一種途逕不過在嚴厲而固定的條件之下方能施用罷了。

如果將創制權與複決權變為釐定或取消普通法律的工具情形便完全不同了。設有一種真實足以代表人民的國會，那便很難看得出這種鬆懈而有競爭性的選民立法權的必需或利益並且直接立法的成績亦不能使人無疑的證明：這種制度能刺激人民對政治發生一種更深的興趣或一種更大的責任觀念直接民主制的意念，似乎是屬於城市的地方社會的；盧梭之宣傳這種意念原是探自城市社會——他不曾顧及近代社會的範圍與複雜性即在今日牠的施行大抵也只在瑞士的各小都市內與美國聯邦之不甚複雜與人口稀薄的各邦內——如阿利崗與亞瑞縱那（Arizona）至於說這種制度是由於人民不信賴職業政客的操縱而發生的其真實的挽救方法似乎是在給民衆本身以較大的教育一着上因為必如此，他們方可以得着更為充分與忠實的代表。

【现代的国家】

第三编　体制形式与组织制度

關於兩院不能同意的立法，引用複決制以為取決的方術——有如愛爾蘭自由邦憲法中之所規定——那是可以證明為合理的。在決定那些比較罕見的破壞議會代表黨籍界限的問題——例如某某等國之「節制」立法的問題——一方面複決制——或者就是創制制——也許都是有被施行的餘地的，不過就是在這一方面比較更為簡易而不使人民發生顛倒的方法還要推「民眾投票法」("plebiscite")：按這種投票法業經組織的政府可以測量社會關於一種爭議問題的意見；而關於這樣發揮的意見認為有利的立法政府仍保有決定其形式與程度的自由全權如此立法機關的責任乃可以繼續而不遭破壞。

據我們上面探討各種政府牽制與均衡制度的論證任何政府實有一種統一而調整的制度的必需使責任的本身不至隨職權的分裂而分裂據我們之所已表示，在一個國家之內——猶如在任何他種團體之內——一樣的不應設置多數有同等效力的機關以執行同樣的事務職務應有區別，而不應有重疊必如此，統一乃可以求得一個政府對於最後主權者所負的責任乃可以集中與穩定如能對地方與區域權威對於國家政府所有的關係一加簡單的探討必更可以表明此項原則之另一方面。

第三節　中央與地方政府

如果我們心目中只有一種中央政府與全體國民間的關係，我們對於現代國家內成立的那種令人驚奇而極端複雜的制度就只能有一種最不充分的概念了國家遠不僅是一種人民或民族全體所組織的簡單集團無論牠的團結統一的基礎是什麼國家乃是一種領土的組織有某種偉大的利害關係是全國國民所共有的關切；

第三編　第十二章　政府職權的調整

三五九

亦有他種利害關係——在一般參與牠們的人民的幸福上，或絲毫不亞於前一種利害關係的重要性——是由於一種地方或區域的特殊環境所規定的：因為各地方與區域均自有其地理的特徵有其經濟的活動有其人口分配的特別情形有其歷史進化的程序（會給牠以其本身的一種形式與社會背景）最關重要的因為某種人類的需要是只在地方區域內能獲得最完美的滿足的，因為牠們在這種地方區域內能有在人民意識上的表現。因此除卻中央政府還存在有複雜成列的各種地方威權牠們一起共同組成國家的大機構而彼此間的關係便產生政治調整上一種高度重要的工作。

要精細詳確的討論各國內這種關係之不同的形式，那在此地是不可能的事況且無論如何牠們也不會揭示牠們的意義除非我們對於多數小而獨立的地方社會原來如何發生聯合而結為較大的團體的整個程序牠們又如何因地方習俗的堅持性或因成立國家的衝動力的雄厚性而先後產生集權與分權的運動的全部潮流，能予以歷史的測量。關於這一方面豐富的歷史材料所揭示之各種調整的問題我們如能提供幾個概括的意見，又應該自以為滿足了。

在職權的範圍或區域面積上我們必須將國家所欲執行的職權分為三種第一有某種職權是完全劃歸為中央政府所獨有的很明顯的，職權中如簽訂條約及與外國的他種交涉陸海兩軍方面的各種事務某種形式的稅務包括海關稅，以及規定國民之普通權利與義務的立法統屬於這一類更進一層一切事務凡與各個特殊地方沒有特殊關聯的，亦自然應屬於中央權限範圍以內國家或需要居住在各地方中的機關以進行其行政的工

【现代的国家】

第三编　体制形式与组织制度

作，有如征稅官吏等；但是這一種中央行政部所任命與監督的各地方本身不能僅僅因爲這類政府活動是在地方界線以內進行的而對於這些活動有所干預。

第二有一種有普及性質的職務但爲增進執行牠們的效率起見，或爲他種原故，或有各地方權威的合作的必要；不過地方權威必須在中央政府所統制的一種制度之內行動罷了。我們可以舉司法行政警察保護貧窮救濟衞生取締以及其他各種活動爲例在各地方權威──就是各地方的人民所委任或監督的權威──參與這些活動一方面我們便有一種職權落於各地方的制度各地方對於中央政府所原定的普通規則擔負在牠們自己區域範圍內施行的責任在行政費用亦可以地方化從而由直接享受利益的人民肩負的各事務上這種轉權制度實有一種特殊的理由轉權制度能使中央政府免於細目行政的壓倒工作，而脫國家於一種堅硬的局促緊設統制制的危險。

最後還有若干職權，其性質是屬於地方的特殊關切的。例如某一城市或某一村鎮的自來水供給並不是供給全國區域內自來水的一種公共制度的一部分沒有某一地方的司法行政是一種公共制度之一部分的意味。前一種制度是一種閉關制度本身上便是應有盡有的。若干役務凡屬於「公用事業」("public utilities")一方面的如電車或汽車運輸等事業也同是這樣的情形。在這種役務上各地方均應有直接的並且比較完全的管理權這似乎是很合理的辦法地方對於其自身的特殊需求是最能領略的最能滿足的。誠然無疑的這種事業也牽涉有一種更寬廣的利害關係因爲任何地方也是不能獨自生存的；而這種寬大利害關係也許需要國家全

第三編　第十二章　政府職權的調整

三六一

現代的國家

體行使相當程度的監督權，要求地方於從事新事業之先必須徵求國家的許可，並釐定各地方必須遵守的某種原則譬如在英國新辦的事業就必須由國會用「私人提案」的方式予以認可；而中央政府的一種行政部——衛生部（Ministry of Health）——同時亦具有相當的顧問與監督之權關於地方財政濟貧法的行政以及公共衛生的取締等。

對於上述各種職權之間劃定嚴格的界線，那是不可能的事地方的利害關係亦於不同的程度上參雜於全國的利害關係之內。在一切與地方最有密切關係的事務上地方便應在可能範圍內享有統制權這顯然是有利的辦法；不過因為更寬大的公共利害關係亦有被牽涉的情形所以這種統制權從來不能成其為絕對的我們適所列舉的職權的分類至少能表示職權調整的邏輯問題是要同時保證地方政府的負責任現代國家對於這個問題的答案彼此間有極大的差異。

放棄。——有如今日的法國比利時意大利與荷蘭等——中央政府用牠自己特為任命的官吏（有如法國的省長）直接在各地方上操行某種程度的行政權；而同時各地方選舉的議會其本身的真實威權亦有所發展。

——一如法國的省長——卻是完全立於地方議會的領導指揮之下另一方面在英國及一般的盎格魯撒克遜（Anglo-Saxon）民族的國家裏中央在地方事務的舉辦上並沒有活動的參加代表地方政府的機關完全是地方性質在法律賦予牠的威權範圍內自由行動只要牠能完成其職務並不逾越牠的界限牠的自主地位總是穩

三六二

【现代的国家】

第三编　体制形式与组织制度

第三編　第十二章　政府職權的調整

地方政府的自主很少在國家主權的普通問題上產生任何嚴重的衝突的，這也是很重要而值吾人注意的一點。國家主權是大家在根本上所已承認的；所以各都市與其他地方威權所行使的威權的程度與範圍諸問題，可以隨意適應可以任意抉擇在這一方面事實問題佔優先地位這是一種分配威權與威權區域的問題如果人們能首先顧慮到所要增進的利害關係而不執迷於權利或法律威權等抽象問題職權調整上最大的障礙便已消除；而地方對中央政府的關係所有的固執而怪氣的傳統的主權觀念在某種程度內便亦已喪失其勢力這却不是說中央對地方政府的關係業已獲有充分的解決這是一個極端複雜的問題所以我們要討論牠們比較的容易且易根據牠的理由來解決牠們比如說各項國際的威權問題──這種問題的大困難就是在人們尚沒有根據理由以討論牠們的準備因爲牠們是這樣的被抽象的權利爭執纏繞着。

因爲實業發展──牽及都市區域的增長與交通的改進──已將各大地方社會的整個社會生活織成一個羅網結果使地方政府的問題愈趨複雜今日各地方已不復如古昔之有閉關的界限城市已將其綿延橫互四週與其附廓的各小居地加以擴張而遠及於內地：結果不但城市與鄕村的界線往往歸於消失，即城市與城市間的界線亦常於大都市化的潮流之中化爲烏有。各種不同的役務誠有各種不同的區劃分別的必要而同時多數區域的全體亦必須有相當的公共管理權──不但爲滿足牠們現在的需要而且爲促進牠們將來的發展。由此便產生了一種所謂「區域主義」（"regionalism"）的需要──所謂區域主義就是說由多數較大區

現代的國家

域互相結爲一種公共政府而藉以達到某種目的的意思。㉚其大概的基本原則是很容易闡發的：就是公共管權應以有效的役務的範圍爲範圍；而在今日激進的社會中——她有技術進步所給予的不斷的變遷——此項原則的實施總是落後的。

❶ It is interesting to note that the soviet system, resting on the conciliar or magisterial idea, also fails to demarcate these functions. Cf. Bonn, "Die Auflösung des modernen Staats," p. 28.

❷ "L'Esprit des Lois," XI, iv.

❸ "Politics," IV, iv.

❹ "Principes de droit public" (2e ed. Paris, 1916.)

❺ It may in fact be maintained that treaty-making is properly a form of legislation. Thus under the American Constitution a treaty duly ratified by the Senate and entering into force becomes ipso facto a portion of the law of the land (Cf. Oakes and Mowat, "The Great European Treaties of the Nineteenth Century," p. 5.)

❻ Redlich and Hirst, "Local Government in England," Bk. II, Pt. VII.

❼ Cf. Kennedy, "The Constitution of Canada," cc. xii, xv, and xvi.

❽ Cf. Adams, "The Origin of the English Constitution," Ch. iv.

❾ The Supreme Court of the United States does not check Congress in its judicial function, but as exercising powers of an entirely different character. See Bk. IV, Ch. xvi, § ii.

⑩ Cf. Woodrow Wilson, "The State"; "Under our system we have isolation *plus* irresponsibility —isolation and *therefore* irresponsibility."

⑪ Cf. Goodnow: "Principles of Constitutional Government," Ch. X.

⑫ Jesse F. Orton, on "The Dartmouth College Case," in the "Independent," August, 1909, quoted by Orth, "The Relation of Government to Property and Industry."

⑬ Art. 3 reads: "The Cantons are sovereign in so far as their sovereignty is not limited by the Federal Constitution, and as such they exercise all the rights which are not delegated to the federal power." Art. 5 reads: "The Confederation guarantees to the Cantons their territory, their sovereignty within the limits fixed by Art. 3, their constitutions, the liberty and rights of the people, the constitutional rights of citizens together with the rights and attributions which the people has conferred on the authorities."

⑭ The process of integration makes it sometimes hard to say whether a once federal State is still entitled to be called a federation. Is the German Reich under its post-war constitution really a federation? It is highly doubtful. See e. g., McBain and Rogers, "The New Constitutions of Europe," Ch. iv.

⑮ Cf. McBain and Rogers, ibid, Ch. III.

第三编　第十二章　政府职权的调整

⑯ The Constitution of the Irish Free State provides that the Senate shall be elected by proportional

⑱ representation, the whole state forming for the purpose a single constituency, from a list of candidates nominated by the Dail and the Senate itself "on the grounds that they have done honour to the nation by reason of useful public service or that, because of special qualifications or attainments, they represent important aspects of the nation's life." (See Articles 30-4 of the Constitution.)

⑲ McBain and Rogers, op. cit., Ch. III.

⑳ For example, "in 1909 the Tariff Bill, when returned from the Senate (of the United States), carried eight hundred and forty-seven amendments"(Senator Lodge in "The Political Quarterly," February, 1914).

㉑ It has repeatedly been maintained that in a true federation there must be two houses of approximately equal power, the upper chamber being the guardian of the federal principle, and that therefore the cabinet system is alien to this form of government. This was strongly maintained by certain representatives, notably Sir R. C. Baker, during the passage of the Commonwealth of Australia Bill. (See Official Report of the National Australasian Convention, Adelaide, 1897, pp. 27-31, and Debates of the Australasian Federal Convention, Second Division, Sydney, 1897, pp.782 ff.) But the experience of Australia, and we may add that of Canada also, shows that the cabinet system is quite workable within a federation.

㉒ "Representative Government," Ch. XIII.

㉓ "Conference on the Reform of the Second Chamber: Letter from Viscount Bryce to the Prime Minis-

① ver, 1918." Cmd. 9038. By the Constitution of the Irish Free State a three-fifths majority of the Senate may cause a bill to be submitted to referendum.

② With these is sometimes associated the "recall," a device intended to give the electorate a direct control over the executive or judicature, through the right to recall public officials, or compel them to submit on petition to the test of re-election

③ Constitution of August, 1919, Art. 76.

④ Perhaps the most remarkable instance of this may be seen in the war-ruined area of French Flanders Cf. Cole, "The Future of Local Government."

第十二章 政黨制度

第一節 政黨的演進

我們在定義上可以認一個政黨是為支持某種原則或政策並欲利用憲法的途徑以圖使此項原則或政策得以決定政府行動而組織的一種團體。如果這種政黨組織尚付缺如那便不能有原則之統一的闡述不能有政策之有次序的演進不能有引用憲法所規定的國會選舉的固定機能的事實當然也不能有一個政黨可藉以圖取得或維持政權的任何公認的制度方略沒有政黨的組織那就許要發生小派別與各陰謀結合許要發生呼籲政府與請願的舉動或發生那些聯盟與契約結合那些「人民的協定」以及宣言與抗議一類在政黨統治尚未發達以前社會上所流行的辦法但是一種政黨所企圖作的事不只在影響或支持政府牠還要企圖構造政府因此，牠在一方面必須有某種的議會制度，而在另一方面又必須有一種公認的選民——他們在規定的時期間或在特殊的機會上可以由投票而產生立法機關政黨的主要工作，便是要影響選舉的民眾；而選民本身又是有決定政府的權利的。

政黨制度必須有一種選舉的從而為代表的政府：在這種政府尚未抵於最後的完成以先，政黨制度是不能有所發達的。比如說主權的爭議在國會與國王之間存在一日關鍵問題便是誰人應統治但是各政黨間的真實

【现代的国家】

第三编　体制形式与组织制度

的分水嶺，還要視牠們如何答復這個問題——就是，什麼政策組織的政府應該遵循？我們一旦到了由國會決定政策的時候國會內部便要因政治爭點而陷於分裂而在政黨制度尚未在國家之內成立以前政黨便已在國會之內首先成立了。但是國會內的多數黨亦不能假藉君主神權而實行統治牠們必賴有公衆輿論加以維持予以後援。而這種輿論必須發爲一種有組織的形式由此政黨便於國家之內應運而生。

依我們上述的定義政黨發展的遲晚驟視之是很令人驚訝的經過很長久的時期政黨都是很幼稚的並且都和其他萌芽時代的「團體」一樣是立於憲法之外的牠們普通都是被人視爲派別或紛歧擾害業經成立的忠順心的危險物在美國憲法之內政黨的存在完全是被抹殺了的；而總統選舉採用選舉會制度在這一點上尤屬耐人尋味麥狄生（Madison）亦頗具普通人的意見而謂政黨的影響是有危害的；❶而當時人物似乎均不明瞭政黨組織是民治政府的工作上所絕對必需的。布侖肯尼（Bluntschli）晚至一八七五年著明他的範圍淵博的「國家理論」（"Theory of the State"）時尚未曾包含有絲毫提及政黨政府的言論政黨重要性的發現以及政黨獲得新地位的開始還是在國會政府的選舉業已證明內閣與人民代表之間的紛爭可以由訴諸國民而求解決——結果使失敗的內閣就必須引退（皮爾 Peel 在一八三五年的卸職爲這種制度第一次明晰的成績）——以後或是在一種不能還合民意的政府業已發見只有辭職方爲利便的情形以後由此政黨機構方克由經營而擠於複雜——有如聲名素著的一八六七年伯民罕姆預選會（Birmingham Caucus）所成立的政黨組織。

第三編　第十三章　政黨制度

三六九

現代的國家

政黨是最後的政治主權者——依我們所見這種主權者至多也不過是容易以變遷的大多數——能藉以確定的實行管理政府的惟一的工具，或者說在希臘與羅馬的民治時期中他們並沒有任何政黨制度而仍有人民選舉並管理政府我們在城邦時代便可分析政黨開創的端倪——例如白利克斯（Pericles）的雅典與格那克朝（Gracchi）的羅馬然而政黨的發展從而政黨對政府所握之有次序的管理權確是曾經遭遇過阻滯的：一方面因爲一種眞實代表制度之尚付闕如，一方面也是因爲國民資格所賦予的權利有嚴格的限制。政黨祇有在民治國纔能達到成熟的地位不然選舉的權利的本身，便是極爲人所愛護的一種權利——便要藉階級的精神（而不藉政黨的精神）而得其行使；並且政府的統治權便要成爲各小派別競爭的獎勵品而非一種有秩序的訴諸國民的結果。上古各民治國——即在形式上——都仍是一種階級的國家故其政府的重大變遷一概係由革命所鑄造而非由政黨勝利所促成。余西代德（Thucydides）之名著第三編第八十二章即給階級國家的猛劇的分裂以最黯淡的素描——這種國家不經過擾亂是不能有容忍民治原則的餘地的。如果我們還需要其他的證明，羅馬自格那克（Gracchus）時代以迄該撒專政主義（Cæsarism）的成立，其間所經過的事變便足以供給這種證明。

糾紛頻仍的中古城市表面上雖然是因政治原則而陷於分裂的但是該爾夫派（Guelfs）與紀白林派（Ghibellines）的爭執亦不過是黨派的戰鬥——並運動的初意都被他們遺忘了因爲缺乏憲法規定的解決方法，原起於眞實政治歧異的爭執，亦不免腐化而成爲毫無眞實意義的派別衝突——一如大央底安派（big-en-

【现代的国家】

第三编　体制形式与组织制度

dians）與小央底安派（little-endians）之間者然有時歷史家還不能分別兩派中是那一派擁護這一種或那一種原則的——如荷蘭胡克派（"Hooks"）與卡德非昔派（"Codfish"）之糾葛卽其一例——這種爭關之無意義有如此者。

我們可以總結一句：若沒有政黨制度政變政潮，或革命便是促成政府變動的惟一的方法。若沒有政黨制度國家便沒有彈性沒有眞實的自決權利若沒有政黨制度政府便是僵硬的不能適應民意的——是統制的政府而不是服務的政府處於這種情形下的國家不是專斷強制的一種閉關制度，就是派別糾紛的戰場政黨制度所引爲基礎的學理與此完全相反牠認人類都是理智的動物至少他們也承認原則比暴力是政府一種較好的根基勸誘比強迫爲較有利益理想的衝突比武力的關爭爲較能造成好結果強制力本身的堡壘的鎗鎖就是操持強制權的國家本身的鎗鎖——是被政黨制度送給了那些能用激勵感情的力量使人折服的人們。這便是政黨制度的大勝利——我們不應容這種制度本身的缺點或弊端遮掩了這種大功用。

政黨制度特別是改變階級國家爲民族國家的機構據我們所見及的任何國家在某一發展的階段上都是階級國家——被優勝階級所統治亦且爲增進優勝階級的利益而統治其他人民則槪屈服於這般階級之下斷

第三編　第十三章　政黨制度

三七一

現代的國家

然的區別，是在階級與民衆之間的——此處之所謂階級大概可別爲二種，貴族與牧師貴族的威權有兩種基本的來源土地所有權與戰爭領袖權——以及其另一次要的來源那便是出身與地位的威信牧師階級是建造在另一種不同的權與戰爭領袖權之上的——文化的威信一種精神的統制這種威信或統制的強大性自然是與被壓迫的民衆的愚昧成正比例的。這種情形下的政府，不是由於社會輿論的均勢所造成的被壓迫階級的意見實無與於國家的政策各統治階級能互相維持其統治於永久因爲他們是利賴習慣而不是利賴輿情的階級統治在這一方面是與政黨統治在相反的極端的。政黨統治含有威權交替的意義一種彼此先後相繼的制度——使各方面均有其握權的機會階級統治則含有純固定的意義僭居於不可侵犯的權利的地位

政黨的起始，便是反對這種僭號的一種抗議牠的肇端都發現在那些擾亂攙殘各旣成階級的威信或權勢的社會變遷上特別是發現在那些繼續不斷的促進社會演化的潮流勢力上——就是貿易與商業的新興財力，以及隨起的都市膨脹。及至溯源於這些潮流的威勢力量能夠抗拒統治階級的威信的時候政黨成立的時期便已成熟了原始的——從而爲「自然的」——政黨便是組織以反抗權貴與階級的政黨，「布爾喬亞」（"bourgeois"）的自由派的政黨。但是政黨之正式成立，必須在舊有階級制度業經破壞而已將國民資格的權利給予這般「反抗人」以後。政黨制度的含意，有一種相互承認其權利的事實，這正是階級制度所深惡痛絕而最不樂於容忍的無特殊權利的人們必須首先取得解放然後方能組織政黨迨至這種階段發露以後以前的統治階級亦必須反抗牠自己的本性而組織成一種政黨的形式這是與牠自己的本性相反的因爲一個政黨必須

借原則之名——而非假習慣之名——以引起同情因爲牠必須引起「人民」的同情，而援用宣傳的武器與口號。統治階級不復純有統治的權利，而必須因問題的關係且必須因本身所不及暇撐的原由而取得勝利或遭遇失敗。

故此，政黨雖原爲借階級的背景而組織的，繼後卻受本制度的邏輯的驅使而躋於新異的地位「訴諸人民」的辦法必然的使階級的利害關係所僭據的權益陷於黯淡並發生變動不但如此在這種新環境之下原有階級制度之心理的並經濟的堅固性亦未免遭破裂其破裂情形爲何如我們即將有所闡明政黨競爭遂發生一種迥異於階級鬥爭的意義。

原來的對峙，是在商業與都市的各種利害關係所成立的黨派與有土地的利害關係所成立的反對黨之間的。在英國的灰格黨（Whig party）與托利黨（Tory party）便是按這種界線而劃分的：托利派 人都是些「鄉間的紳士階級」（"Country gentlemen"），他們的贊助人與依賴人也都是這種人；而灰格派中分子則爲一些「有錢人物」（"moneyed men"），都是些暴發的資本家及其贊助人——引導他們的人都是一般受有封位的家庭他們曾因貿易商務或因參與那些反封建主義的沒收強取——這種辦法都是以大地主或教會爲犧牲品的——而躋於威權與勢力的地位在全部的歐洲之上莫不先後發生有同一的現象保守黨——有土地的利害關係的代表人——總是頡頑民治化的潮流——自由派就是「布爾喬亞」（"bourgeoisie"）的政黨所崇奉的主義關於寬大的爭議一方面保守派所支持的是一種終歸失敗的運動；並且政治變遷的潮汐亦

第三編　第十三章　政黨制度

三七三

曾橫掃而遠過於自由派人本身所佔據的地位十九世紀初業比較激烈的派別——有如改進派（Chartists）等——所提出的「憲法」方面的要求大多數後來都是被採納了的但是在每個階段之上和每次勝利或失敗以後，各對立政黨均紛紛採用一種新陣線沒有任何政黨是能立足於牠的既往之上的牠必須時時發現新爭點，或改造舊爭點牠必須在牠的基本原則或利害關係上請求適應因而使牠的提訴在當時流行的公共輿論情形中得以發生效力保守派人至少也與自由派一樣的有準備——或者其準備程度還要遠過於激烈派——準備援用新戰器準備重新調整他們用以吸引同情的主張與原則而在這種程序之中階級與政黨原有的一致性在某種程度內便不免遭遇剷除。

設若以前佔據優勢的一種階級喪失牠的統治權利——牠的（"point d'appui"）——牠便將連牠的完整性一併喪失牠比較的樂於聯絡新興的階級分潤新財源的利益——特別是當牠自己的資源發生絕對的或與其他階級相比較的退縮的時候中古封建的統治階級便曾遭逢這樣的厄運離開了統治權利一種階級不過只能具有一種隱晦而不確定的統一團結性陳舊的威信在新興財力反對之下很難以維持牠自己在近代文明裏面階級的區分已大都變為經濟性的各社會集團的主要特徵莫不與收入與職業有相對的關係無論我們是援引「主要統計」資料（生育與死亡率以及結婚年齡等）● 一類外表的證據或是討論習俗與文化的情形，大概我們均必須按財產比較的標準而為一國人口劃分類別。

這種財富階級的統一性比較古時門第與權貴的階級遠不及其固定，遠不及其緊湊並沒有嚴格的劃分的

第三編　第十三章　政黨創度

線索，沒有區別的徽記，沒有成立深固的階級。例如在美國與加大拿政府均不得頒給或推薦爵位章號，因為這種行動便要開罪於一般人反對特殊階級的情緒，各財富階級不免彼此發生混合，而在每一階級之內他們亦沒有固定的利害關係的統一或完整性。馬克斯卡爾（Karl Marx）根據他的故智用中古的觀念來解釋近代的情形未免過於吹噓階級覺悟心與階級利害關係的統一性認此為近代社會中資本家與工資勞動家——這兩種階級誠然無疑的是代表近代社會裏的最大的分裂——兩方面互有的特徵第一，社會並不是如此分為兩斷的。這種分裂論特別漠視了各種新起的「中等階級」就是各職業集團政府事務人員專門技術家，小本營業家以及農夫們所佔據於二者之間的位置第二牠假定資本家之間有一致的利害關係直接的與工資勞動家的的利害關係相對抗但是資本家與資本家之間有很嚴重的利害關係的衝突工資勞動家的集團之間亦是這樣。各個政治爭議都能表示這種情形我們將徵收很重的「奢侈物品」稅嗎？從事於製造奢侈物的工作人之定將抗議實不絕於這種物品的消費者。我們將隨便容許外國工人移進本國嗎？土著的工人定將抗議。我們將減低海關稅則用為工人減輕物品價嗎？各特殊物品生產者的工人亦聯同資本主義的製造家從事反抗要任何方面有完全共同的利害關係以與另一方面相頡頏那便只有在奴隸式的箝制力之下纔能發見了。在任何地方只要浸入有任何種類的自由競爭完整性便要遭受破壞與分裂輸入者的利害關係與國內製造家的利害關係是互相水火的勞動農民的利害關係與工業工資勞動者的利害關係，亦不能趨於一致只觀察美國與他國努力聯合這兩派成為一單獨政黨而總歸於失敗的事實便知此中的情形另一方面就是利潤與工資之間的衝突都是有限制

三七五

現代的國家

的，而受有一種共同利害關係的支配繁榮的時期於資本家與工人兩有利益而當其凋敝的時代，他們也是一樣的遭受厄運。❸ 明瞭這些事實便能知道為什麼起源於階級的政黨終必另自轉變一種性質而深合於一種民族生活的發展。

政黨制度更進一步的演進，是與一般交通工具的發展有聯帶關係的——就是那些已使全國各階級與各部分直接與事變潮流與輿論傾向發生關聯的交通工具這般工具之內以印刷事業為最重要因為牠是利用其他一切工具的。印刷品不但只是一種傳達新聞的機構而且是一種「宣傳的機關」——不但企圖記錄輿論，亦且企圖影響輿論牠不但只是一種知識資料的來源，亦且是成見的一種大屏障和利用成見的工具。要同黨派發生關聯的必然的因為牠發生影響的方法是如此的強大並且如此的普遍因為牠能利用選擇抑制與暗示各種方法而成為任何牠所提倡的主張的如此富有潛力的前驅但是牠的勢力卻是一樣有限制的牠能予政黨的範圍以巨大的擴充，而增加其活動但是在尋常情形下牠卻不能駕馭牠在已往若干政府雖有大多數的印刷報章的攻擊，而仍能取得民眾的選任：英國的麥克唐納瑞姆色 (Ramsay Macdonald) 的政府即其一例。一種為政黨所操縱的新聞報紙的聲調總是千篇一律的牠的木偶式的雷同言論，頗有被人予以折扣的趨勢一種反對黨的報紙乃是產自牠所攻擊的利害關係故亦極端賣力的張大另一方面的意見最重要的新聞報張是依賴銷路以為生活的；而牠的財政的成敗又必須視牠之是否能適合民眾心理以為斷牠之是否能吸引民眾獻心，誠然是大部分要利賴各種策劃與役務；而這些策劃與役務完全是與牠所支持的特殊政治意見無關係的。

【现代的国家】

第三编　体制形式与组织制度

不過牠如果探取一種爲任何部分的讀衆所反對的態度，牠便要立即陷於困難——請參看每日郵報（"Daily Mail"）攻擊紀窄勒勳爵（Lord Ritchener）的時候，社會上所發生的反對該報的怒潮——並且如果牠要堅持牠的態度，牠也許就要危及牠的生存的根本。不但如此任何來自外源的財政支持亦不足以抵償社會歡心的損失間或某一強有力的印刷企業公司亦可以對政府與反對黨的政策同樣施以攻擊——例如諾斯密爾（Rothermere）報張之攻擊喬治（George）與鮑爾溫（Baldwin）兩黨的關於路爾（Ruhr）的政策，便是一個例證。但是報張如此舉動亦只能在牠確信國內有激烈同情於牠的意見的人的時候，牠能將政黨的影響推延至於全國各部，由此而給牠以一種比較寬大的且比較國家化的色彩。不過除此以外，牠至多亦不過只能吸引——並且張大的鼓吹——現存的輿論的傾向。這些都是牠眞實供獻於政黨制度之演進的役務。

第二節　政黨的整列

本節所要證明的，就是除開由特殊情形引起的非常變化以外各政黨都按一定方式而羅列成一單獨的整列的——無論一國所流行的是兩黨制度還是多數黨的制度這項事實頗能表示政黨的對偶性或「南北兩極」性這便是任何地方的人類活動都表示具有的出此入彼兩大途徑的政治形式。一人居在家中，另一人必喜外巡；一人尋求安全另一人必尋求冒險的機會；一人追溯既往，另一人必探尋未來；一人仰懷既成制度的優美，另一人則比較的感覺牠的缺限。在差不多任何人的心靈上都有這兩種態度之一種的潛勢力：不過依生物學家之所言

第三編　第十三章　政黨制度

三七七

現代的國家

一則為強旺的，一則為隱伏的能了。大部分須視環境與訓練為轉移。財產與門閥與特殊權利，顯然是產生保守性的貧窮與機會的缺乏，卻在另一方向有所開發。人們若具有優秀人物的觀念，他們必定趨於保守；若具有潛伏優秀性的觀念，又必走向激烈保守的人物以民族與國家「有機的」統一性為立足點。他相信先例成規的逐漸演進。他覺得自然界與人類歷史都是不能雄飛突進的。激烈派既不耐於時間的緩進，便欲有所變更進歷史在目前的行動。在他心目中大一統乃是人類而不是他的民族或國家。他感覺環境的偉力故欲有所變更環境的方法。一種制度雖是屬於既成的，亦不能使他承認牠是最後的激烈派都是社會情狀的批評者；而保守派則嘗議關於社會的理論。❹

這便是人類大致對峙的情形，而為政黨的基礎的。但是還有無數的比較接近的環境因素，使人不趨於彼便人於此活動的與果敢的頭腦，趨向於一種方向消極的與怯懦的心靈便趨向於另一種方向的艱巨的失望引人對任何方向都發生反感。青年人的保守性不及老年人自尊心與個人的利害關係使幸運優美的人走向一種門徑，而使命途塞澀的人走向另一門徑激進主義也許在急進主義上變為保守的，而保守派——不過這是比較罕見的——也許處於守舊主義的護衛之下而變為自由派。經濟的利害關係——在能受此黨或彼黨的態度的影響的地方——亦不免驅若干人擁護這一面或那一面此外還有若干人——他們兩面的本性本能都是這樣的或則是這樣的沒有發展——他們很容易被人導誘而陷立於反對的地位有意識的或無意識的反對在位某黨的過失或不幸或純統制這一類的人替政黨把政黨政府弄得似這樣的不舉固但或者正是因為這個原故總

第三编 体制形式与组织制度

第十三章 政党制度

給民族把政黨政府弄得似這樣的安全。

因為有若干危險的傾向，是各政黨的特殊天才不免要趨重的。在今日仍有吸引有產者的支持的傾注牠有輕視各種新起社會運動的重要性的可能；及至威權表面上已躋於穩固之域的時候又有變為反動派而阻礙時代所急需的各種發展的可能：我們如能參看英國托利派人在一六九二年與一七八五年之力拒選舉法改革的行動便不難得一實例但是及至民治主義逐漸擴充保守主義的這種硬化的精神就必然要發生懈弛。因為現在各政黨就必須聲言以賈佛生（Jefferson）之所謂「人民的愛戴」為愛戴的政黨亦須違反表面上的邏輯而引多數人的贊助以自重他們的領袖必須採用民治主義的方法：結果我們便有荻斯瑞尼（Disraeli）領導下的保守派擴充選舉權以及共和黨人給予被解放者以政治權利一類的現象事實上這種需要能驅採行政黨政府之一切國家於澈底的民主體制。

自另一方面言左傾的政黨卻時為適與此相反的危險所威脅。牠的自然的提訴是以多數人為對象的；但是及其既得威權牠所遭受的強大的影響卻是與牠的民治主義的口號枘鑿不能相容的，祿位所激發的野心實行黨綱時——這種黨綱在反對黨宣佈是很容易的——四週所遇着的實際困難的觀念以及各特殊利害關係的壓迫這一切都有產生一種政府行動與其所宣傳的原則間的矛盾的趨勢。黨內的份子漸對於牠的行為表示不滿，尤以對於牠的正式領袖然與反對黨兩種地位的時相交換，是政黨制度的效用上所必需的，並能協助予國家以保障而使之脫離國家在任何其他政府制體下所必要遭逢之權威勢力的脅迫與蠻橫。

這種地位上的交換——牽涉有不斷的攻擊與反攻擊，當每黨發見其對於敵黨有可乘之機的時候——必需有一種單獨的整列使各黨可以沿此整列兩旁而擺佈陣線。比如說在一宗教黨與一保護稅則黨之間或是在一禁酒黨與一社會主義黨之間便不能發生相當的爭點所不可無的便是一種高於一切而範圍寬廣的爭執焦點——能壓倒一切枝葉問題其形式雖有變化而其性質仍屬永久，並能用各種不能的分法對全體人民作一種永久的提訴普通言詞中所謂某政黨屬於右派某政黨屬於左派而某某則又屬於中央派：其中卽含有這種意思。

這種名詞頗能表示關於一種深刻而常留的問題人們所抱之相反的態度與政策。

領土主義的或國家主義的政黨不相合於這個原則。牠們並不沿一種真實的整列而佈置陣線。牠們關於政策方針的問題並不提訴於國民團體之全部牠們尚未脫離於最初的階段——牠們的問題仍然繼續的是，「誰應統治國家？」不是，「國家應如何統治？」牠們亦不促成政權之一種固定的接替勢力沒有自這一方面而轉至那一方面的事實每一黨永久的自成一堅固的無變化的壁壘如果某一黨佔據勢力——如歐戰前匈牙利（Hungary）之馬格牙人黨（Magyar party）——牠便許有政權上一種實際的獨佔因爲沒有相當的反對黨：那就是說沒有堅決以在權黨的失敗與錯誤爲詞而企圖變易該黨黨員同情心的政黨在這種情形下我們只有一種政黨的幻影——其間埋伏有若干足以破壞國家的分化力嚴格以階級分歧爲基礎的政黨對於政黨制度的精神也是一樣的有分裂的力一樣的扞格不入。要發生適當的效用任何政黨都得作一種全國的提訴根據於牠爲增進全體幸福而提倡的原則。

【现代的国家】

第三编　体制形式与组织制度

那末，各政黨通常賴以佈列陣線之深刻而常存的問題究竟是什麼呢？林姆（Hume）在他的文章裏分政黨（依他的觀念則仍爲小派別）爲三種：基於利害關係的黨派與基於感情的黨派而附帶說「基於原則的黨派」——特別是基於抽象的理論的原則的黨派——只是近代總產生的，或者是自來人類事績上所發現的最奇特的最不可解的現象。⑤但是「感情」比較牠的對象壽命還要短促；而「利害關係」因爲有提訴於人民的必要至少也總是採取一種「原則」的外表。一切眞實的政黨口頭上都是基於原則的；而同一原則必須團結每黨的內部同時使牠與其他一切政黨發生分歧關於其所牽涉的基本原則各國稱謂政黨的普通名號似能有所表示：例如「反動派」「保守派」「自由派」「改革派」「進步派」與「激烈派」等。根本上使此黨區別於彼黨的，還是對於旣成制度的態度。右派各黨願見現存制度的維持；在制度業已變遷至於牠們所不喜的程度的地方，牠們便希望一種傳統的或歷史的原有狀態的恢復牠們要以最低限度的改革而將過去的制度適應現在的情境；至於因取消牠們的政敵所造成的變遷而發生的改革那是例外左傾各政黨不如此重視以往的制度現在的情境極左派並欲「完全的將牠們改革。」

雖說這種種態度乃是政黨整列之普遍的基礎然而人類對於一切問題卻並不前後一致的表示單獨一種態度。一個人對於宗敎或爲一守舊派，而對於憲法問題則爲一自由派，如格那斯頓（Gladstone）者然又或一個人的大概懷抱爲雖屬一激烈派而在經濟方面則爲一提倡放任主義的保守派，如司賓塞（Spencer）者然又如一個人的特殊利害關係——比如說關於自由貿易或保護稅制——也許使他與一種不能代表他內心態度

第三編　第十三章　政黨制度

三八一

的政黨採取同一的步驟每一時代莫不有牠的控制一切的問題——而受有時代制度的影響的。在一種宗教爭議的時代，政黨便以國家對宗教的關係爲分野在形式的民治主義推行的時代政黨便環繞憲法問題而抵於成立。事實上這便是我們現代的民治主義推行的一事當那個時代有土地的利害關係仍佔據優勝的地位以故政治威權的中心亦努力使自身同時成其爲經濟威權的中心結果憲法問題似乎成爲至要無比的問題而使保守派——有如保皇的托利派——與自由派——有如反保皇的灰格派——趨於分裂就大概情形論我們可以說：英國在一八三二年前一以憲法問題爲最佔優勢政府體制爲其重要關鍵至此以後牠的重要性卻日漸消沉不過偶爾發生而爲一種新問題中之附帶的爭點罷了——後來關於貴族院的問題的糾紛，便是一種例證在其他歐洲各國中亦發現有同樣的發展嗣因各國已援用民主的體制政黨爭執的焦點逐漸脫離憲法的問題。在美國——因爲牠是聯邦制——憲法問題有一種特殊的重要性。在這裏「民主黨」首先佔據政壇的勢力——利賴各方人民對於憲法核準施行後成立之聯邦政府的國家主義與曦微貴族主義的色彩所抱的不滿，以爲勢力的來源就大致而論，聯邦政府頗能忠於憲法之保守的與集權的精神惟其因爲如此牠便不免開罪於那些傾注於民治主義與邦主權——憲法中的設計大部分正是要限制這種主義與邦主權——的趨勢。於是民主黨便主張提高邦權而抑制聯邦主權同時亦表示比較的重視「個人的權利」浸假而反對「助外與騷動治罪法」("Alien and Sedition Laws")一類的方案歡迎輕易許外人入口而加入國籍的辦法並且申言反對特殊權利與「旣得權益」——例如保護關稅制便可以說是能產生這種權益的但是馴到這個時期所

【现代的国家】
第三编　体制形式与组织制度

谓「民主派」與「共和派」種種名詞幾乎已完全喪失了他們的憲法意義。

我們可以用這最後的一個例證來解釋怎見得一個單獨的政黨整列是根本上所需要的條件，並且這種整列怎樣一經成立便能閱歷各種新問題與新分裂所產生的變遷而維持已身以不墜。政黨每每分裂每每改革而各種原有態度卻能獨存而不變。在美國，一種素為次要的問題成為極端重要的爭議——就是限制黑奴於黑奴業已成立為一種制度的領土之內的問題。任何當時存在的政黨都不能贊同限制的原則：有南方關係的民主黨不能原有理想效力漸失與富於妥協成績的灰格黨亦不能；並且各微小的臨時的區域的「一無所知的」與主張「自由土地」的黨派亦更有所不能。這個問題無上的重要性實有一種新政黨的需要於是共和黨乃應運而生頃刻間政黨整列便已適應這種新興的環境。因為有民主派人整齊陣容尚以對面的原故不幸的很——卻也是不可避免的——政黨分裂的界線現在適與一種領土的分歧相脗合故這種情況之最惡劣的危險得——現諸事實兩政黨均已不復成其為國家的政黨事實上已並非彼此訴諸全國的真實政黨組織又缺乏堅固性，不足以維持自身的完整內戰於焉告始嗣後政黨整列復漸移動而至於新的領域內憲法問題不復如前此之重要各政黨另與其他方向的洶湧潮流發生聯合。一言以蔽之，主要爭議已直接成為一經濟的問題。

在歐洲各國，這種爭議的問題，比較更有嚴明的界說。在美國，經濟利益的追求不似這樣受社會與政治疆界的阻礙；而經濟機會的觀念又使人民無須這樣的依賴國家。除無時不有的關稅問題外——關於這個問題國家

第十三章　政黨制度

三八三

現代的國家

行動自然是有決定之權的——經濟爭議都是環繞着暫時的並且微有機械形式的各種策略——藉資挽救各特殊弊端或痛苦的，有如雙金貨幣主義貨幣平價主義與禁止大企業聯合各方案——而發生的。當這般問題沒有前鋒重要地位的時候，各大政黨間的分歧便大都成為「在朝」與「在野」的地位不同所給予的區別了：不過共和黨按習慣便是兩者間比較守舊的政黨能了。但是在歐洲方面經濟的分歧比較更為緊嚴深邃有大多數的人民——特別是在比較解放最晚的各階級之內——因為迫於艱窘絕對不信賴現存經濟制度的仁慈而思有以大加更改甚或取消其他一切意見紛歧——有如從前關於憲法或宗教問題的衝突——大部分在政治上都是遠處於現在這個最高問題之下的。只有某某固定無變化的民族主義的集團大致仍然是立於這種新整列之外的。這種新整列的性徵可以由下列表式子以簡單的闡明——這個表式是近代國家中政黨團結的一種比較圖形：

	原則或主義	態度
極端右派——反動派	資本主義的維持與最低限度的政治統制	帝國主義的國家主義的軍國主義的有階級觀念的 ❻
右派——保守派	保護關稅制則	帝國主義的國家主義的工業主義的 為例外

近代國家政

【现代的国家】
第三编　体制形式与组织制度

党盘列图
```
              ┌─ 激列派 ─┬─ 极端左派 ─┬─ 社会主义派 ── 取消私人租佃与利润的，革命的，有阶级观念的❶
              │         │           └─ 共产主义派 ── 生产工具公有或共有的
左派 ─────────┤         │                           制度的全部的统或局部的
              │         │                           反帝国主义的和平主义的
              │         └─ 自由派 ────────────────── 资本主义制度的公同统或共同统
              │                                      反帝国主义的和平主义的
              │                                      革与的
```

上列各种原则与态度是彼此错综互相搅杂的；牠们虽为各集团全体的特徵但亦不必尽为各集团一切团员的特徵这是不用说的了。至於应用政治斗争的策略时各政党所取用的名称往往不能胎合牠们的原则：这也是很显而易见的事实例如某政党基本性质本是守旧的，也许自号为「自由派」或「进步派」法国的「民众自由行动党」("Action liberale populaire")便是这样的。如「自由派」与「保守派」一类名词彼此都是相对的并不代表绝对的原则。舆论潮流在某一时期在某一国家或係趋向於左派的而在另一地方或在另一时期其趋向又是倾注於右派的比如在欧洲自一八七一年后就有一种左倾运动，而在美国几乎不感觉有这种运动的声浪并且自大战以后在世界各国中均有很显著的摆动不定的现象整个的政党盘列都在一般的繁荣或不景气的情形之下发生动摇；或因为某种态度与反应以及乐观或失望种种狭獚的影响——这种影响曾浸透战后的社会——而发生震盪政党之间的差别——与阶级间的差别不同——不过是一种「多」或「少」

現代的國家

的問題在輿論演進的過程中一個團體一方面保持牠原有名稱,一方面仍能採取素為牠的政敵所固有的原則,各政黨的投機政策——目的在設法維持或恢復其政權,例如荻斯瑞尼或俾斯麥(Bismarck)對勞工的方針——又為原則與名稱間發生混淆之另一原由。

我們的概略表會明白表示:一個政黨並不代表同樣意見的一種一致的團結,而代表一種意見的範圍——其四週之界線並沒有明確的固定。在每一政黨之內亦有一右派與左派的對立;並且在某種激盪之下,牠們之間也許發生一種破裂,而各自分立並成為兩個獨立的組織。按我們的政黨的定義,政黨只有組織的一致,沒有意見的一致。在少數國家裏真實的爭議——在關於決定政權一方面——仍為兩大對峙政黨之間的問題:其他黨派政治力量過於薄弱,不足以作有效的政權競爭,這種情形之綿延以在美國為最顯著,比如在一九二〇年總統選舉的時期,政壇上有六個國家的政黨,但其決定結果的競爭仍為共和黨與民主黨之間的問題。如果任何這種大黨有發生破裂的事實或有遭遇重要內叛的情事,有如共和黨在一九一二年所經歷的事變,大家便覺得這是一種非常的暫時的現象。直至最近以前的英國政黨制度亦以此同樣情形為其特徵,並且這種情形在實際上素即為一般人視為應用英國語言的國家的徵記,但是在英國一種突起的左派政黨的進展已將兩黨原則——至少在目前——陷於崩潰的情狀中,就大概的情形論,凡在左派已經得勢的地方,左派亦曾同時發生破裂而別為若干分立的黨派組織,這便是歐洲大陸上多數黨制度發達之一原因。這種發展又產生一種新異的政治問題,我們現在便要轉注於這個問題而從事討論。

第三節 多數黨與政府機構

只要兩黨制度繼續存在政府的決定是很簡單的；且除在特殊劇變發生的時候，也是很有定則的。當這一黨失敗而放棄政權的時候反對黨便繼起而承繼其地位。因此反對黨的本身亦為政府機構的一部分人們對於此事實往往予以極端的承認，甚至視反對黨的領袖為國家官吏，而賦予以固定的俸給——加拿大就採用這種辦法。在這種情形之下，一方面有一種威權的集中，因為在位黨並不須利賴其他任何政黨；而另一方面又有一種責任的集中以及一種執行責任的簡易方法——就是反對黨之恢復政權。

但是這種制度必須各政黨組織之內有一種適應與安協的敏捷準備，並且需要選民對於牠有一種忠順的習慣：能使他們為推進一種共同主張而犧牲個人的差別。兩黨制度給公眾輿論在政治上發揮的機會以很確定的限制，牠所能適應的情形只是在多數國民不要求政治制度有任何深重改革的地方。一旦極端左派或極端右派能號召多數眾人的服從這種制度便有不能發生作用的趨勢：因為每黨中比較溫和的份子便將拒絕在同一組織內與他們合作。再進一步說當有新爭議發生的時候，或關於舊問題有人提倡新政策的時候這種制度也有陷於艱難環境中的可能兩黨制度的基本問題就是要維持這種制度的完整性多數黨制度便沒有這種問題因為在多數黨制度之下各團體可以隨意的組織，可以隨情形的變遷而發生聯合或分離輿論集團——既脫離共同組織而得其解放——便能無安協的闡發其主意。安協之發生還在厭後一重階段上——其發生的原因就是

現代的國家

凡欲取得政治成功的人們無時不負有的一種必需的條件，就是服從大多數行動的必需條件。

在多數黨制度之下任何政黨平常亦不能期望有自己的絕對大多數這一件事實不但深刻的改變了政黨的戰略亦且改變了政府整個的機構一時當權的政府是有賴若干團體之結合的，而爲各派間之論價與協定的結果。這是一種集團政府而非爲一種政黨政府這種集團是由若干團體組織而成的——或由左右各派中之各團體或由中央派中之各團體。由此，而兩黨制度的準確性政權之明確的競爭遂告消失政府趨勢便不能如此的穩固壽命亦較爲短促假如政府開罪於一部分的支持人這般人便不復感覺有繼續其忠順心的同樣義務甚或聯合政府集團以外的各團體，以推倒政府。結果使政府對於公衆輿論的變動感覺力更形敏銳政策不能有如此一貫的繼續，特別是在行政首領須依賴國會支持以爲生存的地方領袖與政府之一起一落有如舞臺上扮演的驟忽他們發生行動的時候很少能有舊制度所常賦予的把握。

多數黨制度的這般結果算是有利還是有害這個問題的性質過於主觀，在此地不宜有所討論。兩黨制度能使政府比較的穩定但亦確付有相當的代價國民選擇的範圍比較的窄狹獨立的投票人實處於一種進退兩難之間：他們必須接受兩黨的簡單的對立形勢否則亦必須拒絕接受這種對立的形勢但如拒絕接受他們的投票便不會有任何效力——其所有的效力或則是間接的援助他們所最反對的那一黨通常（雖說不必一定）隨着兩黨制度行走的選舉制度，過於獎勵服從性質兩黨相互間永久對抗所根據的原則，在任何方面無不鼓勵

第十三章 政黨制度

盲從而使一種遺傳的情感的忠順心替代基於理智的抉擇況且政治領袖亦必須表示一種比較奴隸性的依順，他必須接受某一方面的全部黨綱——雖說這種黨綱是根據於黨內統一與政治勝利之偏狹的詭譎的考慮而決定的——而反對另一方面的全部黨綱有堅強個性的領袖便有爲黨中一種威脅的傾向故往往被他們所擯棄。純政客反能發見比較大的機會——因爲這種人他的領袖能多少公開的論價以換取人民的贊助在兩黨制度之下他就必取得勝利，他對於一種主張或運動的力量只能加以測量而不能增益毫末他的武器便是他人的信仰因爲他能己是沒有信仰可言的，在多數黨制度之下領袖能多少公開的論價以換取人民的贊助在兩黨制度之下他就必須恬不聲張的適應他的一切支持人所能會合的公共立場。

在這種情況之下政黨「黨部機關」祕密工作的一般以黨務爲職業的政客，便容易取有威權。兩黨制度的潮流所趨將使政治意見亦成立爲強有力的既得權利了。這種情形在任何種類的政黨政府之下也有相當程度的存在但是在「當權黨」與「在野黨」之間有一種單獨的永久的對峙的國家裏這種情形顯然是更見嚴重。最嚴重的形式，便爲「職祿分贓制」（"Spoils system"）這種制度在美國發展的最嚴重且彰著這也是不無因的一件事實因爲兩黨制度的原則在美國比在任何其他國家勢力都見偉大。❼兩黨原則頗能阻礙政治意見的自由發揮結果誠有如若干作家之所已指明，❽不免引進一種非自然的情形於政治團結之中而使投票人與各領袖俱深蒙其影響並且使「黨部機關」比較容易潛奪統治的權勢。

我們切不要假定：一個國家對於這兩種制度，是可以任意選擇牠所要採用的制度的。這要視公衆輿論的情

狀而定，而公衆輿論對於社會中發生影響的一切潮流勢力都是有刺激與反應的連帶關係的。一切國家莫不造端於兩黨之簡單的分斷。但是大多數國家卻俱已走向多黨制度的一途。維持一單獨政治分割的線索不是容易的事——特別是在經濟爭點甚囂塵上的時代，許多不同的態度與政策都有發生的可能，牠們自然是企圖經假若干分離的組織而得其表現。橫貫錯綜的劃分，也是勢所必須發生的：因爲人類一切利害關係是不能因爲一種永遠的必需而附着於一單獨的複雜系統之內的。我們所需要的是一種單獨的整列，不是單獨的劃分，各政黨均須提訴於全國而求其援助：就是這種事實已表示：牠們是要向各種情形下與各種環境下的人民尋求支持的。就是在實行兩黨制度的國家裏，往往也不免受「第三黨」的襲擊；而任何第三黨如能稍得實力，卽足以予兩黨制度以一時的破壞而兩黨制度的力量就是在能於問題簡單的時候提供一種很明晰的競爭但是問題也許不能繼續似這樣的簡單。

一言以蔽之任何一種制度的利與害，都是與社會的智理與文化相對的。基本重要的條件，就是政府必須建立在最寬大可能的輿論基礎之上——不顧其黨派的色彩而維持全體人民的統一。

❶ See Morrow's Introduction to Morse, "Parties and Party Leaders", p.xxix.
❷ See, for example, the remarkable Report on Fertility of Marriage, Pt.II (Census of England and Wales, 1911).
❸ Cf. Layton, "Introduction to the Study of Prices."

❹ Of the various studies which throw light on these opposing attitudes special mention may be made of Kent, "The English Radicals", and Feiling, "History of the Tory Party, 1640-1714."

❺ Essay VIII.

❻ Class-consciousness occurs to some extent in every group, but it is here an attitude which definitely expresses itself in policies and methods.

❼ No doubt other causes have contributed, such as, socially, the indifference of many unassimilated immigrant voters and, constitutionally, the popular election of the president and of a large number of both executive and judicial officials.

❽ Cf. Sidgwick, "Elements of Politics," Ch. XXIX.

第三编　第十三章　政党制度

第四編　各種理論及其解釋

第十四章　近代國家理論的演進

第一節　發凡：一切社會理論的基本困難

社會學家欲有以解釋國家或經濟制度或社會組織的任何部分都遇有一種特殊的——雖說是明顯的——困難：就是將牠性質之客觀的或科學的認識與牠倫理價值之必須的領略，兩下互相調和的困難。這後一種領略是必須的，因為沒有牠社會組織便沒有意義沒有存在的價值；前一種認識也是一樣必需的，因為沒有牠牠的價值便沒有基礎沒有確實的效力。國家是人類用以達到目的的一種工具；牠們性質是隨時隨地有更改與差別的，看牠是被人用來增進社會中這一階級或那一階級的利益；看牠是比較的完成這一種或那一種目標看牠的目的的範圍是趨於擴大或緊縮。政治思想家思有以躲避那些與他個人倫理的傳統思想相脗合的武斷的主觀的解釋，那是極端困難的。因為他必須鑽研各種體制不同的國家內所尋求或壓抑的目的，因為他必須探討促成與促進各種政治制度的宗旨，因為他必須估計各種組織與統治權在人類生活上所產生的結果：在他要達到物質科學家——他是只以客觀物為關切的對象的——的客觀程度，那是不可能的。

現代的國家

即令我們援用一種頑然不動而因果絲毫不爽的演變於人類社會之中的進化觀念我們亦不能避免必須作倫理估價的困難馬克斯的「唯物」史觀就是採取這樣的立場：而這種立場的謬戾亦以在他所揭發的科學的社會主義裏最爲顯著無論我們怎樣解釋社會進化我們必須審度和估計人類在每一階段上維持或變通或改革社會制度所抱之有意識的宗旨。馬克斯會有理想只是物質世界在人類心靈上的「反映」的論斷這直可以說是無意義的言詞了；我們就是稱人類行爲是氣候或地理或技藝環境的「結果」或「反應」也不能抹煞這關於宗旨的問題。馬克斯他自己便已毀滅他自己的學說，因爲他對於旣成的經濟制度會加以堅決而無姑息的批評因爲他營有意的利用這種批評以爲倒毀旣成經濟制度的當頭棒喝。❶只要我們進了社會的範圍裏我們便進了價值的區域內──在這裏面生存與價值便已不復是一件事體了。政治思想家──一如經濟思想家──必須將社會各種制度與人類用意和社會結果互相勾通以明其關係。如果他漠視了物理學家所咒詛的結局，他便不科學了──他只是在逃避他自己的問題。在此地他的問題一方面是要明瞭人類理智上的態度──驅於政治制度的建設以前或隨於政治制度的建設以後的各種態度──而另一方面也是要發見這些制度在完成或支配或側轉或克制人類所公認爲有追求價值的目的與理想上的重要性就這一方面說我們確是能夠──不過很難以──維持客觀的態度。人類幸福困難的發生乃在一個思想家發見他自己的人類幸福觀念與在他所研究的時代中似乎占有優勝勢力的人類幸福觀念（這種發見本身已非易事在人類行爲的複雜集團中）有所區別，並企圖使這種制度與他自己的理想發生關聯的時候。❷及至他鼓作勇氣假一種公認理想之名

【现代的国家】
第四编　各种理论及其解释

甚或直接假一種個人的人類幸福的解釋之名——而提出改良或重建甚或變更政治制度的擬議的時候這種困難便更爲增長了。

在這樣疑惑叢集的領域內政治思想家仍有相當的確定的根據地：就是任何社會制度都是賴現存的思想方式以爲轉移的；社會結構上的任何變遷——無論受有如何外部條件的限制——都是必要附帶的使在這種結構內度生活的人們的智理上產生變遷的；並且任何形式的社會制度都是對於人類幸福確有關係的——多少可以測度估計的關係。發見這般價值方面的事實情狀便是社會科學家的特殊使命也是政治思想家的特殊使命。

雖說我們曾堅稱國家的性質是有宗旨或意識的——因爲人類社會中任何有組織的形體與結構莫不有宗旨或意識——我們卻絕不應該忘卻人類的習慣行爲總是超越於他們思想範圍以外的；制度的變遷是因受了需要的壓迫而需要是很少能躋於人類有意識的覺悟之上的；人類進行建設社會結構體絕不似有明晰計劃以完成其所欲建築之舍宇的工程師，而是有如一般「有社會性的禽獸類」——假他們所不認識的形體而完成其天賦使命的。政治認識大抵遲遲其行於政治事實之後。譬如就是敍述目前的憲法慣例，許多人都以爲有危險過激主義的色彩在一六八三年，牛津大學（Oxford）還在焚毀膽敢聲言主權乃溯源於人民或暴君乃自棄其權利的一般人的著作品即在今日政治主權的性質與限制之切於事實的研究，所產結論與公認的傳統思想相去極爲遼遠事實上政治思想的任務或者便是要剷除人們的偏見——因爲這種偏見使他們不能目見他們

第四編　第十四章　近代國家理論的演進

三九五

第二節　威權的國家對公道的國家

任何思想家——就是顗西克（Treitschke）也不是例外——也不曾斷然謂國家僅是一種威權的制度。威權是工具；我們不發見工具對目的的關係，那便簡直不能作思想了。但是若干思想家曾高唱國家是一種強權工具的論調認強權的行使為國家特殊的表現視強制以有的成績為有無上的重要並且以為強迫權為社會制度的基本條件這種見解與所有關聯的信念不外兩種：一則以為人類天性根本上是頑強而趨於惡的故無時不需要政治約束的舉打與足踢——這是受有某神學成見的鼓勵的一種信念，另一信念就是一種貴族思想認多數人為一種劣等階級而應以事奉少數人為天職。在這兩種信念之下那般思想家均不曾着眼於公共幸福更不曾着眼於公共意志他們時或假定一種玄妙的目的——哈格爾（Hegel）的哲學派卽其一例——而謂其為國家所完成的而這種目的又完全超出於國民的幸福以外去了。這一種原則另有一倘不如此神奧的表現形式——於敬祝「國旗」的俚俗辦法上於一半表揚國家武力與「光榮」的言情上在在均可以隱約的發見。

另有一般思想家對於這種態度素持反對的論調：他們所據以為理由的，乃是人類自身人格所賦予的權利；否認主人與奴僕的關係亦可以合理的引用於政治方面借口人類全體的統一性與實際的完整團結性以激發人們對於他們原則的同情心；並且輕視強制權的價值認為不足為增進幸福的工具在歷史上這種抗議所採取

的特殊形式，便是一種闡發國家法律性質的學說因為人類自然的傾向是脫離武力而轉注公道的，所以他們便用公道的國家觀念來反對威權的國家觀念法性觀念本身是不完全的不過在某種限制以內有明晰的施用可能罷了。公道根本上與所有關係的事情是趨於分裂的牠不設想到聯合或共有的東西但是法性的理想在歷史上反既成國家的強權權利的衝突中卻是最有供獻的觀念。

誠有如我們之所已論列自有史以來威權與公道兩種理想在建造國家上便是互立於彼此對立的地位的。所以在政治覺悟心進步以後牠們必然是反映在國家兩種對峙的觀念的份子公道的呼籲總是來自下層的：其中伏藏有一種勢力——鼓動劇烈破壞的——為尋覓威權的統治者所不敢完全反抗的更進一步說國家首領就是為增進威權而仍得愛護重視的忠順心理屢代相沿而逐漸由半覺悟的良知所造成的傳統思想——就是說國家對於服事國家的人民亦負有相當義務的觀念以及統一觀念的本身——若無統一觀念的支持，政府便有似一種危殆而光怪的機構，法律亦有似一種天性自然的仇讐——這一切情形與思想都會相互為用而在國家系統之內創立這種公道的意念。雖然如此，上面的威權的衝動無時不在陶冶國家而使之適合於牠本身的目的，激發人民畏懼與屈服的心理並且高唱一種原則而遽謂政府乃是假其自身權利而存在的，不負責任的政策，——因為法律也不過是政府自身的命令而已。威權工具——無論是政治的或是經濟的——的集中使威權的心理愈趨堅定普通民眾的愚昧的，偏私的，迷信的缺乏援助優容政府而聽其成為偉大浩蕩的，立於法律之上的——

現代的國家

專制的優容國家而聽其發為絕對主義的安論強權的國家最易於發揮本身的機會便是戰爭：因為在這樣國與國間發生無所取締的干戈決裂的時候國家便可以假純強權的根據而取得一時內部的統一在這種情狀之下，人民思想只專注於勝負的問題，強權——因為牠是從外來的破滅者——所以亦能起而作內部的拯救者——一種強權衝動的政府牠所獲得的征服勝利便能表現為全體國家的光榮脫離外敵欺侮而求得解放亦似為一切英雄勢力的標的。

在現代國家孕育的程序中國家為一種威權制度的學說，便已為人類所察覺而無可抵禦但是在哀倨那斯（Acquinas）或但丁（Dante）的思想中這種學說還是不曾發現的：因為在那些半獨立的王郡方面，在各種階級與議會紛陳橫列的時候在大小俗政與教會的法權錯綜混雜的情形下——這些情形都是在封建主義的無關聯節度的系統上會獲得一席地的——牠最初的特殊的闡發乃是經假馬加非里（Machiavelli）的手筆他作書的時候，正是亞力山大六世（Alexander VI）與幼列斯二世（Julius II）的時代，正是波爾紀亞該撒（Caesar Borgia）與米底西（Medici）的時代，正是馬克肯米侖（Maximilian）與路易十二世（Louis XII）的時代：所以他深切的感覺到社會中各種無調整的權威互相衝突所給予的破壞的結果惟一的調整的方法，就是利用屈服——屈服人民於一位單獨君主的整個而為大衆所公認的尊嚴之下，他便準此隨意利用他自己的觀察與歷史研究，而闡明君主所以壓服一切反動以適應他本身意志的種種方法。君主必須「熟知如何利用獸類與人類二者」要做前一種的學問他便須仿傚獅與狐的本領成功便是方

三九八

【现代的国家】

第四编　各种理论及其解释

的理由，因爲成功是以造成穩定的大旨的，一如大多數其他提倡強權的人是方法與手段；而他之闡明方法與手段時所用的直率坦白的態度，是很與牠們的簡單性相稱的，信仰或人道一類的考慮，均不應阻礙君主第一天職的完成——就是要使他的強制權趨於鞏固。

超過這種成功的標準以外，馬加非里便拒絕作進一步的探討。「是非善惡與政府沒有關係。」他這種言論的眞諦就是說：政府只有一種大目標——而欲完成此項目標於必要時必須放棄尋常是非善惡的標則。設若他於敍述此項目標時會認其爲全體或被治者的利益他便可以很容易的對於他的強權政治與很明晰的倫理原則予以調和因爲這樣他便可以聲稱——其實這種理由亦未嘗不是埋伏在他的思想中——一種強力政府所取得的價值是値得這種必須提付的代價的；並且說在此地便是發生兩條途徑以供任何倫理行爲之抉擇的一種最高例證。❸但是馬加非里是只對君主而不對人民講話的，只論及威權對於掌握威權者的利益惟其如此，一種治理完善的國家的理想；此外並藏有當時業已顯露頭角的民族統一的觀念，他雖是對羅浪索(Lorenzo)講話而他心裏所思念的仍爲意大利：這是他的「君主論」("Prince")的尾章所已爲我們證明的在一種嚴重分裂與極端不穩定的時代人們便於威權的磐石之下求安全統一的完成便足以證明威權之最殘忍的伸張爲合理。國家安全要求普通公認的行爲原則的取消至於如何程度那是另一問題。被無約束與無忌憚的野心所合理——脫離關聯了。馬加非里是一個政治工程師，而不是一個政治哲學家但是在他的思想的背景裏仍藏有價値的觀念便發生了遮掩；而其堅持方法與目的——只有這種目的方能證明方法與手段爲

第四編　第十四章　近代國家理論的演進　　三九九

現代的國家

擾亂的一種時代誠能產生一種極頂嚴重的政治問題——其解決必須應用的方法確是與秩序業經成立的時代不能相容的。但是殘酷威權的行使本身就能破壞一般握權者的理想這種方法的結果，就是在這樣的時代亦鮮能提供使人折服的理由以證明一般人放棄社會所已進達的倫理標準為合理。

嗣後威權的哲學所發見的一種表現機會比純粹供給君主的私人忠告較為寬大時至十六世紀專制國家已突起於法蘭西，在其他地方亦正由陳腐習俗的甲殼之中蛻化而出有若干勢力正醞釀產生一種偉大的革命——將「人類精神上的忠順，從宗教權威而轉移於政治權威。」❹ 由此，政治威權的集中的途徑便已準備完竣。

封建權利已崩潰於國家——的威嚴之前國家之統一力量更有民族精神的覺醒予以協助國家既為一體，故其威權亦莫不為一體並且那種威權與那種法律亦均操在她的主權頭目的手中。這第二次發見後的絕對主權的學說從這種競爭中所獲得的一種榮譽遠大於她在羅馬帝國任何時期所佔有的；因為此時的主權者——於「君主神權」之說傳佈以後——還分潤有他的宗教方面的敵人的贓物這種絕對威權之第一位大倡導人便是波丹紀昂（Jean Bodin）他所關注的是國家的性質——不像馬加非里之僅關懷於政府的成立從國家的性質上他便抽得有主權的某種特徵因為國家是由法律結合的，而法律必須有一種來源——必須來自本身不受法律約束的一種威權這便是主權絕對的永久的，對於他國也是獨立的——故能隨意婚和或宣戰；在本國內更是不受限制的，故於任何事件上均無須徵詢任何上司或同輩的許可。依波丹所見這種主權便是君主威權——不過他也承認有一種主權議會之

四〇〇

【现代的国家】
第四编　各种理论及其解释

發生的可能罷了。

這便是那種法學派的主權學說的明晰闡發——主權是一體而不可分割的，不可讓渡的並且不受時效法之限制的。自古及今有很多政治思想家均曾先後予這種學說以返覆的闡述就純粹法律方面的一種正式詮釋來說，這種學說固曾提供有卓著而必需的供獻，但是就主權性質的一種廣大敍述來說這種學說便是整個的不充分。因為牠擡舉工具高過職務方法高過目的，「主權者是居於法律之上的」誠然，如果我們的意思是說主權者便是立法者。但是這種學說很容易被人曲解而成為一種威權主義，將國家放置於牠的主人的鐵蹄之下了。由此國家團結之眞實邏輯便被毀滅其目的亦被掩蔽。假如主權者只制定法律，我們還得決定誰制定主權者為什麼條件神學家或將答曰——有如波雪（Bossuet）之所答——「上帝業已將各民族的統治者頒給他們了，」但是現在的人民卻已漸知要無素證據了。

波丹與霍布斯（Hobbes）與歐斯汀（Austin）與他們這一派的人欲謀所以抵制主權者的最高意志故曾昭示世人以「自然法則」良心的譴責在政治上自由而獨立的那種權威的道德責任但這也是不充分的良心不足為威權車輪的制動機雖說他們那個時代的潮流是在相反的方向上行走的，但是後世政情卻將證明不但可以使威權負道德的責任亦可以——在某種意義上還必須——立於牠的手造物法律之上但絕不能立於牠的創製人國家之上法律上的眞理，若過於鼓吹便成為政治上的非眞理。

我們亦無須詳細列舉這無數闡發國家為威權的學說——這是充斥專制時代的學說在今日各法律學派

第四編　第十四章　近代國家理論的演進

四〇一

现代的国家

中尚留有若干的遗蹟在拥护这种主义上不知曾消耗若干人的智虑：但是拥护愈烈这种主义愈为政治发展所毁覆。一般神学家曾赋予牠以圣经的权威以上帝代理人之假借的威仪。霍布斯及其他诸人又曾以幻想构造的一种原始契约证明牠的合理——他们发明这种学说就是要证明人民曾投其整个的人格于统治者的意志之下，因为这是取得和平安与安全的唯一方法依这种观念国家是偏狭而无弹性的是一种警察式兼具有相当工具的国家这般作家曾坚持服从法律的普通义务这是正确而必需的办法精神比较怯懦的人物——他们的力量既为业已剧烈爆炸的专制主义所围困——以一种不受非议的主人的淫威为惟一抵制混乱的保障这也是很自然的办法但是说威权能拯救人类脱离于牠自己的荼毒那至好也不过是一种半真理——另有一半永远是错误的。在破坏性重的专制主义的局部纷扰之中还写有若干创造性质的潮流——牠们亦在发生影响这是

「强力政府」的哲学家所不会明瞭的。

就是在专制妄念高涨的时代亦从不曾缺乏否认政府自有其存在权利的人，亦从不曾缺乏否认政府能于被治者的幸福之外别有目的的人。他们以公道的理由来反对威权的理由他们俱重申欧格斯汀（Augustine）之名言而谓：如果你将公道除去，国家便只是盗匪的佔有品了宗教的分歧能特别有效的增加反专制主义的势力因为当专制政府企图施引一种国教的时候牠便攻忤了被压迫阶级的虔诚信仰，而慫恿他们不但发表一种信仰自由的主义亦且倡言合理统治与暴虐政治间之更富于革命性的差别从这后一种主义里面他们很容易更进一步的伸张人民放逐暴君的权利；于是最后主权属于人民的学说得以再现于政坛之上「反暴虐论」

("Vindiciae contra Tyrannos")這部名著的作者曾宣言:「合法的君主接受法律於人民之手。」⑤而霍爾門(Holman)在他的法蘭可加利亞("Franco-Gallia")一書中亦曾尋覓歷史上的理由以資證明同一的原則。一如以往政治歷史中所包含之大多數的主義學說這種理論的發生也是被壓迫階級反抗威權一種特殊行使的聲浪當壓制的淫威從此地而超於彼地的時候,天主教徒(Catholics)與許格洛教徒(Huguenots)與路得教徒(Lutherans)與加爾芬教徒(Calvinists)均一致予這種主義以闡發但是牠所獲有之最寬大的發揮,還是在蘇格蘭與荷蘭一類國家裏因為在這般國家內政府乃支持另一種信仰故人民的宗教意見咸受刺激而奮起加以反對。其最精細的產品,或卽爲德國作家亞爾秀色斯(Althusius)的論著:他因卜居在接近荷蘭共和國邊陲的地方所以曾於新教的荷蘭推翻天主教的西班牙的統制的革命的成功獲得極深的激勵。

亞爾秀色斯的政治思想特別的清晰與合理牠立根的原則,就是說國家是一種契約性的聯邦體其團結的單位便是一般較小的市與省一類的法人組織這些省市不是聯合而卽消滅於國家組織之內的他們聯合是有一種目標的,並且爲那種目標他們纔設立君主與議會。國家是他們的代理人或委托人他們的器械國王亦是他們的行政吏。最後主權是屬於人民的──不是假個人資格而是假法人團體資格以發生行動的人民這種主權屬於法人團體之本身牠能經假牠的委托機關之手而堅持其對於人民的義務否則卽開釋人民於其服從的義務;並且國家爲他們的幸福而存在;亞爾秀色斯亦願給國家以教務與俗務上之寬大的管理權但是其職權範圍雖廣闊究竟不過是一種委托權,有一種內心的與一種外部的限制內心限制便是自然法則便是公道

現代的國家

原則——這是有約束人類良心的效力的，姑無論其為君主或臣民外部限制便是放肆無故違反這種原則的政府的權利。

這是他那時代與國度所容許之最乾脆的一種學說。牠對於服從義務下有種種限制，而不涉慾惠無政府主義的色彩牠使主權成為一種集團的意旨，而不是某一個人的意旨，由此便無須援用玄祕的或神學的理論而即可以證明其合理。牠表明政府意志與被治者的意志有互相關聯的必要使前者成為後者的委託人，而謀統一的餘地於公共幸福的觀念之中。當十七世紀之初若欲宣佈國家對宗教事務宜不加注意，時間似尚未成熟並且要亞氏證明國家沒有充當（"Censor morum"）——道德之有強制權的保護人——的資格，也是近於不可能的：就是在我們現在的時代，也有若干人尚未認識到這一層，亞氏誠能擁護大多數人的權利，但是在國家本身的職權範圍尚未確定以前，比較更為困難的少數人的權利問題也是不能的。

德古如特（de Groot）曾於另外方向上作有相當的供獻，他攻擊霸權觀念，正在霸權觀念最為根深蒂固的地方——就是在國際關係一方面，但是他的學說雖屬極有價值，卻不曾區別國際公理的純倫理以及用來實施這種倫理的政治原則與辦法，他的國際法（jus gentium）出入不定的倘徉與成文法既成的習慣與理想之間，為什麼德古如特不能將倫理原則與政治原則穩固的聯貫起來一種原故，就是因為他在國家之內拒絕接受政府對於人民負有憲法的責任或人民幸福為政府之惟一的必須的目標等原則，他關於國家主權的有反動色彩的主義不符合於他關於國際制度的很見開明的見解所以使他的理論中發生黯淡與混淆。

【现代的国家】

第四编　各种理论及其解释

迨至十七世紀之末葉批評性的思想的量數逐漸增加：承認政府之固有的不負責任的權利的學說遂成為衆矢之的。同年出世的三位作家——司賓洛莎（Spinoza），洛克（Locke）與布芬多夫（Pufendorf）——在這一方面都聲名卓絕的。司賓洛塞⑯用他深邃而無情感的邏輯證明絕對權利的非理之基本的目的。洛克⑰的常識亦起而反詰「君主有實行非理統治的神權」並堅持政府為委託的性質——以故政府如有違反牠的付託的情事人民是可以令其負責的；因為政府之有統治的權利便只是要增加他們的幸福並且只是憑藉他們的同意。布芬多夫⑱對於社會與國家間的區別亦嘗加以素描而認為國家的要義便在創制與維持合理性的法律——這種職務便是真實決定牠的權力與限制的東西。從若干方向上一般人不但發生有要求抵抗國家的自由的聲浪還有要求在國家內部的自由的聲浪都正在羣起而對於專制權利加以非難。其最精美的闡釋業已見於彌爾頓（Milton）之哀諾巴紀蒂加（"Areopagitica"）一書。彌氏很勇敢的宣傳兩種原則均有很深重的緊要性其一便是宗教生活應免於政治干涉的原則其另一主張從他那個時代直到今日還是支持個人主義的最完美思想的力量他這種主張便是說社會幸福是必需要社會份子有自然之差異的——如果強迫他們在道德與禮節上趨於一致便是驅任何民族於腐化與滅亡的祕訣。

經過這若干的世代人們的覺悟上方明白國家這種基本的問題：自由與法律的調和問題。這是一種霸權論者所並不能闡發的問題而且對於相信威權是脫離人民同意而獨立的人們——姑無論這項威權是附帶於地位的，或是溯源與上帝的——這種問題也沒有任何意義任何真實得稱為科學化的政治學其第一項任務

第四編　第十四章　近代國家理論的演進

四〇五

現代的國家

便是闡述威權與其積極來源的關係，證明其利賴全體社會結構的地方——如風俗與習慣以及一種民族間所崇尚的思想方式與生活準則。使孟德斯鳩⑨的著作在他大多數的前輩人的手筆之間得以卓然特著的便是這一種眼光。他真曾努力對於社會求得認識想要證明基本環境——氣候的，與地的，經濟的——的影響要證明習俗與制度都不是命令所能製造亦並不是命令所能更改的。要證明任何民族也有一種精神或性質是他們的法律必須予以表現的。孟德斯鳩使政治學成為具體的，真實的——不是馬加非里意識中的那樣一種技術藉以利用人民的情感與愚暗而實現政府的計謀的；卻是更有深意的一種科學用以指示國家的法律與制度係一種民族之全部複雜生活的表現的。任何政府如果反抗人民的精神也是必然要歸於失敗的；任何法律如果要更改牠或則就是要「改良」牠，也是無濟於實際的。

在孟德斯鳩的思想裏面我們便已超過霸權與公理兩種供人抉擇的政治理想國家只是一種機構，民族藉以發揚並調整他們的集團生活的法律不只為「公道」或「安全」或「財產的保存」而存在法律乃是民族精神的一種支持與體制追種切實的解釋，厥後曾躋於十九世紀的政治意識中。自此則只在國際關係這種不發達的領域內原有之霸權與公理間的爭議尚能保持其意義而為一種原則的衝突。坂特（Kent）與邊沁與彌爾（Mill）與格林（Green）一類的思想家擁護一方面；而哈格爾派（Hegelians）以及顯西克（Treitschke）一類的極端國家主義者擁護另一方面經過如此緊縮以後這個問題便是我們在前面所已討論的狹義問題。

第三節　基於契約的國家

第四編　各种理论及其解释

第十四章　近代國家理論的演進

佔據十六世紀至十八世紀的論壇的政治理論，其形式便爲「社會契約」說當時人們正對文藝復興時代的專制主義加以猛烈的攻擊這種社會契約說自有其能完成的重大使命因爲牠能協助淸醒人們的心靈脫離主權的玄祕成見脫離那些君主神權與固有而不負責任的威權種種如火似荼的觀念：主權當時正從事破壞君權王位的基礎而附和這類的觀念因爲多數人類亦曾因畏懼當時從事破壞君權王位的基礎的潮流，而附和這類的觀念對於有畏懼心的人對於有希望心的人牠均會供給一種不同的卻更容易認識的信條牠會將糾纏不已的根據於聖經之主觀的解釋的演繹論證法掃滅淨盡而另建國家於其惟一眞實的基礎上——就是人民的意志以及驅使這種意志走向固定生活的公共目標不但如此牠有被人予以精妙的更改而適應時代變遷的可能性因爲契約所含蓄的意義上自「神聖的裁可」下至純粹的習俗是無所不包的。契約的條款可以照每一思想家與每一時代的選擇又總是趨向於更明晰的承認那些國家所能滿足的人生目標那些惟一能證明國家爲有存在價値的人生目標。

第一位作家將契約的原則從一些不相干聯的意念中釋放出來，而使之成爲國家的基礎與生命的，便是霍布斯多馬（Thomas Hobbes）。他因受了國王與國會間主權爭奪的深刻的刺激因感覺到民主黨派——特別是獨立派（"Independents"）——的革命主義的危險性而爲其所困惱因見一般人意欲建立國家於一種不復能維持統一的教會所產生的主義之上的紛亂努力而漸受其煩擾故發見社會契約爲一種絕對主權觀念的基礎——單一而不可割裂的不受限制的與不可讓渡的主權觀念的基礎⑪設若沒有定於一尊而不可受人非議的權威——一種最後的上訴法庭與法律的最終淵源高於一切互相牴觸的權利而無所不能的權威——便

四〇七

現代的國家

不能有任何政治的堅固城池沒有安全，足資抵制人類情感的紛擾沒有威迫，便沒有安全供人類抉擇的途徑就只有兩條：一則為「自然境界」——這便是一種爭奪鬭狠的境界其中充滿了因個人力量毫無束縛而產生的禍患痛苦因為人類是互以毒手相加的——一則為政治的境界——在此地的人類都是被強制而服從一公共人物的。如果我們假定這兩條途徑是互不相容的互相排擠的——這就是霍布斯意欲利用一種奇異的心理研究而證明的一點——那末人類自願放棄其富有紛爭性的自由權利以拯救他們自身豈不是自然不過的一種舉動嗎？這便是這種大犧牲所謂契約的結訂就便是「好像每一人對於每一人說，我放棄我統治我自己的權利，而以之授予這個人或這個多數人的議會；不過須按照這個條件就是你也同樣放棄你的權利而舉以授諸他並承認他的一切行為。」「這便是那個巨人的由來——或者說一句較為虔敬的話，這便是那個有死亡性的上帝的由來；我們在不死亡的上帝的庇蔭之下所享的和平與保護都是牠的恩賜。」

霍布斯所組織到這個主義裏去的一切觀念——「自然權利」「自然境界」理想的不過無人遵守的「自然法則」，契約以及政治的國家等——流傳遠在他那時代以前。霍布斯在希圖建立和平於一種契約的基礎之上並不是一位創作者：例如在十六世紀法國一種政論文字「反暴虐論」（"Vindiciae Contra Tyrannos"）裏面早就有這類的論調。霍布斯特著的地方便是他的契約的嚴格性犧牲必須是完全的犧牲霍布斯在思想上誠然亦曾發生一時的動搖那就是當他迴想人類若沒有獲得安全以為犧牲的代價必不肯放棄其權利的時候——如果主權者又從而拒絕給予這種代價的話又怎樣辦呢？但是他總是回到他所堅持的兩條途徑上去——

【现代的国家】
第四编 各种理论及其解释

第四编 第十四章 近代國家理論的演進

屈服或是混亂。因此，他對於集中各種與各度之最高權於他的主權者之手絲毫不表示悔恨人類在契約結訂之下已將他們一切權利讓渡於他們的主權者；所以主權者在任何事物上也有完全的威權——在財產之上在意見輿論之上在各種形式的宗教崇拜禮節之上。如果說這最後一種威權的施用未免有損害良心的地方霍布斯的回答——不過他的答案遠不能滿足他的時代思潮罷了——便與幼利匹狄斯（Euripides）的名詩中所包含的言論是如同一轍的了：「舌曾盟誓而心仍不受限制」「用口舌來宣示不過是一種外部的動作；與其他任何委式我們用以表示我們的服從的，原無二致。」國家常容許信徒們——並且還不止此，還強迫他們——於必要時在利門（Rimmon）的寺院舉行禮拜。

但是政治思想界——特別是在專制主義已開始崩潰的一種時代——是不會接受這種專制而極端意蘊斯特斯（Thomas Erastus）式的思想系統的前提的。人們已開始發生疑問：我們除完全屈服與「戰爭境界」以外就真實沒有其他途徑可走嗎？為什麼這種契約與其他一切契約不同，而永遠不能翻悔撤消呢？為什麼一般臣民不能堅持契約應由雙方互相遵守呢？繼續生存於政治國家之內的人們，就不能設立新的主權人嗎？首先發生組織社會的協定，其次方是特殊主權人的設置——後一種契約豈不可以更改而前一種契約仍然繼續有效嗎？即令說這就是革命，革命就一定是臣民的過失嗎？革命的犧牲就一定是沒有抵償的嗎？這些問題後來使洛克另予這種學說以闡釋，而使牠符合於英國一六八八年的革命。⓫人類所需求的畢竟不僅是秩序——秩序可以存於獸苑或存於奴隸國他們需求一種美滿的秩序——在這種秩序之中財產是安全的公道是有所維持的自

現代的國家

由本身也是有意義的「自然法律的義務並不在社會內就停止其效力」「這種法律的目的，不是要取消或限制而是要保存與擴充自由」洛克便似這樣的發揮契約說固有的理論依人類理智之所見國家的目的並不只能由我們追溯到政治組織之一剎那間而且牠是成為國家之一種常存的活動的定列式了洛克的政治目的的觀念也不免於缺點。霍布斯雖有限制國家目標於保護與和平的傾向洛克亦未免過分的注重「財產的保存」當時的個人主義使他能玩弄權利的舊觀念——就是人類從一種假設的野俗徵渺的「自然境界」中如同包裹攜入於社會內的權利但是這套思想的機構已正在變為政治屋廈所不復需要的一種棚架認人類真為一「社會動物」的觀念正又在萌芽於人類思想的機構之間；他們以為政府的基礎，仍在人類天性所固有而為國家所能滿足的需要上這一種原則便是代表關於國家的一切智識的起點：牠是這樣的明顯但發見的卻是這樣遲緩這種觀念在三大社會契約論者的最後一位盧梭（Jean Jacques Rousseau）的思想言論裏又得着更進一步的發揮他雖說仍然保持着業已不合時代的社會契約的機構及其改變自然人為國民的論證這也不過是一種守舊的立論的方式——他所藉以闡發的一種社會哲學，卻是極端與霍布斯的學說南轅而北轍的。盧梭主義的祕密點就在以「一種」主權者代替「一個」主權者他的主權者便是「普遍的意志」凡霍布斯所奉呈於他的「一個人或多數人的議會」的一切重大特徵，盧梭無不樂於施諸這種普遍意志上去牠也是單一而不可分割的，不犯過失的不可毀滅的無所不能的。但是他們的差別也就太深刻了。霍布斯倡言自由只能存在於法律的孔隙間洛克之解釋法律與自由也只是因為他承認法律獨有緊縮自由範圍的權衡，盧梭則直以法律為自由本身

四一〇

【现代的国家】

第四编　各种理论及其解释

的表现与完成。放棄自然境界的有危險性的自由而取得社會制度內有保障的自由的擴充後的自由，那是很值得的認法律不但合於自由不但為自由之一種可能的保護人，而且為自由本身實現的形式：這種觀念在國家真諦上有深刻的重要性牠會給政治義務的問題以一種新異而最有意義的背景。依盧梭之所見，如果政權是屬於真實主權人「普遍意志」的，這個問題也就自行解決了。既然作到了這一種地步那末「一人與衆人合一雖必服從仍可以只服從他自己而仍保持其以前的自由。」

可見盧梭學說的心核便是「普遍意志」的觀念：普遍意志的行使便能變尋常政府為自治政府。這種原則的深邃真理究竟不過只在這一點社會是一種完整的統一體而統一的意識便是公共利害關係或幸福的觀念。我們彼此都是一個身體上的肢體；「身體不會企圖損傷牠自己的肢體。」牠只能希望牠們的幸福真實的主權者也是這樣。一切社會都應有這種天賦的活動的利害關係的一致性──政府的天職便是要使這種一致的利害關係趨於穩固與增進。如果牠有任何其他的企圖牠的意志便不復是國家的意志而是某一階級或片段的意志──不過篡稱真實主權者的地位能了。

此地便是一種能有重要發展的原則；但是可惜盧梭缺乏耐心，並且過於側重成見，不能予牠以適當的發揮。譬如說他本很可以證明：普遍意志是怎樣發現於民族精神的；牠怎樣是一切忠順表示的邏輯牠處於緊急事變的時節，怎樣能橫貫一切特殊與敵對的利害關係的衝突，而使本身成為國家翕然景從的主人翁；而在尋常時期間，牠又如何退藏於密處，而僅對分裂的努力作最後的制裁。他本很可以證明：普遍意志自古迄今是如何創造

第四編　第十四章　近代國家理論的演進

四一一

現代的國家

「法律的精神」的，而使他的前輩孟德斯鳩發生如此深刻的印象他很可以證明：牠是怎樣於不被人察覺之間埋藏於最野蠻民族的團結內的厭後又是怎樣於我們所謂民主制的進程上逐漸奮鬪而獲得比較完全的發展的。最後他很可以將牠當着可據以評判政府方針的「理想」來敍述牠但是盧梭所企求的，乃是理想與真實之一種倉卒而不可能的一致化——對於這一種態度後來他的哈格爾派的信徒，實未過於奉命惟謹了。結果使他隨入於若干有危險性的荒謬損害且於他發揮一種基本真理的方法他輕易將「求普遍幸福的意志」與「普遍的意志」混為一談旣在定義上給他的「普遍意志」以前一種意志的解釋，而繼續討論又似乎直以牠爲「人民的意志。」人民意志也許是真實的主權者而仍可以離盧梭所假定的理想主權者極遠他卽不樂於討論多數政治所必有的各種連帶問題。一張選舉投票的政治分量，不能由激勵投票的宗旨用意的公正性，而加以判斷除在一種微小的城郭之內任何一國的全體人民也不能共同參加立法的工作；而這種城郭的階段世界人類是不會返囘的了。況且恢復了城郭的階段以後政府奠基的所在至多仍將爲大多數而不是勸人類恐怕總是不會恢復的就是有這位「日內瓦的國民」（"Citizen of Geneva"）的獎全體呢。盧梭專從表面上尋覓他的「普遍意志」而不更深一層的走到國家潛伏的基礎上去。

盧梭目的在使舊有的契約學說適應新時代的需要而他以爲更改主權的地位而不更改牠的性質已夠滿足他的目標了他的抽象的主權者事實上與霍布斯的主權者是一樣的專制這便是革命議會政治——再益以路易十四世（Louis Quatorze）無所不能的威權——的先兆比如說他的主權者就規定有某種「人民宗敎的

412

固定原則」("dogmas of civil religion")而為任何國民所必須接受的，否則便要受放逐的處分如以後他再有「類似不信服牠們的行為他便應處以死刑」。這便是這位自由使者的論調：他還要排除其他一切信仰，因為牠們是不容人自由的！

這種自相矛盾之處不但能表露盧梭一人的心理，而且能澈底揭破整個社會契約論的最後的缺點。我們或可以認國家——但絕不可以認社會——為一種契約的結構，而這種理論卻又將社會與國家混為一談「社會契約」即從未脫離過這種淆亂與顛倒社會本為人類生活的根本條件牠卻又必要使牠依賴一種智化的並且生長完成的人類意志而意志本身除在一種悠遠而長久的社會發達的進程上又是毫無意義的。在這種進程上，國家終告產生而為一種「意志的組織」組織並管理那些可以受政治法律之取締的形形色色的制度。但是即在極端的專制主義之下國家所設置的制度亦從來不是——且從來不能是——和表示人類社會性質之基本的與真正的制度同一普及的。在國家未造端以前就有了社會。及至國家之威權的驕慢心極度高張的時候，國家妄自以為無所不能無所不有然而社會仍對牠說：「只能走這樣遠不能再遠了」——始而是隱默的這樣說終則明白的覺悟自己有支配自己工具的權利。而社會契約論因為有這種荒謬的混淆卻不能予牠們以相當的界劃。

契約論會將國家穩定的安置於牠的真實基礎——意志——之上，救牠脫離若干溯源於神秘的與傳統的假定原則的奇異觀念或矛盾觀念。但是牠卻不能規定那種意志的界說要達到如此目的，必須拋棄自然境界與

第四編　第十四章　近代國家理論的演進

四一三

現代的國家

此後契約的全部理論形式在盧梭的學說裏契約論似乎已達到牠進步的時期。他曾給意志原則以更深一層的意義。他曾發揮國家必須解決的問題的真實形式。因為他已感覺自由與威權大有溝通的必要：這一層當時的國家在某種程度內已開始作到了。關於這兩個因數反覆不斷的衝突所造成的進退兩難的問題他曾很勇敢的——雖說很荒唐的——供給一種完全解決的方案。無論怎樣他總有一種理想——只要這種理想的完成便足以創造健全的國家：不過盧梭不能將這種理想繹為切於政治實用的文字罷了。自此以後所需要的便是一種比較更富於歸納性的考究方法直接的注意於社會的目的。因為國家在那種歷史演進的過程中——這種進程是契約論者所忽略的——曾經反覆改革所要滿足的，便是這種社會目的。

第四節 神祕組織的國家觀念

自太古以迄於今富於研究精神的人們對於如何解釋國家組織的問題即抱有撲朔迷離的感想契約論歸根還是側重個人主義的學說國家——即社會本身亦莫不如是——乃是建造在牠國民的特殊意志之上的一種組織是他們的命令所創設的一種屋厦並且除為他們便利外別無更深的基礎這一種學說不但包含有錯誤，亦且包含有真理。根本錯誤是在將上層建築和基礎相混淆了。社會是最後的，是生活意義中所固有的，是埋根於人格的性質之中的。國家卻只是牠發現的形式的一種是必需的而不是最後的。如果人類是一種政治動物那也只是因為他們是一種社會動物在最近的時代以前因為人們不曾作這種區分所以一切闡明國家性質的努力都不免歸於失敗這種情形在社會契約的一般提倡人所提供的各種解釋中所見尤為顯明例如霍布斯與洛克

第四编 各种理论及其解释

第十四章 近代国家理论的演进

一類人便將社會貶降而僅成為組織國家制度模型的一致的意志系統——殊不知這種系統如不與更深一層的團結發生關聯是又危殆又非自然的。政治契約的條款之中而他們的聰明所給予這種契約的一種形式又足以表示他們所要闡發的真理。認國家基礎為意志，誠為正確不易的言論；但是社會——他們用與國家混為一談的社會——既然不是同以意志為基礎的，所以他們所提供的解釋，對於兩下均不能成其為充分的解釋。

反對契約說的人們，思想亦正是一樣的混亂並且也因為同一的原由。假如他們否認社會的契約根源是正確的，他們拒絕承認契約原則在國家方面的真實性卻是錯誤的。契約論者實在是曾提供一種供獻而他們的敵人卻正要毀滅這項的供獻。他們曾從法律與政府的制度中劃除那種使人如墮五里霧中的神祕觀念——就是認牠們的價值遠出於牠們供獻的觀念。

這一點上他們是會阻礙政治思想的進展的。但是國家既為一種有意識的組織我們便須認清牠與我們有意識的目的的關聯。在社會之隱伏的胚素中，誠然有較我們的思想為更深邃的潮流從而證明牠存在的理由。但柏克會將政府的職務重陷於玄妙的幽暗之中；並且在政治一方面又會反對理智而重引智慣與宗教以自重這對於我們的認識上沒有什麼供獻。況且這種玄妙觀念亦不能用一種聳人聽聞的新解釋，將契約論變成某種較盧梭所會見及的更為神聖更為普及的觀念。白克又曾引用機體的陳舊比證以擁護正在為時代所掃滅而行將成為過去的專權這更不能促進思想的演化了。

四一五

現代的國家

契約論者不能解釋社會，而謂之為一種契約結合；反契約論者亦不能解釋國家，而謂之為非契約結合以比證為藏拙之所，那是自然的步驟；但是比證卻是一種危險的嚮導，自古人類即喜以政治組織的統一體的真實性與力量一方面比擬心靈，或比擬有機體。在暗示人類的互相依賴一方面在暗示人類合同組織的統一體的真實性與力量一方面這種比證是不無裨益的。不過這種比證愈拉得深遠牠們愈能使人發生誤解。柏拉圖（Plato）將他所謂社會的三種階級比擬心靈的三「部分」這便是顛倒我們對於社會的認識了。中古思想家曾將身體的比證用到最武斷最離奇的極端程度了：例如據庫沙的尼古那斯（Nicholas of Cusa）的發見在國家的「肉體生活」之內政府的官司便是四肢，法律便是筋腱，皇帝便是頭腦，臣民便是血肉肌膚，這一種身體物質的比證在政治思想史的後一部時期中極為流行：就是趨重個人主義的霍布斯對於他的國家也命名為「巨人」（"Leviathan"）。馴至契約說勢力已告消歇的時代這種觀念又遇逢新而有力的闡述。柏克用生命的有機說來反對社會契約說的構造人這種運動至於斯賓塞（Spencer）與沙佛爾（Schäffle）的著作，而臻其極頂此後一般人即逐漸明瞭：這種有機體觀念的發揮——比如認國家（或社會）為有一種消化的系統，一種神經的系統，一種血液的系統以及其他系統等等——乃是幻想的與虛偽的。比如認牠為一種男性的人格——的時候，亦齊表示異議。有機說的威信是已經消失了；就是予國家以性別——認牠為有一種男性的人格——的時候，亦齊表示異議。有機說的威信是已經消失了；就是那些用「契約的有機體」（"Contractual organism"）或「精神的有機體」（"Spiritual organism"）一類名詞以自護庇的思想家們，亦不曾恢復牠的勢力。這裏的挽救牠的形容詞實際上便是否認牠的實質的。

【现代的国家】
第四编 各种理论及其解释

人們要爲國家尋覓一種眞實的解釋，於是又從有機體組織方面而轉注於心靈或人格上去了國家便是更偉大的心靈最高的人格——牠的意志或目的便包括幷超越牠的各個人心靈或人格的意志或目的這一種觀念，在盧梭的普遍意志的解釋中便已獲得一種相當的支持，盧氏業已很玄妙的認普遍意志（general will）與「全體意志」（"will of all"）是有區別的。他的單一而不可分割的主權比較國家人民的互相衝突的意志是更要偉大的更要純潔的更要有理性得多的一種東西費哈特（Fichte）曾假民族的統一與精神之名而承襲他這種觀念不過牠最完滿的發揮還須求之於哈格爾（Hegel）的哲學⑮國家是一種活人（不僅是一種有機體）牠的統一性就是牠本身的自覺心牠是一種集團的人格一種偉大的生物一種上帝——牠的思想不是我們的思想牠的法門不是我們的法門。哈格爾所加於國家的，不僅是「法律的人格」在法律上「人格」之一名詞有一種完全確定的並且非神祕的意義但是據哈格爾的看法國家卻不只是權利與義務之便宜的主體他希圖用這一種理論的形式以闡發成立一種民族的統一性我們通常所謂一種民族的心靈或精神其意義蓋指他們所表示的心靈或精神上的共同徵象而言。但哈格爾卻不僅以共同徵象——性質相同的人物所共有的特徵——爲觀念。他所思維的，乃是一種心靈而能衝動一種民族之全部「身體」的，能引導並統治牠的比牠的人民的心靈更爲眞實的一種心靈，牠在歷史上有完成其本身使命的功用的。各個人民不過只是牠臨時的工具時代不過只是牠的創作意志的暴露。

這種心靈對於我們所知道的多數心靈有如何的關係，現在仍是一種玄妙未決的問題牠更如何與國家能

第四編 第十四章 近代國家理論的演進

四一七

現代的國家

合而為一，那就更是一種不可究詰的神祕了。哈格爾最近的一位信徒——鮑山凱特白拉德（Bernard Bosanquet）——曾竭力證明：國家的意志是牠國民的「真實」（"real"）意志，那怕他們的「真正」（"actual"）意志是與牠互相衝突的。⑩但是，即令我們接受哈格爾將「理性的」與「真實的」混為一談的非常觀念我們亦不更清楚的認識：那擔任政治工作的實際意志是如何發生這種超越的如果不是這樣國家的真實意志便不是政府的意志，而是另一種東西了。由此便成為一種令人納罕的非真實的東西了。哈格爾本人在這個問題上，是比較的率直雖說他避諱將他的民族心靈和真正民族相提並論他卻不難發見他的「立憲君主」乃是理性本身的發洩與機關。⑮從前歷史曾以悔慢態度而否認君主得以具有的神聖性他便如此恢復而給予政府了這是他善於迎合他的時代與國家的地方。

當一種解釋國家的統一與性質的觀念來看，這一切觀念——凡是用一種單獨心靈或人格或有機體的論調來發揮的——都有遭受致命的攻擊的危險第一牠們竟將國家與社會顛倒混淆了。要認社會為有一種深刻的永久的生命完整性足以與一種常存心靈的生命完整性相比較也許還有相當的理由至於將國家和那種生命相併提，那就沒有任何根據了，因為據我們之所已證明國家乃是社會所創立的一種組織——其目的與達到目的的門徑都是有限制的。牠並不是一種自給的體質，完全以己身的完成為目的，亦不是憑藉自己的權利並且為增進自己的幸福而存在的；牠的設立與維持若非為進行這一方面的役務牠的整個結構便沒有絲毫意義了。國家的統一性，簡直不能在牠本身內部發見牠的統一性

第四编　第十四章　近代國家理論的演進

是從外來的：只有那些用牠為工具的人們的共同關係，纔能團結牠的統一性牠的主權並不是任何最後的或自決的東西而是一種託付一種有來源的威權一種委任我們須首先認識社會統一的性質然後我們方能明白並區分這種次要的統一性——也就只有這種次要的統一性是我們所能劃歸國家的。

第二若要解釋某種全體的統一性而直以為牠是恰似牠的會員或份子的統一性的，那就是一種邏輯上的錯誤。國家包含有多數人物只此一端已足使我們不能用一個人的統一性來形容牠的統一性。一林的樹不只一棵樹一園的動物亦不只是一個動物。如果我們擅將多數人物相互的關係與互相關係的多數人物的性質併為一談，我們所尋覓的東西——社會的中心——便立即歸於烏有了。我們要知道多數心靈彼此是如何發生關係的，而人們告訴我們說這種關係的系統本身就是一個心靈⑯這一種簡易而混亂黑白的答案在自然科學方面，是不能發生的。假如一種科學明明告訴我們說：一種多數原素的系統我們便應以之為原素，或一種多數星宿的系統我們便應以之為星宿：我們對之其將作何感想呢? 多數同類原素的共同統一性在結構上我們絕對不能視同那系統內某一原素的統一性。

這種違反邏輯的混亂言論其實際的危險發現在牠對社會制度的目的或功用所給予的神秘解釋上如果國家是一種人格或是一種較個人更為偉大的心靈那末有如我們所熟知的一切人格牠便有牠自己內部固有的價值，有牠自己本身上的使命——這種使命便不是牠的人民的使命準此而論國家便得以憑自己的權利而

存在借用這一派的特用語來說，牠並不是「牠的人民的總數」他們對這種無意義的讜語加以否認，其含意就是說國家除人民幸福外實另有一種標的。這便是擁護專制主義的一種新法門。我在其他地方對於這種學說曾下有評議如次：「牠認人類爲多於人的全體認民族爲多於一種民族的全體人民據牠所暗示於吾人的意義，我們可以不爲人工作，而仍爲人類工作；可以不服務一個民族的人民而仍服務民族他們既視社會的目的與價值爲不同於社會人員全體的目的與價值則社會人員全體反失其固有的地位了：因爲在這種學說之下，他們便純爲達到目的的一種工具了；而這種目的的不但僅是超過各個人民以外的，而且是超過全體人民以外的。我們不但不能給這種估價以意義與實質，而這種估價的假定便已將我們所眞正知道的價値的眞實性盡行剝削了。如果全體的目的不是由於滿足牠的分子或個人的目的所可實現的，那末人格便成爲一種幻影夢魘了；因爲人格之所以成立就是要每個人本身上都自成其爲一種目的——而人格方面之一切奮闘其所以能有我們可以認識的意義也只是因爲我們假定每個人以及每一個人所代爲奮鬪的其他個人都是自成其爲目的的。」⑬

一切理論系統——凡視全體爲自有其本身分子的一種大範圍的典型的無論其所談爲羣衆心理或爲社會有機體——無不表現有我們所已述及的乖誤。如果我們眞欲認識社會或社會所創設的國家，我們必須放棄這一切比譬的方法。在我們尙未能開始認識國家以先，我們必須首先領悟社會統一的性質因爲國家的線索是在國家本身組織以外的，在牠所從借助的社會裏，在創造成立牠的社會裏，在維持牠的團結的社會裏關於這一點我們業已給以一部分的闡釋至於更完全的檢討那便是後來一章書的工作了。

- ❶ This point is well stated by Hans Kelsen, "Sozialismus und Staat," Einleitung.
- ❷ As, for example, Mill does in his "Essay on Liberty."
- ❸ "Community," Bk. III, Ch. V, § III.
- ❹ Figgis, in "Cambridge Modern History," iii, Ch. XXII.
- ❺ See Laski's Historical Introduction to the English version of the "Vindiciae."
- ❻ "Tractatus Theologico-Politicus."
- ❼ "Two Treatises of Government."
- ❽ "De Iure Naturae et Gentium."
- ❾ "L'Esprit des Lois."
- ❿ "The Leviathan" was conceived about 1640, but not published until 1651.
- ⓫ Locke's two treatises on government were published just after the Revolution of 1688.
- ⓬ "Social Contract," IV, Ch. VIII.
- ⓭ See Gierke, "Political Theories of the Middle Age," IV.
- ⓮ Bluntschli, "Theory of the State," Bk. I, Ch. I.
- ⓯ Hegel, "Philosophie des Rechts."
- ⓰ Bosanquet, "Philosophical Theory of the State," q. v. See the author's "Community" (3rd ed.), App. B. For a good criticism of the Hegelian School, See Hobhouse, "Metaphysical Theory of the State."

第四编　第十四章　近代国家理论的演进

現代的國家

⑫ "Philosophie des Rechts," Sec. 273.
⑬ Cf. McDougall, "The Group Mind," Ch. I.
⑭ "Philosophical Review," September 1915, article entitled "Personality and the Suprapersonal."

第十五章 今日的政治思想

第一節 個人主義與集團主義的糾紛

民主體制的成立使若干新問題發生於我們眼簾之前在一方面發生有一種新個人主義的原素與條件，這在階級國家之內便完全沒有發展遞嬗的可能階級國家完全以政府統治為基礎不能承認集團行動不是引導社會的經濟或道德生活所必需的或有利的辦法這一種觀念牠或者可以分別「世俗的」與「神聖的」事務兩種而放棄在第二種事務上的統治權但是要將這項原則推行到前一種的範圍以內去那便會直接揭毀牠的根基了個人主義的學說只在民治正式成立以後方能脫離一種革命詰的色彩在經濟制度一方面尤其是這樣正如經濟改革乃是解散舊日階級國家最有力的方法所以經濟個人主義——有如史密斯亞升（Adam Smith）所宣傳的學說——也是一種新政治時代業已發軔的最明晰的佐證但是從另一方面觀察這種主義所遭遇的反對不只是一般崇奉傳統思想的人們而且更劇烈的是一般指望民治國家來拯救他們脫離新舊經濟病痛的人們由此使又發生了一種新集團主義。

個人主義與集團主義之間的糾紛不但是十九世紀最兇烈的經濟爭執亦且是那個時代最嚴重的政治暗礁：然而就牠舊日的嚴格的意義來說這個問題是業已化為烏有了的。不是因為這個問題由於某一方面的勝利

現代的國家

而已告解決，而是因為各方面所假定的條件或情狀已不復存在這個爭議已移至新基礎上去了。

我們現在對於擁護個人主義最著聲名最有能力的一位學者的理論且略加以審察這就是彌爾（Mill）短小而意氣勤懇的「論自由」（"Essay on Liberty"）一文內所闡發的理論這一方面是一種道德的理論：我們應該審知不容忍態度的摧殘蹂躪的結果——抱這種態度的人們，要以他們自己的意見與信仰他們自己的習慣與行為方式作為宇宙間的常法與惟一標準視歧異為罪惡為愚昧而將合理行為的範圍削減禁錮於他們自己湫隘認識的狹小區域以內。彌爾便假個性之名而揭起反抗這種態度的旗幟據他所言，只有經假區別歧異人生方能躋於豐富與發達世界的轟動者與創造者，普通都是人羣中受人夷視被人排棄的人。可見個性乃是幸福的一種基本要素然而牠是最容易受人壓制的：一方面有為習慣所囿的民衆的不容忍異己的精神另一方面又有官僚政客的殘暴——他們都是些威權的無幻想力的奴隸。

彌爾的理論就一種道德的辯解來看是無懈可聲的牠所引以為基礎的事實，是不可抹滅的：大多數人的權利，不是大多數人的正確；而且眞理的鑰匙亦不是交給威權所有人的牠所再三致意的是我們無時不需要的主義就是良善的習俗如果硬化而成為社會壓迫力的一致性也是可以腐化世界的：任何文物制度的發展所提供的機會。這是一種有理的呼聲——一方面反對烏合羣衆之縱恣的暴虐，一方面反對官僚權威之過於嚴鷙的統取但是除開這種道德的呼籲之外，彌爾還加上——卻不曾指明充分的區別——一重政治的聲辯他劈頭第一種原

則，就是說：「人類無論在個人方面或在集團方面，如欲干涉他們之中任何個人的行動自由其唯一合理的目的便是自衛」這一種言論所有的形式頗能表示彌爾並不會完全了解社會動物之互相利賴的整個意義厭後他復從事闡明——雖說是有保留的闡明——有關於社會的行為與無關於社會的行為兩種間的區別；他這一種討論更能證明上述原則所表示的彌爾認識上是有缺欠的事實社會間有一種「明顯而可以指定的義務」——要維持這種義務國家是可以合理的出於「干涉」的。超出這種義務以外任何成年的個人均應有各行其道的自由。

彌爾所企圖的，是要給我們一種政治準則；但是在這一點上他卻令我們失望了。他所闡述的那些「確定而可以指明的責任」究竟是誰創設的呢還是事理當然所應有的呢？彌爾說：「任何人也不應因喝醉酒而受懲罰，但是一個兵士或一個巡警若在行使其職守時間內陷於泥醉卻是應該受懲罰的。」譬如說一個汽車夫於吃醉酒的時候駕駛汽車這是否違犯了一種「確定而可以指明的責任」呢？按責任說他在駕駛汽車之際是應該維持其神經的清醒的。再比如說一個人於縱飲杯中物之後，按他個人的性情，可能在暴烈行為之中也可能有發生暴烈行為的可能：法律就不應該干涉嗎？因為法律是不能區別性情的，不能僅以他的準則為滿意人們共危險的性情還未曾現實以前即令我們接受彌爾關於這一點上的結論我們也不能以他的準則為滿意人們可以援引彌爾本人所倡言的自衛原則，來辯護國家的預防行動——不但是辯護國家的懲罰行動並且「自衛」也不是法律範圍的一種充分的標準為什麼法律於完成幸福標的的時候，不應該有一種更積極的任務呢？彌爾

第四編　第十五章　今日的政治思想

四二五

反對強制輿論或信仰的理由，是很有力量的；但是他反對取締那些可以妨礙一種完善的秩序系統或一種發展方案的外表行為理由就嫌薄弱了。有許多行為本身無可以反對的理由但是因為公共幸福需要有一種一致的取締法律還是得對牠們予以禁止這種不應該禁止而禁止的行為（"mala prohibita"）在經濟一方面有最顯著的例證；而彌爾自己在他的經濟作品裏便已承認這種利楔的鋒芒自從他那時代以後他的標準實已被牠予以破裂而陷於絕境了。❶

實際上是因為彌爾一如其他大多數的個人主義者還不曾將他自己的思想從社會契約論之陷人於誤會的各種假定中明確的釋放出來為個性辯護並不就是為個人主義辯護因為個性是有牠在社會中的積極條件的；在某種意義上牠自己便是一種社會產物社會契約派的理論者曾認為人類「按天性」便是完全無社會性質的厭後契約的結訂使他們受了社會的洗禮而完全成為一種社會的動物。彌爾則認人類在某種方面是有社會性的，但在其他方面卻又完全屬於「個人性質」了。但是我們只要明瞭人類天性乃是一個統一體，在每一「方面」他們都是一種社會動物而同時又是自主的自治的，因而他們的社會性與他們的個性並不能屬於兩個不同的方面或是按契約論者所想像的屬於兩個不同的時代──那末我們便必須尋覓另一種調和的方式。彌爾有聲稱自由為一種終點──一種生命的標的，──既然如此，我們也還須認牠是生命的一種工具那末牠便不能索然獨立而必須與其他各種工具發生關聯了自由所以存在的理由我們也還須認牠是生命的一種工具那末牠便不能索然獨立而必須與其他各種工具發生關聯了自由的本身也不是單一而是多方面的自由有若干種類的自由如思想自由與

發揮思想的自由，在千百外表方面的行為的自由，政治自由經濟自由以及其他各種自由——而每一種又各自有其若干的分類例如在經濟範圍內便有契約自由與競爭自由種種此外有次要的自由唯一鑑別牠們的可能標準便是牠們對公共幸福再進一層說這些自由也是彼此有衝突的。誠有如彌爾之所感覺完全的競爭自由也許就牽及勞資工作階級的屈服因此我們必須於若干自由之中有所鑑別與選擇。一個自由的大名稱不能證明牠一切的子孫都是合理的我們相互間的關係太深切了不能僅在任何分離的原則內尋覓生命的道途而自由按個人主義者的說法便只是一種分離的原則。自由是消極的形式的但是我們大家在社會裏所尋求的那種幸福那總是積極的具體的眞實品那總是最後的目的物那總是超過牠的任何形式上的條件以外的——就是自由亦不過是牠形式上的條件的一種罷了。

我們上面用彌爾的個人主義作我們的理論因爲他的理論是脫盡了那些始而援助繼則妨害十九世紀大部分個人主義哲學的暫時考慮的。例如放任學說的經濟個人主義——牠本身也是需要臨時變遷的產品——於時代潮流證明其有欠充分後便不復有抗拒的能力牠的自由競爭主義即對於自由的令名亦曾給以惡劣的——不但是非眞實的——意味人們逐漸發見：來不是自由的若缺乏保護的法律，人們不得不反求諸國家：從而放任主義的短小壽命便與牠的一般倡導人同歸於盡了。厭後從科學方面又聚集了若干勇士來支持他們的主張倡言生存競爭與「適者」生存諸大端但是在人類文化的世界中他們的學說似乎是空洞而遙遠的聰明穎悟的司賓塞曾享有短期間的成是強有力的人爲要推倒這一種有摧殘性的自由人們不得不反求諸國家：從而放任主義的短小壽命便與牠的

第四編　第十五章　今日的政治思想

四二七

功：這是科學勢力業已消滅的觀念在民間的一種迴光反射與他本人的名氏有關聯的新興或重建的科學——就是社會學——正在開始重新的闡明社會動物互相依賴的深重關係以及他們依賴整個結構體的深重關係——因爲他們是在這種全體團結內度生活的——而證明人類無論在康健或疾病的時候無論在強壯或軟弱的時候，都不是多數離羣索居的競爭單位，都不是對公共幸福採閉關自守的優良——或慘痛——政策的。

個人主義派將一切事物盡行歸納於「人」與國家的對立之下未免過於乾脆了。但是社會關係的豐富性與複雜性只要人們一旦承認了事實，是絕不會支持這種結論的——因爲這種結論是根據於這樣非真實的一種簡單觀念而來的。任何學說設如對於非政治性的各種形式的團體及其偉大的發展，不特別加以顧及，便都是不能垂久的。這些團結都證明人類的社會需要，而社會需要又足陷個人主義者的福音於混亂。因爲至少這般需要是不能用威權的把持來加以詮釋的。在這一方面一切權威「干涉」的談論，都是無稍裨益的。我們解釋牠們的惟一方法就是根據人類關於公共需求與公共目的的覺悟心家庭俱樂部以及平常生活上無計其數的自由結合，都不僅僅立在與強制國家相反對的地位。牠們同時用創造牠們的各種衝動力的光輝顯示出人類有團結的內心需要——這是遠超於強制力的範圍以上的，是同屬於牠們與國家的建設的使命。

與個人主義相敵對的集團主義實則爲個人主義的難兄難弟，也是要遭受同一厄運的。如果我們稍一探望人類團體的豐富複雜性我們便可以發見集團主義者的計劃是如何的虛妄他們不但要將個人的經濟自由在一個單獨的統治中心之下；而且也要如此的對待恆河沙數的經濟團體的各種活動諸如公司與專利經營譏

第四編　第十五章　今日的政治思想

工聯合會與合作社會製造家與蠱賣家與零售家之千萬形式的聯盟體叢集復叢集的經濟利害關係的組合財政與商業與工業與農業的聯合組織——這些都是企圖假團結（公開的或祕密的團結）的程序，而達到牠們的特殊目的的；而且使牠們與他種團結發生區別的，也正是這般特殊的與技術的企圖，牠們的活動力也是賴一種公共經濟主旨的意識而得以加強的，自亦為集團主義的對象之一種，我們更不必具論了。我們既生長在這種聯合與分歧的千變萬化之中，社會主義的各種舊有學說似乎是不屬於我們的世界，而另屬於其他世界的。馬克斯形容牠們而謂之為「烏托邦的主義」這是很恰當的；但是他自己所以逃避這同樣一種譴責的方法，也不過是加意鼓吹經濟制度的罪惡，而激動受害最酷的一般人的暴怒罷了；至於國家將如何履行他所劃歸牠的重大而新奇的任務，他卻不曾作任何解說的企圖。他也是使社會的複雜結構簡單化而純成為資本家與無產階級的南轅北轍——這是宣傳鼓惑的一種有用的辦法，然而未免完全的漠視了工業社會間一切結果可期的試驗了。只有在俄國那樣一種比較樸素的情狀之下，當著暴虐與迷信的勢力基礎被戰爭的慘禍所摧毀的時候，如此空洞的一種默示方可以獲得吸引民衆同情的成功。在他們拚死掙扎的時代人類將善與惡的條件一樣看得太簡單了。不過就是在這樣特別順利的環境裏集團主義的國家仍得修訂牠的政策，而承認各種經濟團結的權利——因為牠的專恣倨傲的領袖們亦不能置牠們於他們統馭之下。在比較分化更甚的西歐與美國社會裏將全部經濟制度置於一種單獨的集中的統制之下的辦法那簡直就是一種不可能的工作了。

四二九

現代的國家

我們所聲辯的理由既不以反對個人主義的目標為職務，亦不以反對集團主義的目標為能事。我們的要義所在，不過就是說這兩種主義所根據的對立論——個人與國家的對立論——在團體活動極端發達的今日既不足以代表整個的社會實況，既受有如許的限制，自亦不復能用作一種真實學理的基礎；個人主義專注目於國家，所以認為國家應限制牠的統治於保障個人自由一方面；但是牠卻忽視了無數其他團結——「自由的」團結——的重要性；這些團結都是一種真理的不期然而自然的表現——就是說差不多一切人類所追逐的東西，們都是假社會方法來追逐的。那末，為什麼我們專門拒絕給國家以積極增進其人民利益的權利與威力呢？既賦予國家以社會人類所有的工具中最偉大的工具——就是有普遍效力的法律這種工具——為什麼國家又不應施用這種工具以盡其能力之所及而供獻於社會人類呢？更進一步說，如果國家不行使這種威權那豈不是放棄權利而舉以授之他種性質比較狹小的團體（諸如專利營業聯合企圖，職工聯會一類經濟競爭中互相衝突的集團）嗎？我們公同的利害關係比較這些片面的並且互相水火的利害關係，真是如此薄弱，以至於國家除維持鬪爭的場合外不應另有任何其他的工作嗎？另一方面集團主義也只注目在國家一方面，所以認為國家應該僭取這一切複雜團結所佔據的地位而代有之。在近代文明的整個發展之中牠仍欲恢復經濟威權與政治威權合而為一的制度，但是據我們所努力闡釋的論證勉強使這兩種性質各別的威權合為一體，那便是給社會進化穿上一件硬直的鐵盔甲，一般使國家於分歧之中維持統一，已經是一件夠難的工作；如果要牠本身成為社會生活的統一體，那便直是一種虛妄的理想了。

四三〇

若干集團主義者實已覺悟國家不是以完成如此重大的一種企圖，所以他們已然開始尋覓一種直接有經濟性質的工具來代替國家抱這樣態度的，有一般產業革命主義派（syndicalists）——他們以猛烈的攻忤國家為職志又有一般基爾特社會主義派（guild socialists）——他們主張將今日的職工聯合會更改為一種生產者的聯合會——包括一種工業組織內一切的生產者，經理人與勞動家——而仍留給國家以某種統制分配程序與某種保障「消費者」利益的威權。如果我們整個的理論是有些許價值的，我們便無須討論產業革命派的主張基爾特社會主義的重要性遠過於這一派是牠所攻擊的仍是我們所認為國家的事務不過攻擊的方法更為巧妙些能了。我們可以承認一種統一的經濟制度能夠擔負重大的統制職務是牠現在的分枝所不可能的。但是經濟社會——有如我們之所已闡釋——根本就是一種不平等而有衝突的社會有若干比較極端的不平等的現象以及若干的差別，是很可以用一種比較合理化的合作而剷除的；但是有若干的不平等與差別卻是牠本性上所固有的基爾特社會主義派所要取消的大分歧，便是消極的資本主義家與積極的勞動家之間的差別他們用以達到這種目的的方法便是完全取消前一類的人拒絕他們享有佃租與利息的一切權利。要來考察如此重大的一種經濟革命有無可能的問題那是屬於我們題目以外的事但是假如是稍有可能性的話，他們一定也要加與國家以許多新的重大的責任這是難得與基爾特派人的有限制的國家觀念相調和的，因為他們大致的學說頗有輕蔑國家權能範圍的傾向他們抨擊代議政治的原則，其理由以為一個人不能真實的代表一種分子複雜的領土集團，而只能代表某特殊的利害關係——有如製造家或鋼鐵工人或藝術家或教育家或

現代的國家

天主教徒等等的利害關係代議政治誠為發揚公共福利的一種鹵莽計劃；但是因缺乏更好的制度，我們便須予以保存——否則亦必採用互相敵對的「職業」議會制而墮入更大的糾紛公共休戚的觀念雖有各階級的特殊利害關係加以掩蔽至今仍不失其為一種實在的觀念國民資格還是有真實性的，不過人們往往將牠的要求與他們較近的目標相提並論罷了。公共幸福的觀念本身即是反映區域權利的覺悟心就是僅在形式上為普遍利益所設立的各種制度牠們的存在便於驅人民思想於普遍利益的工作上有極大的供獻危險不在各種特殊利害關係不得集中與伸張，而在公共利益或因牠們的激進而為其所統制用以防禦此項危險的主要屏障便是國家因為牠的組織便是以公共意志的活動為先決的條件而且在二種程度內還足以使公共意志的活動實現的。不但如此我們必須假定各特殊與互相敵對的目標的「加與減」經假代議政治的粗鹵方法有如盧梭之所言，在某種程度內是彼此可以相消的基爾特社會主義派之不遺餘力的主張職業代表制實則便是對國家本身的一種襲擊。

國家與他種團體間的基本區別，不過就是在這一點：他種團體根本上是為牠們的目標所限制的牠們的目標是特殊的目標而國家根本上卻是受牠的工具的限制，不過牠的目標在這樣發生的限制以內仍然是普遍的目標基爾特派的哲學使這種區別陷於黯淡我們可以說有兩種代表制也有兩種附帶的機關。一種方法是利害關係的代表制另一種便是人的代表制前一種是確定的易辦的但卻也是局部的不充實的牠完全不能發揮社會的統一性而統一性卻是使社會成為一種真實的活動的長育的實在物的原

勤力人們若只在農民或工程師或聖公會教友或音樂愛好人或任何其他藝術或技能的愛好人的資格上有派遣代表的權利，他們是定不能認為滿足的；他們還要在國民資格上有被代表的權利，不然非但社會的統一性不得發揚即他們個人生活的統一性亦不得表現。因為政黨雖為強大的特殊利害關係所統馭與籠罩牠們在觀念上在原則上卻仍是國民資格較寬大的態度的表現。牠們若不是這樣，國家便將陷於崩潰瓦解了。但是國家的力量總是有增無已的，這正足以表明：在一切範圍較小的固定的利害關係的骨子裏休戚相共的觀念仍能健在且發生功用。

基爾特社會主義的方策，是要取消區域地方的不重要性的一種企圖；但在事實上卻也是要取消國家的重要性的一種企圖。按職業界限所選定的一種議會，不可避免的要停止為一種國家的國會否則（這是有更大的可能性的）亦將憑藉議會內佔優勝地位的任何特殊利害關係的集團的勢力而實行普遍的統治這一種成局與各種職業這些人誠可以合理的推選一個經濟的「議會」；但是如果這個議會與各種職業這些人誠可以合理的推選一個經濟的「議會」；但是如果這個議會在任何制度下也是可以發生的，但牠卻是與他種制度的原則相徑庭的。一個民族之內不只包括有各種技術家與各種職業這些人誠可以合理的推選一個經濟的「議會」；但是如果這個議會滅業已將威權的經濟中心與政治中心分而為兩的整個潮流了。國家雖仍存其名目而實際上便已歸於滅亡了。畢竟區域地方的不重要或即為國家的重要所必需的代議政治所有真實性也正是因為牠不是基於任何職業而只是基於國民資格的職業的。

第四編　第十五章　今日的政治思想

四三三

現代的國家

對國家所施的攻擊——無論所假借的方式，是我們適所討論的倚託方式，或是產業革命派的公開的激烈的方式——都是政治思想一種比較永久運動的極端表現——這種運動雖不是對國家的一種攻擊而亦是對牠的絕對主權的舊有傳統思想的一種攻擊我們現在可進而討論這一項大攻擊在已往進行時所採行的門路。

第二節　對絕對主權的攻擊

我們曾設法證明國家的主權不是什麼簡單的最後的威權——不是有如萬物主宰上帝的意旨可以說是行使在人類生命之上的任意而無條件的威權——不過是一種職務的行使：社會多數人對於這種職務應該是怎樣所懷抱的觀念，牠便受有這種觀念的限制並須仰賴這種觀念以決其轉移；另一方面社會爲這種職務的行使所設立的組織牠一樣也受有這種組織的種類與程度的限制並須仰賴牠以決其轉移牠是一種團體的徵象，其絕對性自不比團體本身爲高大。國家理論在以往被法律家的主權觀念所操縱過於長久了。雖說法律觀念在牠的本身地位上可以有相當的功用但是用來解釋主權的切實性質的時候牠不但有欠充分而且更成爲虛僞的了。第一法律觀念是拘泥於形式的主權上或許沒有成文憲法的單一國家的極端情形下政府在形式上有釐定任何法律的自由權這種事實畢竟不是重大的關鍵就法律說國家是沒有限制的因爲牠本身便是成立法律的淵源但是國家不能說因爲這個原故就可以規定高爾夫球賽的章程就說是絕對的：與教會不能因爲是宗教法令的淵源，或皇族老俱樂部（Royal and Ancient Club）因爲只有牠可以規定高爾夫球賽的章程就說是絕對的同一情形。政治的法律與其他一切社會的取締兩下眞實而重大的區別，我們亦正不必加以蔑視我們只堅持的說政治的

第十五章　今日的政治思想

法律也不過只是社會取締的一種國家是社會組織的「一種」我們必須將牠的重大的供獻與更重大的權利，同此項基本事實調和起來。

第二法家的觀念只以威權為言而不根據役務立論但是威權也僅是役務的一種役務所承認所組織所統治的歸根也不過是一種提供役務的能力。要使工具脫離目的那當然是可能的人類既有被蠱惑而輕易接受的習慣自易成為這種習慣的犧牲品而躬自屈服於理應服事他們的制度組織之下但是結果他們也不過用了一種神妙的役務來替代一種真實的役務只要他們稍有思想無論在什麼時候他們都必須承認法律與他種制度是要視牠們的效用如何方能決定其有無存在的價值的沒有任何人在任何時候能認國家的役務為無限制的所以無限制的主權觀念未免幻妄到危險的程度了人們捧給政府提供役務的能力範圍：這是一切暴虐政治所由起的嚴重過失。

我們現在時代的政治思想與過去的政治思想其間的重大區別，就在確切申述主權性質是有限制的相對的這一點上在過去的時代人們反對專制威權是引用道德的理由他們所申說的是權宜與公道的問題；他們認為統治人是「應該」注意這些顧慮的他們會倡導一種「更高的法律」「上帝的意旨」或臣民的幸福；他們認為這是統治人所「應該」服從的。如果政府有蔑視威權所附帶的職務的情事他們還認為反叛或革命是合理的。但是因為威權是這樣無限制的所以職務也是重大的。人們對主權的行使所下的惟一的確定的界限都是發在宗教或精神社會的範圍內關於世俗的或非宗教的事務一方面主權者便是高於一切的這個問題誠然是發

四三五

現代的國家

生過的——究竟誰是主權者？雖說有些人仍以君主主權為答案，又有些人以國會主權為論調，而比較激烈的思想家卻宜稱人民自身為主權者，但是這類的爭辯莫非關於主權誰屬的問題，而不曾提及主權由社會所決定（非僅由道德所決定）的範圍這個關鍵問題。盧梭的主權者仍與霍布斯的主權者同一的專制由國家仍不只是社會的一種機關而是社會的惟一機關。

較此為新穎的一種學說是十九世紀社會發展的生產品民治潮流似乎已解決主權誰屬的問題，故人們得以轉注於主權性質的探討，工業時代所促成的社會組織的複雜性已然推翻個人與國家之簡單的對立形勢；這是我們業已加以論列的。這新時代中無數偉大的團體所行使的真實威權會陷單獨而無所不包的權威觀念於極大的混亂，使人對於政治統一與政治威權的性質，不能不尋求一種新奇而重大的問題。舊有學說至少也曾看待國家為一種統一體立在一種單獨而不可分割的主權的支配之下，但是如果主權是有限制的，如果還有他種威權是不能為國家的威權所壓倒的，那裏還有社會的統一呢？牠實際上還有任何的統一性嗎？這就是我們倘未答復牠以前，我們必須對於使某某派別的思想家拋棄傳統主義所提供的各種勢力潮流加以討論。

至少也有三條可以達到新主權觀念的途徑其中最與傳統主義相接近的，要以格林（T. H. Green）的政治哲學為很好的代表。格林在法律的範圍與道德的範圍之間曾認定一種精細的區別。❷政治的義務是能夠並且應該執行的，而道德的義務是不能的：後一種的義務若不是表現一種道德人物的自由意志牠們便失卻牠

【现代的国家】

第四编 各种理论及其解释

們的本性了。因此，政治法律存在的用意便只是要剷除社會中自由的道德的活動所有的一切障礙牠所能創造的是一種統系使那種自由得以存在於其中可知國家的職權範圍是有限制的不能與社會的全部活動同日而語既然法律必須假借外部的制裁方能發生效力，故凡一切活動其價值是要視活動行使的動機或精神如何而為轉移的，法律均應避免加以干涉因此人類思想與努力的整個有創作性的一方面包括宗教與真正所謂道德，都是在國家所應干涉範圍以外的。法律是一種效能有限制的工具國家的地位因亦為這一件事實所決定忠於其本性的國家所應強迫的一切行為只是社會中良善生活所必需——無論其動機為何如——的一切行為

這項原則假如用在建造國家以外的他種團體的活動力量上是有遠大發揮的可能的但是在格林手上卻仍然離不掉抽象的色彩他固然亦曾將牠護慎地施用到某某實際問題上去過但是他的觀點卻完全是倫理的例如他便曾在他的標準的照耀之下考量過戰爭私有財產政治刑罰節慾立法等等所牽涉的是非問題他通篇所討論的盡是國家為取得使人類得以發生自由的道德的動物的行為所需要的環境與條件能夠從而應該作什麼但是他的思想的兩極仍為個人與國家。他不曾考度個人與國家二者是政治的法律受有什麼樣的影響如果他曾經下有這樣一番考度的話他定可以發見問題不僅在國家「應該」作什麼，而亦在國家被容許所作的是什麼：因為國家是被其他多數威權所包圍的，是被他種固定組織所限制的——這些組織無一不利用牠們自己的方法行使牠們自己的職務。格林與現近主權問題尚有一層隔膜。

第二條達到一種新學說的途徑可以謂之為漸進的途徑我們在本書內大致所遵循的便是這一條途徑當

第四編 第十五章 今日的政治思想

四三七

現代的國家

我們追溯社會組織的發展的時候，我們感覺得國家是由一種社會制度遞嬗而來的：這種社會制度原包含國家與家庭與教會的種子以及一切經濟方面與文化方面較新的團結我們追原溯始對於這個尚未分化的系統常容易以國家這個特殊名稱相稱呼特別是當牠發展到相當的統治集中的階段的時候有如在希臘的城市社會中所發現的那一種統治集中的階段但是國家即至此時亦仍不過是社會的一個種類城市是國家而不止是國家——還是一種親屬系統，一種宗教系統以及其他種種系統在歷史的過程中國家漸次的發現直等我們很明晰的看得出國家不是社會而是社會所賴以組織的一種方式因為政治威權的特殊性質國家儼然自居於統制牠所從出的整個系統的地位這種誇大的權利事實上從未得以實現因為風俗與習慣從各方面對於主權的行使都行有純淨的界限但是這一項事實的意義的發現還有待於人類利害關係之漸次的複雜化與歧異化。由是而各特殊團體逐得形成以增進國家本身所不能希冀達到的目標，或增進只能吸引各個團體的努力的目標。在泰西各國一方面宗教信仰的紛歧嘗使教會與國家間的爭點尖銳化，而卒至迫國家退出一種偉大社會利害關係的統取權。這便是震盪專制主義的第一次大風波。繼此以起者尚有其他種種潮流；時至今日強大經濟利害關係之牴觸的浪濤，直可以說已將專制主義完全推倒。有更大的經濟團體的操縱勢力為其勁敵國家已不復能自命為社會生活之惟一的威權高於一切的機構無論牠的供獻是如何的重要牠也只得接受一種團體的地位——無數團體之中的一種團體。

明瞭了這一點之後整個的主權問題便顯有一種新意義我們所要討論的，便不是社會上一種無範圍的威

第十五章 今日的政治思想

權的倫理的或自加的限制，而是一種特殊團體的積極的限制：我們對於這個團體，一方面是站在牠與其他團體的關係上來觀察，一方面是站在牠所賦有的特殊的工具上來觀察的。在此地，便是從一種法學研究中出發的第三道前鋒線牠能爲其他各線增援。一種團體——法律承認其爲團體的團體——便成爲一種法人。

足表示其確定的限制，確定的威權與責任。因此，而兩個極重要的問題使立齊現於我們之前第一國家對於其他那些法人組織體——其權利爲牠所承認與規定的單位組織——有什麼樣的關係？第二，我們可否直以一種法人組織稱呼國家——謂其爲一種有確定權利與義務的主體，不但有牠所必須伸張的權利亦且有牠所必須承認的義務？

在這兩個問題的背後，還藏伏有關於法人性質的另一問題。我們在此地必得放棄那種永無了日的法理的辯論，就是關於法人是否爲一種「假定人格」("persona ficta")的問題的爭議。就「法律意義」說法人便是一種「人」，一種權利與義務的主體——而權利與義務之所以屬於牠，也是因爲牠是一種統一體換句話說牠有權利與義務而這些權利與義務卻不是屬於牠的。一個法人可以共同具有財產而這項財產不能說是牠的會員們個人所有的。假如牠獲有一種特許權利或專利營業，要發生活動便只有假手於法人組織所委派的代理人。另一方面，一種法人組織可以爲牠代理人的侵害行爲而被強制的負責任——注意下列這件事實的重要意義：一個法人組織本體是不能犯刑事罪的（只有牠的代理人或會員方能犯刑事罪）但卻能被人控訴而要求損失的賠償。一個法人組織的股東也許陷於艱窘而組織本身仍極興旺牠的股東也許昌達並能償

現代的國家

付債務，而組織本身仍不免凋弊或陷於破產。

因為前已論列的理由，我們不能接受紀爾克(Gierke)與梅特蘭(Maitland)所給予法人組織的一種「團體心靈」或「團體意志」或「團體人格」。一種法人組織是一個統一體而不是一個完整體牠僅僅是一種組織，牠的會員借以追求一種共同目標的這種目標不真正是組織的目標，而是牠會員們的目標牠能表示並發揮他們人格的一方面但只一方面牠的意義是超乎牠本體以外的世上只有兩種統一體是完整的，牠們的意義庶幾可以說是存乎其本體以內的——那就是個人與社會。社會歸根到底除個人目標以外沒有目標，除個人價值以外沒有價值。但是社會的面積這般目標與價值莫不在牠們之內得其現實；而法人組織卻不過只是特殊的工具一個社會是一種多數個人的結合而一個法人組織僅是一種多數會員的結合會員的統一體就是法人組織的統一體乃是一方面——的統一體例如此一法人組織與另一法人組織可以有完全同一的會員：而在社會一方面，這種一致便完全沒有意義了。原故就是因為我們加入法人組織只以我們本體的一部分加入；但是在某種意義上我們卻是帶着我們的全體加入一個社會的。如果我們的理論是正確的那末，國家本身便不能包容國民——牠的會員——的全部的人格我們並不生活於國家之內卻只假國家以度生活。那末，國家對於國民認為法人組織的其他團體又有什麼樣的關係呢？牠給牠們以一種特殊的地位規定牠們的權利與義務。國家並不創造法人組織不過只取締牠的法律性質。④ 團體——有如一種職業結合或一種信仰相同的集團——的存在與國家的承認沒有關係，而且是在牠之先的。大半說起來國家不能創造牠，亦不能毀

四四〇

滅他。國家能解散一個托拉斯，但是至多亦只能變更一種組織的方式，即如此亦且不免有極大的困難且須在特殊的情形之下各種大團體在社會的領土之上與國家本身是一樣的土著國家是否要承認牠們差不多都不是國家所能決定的問題誠有如梅特蘭之所言國家在事實上是受有束縛而必須承認一般假集團形式而活動的團體的法人性質的權利與義務的而且牠的正式的承認對於牠們的性質是沒有多大的影響的。

那末國家旣不是這些法人組織的創造人牠至少也有高於牠們的地位嗎？牠取締牠們割定牠們的界限，禁止牠們有逾越這些界限的行動；並且遇有逾越範圍的情事還能對牠們加以約束與懲處國家豈不畢竟是牠們的主人嗎？國家誠然沒有優先的地位牠又怎能履行牠的統治與調整的職責呢？旣只有國家是有強制權的，種事實豈不表示牠與法人組織之間是有天淵懸殊的嗎？這一項法律上的事實豈不是反映着一種更深切的眞理嗎——就是說一切法人組織都是代表局部的利害關係的，而國家乃是人類的普遍利害關係的保護者與代理者？

這確是關鍵的問題：我們若不從法律的形式迴溯到社會的事實上去，也是不能作答案的。首先讓我們記得國家並不取締其他法人組織的內部事務牠並不且不能決定牠們的目標或大部分牠們的方法牠割定牠們的界限在一種共同系統之內調整牠們的關係。牠不以牠自己的代理人待遇牠們不視牠們爲牠所號令的下司屬人。除非某一利害關係的集團有侵犯另一集團的情事牠不單獨的對待任何法人組織——不將牠從其餘一切法人組織分離以後而再講求應付牠旣不對職工聯合會說「去」亦不對僱主聯合會說「來」又不對敎會

第四編　第十五章　今日的政治思想

說，「這樣作」這些都是絕對主權的徽記，而國家是沒有絕對主權的誠然地是代表公共利害關係的；但也只當公共利害關係已得充分的統一而能容有政治表現的時候也只當公共利害關係已充分的表現於外部而能受法律取締的時候。誠然牠是代表公共利害關係的；但卻也不能代表全部的公共利害關係，牠就不是由國家予以保障的。還有若干公共利害關係——牠們依賴各種團體之個別活動的地方，至少也是與依賴國家之普遍活動的地方是一樣多的。公共利害關係不是什麼簡單的目標可以由於一種靡不包荒的權威完全取得的。諸如一個國家之經濟幸福上的公共利害關係，也是公共利害關係的若干部分。

我們亦不能說國家所支持的公共利害關係總是能並且必然能激發人們更高更深的忠順心，比較那些範圍不似此廣泛的利害關係：因為這些利害關係相形之下與各集團的習慣與信仰是更有密切而緊嚴的關聯的。因為這個原故絕對主權的學說果真實行於今日文化複雜的國家勢必致社會生活的和諧性於死地。一種統一的原則，如果在實行上超過了牠相當的範圍便成為一種分裂的原則了。國家的確是代表社會統一性的，是代表那種反映着社會動物之公共需要與公共性質的制度的任何忠順心也不及牠的重要不及牠的恆久無數年月的社會經驗已將牠織入人類天性的結構裏去了。但是，如果說這樣的經驗業已使人類賦國家以一種特殊而獨有的徵性——就是強制權——的話，這種經驗卻也會漸次發見這種強制權施用上的限制牠不但會賦予國家以與這種威權相關的一種職務，而這種職務卻只是若干職務——人類所以發生組織

四四二

【现代的国家】
第四编　各种理论及其解释

第十五章　今日的政治思想

以便執行的職務——裏面的一種。在威權以外在國家以外還藏伏着社會人類的意志國家被容許而得以行使的任何威權歸根還是從那裏溯源而來的。國家為人類製造權利但是人類會首先製造國家組織武力有人說得好：「國家在國民之上所用的威權還是仰賴國民本身的意志而且是因為他們有允許國家組織武力的事實——藉此以強制個人但卻不能強制全體社會因此國家得以統治國家之內的各法人組織也只當着國民有授牠以此種威權的準備的時候並且也只能在國民所授的威權的範圍以內。」⑤

我們現在可以設法來答復我們其餘的一個問題——國家本身也是一種法人組織嗎？國家亦受有法律義務的限制嗎？牠的會員對於牠也享有權利嗎？牠的權利所限制呢？如果法律直接是國家的命令，也許似乎沒有這樣的約束。但是在偌大的法律典籍之內國家如何能用自己的法律違反自己的權利所限制呢？如果法律直接是國家的命令，也許似乎沒有這樣的約束。但是在偌大的法律典籍之內國家如何能用自己的法律違反自己的意志來約束自己呢？如果法律直接是國家的命令，也許似乎沒有這樣的約束。但是在偌大的法律典籍之內國家如何能用自己的法律違反自己的意志來約束自己條款或在某某處勾消一二舊條款法典一大部分便從來不是國家所寫就的；而國家卻是被法典的全部所約束的，不過國家於每世代中可以隨時予以修訂能了。國家並不能於任何時代重訂法律的全部，亦猶一個人之不能改造他的身體一樣。歷代所建造的結構體，便是對牠現在的行動加以決定與限制在這一種意義上克萊巴（Krabbe）所極力堅持的理論是很有真理的：法律的威權，比之國家的威權還要偉大些。⑥國家在任何時間也只是法律的正式保護人，而不是法律的創制人牠的主要任務便是維持法治的效力：這便是說國家本身也是法律的對象也是被束縛在牠所維持的法律價值的系統以內的。如果牠要企圖脫免牠所加於別人身上的法律的

四四三

效力，牠的任務便不完備，實則便被牠破壞了。如果國家在法律之前不爲牠的代理人的行爲屑負責任——一如其他任何法人組織之屑負責任——那末法律的普遍效力便有一塊致命的漏隙了，那便直是否認法律的普遍效力了。國家在某方面也嘗自認對於法律的屈服，不過有時態度甚出於狡獪模稜罷了。當牠擧債募款的時候，牠便得接受提付利息的義務牠容許個人向法庭對於牠（或牠的代理人）取得損失的賠償，不過在形式上往往是遁辭於惠施或客顧罷了。所需要的，就是對於牠的法人性質予以更明顯的承認。例如在英國國家便得避免代牠委託人的侵害行爲負責任這是不可理喻的辦法這種責任並不致傷損國家應有的主權而足以維護並滿足我們現在所謂法律的主權。

那末我們可以總括說一句：國家有一種法人組織的根本性徵。因爲國家對法律的關係而起的學理上的困難，因爲只國家方有行使法律的直接威權這件事實而起的學理上的困難，必須用一種切於事實的國家解釋而加以解決。這個困難是可以這樣迎刃而解的，如果我們眞能坦白的承認國家也不過是一種特殊形式的組織牠自己也是被那個更偉大的東西——牠所組織的一切那個淵源和最後仲裁——所支持與統治的因爲一切組織都不過是那個東西的一種方式或表現——那就是社會的本身。

❶ Cf. Mill, "Principles of Political Economy," BK. V, Ch. II. In discussing the principle of a maximum working-day, he admits that it may be a desirable thing and that it would probably involve for its establishment the sanction of law. Bk. IV, Ch. VII, "On the probable Futurity of the Working (la-

① "sses," is also out of harmony with his individualistic hypothesis.

② The distinction suffers Green, with his Hegelian inheritance, appears to make all rights, ethical as well as political, depend on social recognition. This is not entirely consistent with his fundamental doctrine, that ethical rights express the nature of personality.

③ Bk. IV, Ch. XIV, § IV.

④ This fact has been admitted in the courts. The author quotes by way of illustration the following statement from Bulletin No. 321 of the United States Bureau of Labor Statistics ("Labor laws that have been declared Unconstitutional," by Lindley D. Clark): "It was contended that corporations are the creatures of the state, and are not 'persons' within the meaning of the Fourteenth Amendment; but this was overruled on the Authority of a decision by the Supreme Court of the United States, holding to the Contrary" (The reference given is Gulf, C. & S. F. R. Co. v. Ellis [1897], 165 U. S. 150), 17 Sup. Ct. 255).

⑤ A. D. Lindsay, "The State in Recent Political Theory," "Political Quarterly," February 1914. Strictly speaking, we should not say that these corporations are within the State, but within the Community. Strictly speaking, too, we should say that the powers of the State depend upon the will of men, not merely as citizens but as social beings.

⑥ Krabbe, "The Modern Idea of the State."

第四编　第十五章　今日的政治思想

第十六章 國家的一個新解釋

第一節 國家是社會的機關

在上一章裏面我們已經遇見現代政治思想所遭逢的大困難我們不但證明國家必須認為是多數團體中的一種團體亦且證明牠有一種法人組織的性質——按諸事實牠有一部分的這種性質按諸牠職務的選輯牠還有全部的這種性質牠命令只是因為牠服從牠有只是因為牠欠牠製造權利，不是因為牠是頒發這種禮物的主人，而是因為牠是社會製造權利所委託的代理人他種權利既與職務是相對的，並且是認為被職務所限制的，國家的權利便也是「應該」如此的，牠有保障權利的職務為要行使這項職務牠需有且受有某種威權這般威權理應受有限制一如職務之受有限制，一方被委託人的能力所限制；而這種能力因為我們曾經閱歷過牠的行為明知牠所能號令利用的工具為我們所洞悉。

國家並不能逃免這個無上命令的指使——「只走如此遠不要再遠了」因為一切代理人都是要服從牠的。

但是，在此地我們又有陷於進退維谷的危險決定權利的威權如何能本身亦受義務的約束呢？惟一有強制權的權威如何能自身亦受統制呢？如果國家不是最後的權威又如何能有任何其他的最後權威呢？如果沒有任何最後的權威秩序制度又如何能發生與維持呢？如果不是國家，誰又能為各個團體指定牠的地位誰又能劃清

四四六

【现代的国家】

第四编　各种理论及其解释

牠的界限呢？法律本體如何能高於一切的然而，假如其他團體又不是國家的創製品假如牠們也具有其自身的威權與勢力範圍與國家的截然不同假如這些情形都是不可抹滅的事實試問國家又怎樣能高於一切呢？

如果我們迴溯到（這是最後一次的迴溯了）法律的標準上去，我們便可以發見這個問題的答案讓我們暫時將法律同習俗作個比較。有許多習俗我們遵循牠們至少也與恪守法律一樣的忠實而習俗是為社會本體所支持的普通並不借助於任何組織另一方面法律是由國家支持的但是最後牠們兩下還是立足在同一的基礎之上因為國家本身也是受社會之支持的。歸根牠們二者同是社會觀念的表現同是統一觀念的表現。

共利害觀念的表現在這個主觀的事實裏我們便可以發見社會統一性的根基不是在國家身上因為國家不過是這個統一性借以表現其本身的一種形式。在這裏我們都是置身在價值的範圍之內價值在未成立以先我們便須有所察覺例如經濟範圍內的一切客觀的價值以及維持牠們追求牠們的一切制度與組織便都是從有經濟觀念的人們的主觀估價而來的：同樣的，在社會全部範圍內的各種形式的關係，包括國家所保護的那些關係在內也都是從社會動物的主觀估價而來的。按着所感覺的或公認的統一觀念的範圍而創立國家與教會與職工聯合會與僱主聯合會的，乃是他們吩咐國家應該或不應該作什麼應該或不應該是什麼；為其所隸屬或不隸屬的團體，直接或間接的規定活動的，乃是他們社會是牠一切有包容性或無包容性的組織的胚素牠不是一種組織，而是組織的泉源沒有任何機構任何形式的政府能保證社會的統一最後的統一乃在人類的社會

第四編　第十六章　國家的一個新解釋

四四七

現代的國家

性，而不在國家的威權社會統一的生存，完全要視公共利害關係或公共性質的觀念是否強於個別利害的觀念為轉移人類是一種社會動物他們感覺這一點愈盡致社會的系統便愈為堅固與偉大凡現存或能存的統一，莫不以這一種覺悟為根源。

國家誠有如社會生活之業已鋪砌完成的大路沿界盡是田園與城市這是一條公共途徑供給牠們大家使用的生活上一切事業都因為牠的援助纔有作到的可能沿此道而居的人們也必須都要有供獻於牠的維持牠是一切社會交通的基本孔道所以，無論一個人在其他方面是什麼他「必須」是國家的一員至少是個臣民即令他不分負這個大道的責任他至少也必須遵守牠的規則但是他卻不在大道上居住人類亦不為國家而生存。他的家庭乃在田園裏或城市裏他將他勞力的收穫都聚集在那裏在生活簡單的時代只有少數的房宇沿大道的兩旁散佈着，人們談論牠的時候，直以為牠所包容的都是歸牠所有的。由此公路的規程便成為一種暴虐政治因為人們整個生活的權利嗣後他漸次察知牠的真實意義了。雖說他們對於這公路的維持都有應盡的義務這種共有的責任並不能包括他們的社會生活他們現在纔逐漸的察覺這一點田園與城市現在從大道上退避蔓延因而社會生活的複雜關係業已顯露明晰，不肯再為國家一層關係所包羅淨盡。

然而這一層關係卻仍為其他一切關係的條件。牠亦曾變為更完滿的更豐富的，達到更複雜的目標的更偉大的工具。這條大路似比以前更為寬大了，更為必需了。牠現在已成為一種工具俾假而社會生活之各大團體與

【现代的国家】

第四编 各种理论及其解释

中心，得以維持其彼此間相當的關係，並得以維持其與全體的相當的關係。但是我們卻不能因此而即規復牠昔日的權利牠的守望人以前妄自操縱的權利——說他們對於他們所俟候的生活的中心應該實行統制，大路是為沿途居住的或沿途以外居住的生活的另一方，而我們亦不應於拒絕那個虛妄的權利要求以後卽採取極端相反的一種態度，而認生活中心為能脫離大路而獨立的增大以後的社會還是一種社會而此大路仍不失其為惟一主要的外部的工具足以維持其一致的。

一切文明人類均必須作一個國家的人員或臣民，因為他們都是某社會的會員，而必須分別滿足牠的外部的社會條件。❶ 按這一層意義說國家的範圍便是普遍的：不過正是因為這個原故國家在牠行為的「方式」上纔受有特殊的限制。依理想說國家的系統必須能包括任何地方的任何人；在一切國家尚未會同組織一種與人類全體共範圍的普遍政治系統以前國家的目標便不能說是完全的作到了完成這一種系統的方法可以根據各個國家的同意而各國仍得保持（復用我們的譬喻來說）在同一大公路上其本身所有的一部分，但是政治制度的理論是必需全地球之上有一種系統的統一；而我們的有獨立性與排擠性的主權的傳統觀念卻已成為純粹的障礙物阻止我們承認這一項不可抹滅的真理。在這一種統一體之內各團體的一切固有的差別都能尋着牠們應有的地位脫離了這一種統一體牠們便不免被人加以牽強的附會或擴大的鼓吹因為他們漠視人類內心的共同點——公共的社會性質。如果一切人類（姑無論其有何歧異）都「必須」包括在一種政治系統之內，一切人類根據於同一需要的邏輯也就應該包括在一種更大的系統——無限制的法治效力——的範

第四編 第十六章 國家的一個新解釋

四四九

现代的国家

团以内。

这一样的逻辑颇与一种多元的社会观念相冰炭：因为在这种社会里面各大团体是各自追求其个别的目的物的，而当其各个目标互相牴触的时候又必须互以纯武力相压迫而求其纷争之解决，我们也会坚持的说国家只是各大团体之内的一种，但是牠有牠特殊的职务——这种职务不是别的，就是给社会关系的整个系统以一种统一的形式。牠种团体既能寻求牠们的目标而僭居于牠在已往所努力追求而不得的万能的地位。有时牠也失败亦如任何人类组织之有失败一样；但是牠的成功比较是彰著得多垂久得多了。最后牠总是要抵于成功的，因为牠不是仅仅假借本身的倨傲自持而发生行动的；因为牠是社会的一种机关，因为社会所支持专为达到那个目标的，划定国家的职务而假之以威权的，乃是社会——包容有其他一切团体的会员的社会。

假如我们回想到各团体之间真实发生的冲突我们亦能看清这种事实例如我们便常说教会与国家之间的冲突或国家与职工会之间的冲突。但是这种冲突是与比如说教会与教会之间所发生的冲突或职工会与僱主会之间所发生的冲突意义大有差别的。在这后一种冲突的一方面只有一种纯态度或纯利害关系的歧异。个团体——完全站在团体的立场上——彼此否认并反对彼此的目标。这些目标本身都是特殊的性质其冲突儘管澎湃激盪而普通的社会制度与秩序可以丝毫不受其影响。不过假如纷争是牵涉国家与另一团体的纷争，情形便完全不同了。这绝不会简单的是两种个别团体的纷争，两种个别利害关系——而其一种是处于危殆之

四五〇

【现代的国家】

第四编 各种理论及其解释

例這些都是在某一國家之「內」的一種衝突——一個教會之「內」的一種紛爭是有關於國家與教會所應有的勢力範圍的問題的一種衝突——其紛爭的兩方面一則爲一般接受天主教會的某種權利要求的國民，一則爲一般拒絕牠們的國民按嚴格的意義說國家全體與任何其他團體之間是不能夠發生衝突的。國家的地位但是這總是一種內部的紛爭——由一個政府或由其國民的大多數所堅持的這件事實所緩和的一種紛爭——除非國家於紛爭程序之中完全陷於瓦解國家的經歷既然日漸增長牠也知道發爲過分的權利要求爲不智：不肯擅以這種要求來危及任何大團體的自由地位或生命原則，因爲牠的國民也許同時是隸屬於這些團體的。

因此國家是能充任一種統一的機關的；但是也只能當着國家本身業已在民治的途徑上有相當的進步的時候。

因爲這個原故我們認民治爲國家固有的體制惟有在民治的環境之下，國家方能履行牠應盡的這種職務——換句話說這種牠能執行的職務。在歷史上，國家的利害關係是被人拿來與統治人或統治階級，軍閥的或有地的寡頭階級或後起的財閥等等的利害關係混爲一談了。國家在這般形式之下，便是一種階級的組織牠不能代表我們前已證明爲國家真實應該關切的利害關係而代表完全屬於某一階級之蕪雜的利害關係在以柱若干國家所施行的土地法垣籬包圍法禁止工聯法等等都是違背法律之普遍效力的——牠們的

中的——的衝突今舉「蘇格蘭的大分裂」（Scottish Disruption）或「文化戰爭」（Kulturkampf）爲例這些都是在某一國家之「內」的一切直接關係人都是那個國家的國民而前一種紛爭並且還是

第四編 第十六章 國家的一個新解釋

四五一

目的，不在增進那些受這般法律支配的人們的公共利益國家的眞實性質在此地與在任何其他方面一樣，是由法律的基本性質表現出來的。

第二節　關於主權的收場語

我們現在業已進入這種時代了：主權立法人政府關於能作和不能作的事都是受得有他人的指使的。在差不多每個現代國家的憲法裏政府都領有這樣的指令。在這些國家裏明顯的有許多事體在一切國家裏隱然的有許多事體是禁止任何或一切有組織的威權執行的。主權的限制在聯邦國家裏是特別顯著的。既然「在五年之內本國的各法庭已宣佈三百七十七種法律——換句話說平均每年超過七十一種法律——是違憲的，」❶那末主權原則不復能按舊有的名詞而給以發揮那的確是很明顯的事實了。並且宣佈這些立法機關的議案爲「違憲」的那個權威本身亦不能簽定這般或任何他種法律並且任何「既成立」的權威亦不能推翻牠的判決案如果在此地有任何絕對的權威那末這一個絕對權威所借以表現自己威權的方法也就只是一種「否決權了」這樣的權威究竟不是絕對的因爲牠從來不能假借牠自己的名義並憑藉牠自己的權利而發爲行動。

那末牠是假誰的名義行動的呢？不是假政府或政黨或大多數的名義而是假一種根本大法的名義。這種根本法是高於任何政府任何政黨任何大多數的意志的。牠是高於一切的因爲牠有組織國家本身的效用。而一般傳統思想派曾將唯一的政治主權歸諸不常召集的——且有時還經過極長的時期而不發生行動的——有

【现代的国家】

第四编　各种理论及其解释

修正根本法的權利的意志以圖挽救他們的學說於萬一。然而這也是徒勞無益的事了。因為似這樣一種不完全的不確定的意志是沒有主權之任何通常的特徵的的確比較簡單而召人信任的辦法便是將這種意志不認為是國家的意志而認為是社會的意志認為是國家所基以成立的「普遍意志」——國家便是這種意志的一種機關這種普遍意志無須作牠自己的代理人的工作牠無須並且不能實行統治牠不是一種「政治的」主權者但是牠雖說不時活動牠卻也不睡覺牠無時不在支持國家維持比政治分裂深入一層的統一有時遇有緊急事變的時期牠便委派一個特殊的機關以重建國家的基礎有時在這種事變的時候牠還鑑定相當的策劃當然是不健全的策劃——為大眾所承認的方式使普遍意志於必要時得藉以發揮其本身而修訂或推翻牠以前所成立的法規制度但是正因為普遍意志是「為」國家的意志所以這般策劃方式——無論其價值為何如——也都是社會的制度而不是國家的制度牠們的成立目的在統取與限制國家社會的代理人

這種解釋是合於現代憲法的文字與精神的。例如牠們不但對於政府而且對於國家也劃定有若干義務。牠們規定政治威權可以作些什麼事政治威權應該如何的行使牠們宣稱一切威權係出自人民或社會牠們自稱為某於人們之不可抹滅的或「自然的」權利——這些都是在國民之法律的與憲法的權利以外的。例如美國憲法第十四條修正案便禁止任何會員邦不依正當的法律程序而剝削任何「人」的生命自由或財產或拒絕予任何「人」以同等之法律的保護牠們堅持以法律上的某種權利應同等的歸於牠法權以內的一切人所

第四編　第十六章　國家的一個新解釋

四五三

現代的國家

有——無論其為國民或非國民——不分民族或國籍或社會階級的軒輊牠們主張最力的，就是某種自由權利——如信仰或宗教工作或職業集會以及私人一切權利（"la vie privée"）——認牠們是國家必須重視的。如果這些神聖宣言不是盡屬幻想的話牠們的意義若不是說人民——人類的社會就是普遍意志——是在對國家本身加以限制又是說什麼呢？

我們現在實際上所仍須解決的問題，就是如何區分這個深邃的意志這個社會的意志與國家主權的意志。修正憲法必須有極衆的人的決議，或超過大多數的人的決議這種制度我們已經有所闡明是有發生一種缺點之可能的——就是牠將否決權賦予一種少數人了。有若干基本的原則是表現社會人類的本性的這一件事實便是真實區別的基礎。一個憲法「保障」人格上某某「權利」牠實際上便是說：不「應該」制定任何法律去侵奪這些權利「任何」大多數人如欲取消牠們那便是罪逆的舉動有若干事體是正當屬於政策的範圍的；這些事很可以由大多數人的意志予以取決另有若干事體卻簡直是不應該被捲入於政治漩渦之內的。有若干權利與自由——無論我們願怎樣的稱謂牠們——牠們之屬於一般人就只因為他們是人；這是任何權威也不應該削剝的。多數與少數之間的一切紛歧均不能認作政治的爭議如果牠們也是政治的爭議國家便將被分裂而為瓦礫片塊了。但是人類之社會的洞察，是足以制止這種破裂的國家所應該決定的事體只是一般理應成立一種共同行動的方式以資取締辦理的事體：因為關於這一類的事體共同行動是合於事宜的是有所裨益的人類既逐漸洞悉這個真理，他們便發見主權的真正的限制了。有時他們並用一種憲法的形式來記錄這一種教訓。但

四五四

【现代的国家】

第四编　各种理论及其解释

是真能保證這些限制之必被遵守的東西，還是活躍在人類心靈中的社會觀念——社會的意義何在的觀念，社會之與人格有何關係的觀念阻止大多數人盲亂引用國家的勢力以執行他們自己的意見而拯救少數人以脫離多數壓迫的便是這種觀念維持國家的意志也知道如何規定國家的地位。

仔細言之主權乃是一種團體的意志並不是社會的意志國家賦有一種應執行的任務，亦賦有用以執行牠的工具但是頒給這種任務並供給這種工具的卻是社會之不被人看見的厭功偉大的建築的主人。

第三節　統一所在的地方

討論國家我們便是討論一種形式一種產品一種結果；而最後是認識牠的性質我們還須離開形式而轉注於創造的原動力我們的思想旣然必須逾越牠所已發見的形式，旣然必須尋找形式與生命的關係，自是感覺有些不自在的。因爲這是科學與哲學的疆界線如果可能的話，我們便要完全避免這樣的危險但是這是不可能的，因爲我們假若不逾越險阻的去探險形式便成爲絕對的了成爲一個暴君——創造的精神對於牠若不講求叛變，就必須自陷於滅亡了。任何組織同時也是個牢獄任何保障也是一重荊棘任何習俗，如果被盲目的予以接納也要陷世界於腐化假如牠是一種「良美」的習俗牠的腐化力只有更大的因爲牠有更大的權利與要索。人類的精神必須有一條可以從牠所建設的任何事物走出來的途徑。

在社會程序一方面牠曾設有兩條這樣的途徑一條是寬闊的道路，由此牠可以——不是從某一社會而走到另一社會——從一個較窄狹的社會圈而走到一個較寬敞的社會圈由此牠便可以從勢力瀰漫的習俗的壓

第四編　第十六章　國家的一個新解釋

四五五

現代的國家

迫下，得着解放另一條是深遠的道路，由此牠便可以離開某一個團體而加入另一個團體於是任何團體也不能獨據牠整個的忠順心於是每一重會員的資格都只能包括牠的生命的一方面於是人格便有發展其本體的自由——不但可以經假團體生活而發展亦且可以脫離團體生活而發展。

在我們尋覓統一的歷程上我們最後是到了個人的身上來了。在我們發見這種統一所在的地方，有若干人只曾經發見過統一的矛盾對立物——紛亂與關爭：據我們所發見的，這種統一的所在便是每個人之自愛的意志以及其愛追求他所愛好的目的物的意志。我們發見的，統一不在人格的犧牲而在一種強加的制度，而在一種能適應每個人之內性的制度強制的統一是危殆的不穩固的不但是社會制度的垂久與否也須看牠是否能發展自由的人格和是否為自由的人格所創造而為斷定這種自由是社會進化的基本條件：社會應該服事的人們對於社會的共同愛護心愈為增長則社會結構的複雜性與力量亦必愈見重大的進步生活上不停的衝突並不能損及社會基礎的毫末：因為人格是永遠依賴社會的。一般人因盲目與誤會而信賴武力而妄劃純分裂的界限於各階級或各民族之間歸根是必要慘遭失敗與災厄的社會更深一層的維繫力不是階級或民族的性慾而是人類的自由人格的性慾惟有自由的人格能從牠本體的小範圍內將全世界調和於一個社會之內。

已往的國家由緩行的經驗而發見有洞悉其本身限制的意義的必要。當牠初在親屬社會之內發生的時候，牠自己便似乎是親屬的組織。但是牠的真實意義據後來的人所發見，不是由親屬關係——而是由國民資格

【现代的国家】

第四编　各种理论及其解释

（按即國籍）——所能表現的親屬關係不過是一種很方便的範圍——國家在這裏面可以闡發國民資格的原則。馴至後此甚遠的一個階段上當國家已將民族包括於其組織之內的時候牠的會員資格（按即國民籍貫）便似乎與公共甚遠的一個階段上當國家已將民族包括於其組織之內的時候牠的會員資格（按即國民籍貫）便似乎與公共民族籍貫若合符節的在這裏面國民資格的原則也是一樣的被虛妄的排擠性與過分的要索所籠罩着的所以也有大國家之組成的。將這些附帶糾纏物洗刷清淨的必要今日的國家不是一種民族的組織雖說民族之內不少活躍的目標牠是國民集團的組織其確定的目標幾乎完全不是源於民族觀念的。並且現在還有集團民族的國家行將發生的顯著徵象如果這種潮流也要和以往的親屬關係一樣的成為一種純粹社會的因素而不具很深成牠的歷史的使命了。到了這個時代牠也要和以往的親屬關係一樣的成為一種純粹社會的因素而不具很深的政治意義不然民族觀念根本或將為優勝的國民資格觀念所吞沒民族籍貫究竟是什麽——現在已經是比在十九世紀的初業漸次的難以辨識了。

另一方面國家為完成牠的職責計同時還將自身從武力觀念中贖出來——因為牠在既往是與武力混而為一的這便是過去完成統一的工作上所有的最大的障礙——無論我們所指的是單獨一國之內的統一還是多數國家大範圍以內的統一國家所必須賦有的武力一般人不僅認牠為國家所保證的法律的普遍性的一種附帶物與條件而竟視牠為國家的本質。不但不是自由的屏障牠直成了壓迫的工具不但不是統一的保障牠直成了分割的武器在國家之內就大致而論牠畢竟還成其為國家最後的保護者但是在相互的關係上每個國

第四編　第十六章　國家的一個新解釋

四五七

現代的國家

家仍然是「列強」之一。

如果國家生活中這一點致命的矛盾得以取消；如果牠的對外政策得假借一種國際制度而與牠的治安與進化的大事業調和起來那末牠或則可以福利人類至於前所未達的程度因為必如此威力霸權的色彩方可以減輕而公共利益的觀念方可以和牠所能滿足的人民需要發生更密切的關聯因為牠對於這些需要究竟是什麼也纔可以得着一種更真切的觀念。在人事變遷之不斷的澎湃的潮流中牠便可以提供一種磐石似的保障在我們的利己的不息的奮鬥中牠便可以拯救我們脫離於競爭壓迫力中之較大的危險牠對於無數的事業的成績的垂久的成分便可以使牠們比以前更完全的鞏固化；而且牠有人類對於同羣包持的一切的友愛心與同情心的支持又有那種愛國的精神——這種精神經歷人類歷史的整個的進程中都會明顯的或隱匿的發生過作用的——的支持又有合作的天性——這種天性凡在我們真能認識牠的需要與機會的地方，都是要能跳躍活動起來的——的支持牠自然可以挾持一種更開明的意志向前邁進而漸次給牠固有的使命以高尚的完成。

❶ This distinction between the membership of the state and that of other associations is generally put in a misleading way, and consequently false deductions are made from it. Thus a recent writer, Mr. Norman Wilde, in a generally wellbalanced work ("The Ethical Basis of the State"), remarks that "all men are members of the state, but not of any other association" (p.135). All men are subject

第四編　第十六章　國家的一個新解釋

to some one state, but not all are members of it. Moreover, all men are members of families, and all men are bound together in some economic system, though there is here no association co-extensive with the system. The same writer adds that the state "is not merely one institution among many, but the condition of all." This is true, at any rate if we substitute 'association' for 'institution'. But it is a statement which can be made with equal truth of the family, and also, in the modern world, of its economic associations. If the state is unique in its own way, so are other associations in their ways. And if the state is absolutely necessary to our social life, so are they also.

❷ Pound, "American Law Review," January to February, 1910.

❸ The German Constitution of 1919 is particularly explicit in this matter. Note, as one of many examples, the following (Art 119): "It shall be the duty of the state (Staat) and of the municipalities to maintain the purity, health and social welfare of the family".

中華民國二十六年一月初版

（31222·4）

現代的國家 一册
The Modern State

每册實價國幣壹元捌角
外埠酌加運費匯費

版權所有　翻印必究

原著者	R. M. MacIver
譯述者	胡道維
編輯者	中華教育文化基金董事會編譯委員會
發行人	王雲五　上海河南路
印刷所	商務印書館　上海河南路
發行所	商務印書館　上海及各埠